KB273685

한국궁중무용총서 ❹

몽금척(夢金尺) · 수보록(受寶籙) · 근천정(覲天庭) · 수명명(受明命) · 하황은(荷皇恩)

이흥구 · 손경순 공저

보고사

발간사

※ 조선초기의 궁중무용

1) 역사적 배경

위화도 회군으로 실권자가 된 이성계(李成桂)는 1392년 7월 17일 개경(開京) 수창궁(壽昌宮)에서 왕위에 오른 후 국호를 고려라고 하였다가 도읍을 한양(漢陽)으로 옮기면서 조선으로 바꾸었다.

이성계는 개국 초부터 억불숭유(抑佛崇儒) 정책을 국시로 삼으면서 불교는 쇠미해지고 유교·사상·문화·예술·풍속으로 바꾸어지게 되므로 예(禮)와 악(樂)에 기초하여 아악서(雅樂署)와 전악서(典樂署)를 두었다. 그러나 예악(禮樂)의 부흥은 제 4대 세종 때와 7대 세조 때에 이르러 태조의 유업(遺業)이 완수되어 훈민정음 창제, 금속활자의 주조(鑄造), 측우기(測雨器)의 발명 등 각 방면에 문화적 혁명을 가져오게 된다. 또한 음악도 아악(雅樂), 당악(唐樂), 향악(鄕樂)으로 분리하여 악곡과 악보를 정리하고 궁중무용도 당악형식을 도입하여 창제한 궁중무용과 선왕(先王)의 업적과 왕업의 흥성을 노래와 더불어 춤으로 창제한 향악정재로 창제하였다.

2) 춤의 내용

조선이 개국되면서 초기에는 신라와 고려의 궁중무악을 그대로 받아들여 발전시켰고 조선 초기에 당악정재 형식으로 새로 창제한 (1) 금척 (2) 수보록 (3) 근정전 (4) 수명명 (5) 하황은 (6) 하성명 (7) 성택 (8) 육화대 (9) 곡파가 있고 선왕의 업적, 왕가의 융성, 왕업의 번영을 내용으로 창사의 가사와 춤을 창제한 향악정재로는 (1) 일무(종묘제례무용) (2) 봉래의 (3) 아박무 (4) 향발무 (5) 무고 (6) 학무 (7) 학연화대처용무합설 (8) 교방가요

(9) 문덕곡이 있는데 성종 때 고려시대의 악·무와 조선조 초기에 창제된 악무를 정리하여 악학궤범을 편찬하여 후대의 악무의 기본을 삼게 하였다.

3) 금척무에서 악학궤범과 계사년 이후 모든 홀기에 우선(右旋) 회무(回舞)로 기록되어 있는 부분은 좌선회무(左旋回舞)로 수정하여 도안하였으며 반주음악도 홀기에 기록 된 대로 하였다. 국립국악원에서 재현작업을 할 때는 홀기수정 없이 우선(右旋)회무로 반주음악은 김천흥 선생이 임의로 선정하여 하였기 때문에 혼선이 있을까 염려되어 참작하기 바랍니다. 또한 좌선회무(左旋回舞)는 천체(天体)의 자전(自轉)을 의미한다.

4) 수보록은 지리산 석벽에서 신인(神人)으로부터 보록을 얻음으로 마이산에서 천신(天神)의 계시를 받고 지리산에서 지신(地神)의 계시를 받음으로 인하여 이태조가 조선을 건국하게 된다. 이는 지신(地神)으로부터 보록을 얻었다 하여 지선(地仙) 2인이 인무(人舞)를 추는 춤이다. 악학궤범홀기에 의물(儀物)이 회선(回旋)할 때 좌대는 외회(外回) 우대는 내회(內回)로 해야 음양이 형성되는데 이 부분이 잘못 기록되어 있다. 또한 수보록은 조선 후기의 모든 의궤(儀軌)에는 추어진 기록이 보이지 않는다.

5) 근천정은 태종이 몽중(夢中)에 명(明)나라에 가서 이태조가 개국한 것이 고려 왕위를 빼앗는 것으로 여기는 명의 조정의 오해를 풀게 한데 대한 성과를 찬미하기 위한 춤인데 이 춤은 오양선의 인무(人舞)와 수보록의 지선무 즉 인무(人舞)를 춘다.

6) 수명명은 태종이 명(明)의 황제(皇帝)로부터 고명(誥命)을 받아 등극(登極)하게 된 것을 찬미하는 악장(樂章)을 태조 2년(1402) 6월에 하륜이 지어 올리며 창제된 춤이나 조선후기의 모든 의궤에는 추어진 기록이 없다.

7) 하황은 태종이 부왕(夫王)의 명(命)을 받아 나라 일을 대행을 하다가 명(明)나라 황제로부터 고명을 받아 등극하게 된 것을 온 백성이 기뻐하며 이를 경축하기 위하여 창제된 춤이다.

이상의 몽금척·수보록·근천성·수명명·하황은도 1980년대부터 국립국악원에서 재

현할 때 무대화 되어 재현되었기 때문에 이를 참작하지 않으면 혼돈이 올 수 있으므로 홀기를 중시하여 보기 바란다.

　이번 출판을 위하여 반주음악을 정리해준 김관희 선생과 원고정리와 교정을 해주신 이명 씨와 한국예술종합학교 권효진, 김선희 두 분 선생님께 감사드립니다.

저자 **이흥구**

목차

🞩 근천정 무보 🞩

수명명 受明命

Ⅰ. 사고(史考)

🞩 수명명 무보 🞩

하황은 荷皇恩

몽금척 夢金尺

조선 초기

Ⅰ. 사고(史考)

1. 마이산의 설화

마이산(馬耳山)은 먹물을 찍어 놓은 것과 같다하여 문필봉(文筆峰), 바위산이라 하여 개골산(皆骨山), 하늘로 우뚝 솟았다 하여 용각봉(龍角峰), 용출산(龍出山)이란 명칭으로 불리어 지고 있으며 신라(新羅) 때에는 서다산(西多山)이라 하여 하늘에 제사하던 명산(名山)이다.

고려 우왕 6년(1380) 전라도 운봉에 침입한 왜적 아지발도(阿只拔都)를 토벌하고 개선길에 마이산을 보고 산의 풍광(風光)이 꿈에 하늘에서 신인(神人)이 내려와 경복흥(慶復興)은 청백(淸白)한 덕양이 있으나 늙었고 최영(崔瑩)은 곧다는 명망이 있으나 융통성이 없다하면서 그대는 문무를 겸비하여 덕양과 지식이 있으니 국민의 희망이 그대에게 있다 하면서 금척(金尺)을 주며 이것으로 나라를 바로 잡으라는 계시를 받았던 바로 그 산(山)이었다하여 속금산이라 하였다.

이로 인하여 이태조(李太祖)가 조선을 건국한 후 이산을 그리며 일월도(日月圖)라 하였고 조선 최고의 훈장을 금척훈장(조선훈장 대관의 전재)으로 하였다.

그 뒤 정안군(靖案郡: 후에 태종)을 이산에 보내어 제사를 올리게 하였다.

태종 13년(1413)에는 태종이 친히 이산 아래에 위치한 성묘산(聖墓山)에서 마이산을 향해 국태민안을 기원하는 제사를 올리었다.

조선에서는 이산을 태조에게 조선 건국이념을 천신(天神)께서 계시 해주신 명산으로 여기어 왔다. 이러한 연유로 창제된 춤이 몽금척이다.

당악정재의 형식을 도입하여 창제하였다 하여 당아정재로 분류하는 것은 잘못된 것으로 당악정재의 형식의 향악정재로 분류하여야 된다고 본다.

> 금척(金尺)은 몽금척(夢金尺)이라고도 한다.
>
> 『태조실록』권4에 의하면 태조 2년(1393) 관습도감(慣習都監) 정도전(鄭道傳)이 지었고, 그 해 10월에는 전악서(典樂署) 무공방(武工房)을 거느리고 몽금척(夢金尺)과 수보록(受寶籙) 등 신악(新樂)을 울렸다고 한다.
>
> 그 내용은 태조가 아직 잠저(潛邸)하였을 때 꿈에 신인(神人)이 금척(金尺)을 받들고 하늘에서 내려와 태조의 바탕이 문무(文武)를 겸하고 민망(民望)이 속(屬)함을 이르면서 금척(金尺)을 주었던 것이다.
>
> 즉, 하늘 뜻을 받들어 나라를 이룩했다는 것을 무용화한 것이다.
>
> 죽간자에 구호와 치어를 갖추어 당악정재(唐樂呈才)에 넣었다. 조선조 말기까지 전승되었다.

2. 증보문헌비고

사고(1)

증보문헌비고 권 107 악고18	국 역
祖資兼文武有德有識民望屬焉乃以金尺授之　天而來若曰慶侍中有淸德且耄矣崔三司有直名然憃也聞　太　金尺一曰夢金尺受命之祥也　太祖在潛邸夢見神人奉金尺自	금척은 몽금척(夢金尺)이라고도 하는데, 천명(天命)을 받은 상서로움이다. 태조(太祖)가 잠저(潛邸)에 있을 때, 꿈에 신인(神人)이 금척을 받들고 하늘에서 내려와 말하기를 "경 시중(慶侍中 慶復興)은 맑은 덕이 있으나 늙었고, 최 삼사(崔三司 崔瑩)는 곧은 이름이나 어리석다." 하며 태조에게 이르기를, "재주가 문무(文武)를 겸하였으며, 덕도 있고 지식도 있어서 백성들의 우러름이 여기에 귀속하였다." 하면서 금척을 주었다.(국역증보문헌비고 P.230)

증보문헌비고 권 103 악고14	국 역 (태조 2년 정도전이 지어 올린 것이다)
奉貞符之靈異美聖德之形容冀借慢容式孚妥奠 樂旣奏於九成壽庸獻於萬歲未及懽娛之極遽回敬戒之心拜辭 而歸式燕以遄	정고한 부서(符瑞)의 신령스럽고 기이함을 받들어 성덕(聖德)의 형용을 아름답게 하오니, 바라건대 너그러이 용납하시어 잔치하여 칭송함을 미덥게 하소서. 아홉 차례 음악을 연주하였으니 만년 장수 축수를 올리게 되었네. 즐거움의 극체에 미치기 이전에 경계하는 마음을 빨리 돌이키소서. 절하며 하직하고 돌아가니 편안하게 쉬소서. (국역증보문헌비고) (P.107)

증보문헌비고 권 101 악고12	국 역 (정도전이 지은 금척사)
♫ 金尺詞 惟皇鑑之孔明兮吉夢協于金尺清者耄兮直其質兮有德者是 適帝用度吾心兮俾均齊于家國貞悊厥符兮受命之祥傅子及孫 兮彌于千億聖人有作萬物皆覩我靈瑞繽紛諸福畢至民言不足式 歌且舞於樂於倫君王萬壽	**금척사(金尺詞)** 하늘의 살핌이 매우 밝아 좋은 꿈이 금척에 부합했네. 청백한 이는 늙었고 정직한 이는 어리석으니 덕이 있는 자 적합하리. 하늘이 우리 마음 헤아리고 국가를 잘 다스리게 하였네. 바르도다 그 부서(符瑞)는 천명 받을 상서로다. 자손에게 전함이여 천억 대를 이어가리. 성인이 일어나니 만물이 다 보게 되고, 상서가 하도 많아 모든 복이 다 이르네. 긴 말이 부족하여 노래하고 춤도 추네. 즐겁고 차례가 있음이여 우리 임금 만수를 누리소서. (국역증보문헌비고) (P.22-23)

3. 정재악장

증보문헌비고 권 103 악고14	국 역 (태조 2년 정도전이 지어 올린 것이다)
순조 29년(1829) 기축진찬의궤 권1 (P.13)	태조가 잠저(潛邸)에 있을 때 꿈에 신인(神人)으로부터 금척(金尺)을 받았다. 세종 때 그 형상을 모방하여 춤을 창제하였다. 영조 병술(丙戌:1766)에 임금께서 유황사(維皇詞)와 성인사(聖人詞)를 짓고 천사금척수명지상(天賜金尺受命之祥)을 척(尺)에 8자를 조각하였다. 또 생초(生綃)로 족자(簇子)를 만들어 유황사(維皇詞)를 쓰고 하단에는 홍백(紅白)의 능라로 단장하고 유소(流蘇)를 드리우고 붉게 칠한 장대에 걸었다. 여기(女妓) 2인이 죽간자를 들고 1인은 족자를 들고 앞으로 나아가 열립(列立)한다. 1인은 금척을 들고 1인은 황개(黃蓋)를 들고 뒤에 선다. 12인이 左右로 나누어 두 줄로 서서 진퇴(進退) 회무(回舞)한다.

연 대	정 재 악 장
헌종 14년(1848) 무신진찬의궤 권1 (P.18)	※ 내용은 순조 29년(1829) 정재악장과 같다.
고종 5년(1868) 무진진찬의궤 권1	※ 내용은 순조 29년(1829) 정재악장과 같다.
고종 10년(1873) 계유진작의궤	계유진작의궤 권1이 손실되어 정재악장 기록을 기재하지 못했다.

연 대	정 재 악 장
고종 14년(1877) 정축진찬의궤 권1 (P.16)	※ 내용은 순조 29년(1829) 정재악장과 같다.
고종 24년(1887) 정해진찬의궤 권1 (P.14B)	※ 내용은 순조 29년(1829) 정재악장과 같다.
고종 29년(1892) 임진진찬의궤 권1 (P.32B)	※ 내용은 순조 29년(1829) 정재악장과 같으나 무동정재동(舞童呈才同) 죽간자 불구호(不口號) 선모칭봉금척(仙母稱奉金尺)이랑 부분이 더 기록되어 있다.
광무 5년(1901) 신축진연의궤 권1 (P.31)	※ 내용은 고종 29년(1892) 정재악장과 같다.
광무 5년(1901) 신축진연의궤 권1 (P.11)	※ 내용은 순조 29년(1829) 정재악장과 같다.

연 대	정 재 악 장
광무 6년(1902) 임인진연의궤 4월 권1(P.23B)	※ 내용은 고종 29년(1892) 정재악장과 같다.
광무 6년(1902) 임인진연의궤 11월 권1(P.30)	※ 내용은 고종 29년(1892) 정재악장과 같다.

금척무는 세종 때 금척에 대한 사료를 중심으로 조선 건국이념을 정재(呈才)로 창제된 춤으로 고려조의 당악정재 형식을 빌어 창제된 향악정재로 다시 표기해야 하는 춤이다.

Ⅱ. 택일(擇日) 및 의주(儀註)

1. 택일(擇日)

금척무가 어느 연례 때 어느 장소에서 추어졌는지 택일 및 의주의 기록을 보면 다음과 같다.

1) 영조 20년(1744) 갑자진연의궤권수(甲子進宴儀軌卷首)

의 례 명	설 행 일 시	설 행 장 소	금척무 유·무
대왕대비전진연	10월 4일 묘시	광 명 전 설행	4작시 유
대전진연	10월 7일 진시	숭 정 전 설행	무
중궁전진연	10월 4일 묘시	광 명 전 설행	무

2) 순조 29년(1829) 기축진찬의궤권수(己丑進饌儀軌卷首)

의 례 명	설 행 일 시	설 행 장 소	금척무 유·무
대전외진찬	2월 9일 오시	명 정 전 설행	무
대전내진찬	2월 12일 진시	자 경 전 설행	유
대전야진찬	동일 2경	자 경 전 설행	무
왕세자회작	2월 13일 진시	자 경 전 설행	유

3) 헌종 14년(1848) 무신진찬의궤권수(戊申進饌儀軌卷首)

의 례 명	설 행 일 시	설 행 장 소	금척무 유·무
대왕대비전내진찬	3월 17일 묘시	통 명 전 설행	유
대왕대비전야진찬	동일 2경	통 명 전 설행	무
대전회작	3월 19일 묘시	통 명 전 설행	무
대전야연	동일 2경	통 명 전 설행	무

4) 고종 5년(1868) 무진진찬의궤권수(戊辰進饌儀軌卷首)

의 례 명	설 행 일 시	설 행 장 소	금척무 유·무
대왕대비전내진찬	12월 6일 미시	강 령 전 설행	유
대전회작	12월 11일 묘시	강 령 전 설행	유

5) 고종 10년(1873) 계유진찬의궤권수(癸酉進饌儀軌卷首)

의 례 명	설 행 일 시	설 행 장 소	금척무 유·무
대왕대비전내진작	4월 18일	강 령 전	유
대왕대비전야진작	동일 2경	강 령 전	무
대전회작	4월 20일	강 령 전	무
대전야연	동일 2경	강 령 전	무

6) 고종 14년(1877) 정축진찬의궤권수(丁丑進饌儀軌卷首)

의 례 명	설 행 일 시	설 행 장 소	금척무 유·무
대왕대비전내진찬	12월 6일 진시	통 명 전	유
대왕대비전야진찬	동일 2경	통 명 전	무
대전회작	12월 10일 진시	통 명 전	무
대전야연	동일 2경	통 명 전	무

7) 고종 24년(1887) 정해진찬의궤권수(丁亥進饌儀軌卷首)

의 례 명	설 행 일 시	설 행 장 소	금척무 유·무
대왕대비전내진찬	1월 27일 진시	만 경 전	유
대왕대비전야진찬	동일 2경	만 경 전	무
대전회작	1월 28일 진시	만 경 전	무
대전야연	동일 2경	만 경 전	유
왕세자회작	1월 29일 진시	만 경 전	무
왕세자야연	동일 2경	만 경 전	유

8) 고종 29년(1892) 임진진찬의궤권수(壬辰進饌儀軌卷首)

의 례 명	설 행 일 시	설 행 장 소	금척무 유·무
대전외진찬	9월 24일 묘시	근 정 전	유
대전중궁전내진찬	9월 25일 진시	강 령 전	유

의 례 명	설 행 일 시	설 행 장 소	금척무 유·무
대전중궁전야진찬	동일　2경	강 령 전	유
왕세자회작	9월 26일 진시	강 령 전	무
왕세자야연	동일　2경	강 령 전	무

9) 광무 5년(1901) 신축진연의궤권수(辛丑進宴儀軌卷首)

의 례 명	설 행 일 시	설 행 장 소	금척무 유·무
대전외진연	7월 26일　묘시	함 령 전	유
대전내진연	7월 27일　진시	함 령 전	유
대전야진연	동일　해시	함 령 전	유
황태자회작	11월 29일 진시	함 령 전	무
황태자야연	동일　해시	함 령 전	무

10) 광무 5년(1901) 신축진찬의궤권수(辛丑進饌儀軌卷首)

의 례 명	설 행 일 시	설 행 장 소	금척무 유·무
명헌태후전내진찬	5월 13일 선시	경 운 당	유
명헌태후전야진찬	동일　해시	경 운 당	무
대전회작	5월 16일 선시	경 운 당	유
대전야연	동일　해시	경 운 당	무
황태자회작	5월 18일 선시	경 운 당	유
황태자야연	동일　해시	경 운 당	무

11) 광무 6년(1902) 임인진연의궤 4월 권수(壬寅進宴儀軌四月卷首)

의 례 명	설 행 일 시	설 행 장 소	금척무 유·무
대전외진연	4월 23일 묘시	함 령 전	유
대전내진연	4월 24일 진시	함 령 전	유
대전야진연	동일　해시	함 령 전	유
황태자회작	4월 25일 진시	함 령 전	무
황태자야연	동일　해시	함 령 전	무

12) 광무 6년(1902) 임인진연의궤 11월 권수(壬寅進宴儀軌十日月卷首)

의 례 명	설 행 일 시	설 행 장 소	금척무 유·무
대전외진연	11월 4일 선시	중 화 전	유
대전내진연	11월 8일 선시	근 명 전	유
대전야진연	동일　　해시	근 명 전	유
황태자회작	11월 9일 선시	근 명 전	무
황태자야연	동일　　해시	근 명 전	무

2. 의주(儀註)

1) 영조 20년(1744) 갑자진연의궤(甲子進宴儀軌)

영조 20년(1744) 51세가 되는 해로 여은군이 말하기를 숙종은 59세에 기로소에 들어갔는데 영조 또한 50세를 넘어 60세에 이르니 기로소에 가실 것을 청하니 신하 김재로가 태조 중종도 50세가 넘어 기로소에 들어가셨으므로 5, 6년을 더 기다렸다가 의논하여도 늦지 않는다 하여 반대하였다.

그러나 영조는 부자(父子)가 이어서 기로소에 갔다고 기록이 된다면 이 어찌 귀한일이 아니겠느냐면서 쾌히 기로소에 들어감에 9월 2일 제신들의 주청으로 대왕대비의 허락을 받아 진연을 실행하기로 하였다.

9월 9일 기로소에 거동하여 영수각(靈壽閣)에서 어첩을 꺼내어 친히 지행순덕영모의열왕(至行純德英謨毅烈王)이라고 쓰고 예관이 올리는 범장(凡杖)을 받았다.

기로소에 들어가는 의식을 마치고 10월 4일 임금이 광명전(光明殿)에서 인원왕후에게 진연을 올릴 때 대왕대비께서 범장(凡杖)을 앞에 세워놓고 노래를 불렀다.

10월 7일에는 숭정전(崇政殿)에서 진연을 베풀고 왕이 기로소에 들어간 것을 경축하였다.

이때 금척무가 어느 의례 때 추어졌는지 보면 다음과 같다.

연　대	의 주 내 용	국　역
영조 20년(1744) 대왕대비전진연	사작(四爵)대 금척(金尺)을 주었다(의 주 내용의 기록이 없음)	

 2) 순조 29년(1829) 기축진찬의궤(己丑進饌儀軌)

순조 29년(1829)은 순조의 보령40세와 즉위30년이 되는 해로 이를 경축하기 위하여 정월 초하루에 치사(致詞)를 올리고 하례(賀禮)를 행하였다.

2월 9일 오시(午時)에 대전외진찬을 열었고 2월 12일 진시에 자경전에서 대전내진찬을 열었고 같은날 2경에 대전야진찬을 열었다.

2월 13일 왕세자회작을 자경전에서 실행하였다.

순조의 생신인 6월 18일에는 치사(致詞)와 표리(表裏: 안감과 겉옷감)를 올리고 6월 19일에 진찬을 올렸다.

순조 때는 혜경궁의 관례(冠禮) 60주년과 환후회복 원손탄생과 왕비 보령40세 등 경사가 겹치는 해에는 왕실과 친인척 신하들을 초대하여 음주를 나누며 즐기며 경사를 축하하였다.

2월 진찬에서 어느 의례에서 금척무가 추어졌는지 의주(儀註) 내용을 보면 다음과 같다.

의 례 명	의 주 내 용	국 역
순조 29년(1829) 대전외진찬 2월 9일 오시 명정전 설행 기축진찬의궤 권1(P.30)	女執事俯伏興尾襲鳳雲慶會之樂 夢金尺之舞 左右贊禮尙宮導 殿下陛寶座爐烟 升織扇侍衛如常儀樂止	여집사가 휘(麾)를 눕혔다 세우면 풍운경회지곡(원무곡)을 연주하면 몽금척무를 추고 左右 찬례(贊禮) 상궁이 인도하여 전하(殿下)께서 보좌(寶座)에 오르게 하면 향연이 오르고 산선(繖扇)과 시위(侍衛)는 평소 의례와 같이 하고 악지한다.
순조 29년(1829) 왕세자회작 2월 13일 진시 자경전 설행 기축진찬의궤 권1(P.43B)	女執事俯伏興尾襲奏萬年春之曲 夢金尺 進花典贊唱離位鞠 躬陪宴命婦離位鞠躬樂止	여집사가 휘를 눕혔다 세우면 만년춘지곡을 연주하고 몽금척(원곡)을 추고 꽃을 올리면 전찬이 「이위국궁」하고 창하면 배연명부가 물러나 「국궁」하면 악지한다.

3) 헌종 14년(1848) 무신진찬의궤(戊申進饌儀軌)

헌종 5년(1834) 대왕대비 순원왕후(純元王后)의 보령51세와 왕비책봉 40년이 되는 해로 표리(表裏: 안감과 겉옷감)와 전문(箋文)을 올리고 하례(賀禮)를 하고 대사령을 반포했다.

헌종 14년(1848)은 순원왕후의 육순과 신정왕후(神貞王后)가 망오(望午:41세)가 되는 해로 정월 초하루에 치사(致詞)와 표리(表裏:안감과 겉옷감)를 올리고 하례(賀禮)를 하고 3월 15일에 순조와 익종에게 존호(尊號)를 올리고 3월 16일에 순원왕후와 신정왕후에게 융희(隆熙)와 헌성(獻聖)이란 존호와 치사(致詞) 전문(箋文) 표리(表裏)를 올렸다.

3월 17일 묘시에 대왕대비전내진찬을 같은 날 2경에 야진찬을 통명전에서 올렸다.

3월 19일 묘시에 대전익일회작을 열고 같은 날 2경에 야연을 통명전에서 시행하였다.

어느 의례 때 금척무가 추어졌는지에 대한 의주(儀註) 내용을 보면 다음과 같다.

의 례 명	의 주 내 용	국 역
헌종 14년(1848) 대왕대비전내진찬 3월 17일 묘시 통명전 설행 무신진찬의궤 권1(P.38B)	夢金尺之舞 樂止 尙食詣壽酒亭整酒器 女執事俯伏擧麾奏風雲慶會之樂	여집사가 「휘」를 눕혔다 세우면 풍운경회지곡을 연주하고 몽금척(원무곡)을 출 때 상식이 인도하여 수주정 정주기에 이르면 (여관과 여집사가 나누어 인도하여 전하 왕비 경빈께 주정이 각 정주기를 올린다) 악지한다.

4) 고종 5년(1868) 무진진찬의궤(戊辰進饌儀軌)

신정왕후(神貞王后)는 순조 19년(1819) 효명세자와 결혼하여 세자빈이 되었다.

효명세자는 헌종 때 익종(翼宗)으로 추존(追尊)되었고 신정왕후는 익종의 비(妃)로서 왕대비가 되었다가 철종(哲宗) 때에 대왕대비가 되었다.

고종 5년(1868)에 신정왕후가 환갑이 되는 해로 정월 초하루에 치사(致詞) 전문(箋文) 표리(表裏)를 올리고 대사령(大赦令)을 반포하고 9월 11일에 존호를 가상하기로 전교(傳敎)하고 9월 15일에 대왕대비의 허락을 받아 12월 6일 미시에 대왕대비전내진찬을 경복궁 내전인 강령전에서 시행하였고 12월 11일 묘시에 대전회작을 강령전에서 시행하였는데 금척무가 어느 의례 때 추어졌는지 의주(儀註) 내용을 보면 다음과 같다.

의 례 명	의 주 내 용	국 역
고종 5년(1868) 대왕대비전내진찬 12월 6일 미시 강령전 설행 무진진찬의궤 권3(P.39)	의주에 정재 명칭의 기록이 없으나 권3 정재채비의 기록으로 보아 추어졌음을 확인할 수 있다.	
대전회작 12월 11일 묘시 강령전 설행 무진진찬의궤 권3(P.40B)	상 동	

5) 고종 10년(1873) 계유진작의궤(癸酉進爵儀軌)

고종 10년(1873) 신정왕후가 헌종 즉위(1834)와 함께 대왕대비로 책봉 된지 40년이 되는 해로 4월 17일에 경복궁 내전인 강령전에서 대왕대비전에 존호와 책보와 하례를 올렸다.

고종은 흥선대원군의 차남으로 익종이 후사(後嗣)가 없어 신정왕후의 아들로 입적하여 왕위에 올랐으므로 고종의 생부모인 대원군과 부대부인이 참석한 것과 2작(二爵)만을 올린 것이 특이한 점이다.

4월 18일 대왕대비전내진작을 같은 날 대왕대비전야진작을 같은 날 2경에 강령전에서 실시하고 4월 20일 대전회작을 또 같은 날 2경에 대전야연을 강령전에서 실행하였는데 계유진작의궤의 권수와 권1이 없어 의주(儀註) 내용은 알 수 없다.

의 례 명	의 주 내 용	국 역
고종 10년(1873) 대왕대비전내진찬 4월 18일 계유진작의궤 권3(P.56B)	계유진작의궤 권1이 손실되어 의주 내용을 알 수 없으나 계유진작의궤 권3 정재채비 기록으로 금척무가 추어졌음을 볼 수 있음	

6) 고종 14년(1877) 정축진찬의궤(丁丑進饌儀軌)

고종 14년(1877)은 신정왕후가 7순(70세)이 되고 철인왕후가 망오(望五:41세)가 되는 해로 정월 초하루에 치사(致詞) 전문(箋文) 표리(表裏)를 올리고 진찬도 함께 올리려 했으나 대왕대비가 나라의 흉년을 이유로 거절하여 진찬을 올리지 못했다가 12월 6일 신정왕후의 생신 축하하는 내진찬을 창경궁 내전 통명전에서 올리고 같은 날 2경에 대왕대비전야진찬을 실시하였다.

12월 10일 진시에 통명전에서 대전회작을 실시하고 같은 날 2경에 대전야연을 시행하였는데 금척무가 어느 의례 때에 추어졌는지 의주 내용을 보면 다음과 같다.

의 례 명	의 주 내 용	국 역
고종 14년(1877) 대왕대비전내진찬 12월 6일 진시 통명전 설행 정축진찬의궤 권1(P.28)	呈夢金尺曲 原舞 女執事俛伏舉麾奏風雲慶會之樂 殿下詣簾外女官承導詣壽酒亭尙食開尊蓋以勺酌酒盛於瓶以瓶取酒於爵鞠躬進殿下前 殿下跪受爵詣 大王大妃殿座前典贊唱跪 殿下 王妃 王世子跪左右命婦宗親儀賓戚臣進饌所堂上郎廳跪 殿下以爵授尙食尙食受爵跪進于 大王大妃殿座前進味數典贊唱俛伏興平身 殿下 王妃 王世子俛伏興平身左右命婦宗親儀賓戚臣進饌所堂上郎廳俛伏興平身女官導 殿下出簾外女執事前導還就褥位樂止	여집사가 「휘」를 눕혔다 세우면 풍운경회지악을 연주하고 몽금척(원무곡)을 출 때 여집사가 인도하여 전하께서 염외(簾外)에 이르면 여관이 승계하여 인도하여 수주정에 이르면 상식이 술통 뚜껑을 열고 국자로 술을 떠 병에 담아 이병의 술을 국궁 술잔에 따라 국궁하고 전하전에 나아간다. 전하께서 「궤」하고 술잔을 받아 대왕대비전 좌(座)에 이르면 전찬이 「궤」하고 창한다. 전하, 왕비, 왕세자는 「궤」하고 좌우명부 종친 의빈 척신은 진찬소 당상 낭청에 나아가 「궤」한다. 전하께서 이 잔을 상식에게 주면 상식은 궤하고 잔을 받아 대왕대비전 좌(座)전에 나아가 「미수」를 올린다. 전찬이 「부복흥평신」이라 창하면 전하 왕비 왕세자는 「부복흥평신」하고 좌우 명부 종친의빈 척신은 진찬소 당상 낭청에서 부복흥평신한다. 여관이 전하를 인도하여 전하께서 염외에 이르면 여집사는 전도하여 욕위에 환치하면 악지한다.

7) 고종 24년(1887) 정해진찬의궤(丁亥進饌儀軌)

고종 24년(1887)은 신정왕후의 보령80세 고종의 보령 36세 왕세자가 14세가 되는 해로 대왕대비가 장수하고 왕과 왕세자가 청장년으로 나라가 군건하여 이를 경축하기 위하여 1월 27일 진시에 대왕대비전내진찬을 실시하고 같은 날 2경에 대왕대비전야진찬을 실시하고 1월 28일 진시에 만경전에서 대전회작을 실시하고 같은 날 2경에 대전야연을 실시하였다.

1월 29일 진시에 만경전에서 왕세자회작을 같은 날 2경에 왕세자 양연을 실행하였는데 어느 의례 때에 금척무가 추어졌는지 의주(儀註) 내용을 보면 다음과 같다.

의 례 명	의 주 내 용	국 역
고종 24년(1887) 대왕대비전내진찬 1월 27일 진시 만경전 설행 정해진찬의궤 권1 (P.30)	女執事俯 女執事導 伏舉麾奏堯天舜日之曲呈夢金尺之舞〔原舞曲〕 殿下詣簾外女官承導詣壽酒亭尚食開尊蓋以勺酌酒盛於瓶以瓶取酒於爵鞠躬進 殿下前 殿下跪受爵詣 大王大妃殿座前典贊唱跪 殿下 王妃 王世子 王世子嬪跪左右命婦宗親儀賓戚臣進饌所堂上郎廳跪 殿下以爵授尚食尚食受爵跪進于 大王大妃殿座前進味數典贊唱俯伏興平身 殿下 王妃 王世子 王世子嬪俯伏興平身左右命婦宗親儀賓戚臣進饌所堂上郎廳俯伏興平身女官導 殿下出簾外女執事前導還就祿位樂止	여집사가 「휘」를 눕혔다 세우면 요천순일지곡을 연주하고 몽금척지무(원무곡)를 올릴 때 여집사가 전하를 인도하여 염외에 이르면 여관이 승계하여 인도하여 수주정에 이르면 상식이 술통뚜껑을 열고 국자로 술을 떠 병에 담는다. 이 병의 술을 잔에 따라 국궁하고 나아가 전하 앞에 이른다. 전하께서 「궤」하고 잔을 받아 대왕대비 좌(座)앞에 이르면 전찬이 「궤」하고 창하면 전하 왕비 왕세자 왕세자빈은 「궤」하고 좌우명부 종친 의빈 척신은 진찬소 당상 낭청에서 「궤」한다. 전하께서 이 잔을 상식에게 주면 상식은 「궤」하고 잔을 받아 나아가 대왕대비전에 올리고 미수를 올린다. 전찬이 「부복흥평신」하고 창하면 전하 왕비 왕세자 왕세자빈은 「부복흥평신」하고 좌우명부 종친 · 의빈 · 척신은 진찬소 당상에 나아가 부복 · 흥 · 평신한다. 여관이 전하를 인도하여 염외로 나아가면 여집사는 이어서 인도하여 자리에 오르게 하면 악지한다.

의 례 명	의 주 내 용	국 역
고종 24년(1887) 대전익일야연 1월 28일 2경 만경전 설행 정해진찬의궤 권1(P.47B)	女執事俯伏擧麾奏壽千春之曲呈夢金尺 [原曲] 女執事進揮巾進匙楪樂止	여집사가 「휘」를 눕혔다 세우면 수천춘지곡을 연주하고 몽금척(원무곡)을 올릴 때 여집사가 휘건과 시접을 올리면 악지한다.
고종 24년(1887) 왕세자야연 1월 29일 2경 만경전 설행 정해진찬의궤 권1(P.51)	萬歲之曲呈夢金尺 [原曲] 女執事進爵樂止 女執事俯伏擧麾奏千年	여집사가 「휘」를 눕혔다 세우면 천년만세지곡을 연주하고 몽금척(원무곡)을 올릴 때 여집사가 술잔을 올린다.

8) 고종 29년(1892) 임진진찬의궤(壬辰進饌儀軌)

　고종 29년(1892) 6월 16일 왕세자가 고종 보령 40세와 즉위 30년을 경축하는 진찬을 간청하는 상소문 2개를 올렸으나 윤허를 얻지 못하여 6월 17일 백관들을 거느리고 전정(殿庭)에서 다시 간청하고 다음 날 두 차례에 걸쳐 백관들을 거느리고 간청하여 윤허를 받아 실시하였다.

　9월 24일 묘시에 경복궁 근정전에서 대전외작을 실시하고 9월 25일 진시에 대전중궁전내진찬을 같은 날 2경에 강령전에서 대전중궁전야진찬을 실시하였다.

　9월 26일 진시에 강령전에서 왕세자회작을 실시하고 같은 날 2경에 왕세자야연을 시행하였는데 금척무가 어느 의례 때 추어졌는지 의주(儀註) 내용을 보면 다음과 같다.

의 례 명	의 주 내 용	국 역
고종 29년(1892) 대전외진찬 9월 24일 묘시 근정전 설행 임진진찬의궤 권1(P.64)	進第四爵引儀引進爵宰臣由正門入詣壽酒亭東 北向立提調酌壽酒授宰臣宰臣受爵詣座前跪授提調 提調立受爵由南階陛跪進內待傳捧跪置于座前·殿 下執爵宰臣俯伏殿下舉爵登歌作海屋添籌之曲舞 重入作夢金尺(原舞)提調進受虛爵立授宰臣宰臣受復 於酒亭樂止	제 4작(四爵)을 올리는 의례(儀禮)는 행신이 정문에서 들어와 수주정 동북향하고 서면 제조가 술을 따라 행신에게 주면 행신은 잔을 받아 어좌 앞에 나아가 「궤」하고 제조에게 주면 제조는 잔을 받아 섬돌 남쪽에 나아가면 내시가 「궤」하고 전해 받들고 나아가 전하께 올린다. 전하께서 술잔을 받아 드시면 행신은 부복한다. 전하께서 잔을 들면 등가에서 해옥첨수지곡을 연주하고 무동이 들어와 몽금척(원무곡)을 올린다. 제조가 나아가 빈 잔을 받아 행신에게 주면 행신은 받아 주정에 되돌려 놓으면 악지한다.
고종 29년(1892) 대전중궁전내진찬 9월 25일 진시 강령전 설행 임진진찬의궤 권1(P.76) 　　(P.76B)	（P.76）女執事俯伏舉麾奏五雲開瑞朝呈夢金尺(曲)(原舞)殿下舉 爵尚食進受虛爵復於壽酒亭典、寶唱俯伏興平身左命 婦班首以下俯伏興平身樂止 （P.76B）女執事俯伏舉麾奏咸寧之曲呈夢金尺(曲)(原舞)王妃舉爵 尚食進受虛爵復於壽酒亭典寶唱俯伏興平身左命婦 班首以下俯伏興平身樂止	여집사가 「휘」를 눕혔다 세우면 오운개서조를 연주하고 몽금척(원무곡)을 올릴 때 전하께서 잔을 들면 상식이 나아가 빈 잔을 받아 수주정에 되돌려 놓는다. 전찬이 「부복흥평신」이라 창하면 좌우명부 반수이하는 「부복흥병신」한다. 악지한다(P.76) 여집사가 「휘」를 눕혔다 세우면 함령지곡을 연주하고 몽금척(원무곡)을 올릴 때 왕비가 잔을 들면 상식이 나아가 빈 잔을 받아 수주정에 되돌려 놓는다. 전찬이 「부복흥평신」하고 창하면 좌우명부, 반수이하는 「부복흥평신」한다. 악지한다(P.76B)

의 례 명	의 주 내 용	국 역
고종 29년(1892) 대전중궁전 야진찬 9월 25일 2경 강령전 설행 임진진찬의궤 권1(P.88)	女執事俯伏擧麾奏黃裳元吉之曲呈夢金尺 尚宮導 王妃以出樂止	여집사가 「휘」를 눕혔다 세우면 황상원길 지곡을 연주하고 몽금척(원무곡)을 올릴 때 상궁이 왕비를 인도하여 나가면 악지 한다.

9) 광무 5년(1901) 신축진연의궤(辛丑進宴儀軌)

고종의 보령 50세를 경축하기 위하여 시행된 진연(進宴)인데 몇 가지 특징이 있다.

1) 1901년의 진연에는 외진연과 내진연을 내전(內殿)인 함령전에서 베풀어졌다.

2) 1901년 5월 태후를 외진연과 내진연을 내전(內殿)인 함령전에서 베풀어졌다.

3) 황제칭호에 따라 의장(儀仗)이 많이 증가하였다.

4) 독일인 프란츠 에케르트(Franz Eckert)를 초빙하여 서양식 군대가 시위에 참가하였다.

5) 황제로서 의례에 따라 삼무도(三舞蹈)를 하고 만세를 외쳤는데 이는 제후국에서는 삼고두
   (三叩頭)하고 천세를 하였는데 이를 피한 것은 제후국을 벗어나 제국으로서의 위상을 높였
   다는 것.

6) 제후국에서의 악시 편성이 대한제국적인 편성으로 바뀌었다.

이상의 6가지 특성으로 행하여진 진연은 7월 16일 묘시 함령전에서 대전외진연을 7월 27일 진시에 야진연을 같은 날 2경에 황태자회작을 7월 29일 진시에 야연을 같은 날 해시에 함령전에서 시행되었는데 금척무가 어느 의례 때에 추어졌는지 의주(儀註) 내용을 보면 다음과 같다.

의 례 명	의 주 내 용	국 역
광무 5년(1901) 대전외진연 7월 26일 묘시 함령전 설행 신축진연의궤 권1(P.53B)	登歌作海屋添籌之曲樂童入作夢金尺[原舞]陛下擧爵提調進受虛爵立授宰臣宰臣受復於酒亭樂止	등가에서 해옥첨수지곡을 연주하고 무동이 들어와 몽금척(원무곡)을 올릴 때 폐하께서 잔을 들면 제조가 나아가 빈 잔을 받아 행신에게 주면 행신은 받아 주정에 되돌려 놓는다.
광무 5년(1901) 대전내진연 7월 27일 진시 함령전 설행 신축진연의궤 권1(P.63)	女執事俯伏擧麾奏萬壽長樂之曲呈夢金尺[曲原舞]女執事奉饌果之案進于皇太子前女執事奉饌果案于簾外女官以受進于皇太子妃前樂止	여집사가 「휘」를 눕혔다 세우면 만수장지곡을 연주하고 몽금척(원무곡)을 올릴 때 여집사가 찬과안을 받들고 황태자전에 나아간다. 여집사는 찬과안을 받들고 염외로 가면 여관이 받아 나아가 황태자 비전에 올린다. 악지한다.
광무 5년(1901) 대전야진연 7월 27일 해시 함령전 설행 신축진연의궤 권1(P.70)	女執事俯伏擧麾奏南極壽曜之曲呈夢金尺[曲原舞]女執事前導入詣簾外褥位北向立[分立左右]樂止	여집사가 「휘」를 눕혔다 세우면 남극수요지곡을 연주하고 몽금척(원무곡)을 올릴 때 여집사전 도인(道人)을 염외로 인도하여 욕에 오르게 하고 향하고 선다. (철선 배위는 좌우로 나누어 선다)악지한다.

10) 광무 5년(1901) 신축진찬의궤(辛丑進饌儀軌)

광무 5년(1901)은 헌종의 계비(繼妃) 효정왕후(孝定王后: 명헌태후)를 위한 진찬으로 황제국으로 표방 이후 첫 번째 진찬으로 제후국 표방할 때의 진찬보다 규모가 작고 황태자가 효정왕후에게 치사(致詞)를 올리지 않았고 산호(山呼)하지 않는 반면에 오히려 태자에게 사배(四拜)를 하고 태자를 위한 산호를 하였다는 점이 다른 진찬과 다르다.

진찬의 절차는 5월 13일 진시에 경운당에서 대전회작을 같은 날 해시에 명헌태후야진찬을 실시하였다.

5월 16일 선시에 경운당에서 대전외작을 같은 날 해시에 대전야연을 실시하였다.

5월 18일 선시에 경운당에서 황태자회작을 같은 날 해시에 황태자야연을 시행하였는데 금척무가 어느 의례 때 추어졌는지 의주(儀註) 내용을 보면 다음과 같다.

의 례 명	의 주 내 용	국 역
광무 5년(1901) 명헌태후전 내진찬 5월 13일 선시 경운당 설행 신축진찬의궤 권1(P.23B)	夢金尺 原舞 明憲太后擧爵尙食進受虛爵復於壽酒亭 女執事俯伏擧麾奏樂昇平之曲呈 典贊唱俯伏興平身 陛下 皇太子 皇太子妃俯伏 興平身郡夫人左右命婦宗親戚臣進饌所堂上郎廳俯 伏興平身樂止	여집사가「휘」를 눕혔다 세우면 승평지곡을 연주하고 몽금척(원무곡)을 올릴 때 명헌태후께서 잔을 들면 상식이 나아가 빈 잔을 받아 수주정에 되돌려 놓는다. 전찬이「부복흥평신」하고 창하면 폐하, 황태자, 황태자비는「부복흥평신」하고 군부인 좌우명부 종친 척신도 진찬소 당상 낭청에서「부복흥평신」하면 악지한다.
광무 5년(1901) 대전회작 5월 16일 선시 경운당 설행 신축진찬의궤 권1(P.35B)	夢金尺 原舞 陛下擧爵女執事進受虛爵復於酒亭樂止 女執事俯伏擧麾奏太平萬年之曲呈	여집사가「휘」를 눕혔다 세우면 태평만년지곡을 연주하고 몽금척(원무곡)을 올릴 때 폐하께서 잔을 들면 여집사가 나아가 빈 잔을 받아 주정에 되돌려 놓으면 악지한다.

의 례 명	의 주 내 용	국 역
광무 5년(1901) 황태자회작 5월 18일 선시 경운당 설행 신축진찬의궤 권1(P.39B)	女執事俯伏舉麾奏壽曜 皇太子舉爵女執事進受虛爵 南極之曲呈夢金尺(原舞曲) 復於酒亭樂止	여집사가 「휘」를 눕혔다 세우면 수요남극지곡을 연주하고 몽금척(원무곡)을 올릴 때 황태자가 잔을 들면 여집사가 나아가 빈 잔을 받아 주정에 되돌려 놓는다. 악지한다.

11) 광무 6년(1902) 임인진연의궤(壬寅進宴儀軌)

광무 6년(1902) 12월 22일 황태자와 대신들이 황제의 보령 51세와 즉위 40년을 경축하는 존호를 올리고 진연을 베풀 것을 청하였으나 황제께서 윤허를 허락하지 않자 12월 24일 25일 황태자가 백관들을 거느리고 대궐 뜰에서 세 차례 청하니 황제께서 백관들이 추위에 대궐 뜰에서 청하니 존호는 허락하고 연회는 허락하지 않았다.

광무 6년(1902) 정월 초하룻날에 이를 경축하기 위하여 대사령(大赦令)을 반포하였다.

고종은 익종(翼宗)의 후사(後嗣)로 즉위하였으므로 1월 6일 종법상(宗法上) 부모(父母)가 되는 문조익왕후(文祖翼王后)와 신정익왕후(神貞翼王后)에게 존호를 친히 추상(追上)하고 정월 15일에는 명헌태후(현종의 계비인 효전왕후)에게 속령(俗零)이라는 존호를 울렸으며 정월 18일에는 황태자가 건행신정영의홍휴(乾行抻定英毅弘休)라는 존호를 받았다.

정월 25일에는 황태자가 명헌왕후에게 성덕(誠德)이라는 존호를 추상(追上)하고 3월 27일 고종이 기로소(耆老所)에 가서 령수각(靈壽閣)을 돌아보고 기로소에 들어가는 어첩(御帖)을 직접 썼으며 상의사제조(尙依司堤調) 이지욕(理址鉖)이 범장(凡杖)을 바쳤다.

황제가 기로신(耆老臣)들에게 석연(錫宴)을 베풀고 전례(前例)에 따라 4월 23일 묘시에 대전외진연을 실시하고 4월 24일 진시에 대전내진연을 같은 날 해시에 함령전에서 황태자회작을 4월 25일 진시에 황태자 야연을 같은 날 해시에 시행하였는데 금척무가 어느 때 추어졌는지 의주(儀註) 내용을 보면 다음과 같다.

의 례 명	의 주 내 용	국 역
광무 6년(1902) 대전외진연 4월 23일 묘시 함령전 설행 임인진연의궤 4월 권1(P.40B)	陛下執爵宰臣俯伏登歌作於萬斯年之曲 陛下舉爵提調進受虛爵立授 曲舞童入作夢金尺 宰臣宰臣受復於酒亭樂止	폐하께서 술을 드시면 행신이 부복한다. 등가에서 만사년지곡을 연주하면 무동이들와 몽금척(원무곡)을 올릴 때 폐하께서 잔을 들면 제조가 나아가 빈 잔을 받아 행신에게 주면 행신은 받아 주정에 되돌려 놓는다. 악지한다.
광무 6년(1902) 대전내진연 4월 24일 진시 함령전 설행 임인진연의궤 4월 권1(P.48B)	女執事俯伏舉麾奏瑞雲耀日之曲呈夢金尺 陛下舉爵尚食進受虛爵復於壽酒亭典賞 唱俯伏興平身 皇太子妃俯伏興平身 親王郡夫人 左右命婦宗親戚臣進宴廳堂上郎廳俯伏興平身樂止	여집사가 「휘」를 눕혔다 세우면 서운요일지곡을 연주하고 몽금척(원무곡)을 올릴 때 폐하께서 잔을 들면 상식이 나아가 빈 잔을 받아 수주정에 되돌려 놓는다. 전찬이 「부복흥평신」하고 창하면 황태자비는 「부복흥평신」하고 친왕군부인 좌우명부, 종친, 척신도 진찬소 당상 낭청에서 「부복흥평신」한다. 악지한다.
광무 6년(1902) 대전야진연 4월 24일 해시 함령전 설행 임인진연의궤 4월(P.60B)	女執事俯伏舉麾奏金仙獻桃之曲呈夢金尺 尚宮導 陛下以出樂止	여집사가 「휘」를 눕혔다 세우면 금선헌선도지곡을 연주하고 몽금척(원무곡)을 올릴 때 상궁이 폐하를 인도하여 나간다. 악지한다.

12) 광무 6년(1902) 임인진연의궤 11월(壬寅進宴儀軌十一月)

광무 6년(1902) 11월에 고종황제의 망육순(望六旬)과 어극(御極) 40년을 축하하기 위하여 11월 4일 진기에 대전외진연을 11월 8일 중화전에서 대전내진연을 시행하였다.

같은 날 해시에 근명전에서 대전야진연을 실시하고 11월 9일 선시에 근명전에서 황태자회작을 같은 날 해시에 황태자야연을 실시하였는데 금척무가 어느 의례 때에 추어졌는지 내용을 보면 다음 과 같다.

의 례 명	의 주 내 용	국 역
광무 6년(1902) 대전외진연 11월 4일 선시 중화전 설행 임인진연의궤 11월 권1(P.53)	執爵宰臣俯伏登歌作致和平之曲舞童入作夢金尺〔陛下〕陛下舉爵提調進受虛爵立授宰臣宰臣受復於酒亭 樂止	폐하께서 술을 드시면 행신이 부복한다. 등가에서 취화평지곡을 연주하고 무동이 들어와 몽금척(원무곡)을 올릴 때 폐하께서 잔을 들면 제조가 나아가 빈 잔을 받아 행신에게 주면 행신은 받아 주정에 되돌려 놓으면 악지한다.
광무 6년(1902) 대전내진연 11월 8일 선시 근명전 설행 임인진연의궤 11월 권1(P.61B)	女執事俯伏舉麾奏聖壽無疆之曲呈夢金尺〔曲原舞〕陛下舉爵尚食進受虛爵復於壽酒亭典賓唱俯伏興平身 皇太子妃俯伏興平身 親王郡夫人左右命婦宗親戚臣進宴廳堂上郎廳俯伏興平身 樂止	여집사가 「휘」를 눕혔다 세우면 성수무강 지곡을 연주하고 몽금척(원무곡)을 올릴 때 폐하께서 잔을 들면 상식이 나아가 빈 잔을 받아 수주정에 되돌려 놓는다. 전찬이 「부복흥평신」하고 창하면 황태자 비는 「부복흥평신」하고 친왕군부인, 좌우 명부, 종친, 척신도 진연청 당상 낭청에서 부복흥평신하면 악지한다.
광무 6년(1902) 대전야진연 11월 8일 해시 근명전 설행 임인진연의궤 11월 권1(P.70B)	女執事俯伏舉麾奏堯天舜日之曲呈夢金尺〔曲原舞〕尚 宮導 陛下以出 樂止	여집사가 「휘」를 눕혔다 세우면 요천순일 지곡을 연주하고 몽금척(원무곡)을 올릴 때 상궁이 폐하를 인도하여 나가면 악지 한다.

3. 몽금척 정재채비

※ 각 의궤의 정재채비의 수록된 금척무의 여기(女妓)와 무동(舞童) 명단

연 대	죽간자	족 자	금 척	협 무	황 개
영조 20년(1744) 대왕대비전진연 10월 4일 묘시 광명전 설행 갑자진연의궤 (P.36)	상례(尙禮) 두용화(杜龍花)	개화(開花)	해란(海蘭)	현매(顯梅) 선금(善今) 월정(月貞) 복섬(福蟾) 취정(翠貞) 송애(松愛) 설상매(雪上梅) 옥심(玉心) 복매(福梅) 두정(豆貞) 채란(彩蘭) 기린(祺璘)	(月火因臺)
순조 29년(1829) 대전내진찬 2월 12일 진시 자경전 설행 기축진찬의궤 권3(P.6)	영애(永愛) 춘외춘(春外春)	월선(月仙)	명옥(明玉)	※ 좌협(左挾) 선옥(仙玉) 진월(晋月) 금옥(金玉) 영애(永愛) 연심(蓮心) 임옥(壬玉) ※우협(右挾) 양대설(陽臺雪) 능홍(綾紅) 강선(降仙) 옥진(玉眞) 향심(香心) 운영(雲英)	순절(順節)
순조 29년(1829) 왕세자회작 2월 13일 진시 자경전 설행 기축진찬의궤 권3(P.6)	상동	상동	상동	상동	상동

연 대	죽간자	족 자	금 척	협 무	황 개
헌종 14년(1848) 대왕대비전내진찬 3월 17일 묘시 통명전 설행 무신진찬의궤 권3(P.7B)	초옥(楚玉) 월향(月香)	금홍(錦紅)	옥이(玉伊)	※좌협(左挾) 학선(鶴仙) 영산홍(暎山紅) 홍도(紅桃) 경패(瓊貝) 봉랑(鳳娘) 옥림(玉任) ※우협(右挾) 홍도(紅桃) 연심(蓮心) 채란(彩鸞) 월중선(月中仙) 금선(錦仙) 영옥(暎玉)	매홍(梅紅)
고종 5년(1868) 대왕대비전내진찬 12월 6일 미시 강령전 설행 무진진찬의궤 권3(P.39B)	점홍(點紅) 연연(姸鸞)	은향(銀香)	계월(桂月)	※ 좌협(左挾) 월향(月香) 혜란(蕙蘭) 화선(花仙) 금희(錦姬) 설도(雪挑) 계홍(桂紅) ※우협(右挾) 연향(蓮香) 향춘(香春) 향란(香蘭) 연화(蓮花) 순희(順姬) 명옥(明玉)	기록 없음
고종 5년(1868) 대전회작 12월 11일 묘시 강령전 설행	상동	상동	상동	상동	

연 대	죽간자	족 자	금 척	협 무	황 개
고종 10년(1873) 대왕대비전내진찬 4월 18일 강령전 설행 계유진작의궤 권3(P.56B)	란주(蘭珠) 소월(素月)	설중매(雪中梅)	계월(桂月)	※좌협(左挾) 월향(月香) 월희(月姬) 화선(花仙) 옥향(玉香) 월색(月色) 연심(蓮心) ※우협(右挾) 월향(月香) 연향(蓮香) 초운(楚雲) 연향(蓮香) 부희(笑喜) 계홍(桂紅)	란향(蘭香)
고종 14년(1877) 대왕대비전내진찬 12월 6일 진시 통명전 설행 정축진찬의궤 권3(P.17B)	경옥(瓊玉) 춘홍(春紅)			※ 좌협(左挾) 란주(蘭珠) 추월(秋月) 명월(明月) 록주(綠珠) 산월(山月) 화향(花香) ※우협(右挾) 봉심(鳳心) 월희(月喜) 동정(洞庭) 운향(雲香) 연홍(蓮紅) 앵앵(鶯鶯)	
고종 24년(1887) 대왕대비전내진찬 1월 27일 진시 만경전 설행 정해진찬의궤 권3(P.21B)	금화(錦花) 채희(彩喜)	화향(花香)	운향(雲香)	※좌협(左挾) 금홍(錦紅) 도화(桃花) 옥진(玉眞) 채봉(彩鳳) 옥향(玉香) ※우협(右挾) 명희(明喜) 산옥(山玉) 화선(花仙) 정희(貞喜) 소월(小月) 연화(蓮花)	봉심(鳳心)

연 대	죽간자	족 자	금 척	협 무	황 개
고종 24년(1887) 대전야연 1월 28일 2경 만경전 설행 정해진찬의궤 권3(P.25)	상 동	상 동	상 동	상 동	상 동
고종 24년(1887) 왕세자야연 1월 29일 2경 만경전 설행 정해진찬의궤 권3(P.27)	상 동	상 동	상 동	상 동	상 동
고종 29년(1892) 대전외진찬 9월 24일 묘시 근정전 설행 임진진찬의궤 권3(P.32)	김만록(金萬祿) 박점손(朴點孫)	김윤학(金允鶴)	박수길(朴壽吉)	※좌협(左挾) 김천만(金千萬) 김태산(金泰山) 박효산(朴好山) 이득순(李得淳) 성유상(成有相) 이성운(李聖雲) ※우협(右挾) 이만수(李萬壽) 김성인(金聖仁) 오석숭(吳石崇) 황운용(黃雲龍) 김구일(金九日) 김남산(金南山)	유석봉(劉石鳳)
고종 29년(1892) 대전중궁전내진찬 9월 25일 진시 강령전 설행 임진진찬의궤 권3(P.33B)	산옥(珊玉) 란희(蘭喜)	화향(花香)	화선(花仙)	※좌협(左挾) 월희(月喜) 향란(香蘭) 이화(梨花) 금화(錦花) 금홍(錦紅) 류색(柳色) ※우협(右挾) 죽엽(竹葉) 명주(明珠) 록주(綠珠) 기화(琦花) 계월(桂月) 초운(楚雲)	학희(鶴喜)

연 대	죽간자	족 자	금 척	협 무	황 개
고종 29년(1892) 대전중궁전야진찬 9월 25일 2경 강령전 설행 임진진찬의궤 권3(P.35B)	상 동	상 동	상 동	상 동	상 동
광무 5년(1901) 대전외진연 7월 26일 묘시 함령전 설행 신축진연의궤 권3(P.33B)	김복동(金福東) 한창철(韓昌哲)	김수만(金壽萬)	이수산(李壽山)	※좌협 고용이(高用伊) 이봉학(李鳳學) 이학돌(李學乭) 최봉철(崔鳳哲) 이구용(李九用) 이수억(李壽億) ※우협 이용봉(李用鳳) 서수남(徐壽南) 이수명(李壽命) 김수업(金壽業) 권만길(權萬吉) 권흥성(權興成)	
광무 5년(1901) 대전내진연 7월 27일 진시 함령전 설행 신축진연의궤 권3(P.35B)	비연(飛鷰) 비취(翡翠)	롱월(弄月)	도홍(挑紅)	금랑(錦娘) 옥엽(玉葉) 화향(花香) 봉희(鳳喜) 명옥(明玉) 연연(姸姸) 월색(月色) 월출(月出) 월향(月香) 월희(月喜) 산월(山月) 홍도(紅桃)	죽심(竹心)
광무 5년(1901) 대전야진연 7월 27일 해시 함령전 설행 신축진연의궤 권3(P.37)	상 동	상 동	상 동	상 동	

연 대	죽간자	족 자	금 척	협 무	황 개
광무 5년(1901) 명헌태후전내진찬 5월 13일 선시 경운당 설행 신축진찬의궤 권3(P.18)	상 동	상 동	상 동	상 동	금홍(錦紅)
광무 5년(1901) 대전회작 5월 16일 선시 경운당 설행 신축진찬의궤 권3(P.20B)	상 동	상 동	상 동	상 동	상 동
광무 6년(1902) 대전외진연 4월 23일 묘시 함령전 설행 임인진연의궤 4월 권3(P.28B)	이수범(李壽範) 김세창(金世昌)	강노미(姜老味)	최봉철(崔鳳哲)	※좌협(左挾) 이학돌(李學乭) 김수업(金壽業) 권만길(權萬吉) 권흥성(權興成) 이점산(李點山) 신효길(辛孝吉) ※우협(右挾) 최봉철(崔鳳哲) 이구웅(李九雄) 김소회(金所回) 이수억(李壽億) 임수만(林壽萬) 한창철(韓昌哲)	신학철(申學哲)
광무 6년(1902) 대전내진연 4월 24일 진시 함령전 설행 임인진연의궤 4월 권3(P.30B)	록주(綠珠) 옥희(玉喜)	금산(錦山)	영월(暎月)	금화(錦花) 취란(翠蘭) 경옥(瓊玉) 부용(芙蓉) 유록(柳綠) 월색(月色) 화선(花仙) 담홍(淡紅) 연심(蓮心) 화봉(花鳳) 경패(瓊貝) 명주(明珠)	경매(瓊梅)

연 대	죽간자	족 자	금 척	협 무	황 개
광무 6년(1902) 대전야진연 4월 24일 해시 함령전 설행 임인진연의궤 4월 권1(P.32B)	상 동	상 동	상 동	상 동	상 동
광무 6년(1902) 대전외진연 11월 4일 진시 중화전 설행 임인진연의궤 11월 권3(P.30)	이수범(李壽範) 김세창(金世昌)	강노미(姜老味)	최봉철(崔鳳哲)	※좌협(左挾) 이학돌(李學乭) 김수업(金壽業) 권만길(權萬吉) 권흥성(權興成) 이점산(李點山) 신효길(辛孝吉) ※우협(右挾) 최봉철(崔鳳哲) 이구웅(李九雄) 김소회(金所回) 이수억(李壽億) 임수만(林壽萬) 한창철(韓昌哲)	신학천(申學天)
광무 6년(1902) 대전내진연 11월 8일 선시 근정전 설행 임인진연의궤 11월 권3(P.31B)	록주(綠珠) 옥희(玉喜)	금선(金仙)	명옥(明玉)	금화(錦花) 취란(翠蘭) 산옥(山玉) 유록(柳綠) 부용(芙蓉) 명주(明珠) 경옥(瓊玉) 화봉(花鳳) 담홍(淡紅) 연심(蓮心) 롱월(弄月) 경패(瓊貝)	경매(瓊梅)
광무 6년(1902) 대전야진연 11월 8일 해시 근정전 설행 임인진연의궤 11월 권3(P.33B)	상 동	상 동	상 동	상 동	상 동

4. 상전(賞典)

※ 연향이 끝나고 금척무를 춘 여기(女妓) 무동(舞童)에 대한 시상

연 대	수 상 자	상 품	비 고
영조 20년(1744) 대왕대비전진연 갑자진연의궤			
순조 29년(1829) 대전외진찬 기축진찬의궤 권3(P.30)	무동, 서용범(徐龍範) 등 22명	各各木二疋 布一疋	
헌종 14년(1848) 대왕대비전내진찬 무신진찬의궤 권3(P.58B)	(1) 죽간자, 초옥(楚玉) 등 2명	各各白木一疋	
	(2) 족자, 금홍(錦紅) (3) 황개, 매홍(梅紅)	各各木二疋	
	(4) 금척, 옥이(玉伊)	白木一疋	
	(5) 협무, 학선(鶴仙) 등 2명	各各白木一疋	
	(6) 협무, 봉낭(鳳娘) 등 9명	各白木一疋	
고종 5년(1868) 대왕대비전내진찬 대전회작 무진진찬의궤 권3(P.46)	(1) 죽간자 연연(妍妍) 등 2명	各木一疋	
	(2) 황개 유록(柳綠) (3) 족자 은향(銀香)	各木一疋	
	(4) 금척 계월(桂月)	紬一疋	
	(5) 협무 월향(月香) 등 12명	各白木一疋	
고종 10년(1873) 대왕대비전내진찬 계유진작의궤 권3(P.63)	(1) 죽간자 란주(蘭珠) 등 2명	各白木一疋	
	(2) 족자 설중매(雪中梅) (3) 황개 란향(蘭香)	各木一疋	
	(4) 금척 계월(桂月)	紬一疋木一疋	
	(5) 협무 월향(月香) 등 12명	各木一疋	
고종 14년(1877) 대왕대비전내진찬 정축진찬의궤 권3(P.44)	(1) 죽간자 경옥(瓊玉) 등 2명	各木一疋	
	(2) 족자 상섬(祥纖) (3) 황개 채홍(彩紅)	各木一疋	
	(4) 금척 학선(鶴仙) (5) 협무 란주(蘭珠) 등 8명	各白木一疋	
	월희(月喜) 등 3명	各白木一疋	

연 대	수 상 자	상 품	비 고
고종 24년(1887) 대왕대비전내진찬 대전야연 왕세자야연 정해진찬의궤 권3(P.41)	(1) 죽간자: 금화(錦花) 등 3명	各白木一疋	
	(2) 족자: 화향(花香) (3) 황개: 봉심(鳳心)	各木一疋	
	(4) 금척: 운향(雲香) (5) 협무: 금홍(錦紅) 등 12명	各白木一疋	
고종 29년(1892) 대전외진찬 임진진찬의궤 권3(P.57B)	(1) 무동: 이만수(李萬壽) 등 7명	各白木一疋 木一疋	
	이수철(李壽喆) 등 134명	各木一疋 호조제급(戶曹題給)	
고종 29년(1892) 대전중궁전내진찬 대전중궁전야진찬 임진진찬의궤 권3(P.73)	(1) 죽간자: 산옥(珊玉) 등 2명	各白木一疋	
	(2) 족자: 화향(花香) (3) 황개: 학희(鶴喜)	各白木一疋	
	(4) 금척: 화선(花仙)	紬一疋	
	(5) 협무: 월희(月喜) 등 12명	各白木一疋	
광무 5년(1901) 대전외진연 신축진연의궤 권3(P.46)	무동: 이수산(李壽山) 등 8명	各白木一疋 木一疋	
	신효길(辛孝吉) 등 147명	各白木一疋	
광무 5년(1901) 대전내진연 대전야진연 신축진연의궤 권3(P.55B)	(1) 죽간자: 변연(?鳶) 등 2명	各白木一疋	
	(2) 족자: 롱월(弄月) (3) 황개: 죽심(竹心)		
	(4) 금척: 도홍(桃紅)	紬一疋	
	(5) 협무: 금낭(錦娘) 등 12명	各白木一疋	
광무 5년(1901) 명헌태후전내진찬 대전회작 황태자회작 신축진찬의궤 권3(P.35)	(1) 죽간자: 비취(翡翠) 등 2명 (2) 금척: 도홍(桃紅)	各白木一疋	
	(3) 족자: 롱월(弄月) (4) 황개: 금홍(錦紅)	各木一疋	
	(5) 협무: 금낭(錦娘) 등 12명	各白木一疋	
광무 6년(1902) 대전외진연 임인진연의궤 권3(4월) (P.43B)	무동: 이학돌(李學乭) 등 8명	各白木一疋 木一疋	
	이수복(李壽福) 등 183명	各木一疋	

연 대	수 상 자	상 품	비 고
광무 6년(1902) 대전내진연 대전야진연 임인진연의궤 권3(4월) (P.52)	(1) 죽간자: 록주(綠珠) 등 2명	各白木一疋	택일(擇日) 및 의주(儀註)
	(2) 족자: 금선(錦仙) (3) 황개: 경매(瓊梅)	紬一疋	
	(4) 금척: 영월(暎月) (5) 협무: 금화(錦花) 등 12명	各白木一疋	
광무 6년(1902) 대전외진연 임인진연의궤 권3(11월) (P.48B)	무동: 이수억(李壽億) 등 8명	各白木一疋 木一疋	
	무동: 서재봉(徐在鳳) 등 186명	各木一疋	
광무 6년(1902) 대전내진연 대전야진연 임인진연의궤 권3(11월) (P.69)	(1) 죽간자: 록주(綠珠) 등 2명 (2) 족자: 금선(錦仙) (3) 황개: 경매(瓊梅)	各白木一疋	
	(4) 금척: 명옥(明玉)	紬一疋	
	(5) 협무: 금화(錦花) 등 12명	各白木一疋	

Ⅲ. 도식(圖式) 및 복식(服食)

1) 순조 29년(1829) 기축진찬의궤 권3 공령(P.4B)

배 역	머 리	상 의	하 의	띠	한 삼	신
각무정재여령	화관(花冠)	초록단의 (草綠丹衣) 황초단삼 (黃綃單衫)	이남색상표 (裏藍色裳表) 홍초상 (紅綃裳)	홍단금루수대 (紅緞金縷繡帶)	오색한삼 (五色汗衫)	초록혜 (草綠鞋)
※ 무동복식(舞童服飾)과 금척무(金尺舞) 복식에 관한 별도의 기록이 없음						

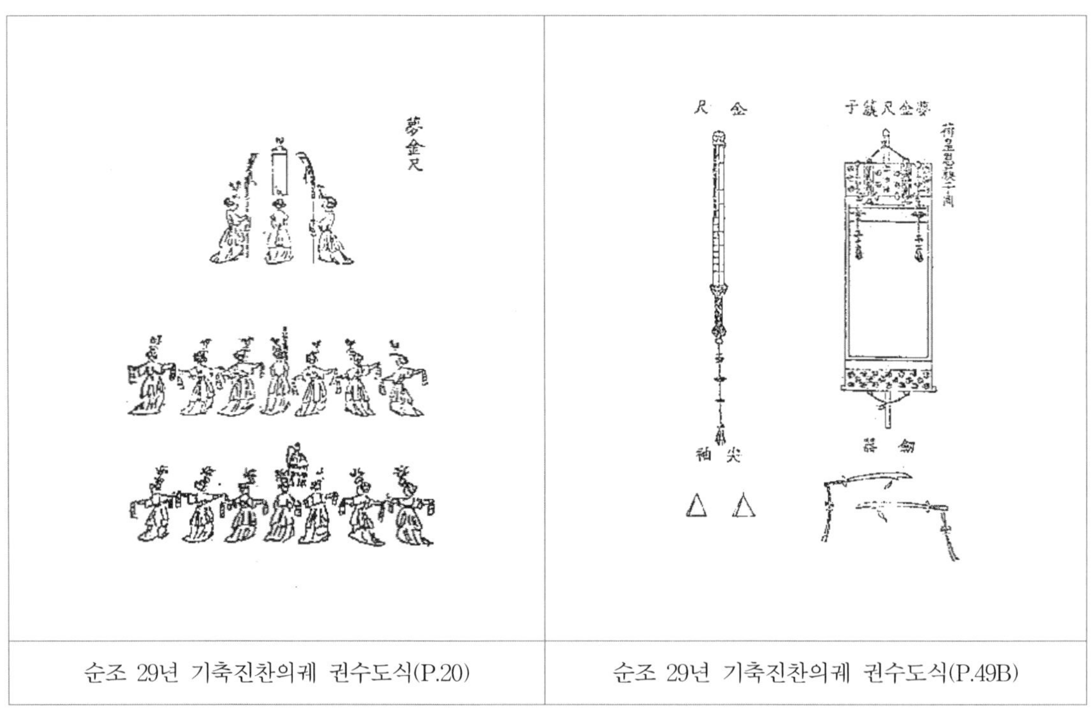

순조 29년 기축진찬의궤 권수도식(P.20)	순조 29년 기축진찬의궤 권수도식(P.49B)

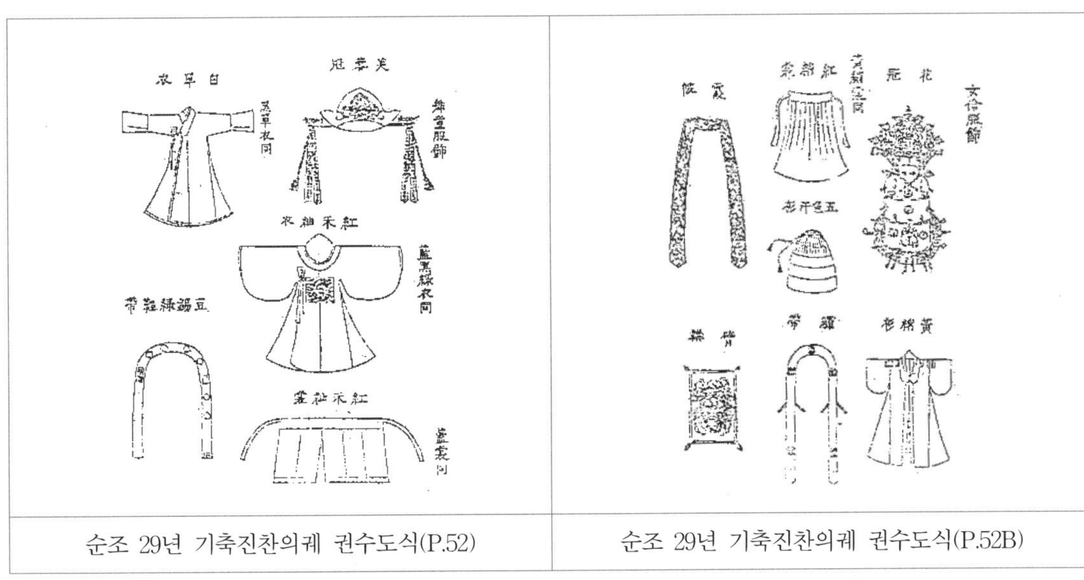

순조 29년 기축진찬의궤 권수도식(P.52)	순조 29년 기축진찬의궤 권수도식(P.52B)

2) 헌종 14년(1848) 무신진찬의궤 권3 공령(P.45B)

배 역	머 리	상 의	하 의	띠	한 삼	신
각무정재여령	화관(花冠)	황초단삼 (黃綃單衫)	이남색상표 (裏藍色裳表) 홍초상 (紅綃裳)	홍단금루수대 (紅緞金縷繡帶)	오색한삼 (五色汗衫)	초록혜 (草綠鞋)

※ 무동복식(舞童服飾)과 금척무(金尺舞) 복식에 관한 별도의 기록이 없음.

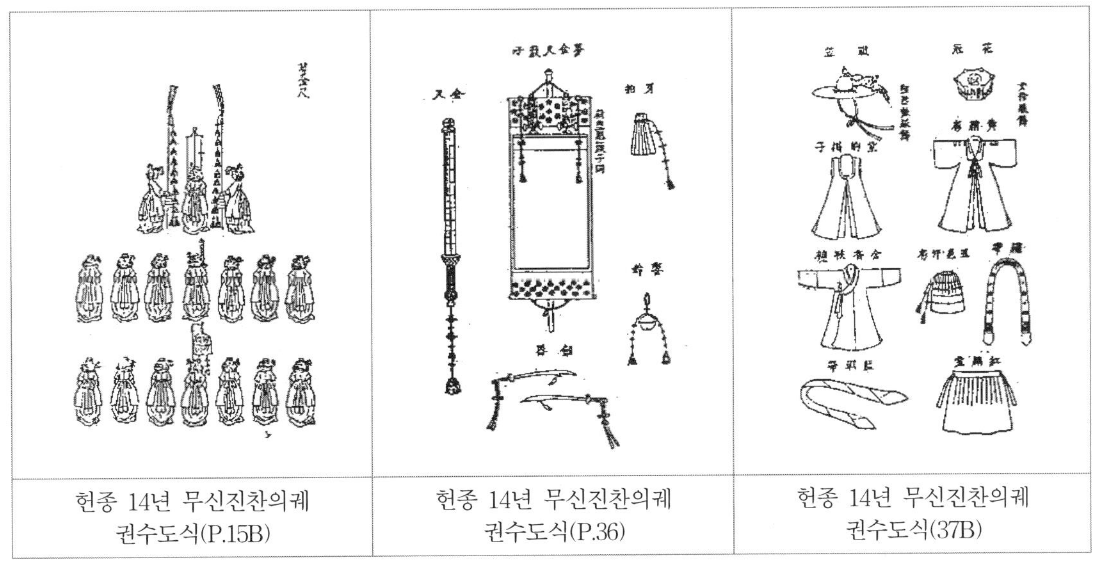

헌종 14년 무신진찬의궤 권수도식(P.15B)	헌종 14년 무신진찬의궤 권수도식(P.36)	헌종 14년 무신진찬의궤 권수도식(37B)

3) 고종 5년(1868) 무진진찬의궤 권3 공령(P.38)

배 역	머 리	상 의	하 의	띠	한 삼	신
각무정재여령	체패화관 (髢貝花冠)	황초단삼 (黃綃單衫)	이남색상표 (裏藍色裳表) 홍초상 (紅綃裳)	홍단금루수대 (紅緞金縷繡帶)	오색한삼 (五色汗衫)	흑혜 (黑鞋)
※ 무동복식(舞童服飾)과 금척무(金尺舞) 복식에 관한 별도의 기록이 없음.						

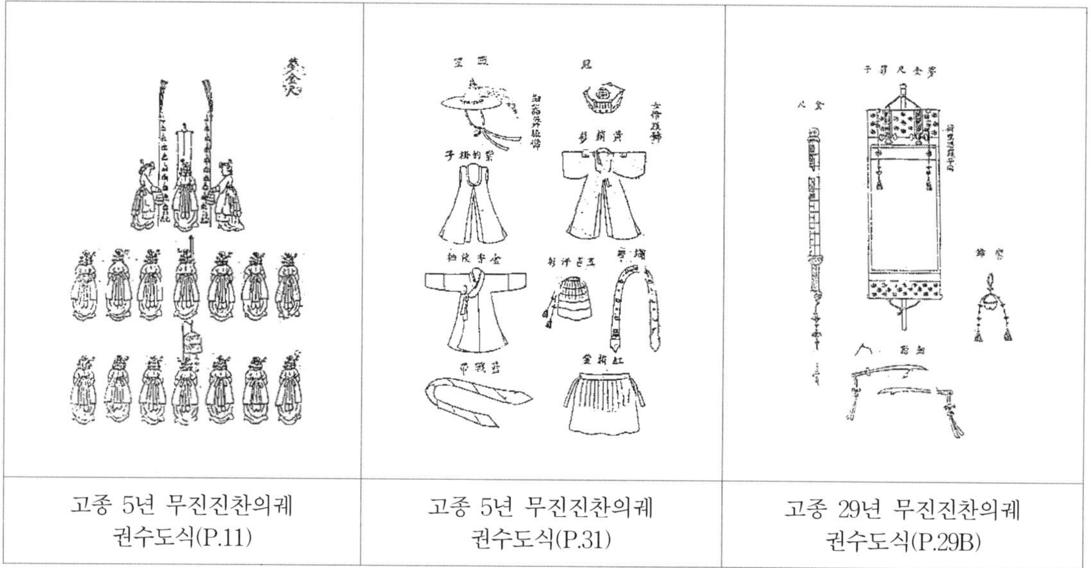

고종 5년 무진진찬의궤 권수도식(P.11)	고종 5년 무진진찬의궤 권수도식(P.31)	고종 29년 무진진찬의궤 권수도식(P.29B)

4) 고종 10년(1873) 계유진작의궤 권3 공령(P.54B)

배 역	머 리	상 의	하 의	띠	한 삼	신
각무정재여령	화관(花冠)	황초단삼 (黃綃單衫)	이남색상표 (裏藍色裳表) 홍초상 (紅綃裳)	홍단금루수대 (紅緞金縷繡帶)	오색한삼 (五色汗衫)	기록없음
※ 무동복식(舞童服飾)과 금척무(金尺舞) 복식에 관한 별도의 기록이 없음.						
※ 권수(券首)가 손실되어 도식(圖式)의 기록을 알 수 없음.						

5) 고종 14년(1877) 정축진찬의궤 권3 공령(P.16)

배 역	머 리	상 의	하 의	띠	한 삼	신
각무정재여령	화관(花冠)	황초단삼 (黃綃單衫)	이남색상표 (裏藍色裳表) 홍초상 (紅綃裳)	홍단금루수대 (紅緞金縷繡帶)	오색한삼 (五色汗衫)	초록혜 (草綠鞋)

※ 무동복식(舞童服飾)과 금척무(金尺舞) 복식에 관한 별도의 기록이 없음.

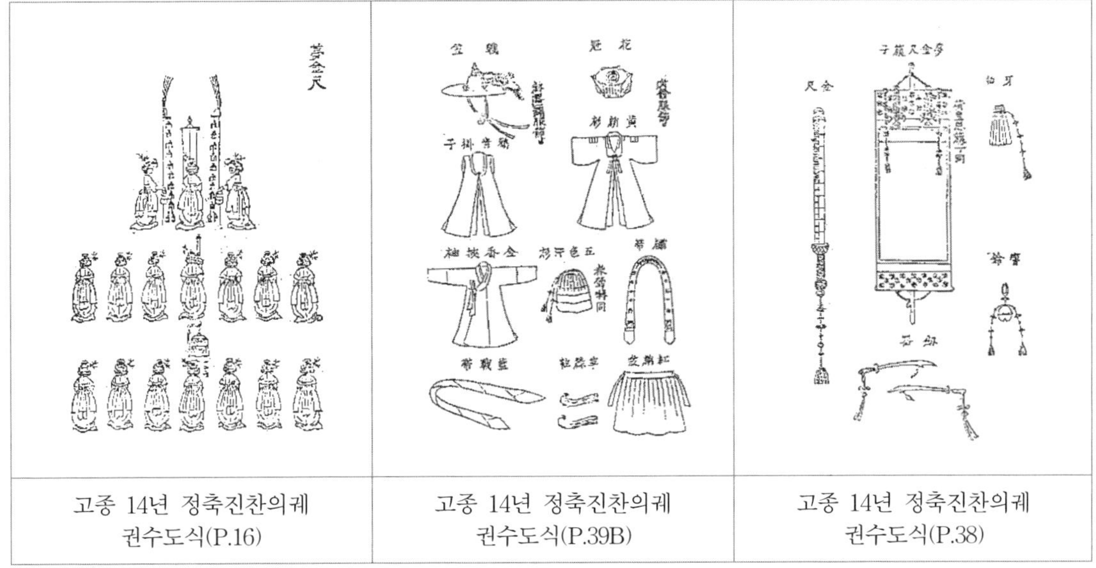

고종 14년 정축진찬의궤 권수도식(P.16)	고종 14년 정축진찬의궤 권수도식(P.39B)	고종 14년 정축진찬의궤 권수도식(P.38)

6) 고종 24년(1887) 정해진찬의궤 권3 공령(P.20)

배 역	머 리	상 의	하 의	띠	한 삼	신
각무정재여령	화관(花冠)	황초단삼 (黃綃單衫)	이남색상표 (裏藍色裳表) 홍초상 (紅綃裳)	홍단금루수대 (紅緞金縷繡帶)	오색한삼 (五色汗衫)	초록혜 (草綠鞋)

※ 무동복식(舞童服飾)과 금척무(金尺舞) 복식에 관한 별도의 기록이 없음.

고종 24년 정해진찬의궤 권수도식(46B)

7) 고종 29년(1892) 임진진찬의궤 권3 공령(P.30)

배 역	머 리	상 의	하 의	띠	한 삼	신
각무정재여령	화관(花冠)	황초단삼 (黃綃單衫)	이남색상표 (裏藍色裳表) 홍초상 (紅綃裳)	홍단금루수대 (紅緞金縷繡帶)	오색한삼 (五色汗衫)	초록혜 (草綠鞋)

※ 무동정재복식에 관한 별도의 기록은 없고 각무정재무동복식 수기정재소착(隨其呈才所着)이라고만 기록하고 있다.
※ 금척무에 관한 별도의 복식이 없고 각무정재여령으로 입었을 것으로 보인다.

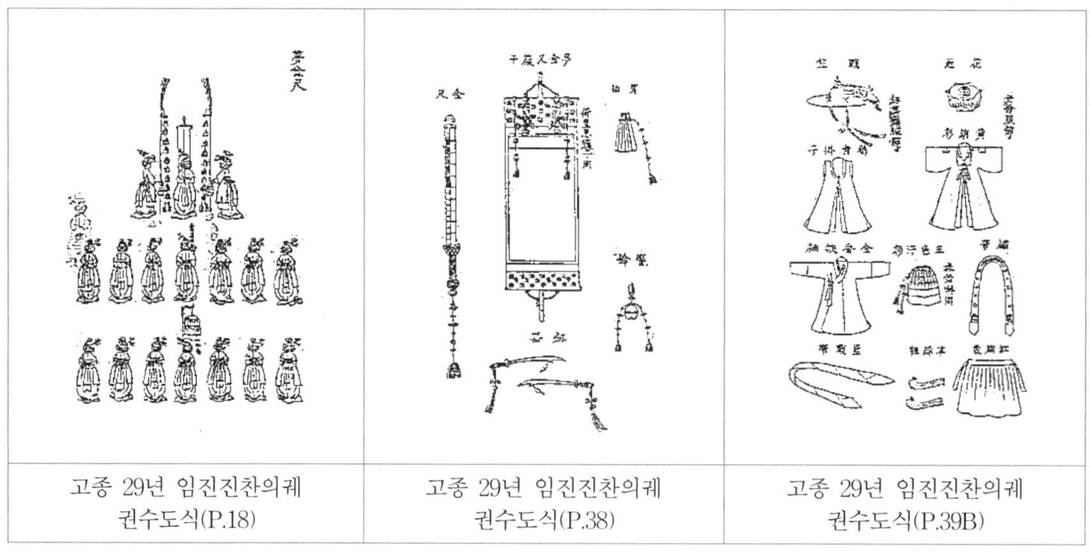

고종 29년 임진진찬의궤 권수도식(P.18)	고종 29년 임진진찬의궤 권수도식(P.38)	고종 29년 임진진찬의궤 권수도식(P.39B)

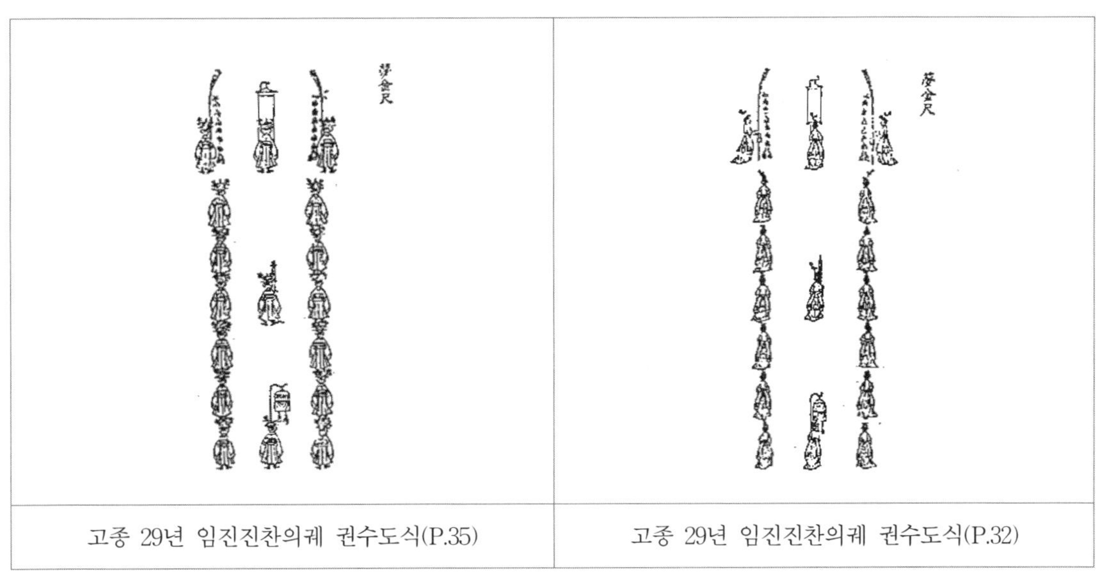

| 고종 29년 임진진찬의궤 권수도식(P.35) | 고종 29년 임진진찬의궤 권수도식(P.32) |

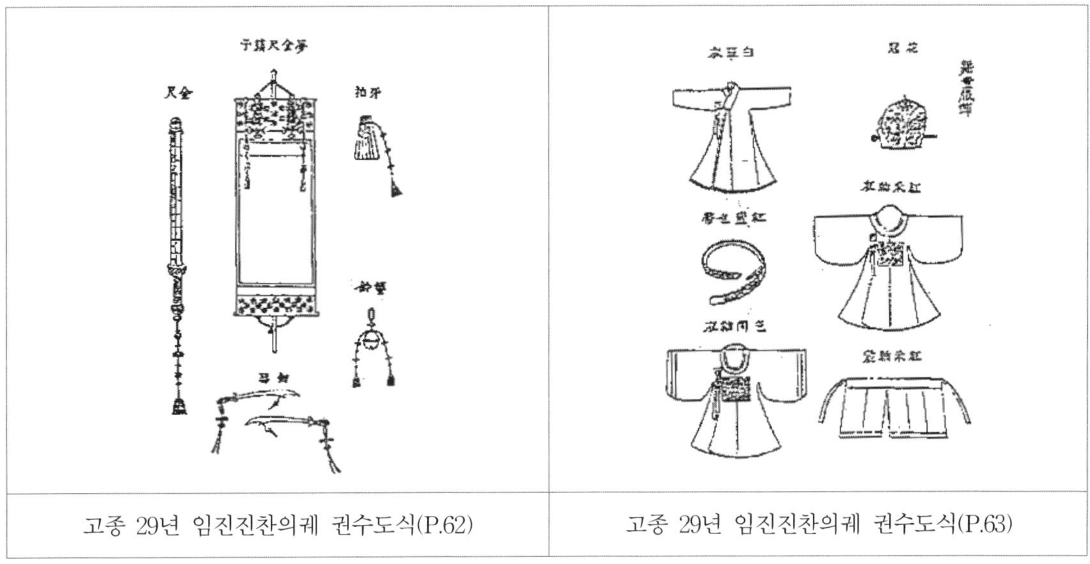

| 고종 29년 임진진찬의궤 권수도식(P.62) | 고종 29년 임진진찬의궤 권수도식(P.63) |

8) 광무 5년(1901) 신축진연의궤 권3 공령(P.32)

배 역	머 리	상 의	하 의	띠	한 삼	신
각무정재여령	화관(花冠)	록초단삼 (綠綃單衫)	이남색상표 (裏藍色裳表) 홍초상 (紅綃裳)	홍단금루수대 (紅緞金縷繡帶)	오색한삼 (五色汗衫)	초록혜 (草綠鞋)

※ 무동정재복식에 관한 별도의 기록은 없고 각무정재무동복식 수기정재소착(隋其呈才所着)이라고만 기록하고 있다.

※ 금척무에 관한 별도의 복식이 없다. 각무정재여령으로 입었을 것으로 보인다.

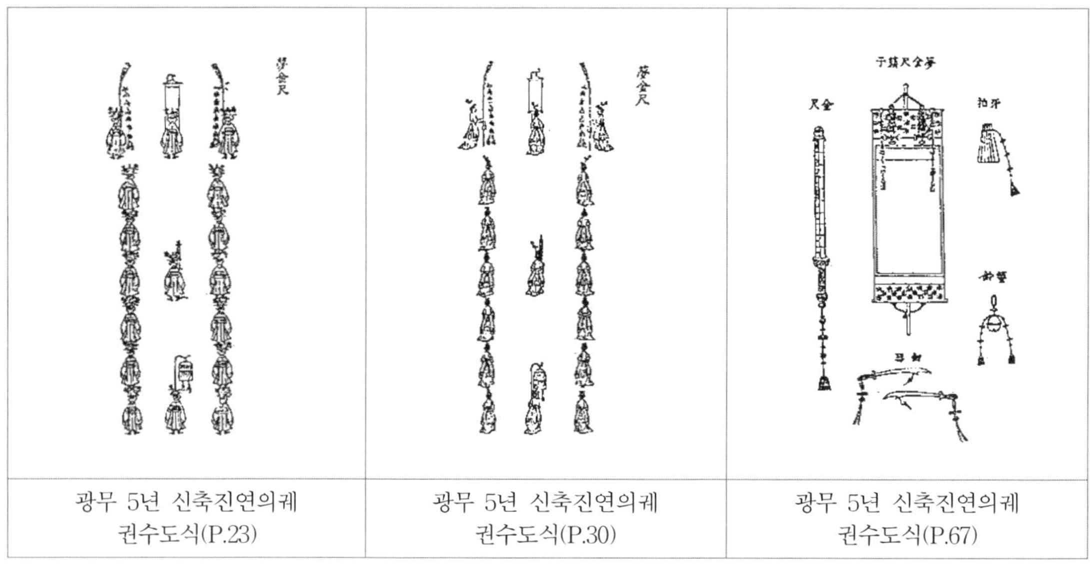

광무 5년 신축진연의궤 권수도식(P.23)	광무 5년 신축진연의궤 권수도식(P.30)	광무 5년 신축진연의궤 권수도식(P.67)

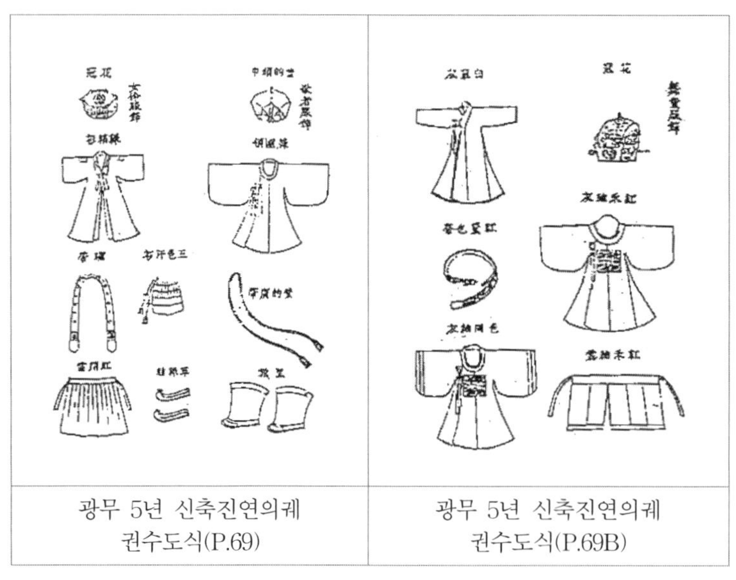

광무 5년 신축진연의궤 권수도식(P.69)	광무 5년 신축진연의궤 권수도식(P.69B)

9) 광무 5년(1901) 신축진연의궤 권3 공령(P.17)

배 역	머 리	상 의	하 의	띠	한 삼	신
각무정재여령	화관(花冠)	록초단삼 (綠綃單衫)	이남색상표 (裏藍色裳表) 홍초상 (紅綃裳)	홍단금루수대 (紅緞金縷수帶)	오색한삼 (五色汗衫)	초록혜 (草綠鞋)
※ 무동정재복식에 관한 별도의 기록은 없다. ※ 여령은 각무정재여령 복식은 같이 입었을 것으로 보인다.						

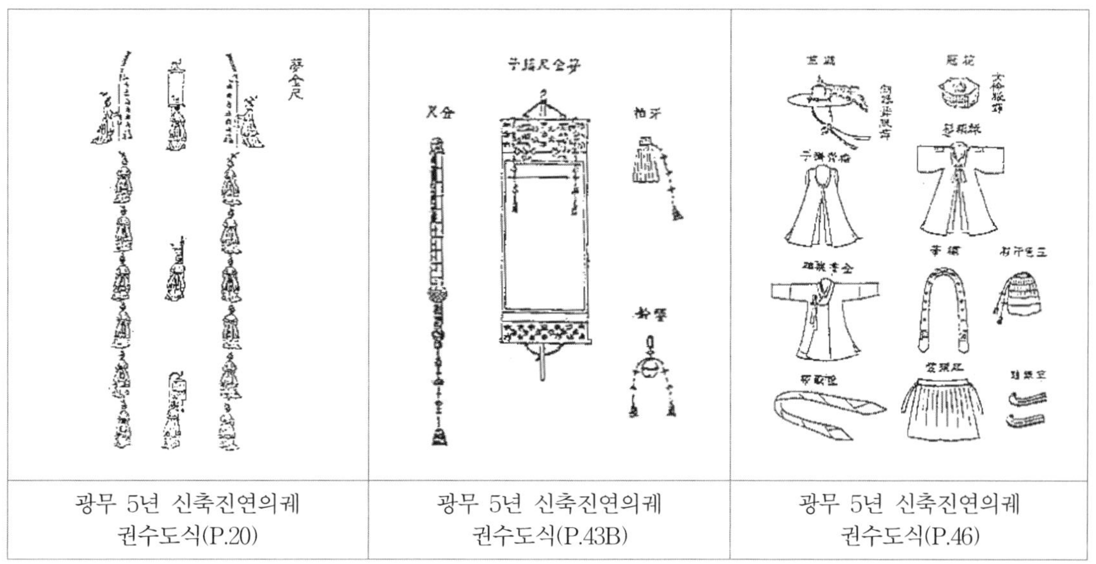

광무 5년 신축진연의궤 권수도식(P.20)	광무 5년 신축진연의궤 권수도식(P.43B)	광무 5년 신축진연의궤 권수도식(P.46)

10) 광무 6년(1902) 임인진연의궤 4월 11월 공령(4월 P.27, 11월 P.28)

	배 역	머 리	상 의	하 의	띠	한 삼	신
4 월	각무정재여령	화관(花冠)	록초단삼 (綠綃單衫)	이남색상표 (裏藍色裳表) 홍초상 (紅綃裳)	홍단금루수대 (紅緞金縷繡帶)	오색한삼 (五色汗衫)	초록혜 (草綠鞋)
11 월	상동	상동	상동	상동	상동	상동	상동
※ 무동정재 복식에 관한 별도의 기록은 없고 각무정재 무동복식 수기정재소착(隨其呈才所着)이라고 　만 기록하고 있다. ※ 금척무에 관한 별도의 기록이 없다. 각무정재여령으로 입었을 것으로 보인다.							

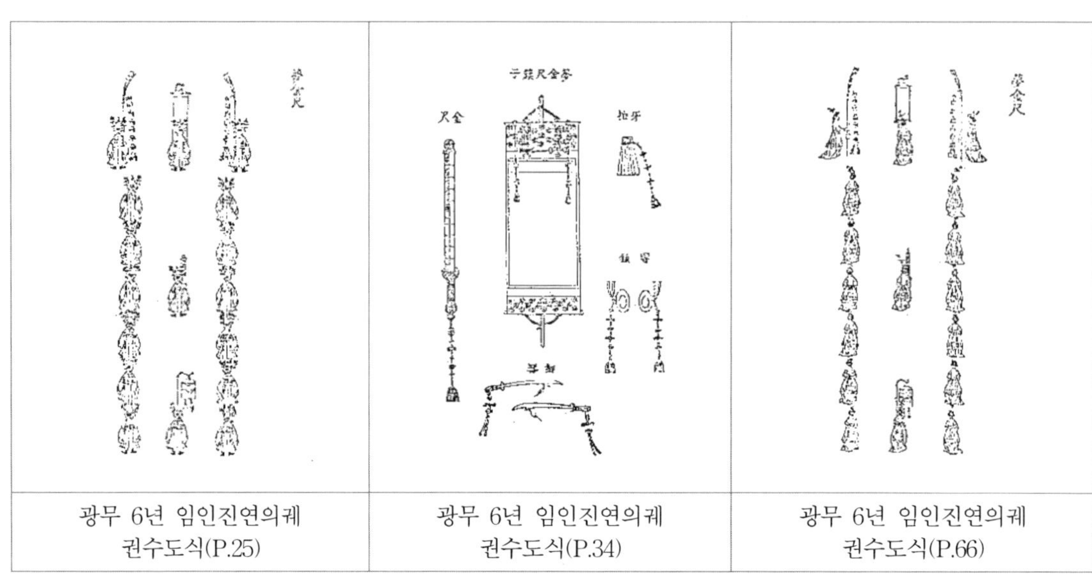

광무 6년 임인진연의궤
권수도식(P.25)

광무 6년 임인진연의궤
권수도식(P.34)

광무 6년 임인진연의궤
권수도식(P.66)

광무 6년 임인진연의궤
권수도식(P.70)

광무 6년 임인진연의궤
권수도식(P.70B)

Ⅳ. 몽금척(夢金尺) 홀기 비교

1. 몽금척 홀기 비교표

❖ 몽금척 홀기 비교표(1구)

	악학궤범	계사년홀기	신축진연홀기	신축외진연홀기	신축진찬홀기	신축진찬익일 회작홀기	신축무동홀기
	樂奏五雲開瑞朝引擊拍奉箎子一人奉竹竿子二人齊行足踴小進而立樂止口號擧頂行之靈異美盛德之形訖樂奉竹竿子二人足踴擊拍而退左右分立仍立箎子	樂奏壽寧之曲子令○拍箎子一人竹竿子二人齊行足踴而進立樂止口號奉頂行之靈異美盛德之形訖○拍交春○拍竹竿子二人足踴而退立仍立箎子○	樂奏萬壽之曲子令○拍箎子一人竹竿子二人齊行足踴而進立樂止口號形容其備優容式孚寔擧訖○	樂奏海屋添籌之曲子令○拍箎子一人竹竿子二人齊行足踴而進立樂止口號形容其備優容式孚寔擧訖	樂奏壽寧之曲子令○拍箎子一人竹竿子二人齊行足踴而進立樂止口號形容其備優容式孚寔擧訖	樂奏太平萬年之曲子令○拍箎子一人竹竿子二人齊行足踴而進立樂止口號奉頂行之靈異美盛德之形訖○拍交春○拍竹竿子二人足踴而立仍立箎子	二立樂止 樂奏風雲慶會之樂子令○拍箎子一人竹竿子二人齊行足踴小進
음악	오운개서조 인자	수령지곡 (보허자령)	만수장악지곡 (보허자령)	해옥첨수지곡 (보허자령)	수령지곡 (보허자령)	태평만년지곡 (보허자령)	풍운경회지곡 (보허자령)
진행	죽간자소진	좌동	좌동	좌동	좌동	좌동	좌동
구호자	동	동	동	동	동	동	기록없음
진행	죽간자2인 격박이퇴 족자이입	(향당교주) 죽간자2인 족도이퇴	죽간자2인 족도이퇴가 없음	좌동	좌동	계사년과 같음	죽간자 퇴립이 없음

❖ 몽금척 홀기 비교표(2구)

	악학궤범	계사년홀기	신축진연홀기	신축외진연홀기	신축진찬홀기	신축진찬익일 회작홀기	신축무동홀기
	頭各第一人舞進 擊拍歛手足蹈齊立於簇子左右擊拍 如前舞退歛手分立於簇子之後左右隊各第二人如上儀舞 擊拍左右隊	簇子左右〇拍第二隊舞進而立〇拍歛手足蹈 拍左右第一隊舞進而立〇拍歛手立扵	一隊舞進而立〇拍歛手立扵簇子左右〇拍第二隊舞進而立	第二隊舞進而立 拍歛手立扵簇子左右 拍第二隊舞	隊舞進而立 拍歛手足蹈 左右第一隊舞進而立〇拍歛手立扵簇子左右〇拍第二	左右〇拍第二隊舞進而立〇拍歛手足蹈 拍左右第一隊舞進而立〇拍歛手立扵簇子	擊足蹈〇拍交泰〇拍右隊舞進而立〇拍 拍交泰〇拍右隊頭第一人舞進立扵簇子左右〇拍
진행 (1)	좌,우대 제1인이 절화무를 추며 족자 좌우에 나아가 염수한다.	좌우대 제 1인은 무진하여 족자 좌,우에 선다.	박 향당교주 (좌동)	박 향당교주 (좌동)	좌동	계사년과 같다	향당교주 좌우두(頭) 제1인 무진이립 족자 좌우염수
진행 (2)	앞의 의례와 같이 무퇴하여 족자 뒤쪽에 선다.	없음	없음	없음	없음	없음	없음
진행 (3)	좌우대 제2인 여상의	박, 제2인 무진이립 박 염수족도	좌동	좌동	좌동	좌동	좌동
창사	좌,우대 두(頭) 각 제1인 무퇴 지시 동시 무진 후방차	없음	없음	없음	없음	없음	없음

※ 악학궤범에는 제 1대가 무진하여 궤(跪) 면복(俛伏)하고 족자 뒤쪽으로 무퇴할 때 제 2대가 동시에 무진한다. 라고 기록하고 있으나 계사년은 신축 각 홀기에는 없다.

그러나 다른 홀기에 기록이 없으나 악학궤범과 같이 진행해야 한다. 악학궤범의 후방차(後倣此)는 바로 이것을 이야기하는 것이기 때문이다.

또한, 제 1대, 2대, 3대, 4대, 5대, 6대가 따로따로 족자 좌우에 나가는 것은 예(禮)를 갖추기 위하여 나아가는 것이기 때문에 「궤」, 「면복」의 기록이 없어도 궤, 면복을 해야 한다.(홀기상에 기록이 없어도 항상 다른 홀기에 기록된 「범례」를 참조해야 한다.

❖ 몽금척 홀기 비교표(3구)

	악학궤범	계사년홀기	신축진연홀기	신축외진연홀기	신축진찬홀기	신축진찬익일 회작홀기	신축무동홀기
	第三人第四人第五人第六人亦如之 分作六隊薛行而立左右第六人立定舞欲訖先立十人亦同 時舒手更斂而立樂止	○拍第三隊舞進而立○拍斂手足蹈○拍第四隊舞進而立○拍斂手足蹈 拍第五隊舞進而立○拍斂手足蹈○拍第六隊舞進而立 拍斂手足蹈樂共	○拍第三隊舞進而立○拍斂手足蹈○拍第四隊舞進而立○拍斂手足蹈○拍第五隊舞進而立 拍斂手足蹈 拍第六隊舞進而立○拍斂手足蹈樂止○	拍第三隊舞進而立 拍斂手足蹈○拍第四隊舞進而立○拍斂手足蹈○拍第五隊舞進而立○拍斂手足蹈○拍第六隊舞進而立○拍斂手足蹈樂止	拍第三隊舞進而立○拍斂手足蹈○拍第四隊舞進而立○拍斂手足蹈○拍第五隊舞進而立○拍斂手足蹈○拍第六隊舞進而立○拍斂手足蹈樂	▷拍第三隊舞進而立○拍斂手足蹈○拍第四隊舞進而立○拍斂手足蹈○拍第五隊舞進而立○拍斂手足蹈○拍第六隊舞進而立○拍斂手足蹈樂止	▷拍左右第三隊舞進而立○○拍斂手足蹈○拍左右第四隊舞進而立○拍斂手足蹈 拍左右第五隊舞進而立○拍斂手足蹈○拍左右第六隊舞進而立 樂止
진행 (1)	제3·제4·제5·제6인은 제1·2대와 같이 하여 족자 뒤쪽에 나란히 선다.	제3·제4·제5·제6대 무진하여 염수한다.	좌동	좌동	좌동	좌동	좌동
범례	제6대 2인이 무퇴할 때 제1·제2·제3·제4·제5대는 동시(同時)서수(舒手)하여 제6대가 염수할 때 같이 염수한다.(1·2·3·4·5대가 거수외서하여 염수하는 것을 갱염(更斂)수라 한다.	없음	없음	없음	없음	없음	없음

악학궤범의 선립십인역동시 서수갱염이립(先立十人亦同舒手更斂手而立)은 제1·2·3·4·5대가 차례로 무진하였다가 무퇴하여 족자 뒤에 와서 염수하고 서 있다가 제 6대 2인이 무진했다가 족자 뒤쪽으로 올 때 제 1·2·3·4·5대는 거수(擧袖) 서수(舒手) 즉 외서(外舒)하여 제 6대가 염수할 때 같이 염수하는 것이다. 이때 제 1·2·3·4·5대가 염수하는 것을 갱염수라하고 제 6대가 염수하는 것을 염수라 한다. 그러나 계사년 및 신축각홀기에는 이 부분의 기록이 없으나 악학궤범과 같이 해야 한다.

❖ 몽금척 홀기 비교표(4구)

	악학궤범	계사년홀기	신축진연홀기	신축외진연홀기	신축진찬홀기	신축진찬익일 회작홀기	신축무동홀기
	 [illegible]	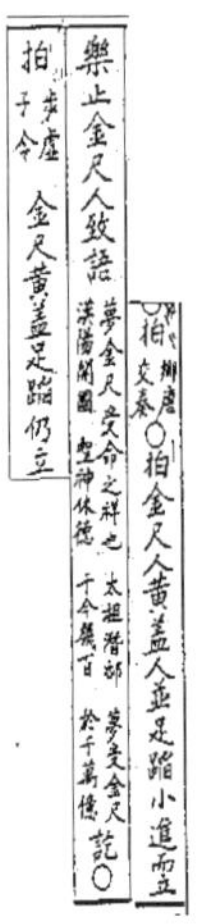 [illegible]	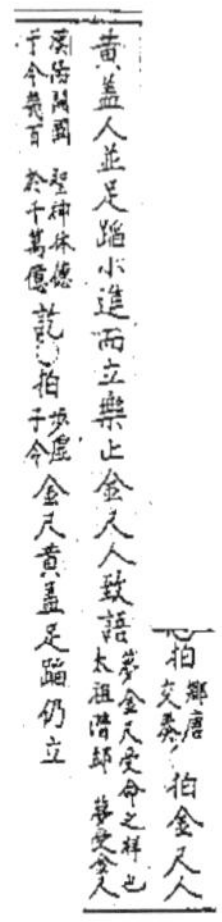 [illegible]	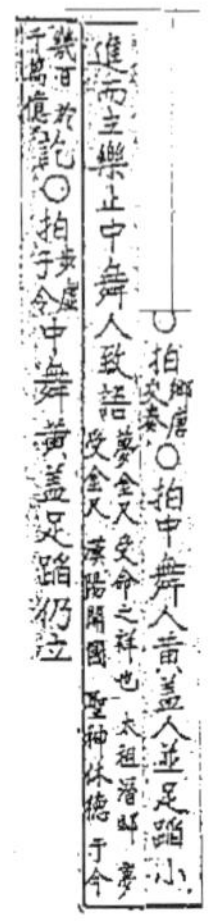 [illegible]	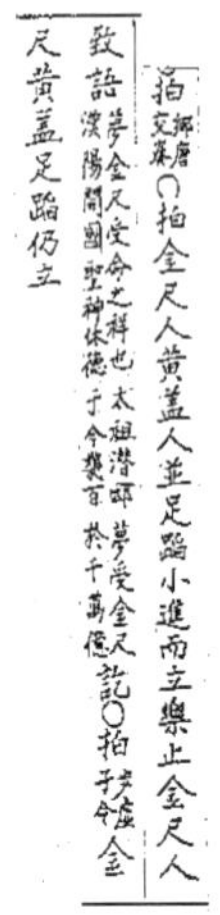 [illegible]	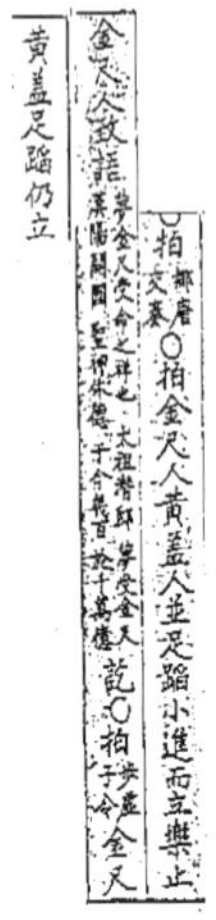 [illegible]	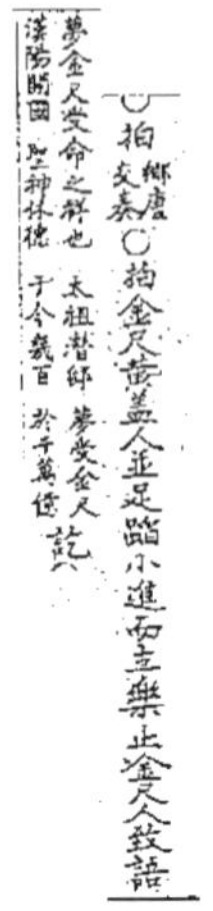 [illegible]
음악	최자령	향당교주	좌동	좌동	좌동	좌동	좌동
진행(1)	금척·황개소진 금척치어	없음	없음	없음	없음	없음	없음
치어사	전곡이 수록되어 있다.	「몽금척수명지상야」까지는 같으나 이후는 다르다.	右同	〃	〃	〃	〃
진행(2)	금척·개잉입	左同	〃	〃	〃	〃	없음

악학궤범의 선립십인역동시 서수갱염이립(先立十人亦同舒手更斂手而立)은 제1·2·3·4·5대가 차례로 무진하였다가 무퇴하여 족자 뒤에 와서 염수하고 서 있다가 제 6대 2인이 무진했다가 족자 뒤쪽으로 올 때 제 1·2·3·4·5대는 거수(擧袖) 서수(舒手) 즉 외서(外舒)하여 제 6대가 염수할 때 같이 염수하는 것이다. 이때 제 1·2·3·4·5대가 염수하는 것을 갱염수라하고 제 6대가 염수하는 것을 염수라 한다. 그러나 계사년 및 신축각홀기에는 이 부분의 기록이 없으나 악학궤범과 같이 해야 한다.

❖ 몽금척 홀기 비교표(5구)

		악학궤범	계사년홀기	신축진연홀기	신축외진연홀기	신축진찬홀기	신축진찬익일 회작홀기	신축무동홀기
음악		금척령	없음	없음	없음	없음	없음	없음
진행 (1)		6대 12인 염수족도 수악절 금척사	좌동	좌동	좌동	좌동	좌동	좌동
금 척 사		전문(全文)이 기록되어 있음	직기당혜(直其 戇兮)에서 혜 (兮)가 빠져있다. 유덕언시적(有 德焉是適)인데 긴유덕언시적 (緊有德焉是適) 으로 기록되어 있고 제용이하는 축소되었다.	좌동	좌동	좌동	좌동	좌동
진행 (2)		삼도(三度)무 진무퇴(제용이 하를 창하며)	좌동	좌동	좌동	좌동	좌동	좌동
범례		금척무(金尺舞) 무진지(舞進至) 족자좌우이퇴 (簇子左右而退)	없음	없음	없음	없음	없음	없음

※ (1) 악학궤범의 금척령(金尺令)은 금척사(金尺詞)를 노래하며 염수족도(斂手足蹈)하는 것이다.
　　　여기에서 염수족도는 수수무(垂手舞)이다. 또한 금척령은 금척사를 노래하기 때문에 금척령으로 기록한 것이다.
(2) 금척사는 태조(太祖) 2년에 정도전이 지어 올리어 연악(宴樂)으로 사용하도록 한 것이다.
(3) 염수족도수악절창금척사(斂手足蹈隨樂節唱金尺詞)는 음악절차에 따라 수수무를 하며 금척사를 창하는 것으로 금척명은 보허자 음악으로 보아야 하며 계사년 및 신축각 홀기에 음악명의 기록이 없으나 이 또한 보허자 음악으로 수수무하며 금척사를 노래해야 한다.
(4) 악학궤범에는 삼도무진무퇴(三度舞進舞退)할 때 족자 좌우(左右)까지 무진했다가 무퇴할 때에는 「2구」에서의 족자지후(簇子之後)까지를 해야 한다.

❖ 몽금척 홀기 비교표(6구)

	악학궤범	계사년홀기	신축진연홀기	신축외진연홀기	신축진찬홀기	신축진찬익일 회작홀기	신축무동홀기
음악	소포구락령	향당교주	향당교주	향당교주	향당교주	향당교주	향당교주
진행	죽간자선도 좌선(左旋) 회무하며 [「성인유작」 이하 생략] 3회 돈다 (사수무).	좌동 (사수무가 없다)	좌동 〃	좌동 〃	좌동 〃	좌동 〃	좌동 〃

악학궤범 회무도(우선)

(1) 악학궤범에는 소포구락령으로 기록하고 있으나 계사년 및 신축홀기에는 향당교주로 기록하고 있다. 향당교주가 무슨 음악을 향당교주로 연주해야 할 것인지 불분명하므로 이 또한 소포구락령으로 반주해야 한다.

(2) <u>보기1</u>. 악학궤범 계사년 신축년홀기

※ 홀기가 보기1과 같이 되어 있기 때문에 악학궤범 회무도와 같이 우선(右旋)회무로 되었다. 그러나 홀기에는 좌선(左旋)으로 되어있다.

(3) <u>보기2</u> (수정함 : 우죽간자를 좌죽간자 선도로)

※ 홀기를 보기2와 같이 바꾸어 놓으면 좌선(左旋)을 할 수 있다. 그럼으로 홀기를 보기2와 같이 고려해야 한다.

(4) 천신(天神)께서 금척(金尺)을 얻었다는 것은 천체(天体)의 좌선(左旋)을 상징하는 것으로 좌선에 해당하나 각 홀기에는 잘못 기록되어 있으나 최선만은 좌선(左旋)으로 맞게 기록하고 있는데도 금척무 회무도는 우선(右旋)으로 기록되어 있는 것은 잘못된 것이다. 그럼으로 홀기를 보기2와 같이 바꾸어야 한다.

❖ 몽금척 홀기 비교표(7구)

	악학궤범	계사년홀기	신축진연홀기	신축외진연홀기	신축진찬홀기	신축진찬익일 회작홀기	신축무동홀기
	右竹竿子到南北向先導簇子金尺黃盖由中進復位左竹竿子亦導舞妓十二人由東進復位並立初列樂止奉竹竿子二人口號之樂具奏於九成壽侑獻於萬歲未及懽娛拜解而歸式燕以處記	右竹竿子到南北向○拍簇子金尺黃盖居中舞十二人作六隊並如初列拍竹竿子亦進立樂告號樂旣奏於九成壽侑獻於萬歲未及懽娛進回敬戒之心拜解而歸式燕以處記	右竹竿子到南北向○拍簇子金尺黃盖居中舞十二人作六隊並如初列樂止竹竿子二人口號樂旣奏於九成壽侑號於萬歲未及懽娛之心拜解而歸式燕以處記	右竹竿子到南北向○拍簇子中舞黃盖居中舞十二人作六隊並如初列樂止竹竿子二人口號樂旣奏於九成壽侑毀於萬歲未及懽娛之極進回敬戒之心拜解而歸式燕以處記	右竹竿子到南北向○拍簇子金尺黃盖居中舞十二人作六隊並如初列○拍竹竿子二人進立樂止口號樂奏於九成壽侑康於萬歲未及懽娛之極進回敬戒之心拜解而歸式燕以處記	右竹竿子到南北向○拍簇子金尺黃盖居中舞十二人作六隊並如初列○拍竹竿子二人進立樂止口號樂旣奏於九成舞侑歌於萬歲未及懽娛進回敬戒之心拜解而歸式燕以處記	入舞十二人並如初列而舞進簇子左拳○拍簇子金尺黃盖居中而進竹竿子二○拍斂手足蹈○
진행	우죽간자가 남쪽에 오면 북향하여 초열로 들어온다.	좌동	좌동	좌동	좌동	좌동	우죽간자가 남쪽에 오면 북향한다. 의 기록이 빠져 있으나 진행은 같다.
구호 가사	같음	같음	같음	같음	같음	같음	구가 없음

❖ 몽금척 홀기 비교표(8구)

	악학궤범	계사년홀기	신축진연홀기	신축외진연홀기	신축진찬홀기	신축진찬익일 회작홀기	신축무동홀기
	擊拍樂奏五雲開瑞朝刊奉竹竿子二人奉蔟子一人奉金尺一人奉黃盖一人足蹈擊拍而退擊拍舞妓十二人舞進舞擊拍斂手足蹈擊拍舞退手樂止	奉竹竿子二人蔟子金尺黃盖人並足蹈而退〇拍舞十二人舞進〇拍斂手足蹈〇拍擊退樂止	舞退樂止踏而退〇拍舞竿子二人〇拍竹竿子二人舞進〇拍斂手足蹈〇拍	竿子二人蔟子金尺黃盖人並足蹈而退〇拍舞十二舞進〇拍斂手足蹈〇拍舞退樂止	二人蔟子金尺黃盖人並足蹈而退〇拍舞十二人舞進拍斂手足蹈〇拍舞退樂止	人蔟子金尺黃盖並足蹈而退〇拍舞十二人舞進〇拍斂手足蹈〇拍舞退樂止奉竹竿子三	子二人蔟子金尺黃盖人並足蹈而退舞十二人舞退樂止拍竹竿
음악	오운개서조 인자	보허자령	좌동	좌동	좌동	좌동	기록없음
진행 (1)	좌동	좌동	좌동	좌동	좌동	좌동	좌동
진행 (2)	무12인무진 (협수무) 염수족도	좌동(협수무의 기록이 없음)	좌동	좌동	좌동	좌동	기록없음
진행 (3)	무퇴악지	좌동	좌동	좌동	좌동	좌동	좌동

※ 진행(2)에서 무12인이 무진하여 궤(跪) 면복(俛伏)하여 춤이 끝났음을 예(禮)로써 아뢰기 위한 것이다. 그러나 홀기에는 예(禮)에 대한 기록이 홀기에 기록되어 있는 홀기도 있고 없는 홀기도 있으니 이를 참작해야 한다.

2. 홀기에 수록된 몽금척 채비

악학궤범	계사년홀기	신축진연홀기	신축외진연홀기	신축진찬홀기	신축진찬익일 회작홀기	신축무동홀기
	※ 죽간자 의녀 봉선(鳳仙) 상방 학희(鶴喜) ※ 족자 의녀 화봉(花鳳) ※ 좌대(左隊) 의녀 월희(月喜) 상방 이화(梨花) 상방 옥선(玉仙) 상방 금홍(錦紅) 의녀 연연(妍妍) 의녀 금화(錦花) ※ 우대(右隊) 의녀 록주(綠珠) 의녀 향란(香蘭) 의녀 기화(琦花) 의녀 계월(桂月) 의녀 도화(桃花) 의녀 경옥(瓊玉) ※ 금척(金尺) 의녀 죽엽(竹葉) ※ 황개(黃蓋) 의녀 롱주(弄珠)	※ 죽간자 의녀 비연(飛鸞) 의녀 비취(翡翠) ※ 족자 의녀 롱월(弄月) ※ 좌대(左隊) 의녀 금랑錦娘) 의녀 옥엽(玉葉) 의녀 화향(花香) 의녀 봉희(鳳喜) 의녀 명옥(明玉) 의녀 연연(妍妍) ※ 우대(右隊) 의녀 월색(月色) 의녀 월출(月出) 의녀 월향(月香) 의녀 월희(月喜) 의녀 산월(山月) 의녀 홍도(紅桃) ※ 금척(金尺) 의녀 도홍(桃紅) ※ 황개(黃蓋) 의녀 연심(妍心)	※ 죽간자 김복동(金福同) 한정철(韓正哲) ※ 족자 김수만(金壽萬) ※ 좌대 고용이(高龍伊) 이봉학(李鳳鶴) 이학돌(李學乬) 최봉철(崔鳳哲) 이구용(李龜龍) 이수억(李壽億) ※ 우대 이용진(李用振) 서수돌(徐壽乭) 이수명(李壽命) 김수업(金壽業) 권만길(權萬吉) 권홍성(權興成) ※ 금척 이수산(李壽山) ※ 황개 최무길(崔武吉)	※ 신축진연홀기 와 같으나 황개 만 의녀 금홍(錦 紅)으로 바뀌었 다.	신축진찬홀기와 같다.	※ 죽간자 함점동(咸点童) 서완근(徐完根) ※ 족자 이수형(李壽亨) ※ 좌대 박봉남(朴鳳男) 성인동(成仁童) 오수산(吳壽山) 김윤성(金允成) 이강근(李康根) 성유상(成有相) ※ 우대 김억만(金億萬) 한기복(韓寄福) 김황용金黃龍) 이순동(李順童) 박송길(朴松吉) 김두희(金斗喜) ※ 금척 최덕만(崔德萬) ※ 황개 홍경길(紅慶吉)

3. 반주음악

악학궤범	계사년	신축진연	신축외진연	신축진찬	신축외진찬 익일회작	신축무동
오운개서조	수령지곡 (보허자)	만수장악지곡 (보허자령)	해옥첨수지곡 (보허자령)	수령지곡 (보허자령)	태평만년지곡 (보허자령)	풍운경희지곡 (보허자령)
주전악(전악)	향당교주	上同	上同	上同	향당교주	上同
上同	上同	향당교주	향당교주	향당교주	上同	향당교주

上同	上同	上同	上同	上同	上同	上同
최자령	향당교주	향당교주	향당교주	향당교주	향당교주	향당교주
上同	보허자령	보허자령	보허자령	보허자령	보허자령	上同
금척령	향당교주	향당교주	향당교주	향당교주	향당교주	보허자령
上同	上同	上同	上同	上同	上同	향당교주
소포구락령	향당교주	향당교주	향당교주	향당교주	향당교주	향당교주
上同	上同	上同	上同	上同	上同	上同
오운개서조인자	보허자령	보허자령	보허자령	보허자령	보허자령	上同

4. 춤사위

	악학궤범	계사년	신축진연	신축외진연	신축진찬	신축진찬 익일회작	신축무동
2구	절화무 (折花舞)	없음	左同	左同	左同	左同	左同
3구	서수(舒手) 갱염(更斂)	없음	左同	左同	左同	左同	左同
4구	없음	없음	左同	左同	左同	左同	左同
5구	수악절 (隨樂節) 금척사 (金尺詞)	左同	左同	左同	左同	左同	左同
	금척무 (金尺舞)	없음	左同	左同	左同	左同	左同
6구	좌선회무 (左旋回舞)	左同	左同	左同	左同	左同	左同
7구	초열	左同	左同	左同	左同	左同	左同
8구	협수무 (挾手舞)	없음	左同	左同	左同	左同	左同

몽금척 무보

악학궤범

홀　　기	진　행　도	음악	장단	배역	동　　　작
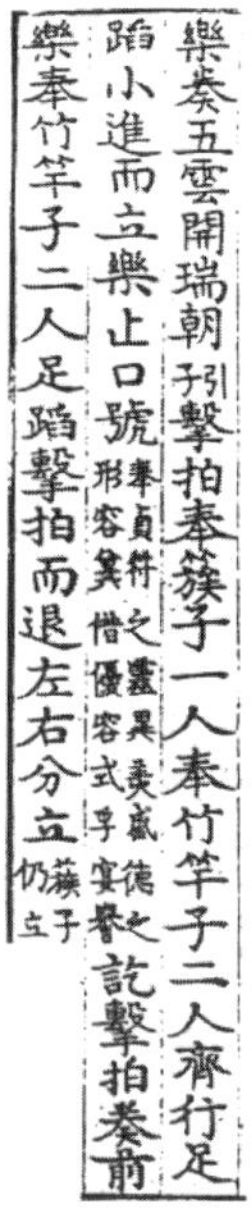 樂奏五雲開瑞朝引擊拍奉籈子一人奉竹竿子二人齊行足踏小進而立樂止口號 奉貞符之靈異美盛德之形容冀借優容式孚宴譽訖擊拍奉前 樂奉竹竿子二人足踏擊拍而退左右分立仍籈子立	인정용정봉정작정 미 ↑죽 ↑족 ↑죽 右一　　左一 右二 금 左二 右三 척 左三 右四　　左四 右五 황 左五 右六 개 左六 개 개 개 개 인정용정봉정작정 미 <초입배열도>		(오운개서조인자) 1각 2각	죽간자 족자 죽간자 족자	※ 태조 2년에 정도전이 금척사(金尺詞)를 지어 올리며 태조 2년 10월에 전악서(殿樂署)에서 몽금척을 악무(樂舞)로 창제하였다. 그런데 오운개서조악(五雲開瑞朝樂)을 반주음악으로 사용했다는 것은 시대적(時代的)으로 맞지 않으며 악학궤범 금척홀기 이외의 모든 홀기에는 보허자(步虛子)로 기록하고 있어 보허자 음악으로 도안하였다.

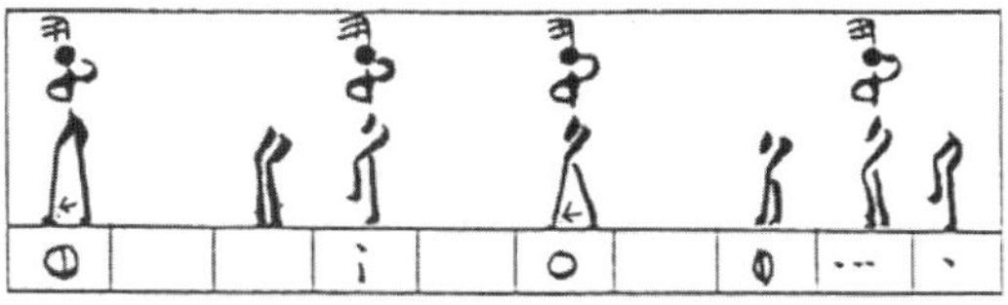

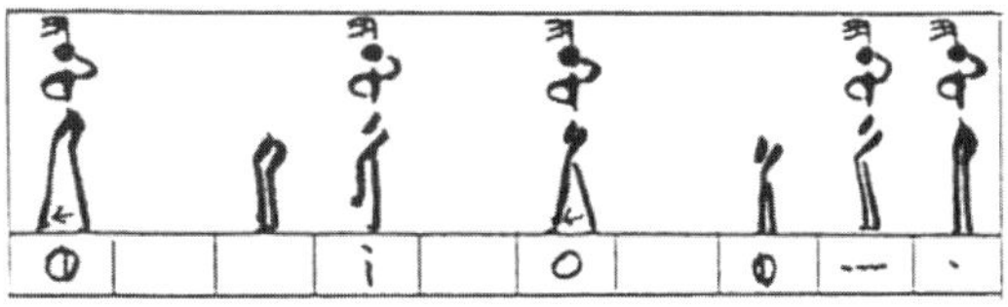

보허자 1·2각 동작

보법: 죽간자2인과 족자1인은 1각2보(先內足, 次外足)
　　　로 무진한다.

수법: 죽간자2인은 외수상(外手上), 내수하(內手下)로
　　　죽간자를 잡고 족자1인은 우수상(右手上), 좌수
　　　하(左手下)로 족자를 잡는다.

※ 악지·박

죽간자 구호

奉貞符之靈異　　　　　　봉정부지영이
정고한 부록의 영이함을 받들어서

美盛德之形容　　　　　　미성덕지형용
성덕의 형용을 미화하도다

冀借優容　　　　　　　　기차우용
바라건대 너그러이 받아들이사

式孚宴譽　　　　　　　　식부연예
연락(연락을) 미덥게 하소서

※ 악지·박

몽금척(악학궤범)

홀 기	진 행 도	음악	장단	배역	동 작
頭各第一入舞進 舞 折花 擊拍斂手足蹈齊立於簇子 擊拍左右隊 如前舞退斂手分立於簇子之後	인정용정봉정작정미 족 인정용정봉정작정미 右一 左一 右二 금 左二 右三 척 左三 右四 左四 右五 행 左五 右六 개 左六 개 개 개 개 <도판 1>	보 허 자	3각	죽간자	
			4각	죽간자	
	인정용정봉정작정미 右一 족 左一 인정용정봉정작정미 右二 금 左二 右三 척 左三 右四 左四 右五 행 左五 右六 개 左六 개 개 개 개 <도판 2> (1대 무진)		5각	1대	
			6각	1대	
			7각	1대	

보허자 3·4각 동작

보법: 죽간자 2인은 3·4각 동안 1각4보(先內足, 次外足)로 무퇴한다. 족자는 서 있다. (도판 1)

수법: 죽간자 2인은 처음 죽간자를 잡은 대로 한다.

보허자 5·6각 동작

보법: 제 1대는 1·2박까지 무릎 구부리며 3·4박까지 펴고 5박에 구부리며 內足을 들어 先內足, 次外足으로 6·7·8·9·10박과 6각의 1·2·3·4·5박까지 무진하여 6박에 內足을 뒤로 딛고 7박에 구부리고 8박에 펴고 9박에 구부렸다가 10박에 편다. (도판 2)

수법: 제 1대는 1·2·3·4·5박까지 무작(절화무)하여 6·7·8·9·10박과 6각의 1·2·3·4·5박까지 무진(족자좌우)하여 6·7·8·9·10박까지 염수한다.

※ 左, 右대는 염수하고 한자리씩 무진하여 선다.

보허자 7각 동작

보법: 제 1대는 1·2·3박까지 궤(跪)하여 4·5박까지 면복(俛伏)하여 6박에 궤(跪)하고 7·8박에 일어나 9박에 구부리고 10박에 편다.

수법: 제 1대는 염수한 대로 한다.

몽금척(악학궤범)

홀　　기	진 행 도	음악	장단	배역	동　　　　작
		보허자	8각	1대	

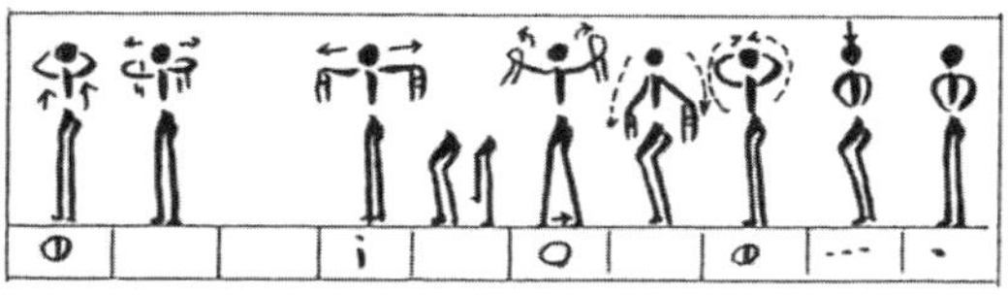

보허자 8각 동작

보법: 제 1대는 1·2·3·4박까지 서서 수법만 하고 5박에 무릎 구부렸다가 펴며 6박에 內足을 뒤로 딛고 7박에 구부리고 8박에 펴고 9박에 구부렸다가 10박에 편다.

수법: 제 1대는 1박에 「거수」하여 2·3·4·5박까지 외서(外舒)하고 6·7·8·9·10박까지 염수한다. (여대는 염수하고 서 있는다.)

홀기 (좌우로 세로쓰기, 우→좌):

隊頭各第一人舞退
時同時舞進復做此
之　第三人第四人第五人第六人亦如之
左右隊各第二人如上儀
分作六隊齊行而立左右第六人立定舞欲訖先立十八人亦同
時舒手更歛而立樂止

진행도:

<도판 3>
(2대 무진)

인정용정봉정작정　미
右二 ↓ 족 ↓ 左二
次　↗右一　左一↖
右三　　　左三
右四　금　左四
右五　척　左五
右六　　　左六
　　　황
　　　개
미　개　개　개　개　미
인정용정봉정작정

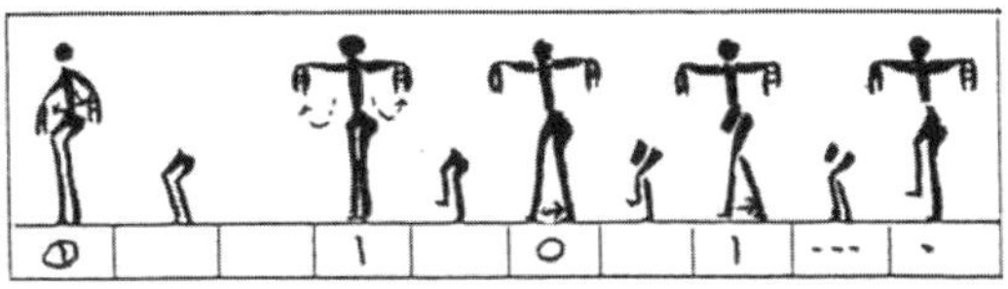

보허자 9각 동작 (9각 1대·2대)

보법: 제 1대는 1·2박에 무릎 구부리고 3·4박에 펴고 5박에 구부렸다가 펴며 內足을 들어 先內足, 次外足으로 6·7·8·9·10박까지 1대는 무퇴하고 2대는 무진한다. (도판 3)

수법: 제 1·2대는 1·2·3·4·5박까지 무작하여 6·7·8·9·10박은 무작한 대로 한다.

보허자 10각 동작 (10각 3대·4대)

보법: 제 1·2대는 1·2·3·4·5박까지(先內足, 次外足) 1대는 무퇴하고 2대는 무진하여 6박에 1·2대는 내족을 뒤로 딛고 7박에 구부리고 8박에 펴고 9박에 구부리고 10박에 편다. (도판 3)

몽금척(악학궤범)

홀　　기	진　행　도	음악	장단	배역	동　　　　작
				보허자	수법: 제 1·2대는 무작한 대로 1·2·3·4·5박까지 1대는 무퇴하고 2대는 무진하여 6·7·8·9·10박까지 염수한다. ※ 左, 右대는 염수하고 한자리씩 무진하여 선다.
	인정용정봉정작성 미 右二　족　左二 右一　左一 右三　左三 右四　금　左四 右五　척　左五 右六　　左六 황 개 개 개 개 개 인정용정봉정작정 미 <도판 4>		11각	2대	 보허자 11각 동작 보법: 제 2대는 1·2·3박까지 궤(跪)하여 4·5박까지 면복(俛伏)하고 6박에 궤(跪)하고 7·8박에 일어나 9박에 구부리고 10박에 편다. (도판 4) 수법: 제 2대는 염수한 대로 한다. ※ 左一, 右一과 左, 右대는 3·4·5·6은 염수하고 서 있는다.
			12각	2대	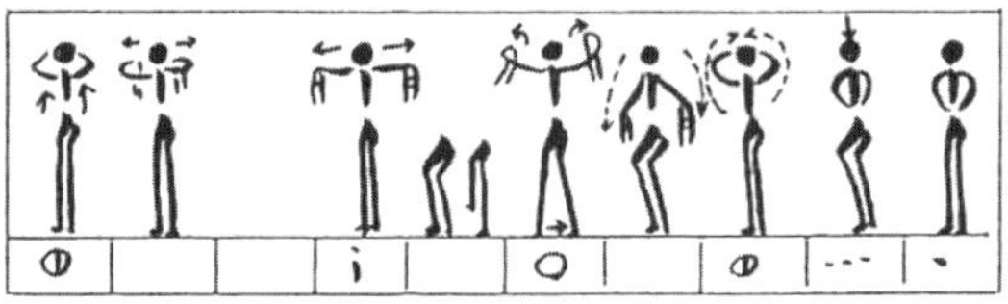 보허자 12각 동작 보법: 제 2대는 1·2·3·4박까지 서서 수법만 하고 5박에 무릎 구부렸다가 펴며 6박에 內足을 뒤로 딛고 7박에 구부리고 8박에 펴고 9박에 구부렸다가 10박에 편다. 수법: 제 2대는 1박에 「거수」하여 2·3·4·5박까지 외서(外舒)하고 6·7·8·9·10박까지 염수한다.

몽금척(악학궤범)

홀 기	진 행 도	음악	장단	배역	동 작
	 인정용정봉정작정미 右三 족 左三 右一 左一 右二 左二 右四 금 左四 右五 척 左五 右六 左六 황 개 개 개 개 개 인정용정봉정작정미 <도판 5> (3대 무진)	보허자	13각	2대	
				3대	

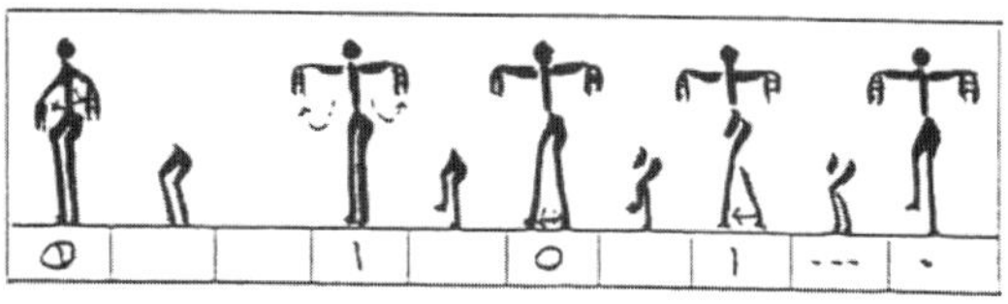

보허자 13각 동작

보법: 제 2·3대는 1·2박에 무릎 구부리고 3·4박에 펴며 5박에 구부렸다가 펴며 內足을 들어(先內足, 次外足) 6·7·8·9·10박까지 2대는 무퇴하고 3대는 무진한다. (도판 5)

수법: 제 2·3대는 1·2·3·4·5박까지 무작하여 6·7·8·9·10박은 무작한 대로 한다. (여대는 염수하고 서 있는다.)

보허자 14각 동작

보법: 제 2·3대는 1·2·3·4·5박까지 先內足, 次外足으로 2대는 무퇴하고 3대는 무진하여 6박에 2·3대는 內足을 뒤로 딛고 7박에 구부리고 8박에 펴고 9박에 구부리고 10박에 편다. (도판 5)

수법: 제 2·3대는 무작한 대로 1·2·3·4·5박까지 2대는 무퇴하고 3대는 무진하여 6·7·8·9·10박까지 염수한다. (여대는 염수하고 서 있는다.)

몽금척(악학궤범)

홀 기	진 행 도	음악	장단	배역	동 작
	 <도판 6>	보 허 자	15각	3대	 **보허자 15각 동작** 보법: 제 3대는 1·2·3박까지 궤(跪)하여 4·5박까지 면복(俛伏)하여 6박에 궤(跪)하고 7·8박에 일어나 9박에 구부리고 10박에 편다. (도판 6) 수법: 제 3대는 염수한 대로 한다. (여대는 염수하고 서 있는다.)
			16각	3대	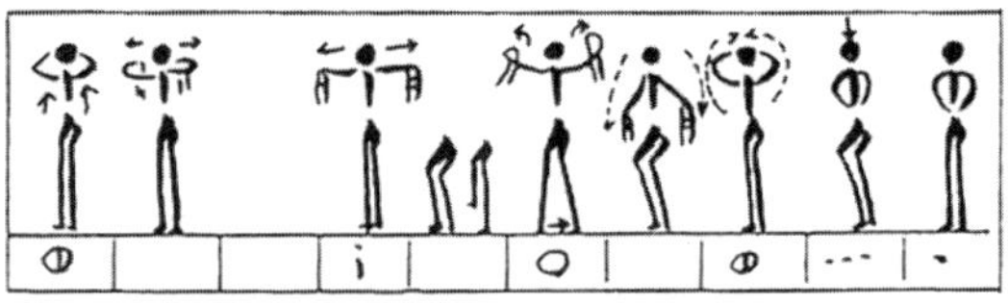 **보허자 16각 동작** 보법: 제 3대는 1·2·3·4박까지 서서 수법만 하고 5박에 무릎 구부렸다가 펴며 6박에 내족(內足)을 뒤로 딛고 7박에 구부리고 8박에 펴고 9박에 구부렸다가 10박에 편다. (도판 6) 수법: 제 3대는 1박에 「거수」하여 2·3·4·5박까지 외서(外舒)하고 6·7·8·9·10박까지 염수한다. (여대는 염수하고 서 있는다.)
	 <도판 7> (4대 무진)		17각	3대 4대	 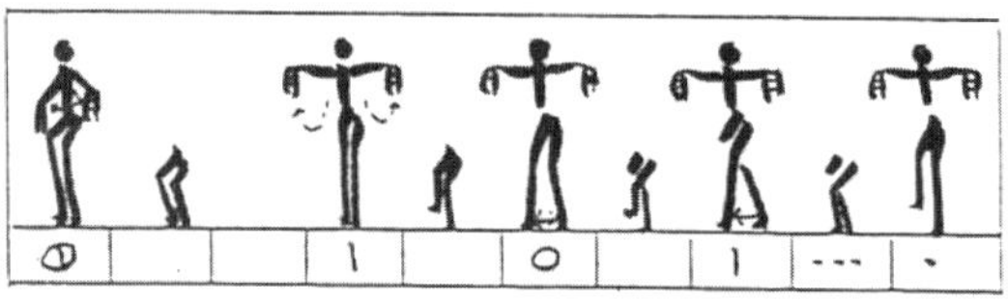 **보허자 17각 동작** 보법: 제 3·4대는 1·2박에 무릎 구부리고 3·4박에 펴고 5박에 구부렸다가 펴며 內足을 들어 先內足, 次外足으로 6·7·8·9·10박까지 3대는 무퇴하고 4대는 무진한다. (도판 7) 수법: 제 3·4대는 1·2·3·4·5박까지 무작하여 6·7·8·9·10박은 무작한 대로 한다. (여대는 한자리씩 여미고 무진한다.)

몽금척(악학궤범)

홀　　기	진　행　도	음악	장단	배역	동　　　　작
		보 허 자	18각	3대 4대	  보허자 18각 동작 보법: 제 3·4대는 1·2·3·4·5박까지 先內足, 次外足으로 3대는 무퇴하고 4대는 무진하여 6박에 1·2대는 內足을 뒤로 딛고 7박에 구부리고 8박에 펴고 9박에 구부리고 10박에 편다. (도판 9) (여대는 한자리씩 여미고 무진한다.) 수법: 제 3·4대는 무작한 대로 1·2·3·4·5박까지 3대는 무퇴하고 4대는 무진하여 6·7·8·9·10박까지 염수한다. (여대는 한자리씩 여미고 무진한다.)
	인 족 인 정 右四 左四 정 용 右三 右一 左一 左三 용 정 右二 左二 정 봉 右五 금 左五 봉 정 右六 척 左六 정 작 작 정 황 정 개 미 개 개 개 개 미 <도판 8>		19각 20각	4대 4대	보허자 19각 동작 보법: 제 4대는 1·2·3박까지 궤(跪)하여 4·5박까지 면복(俛伏)하여 6박에 궤(跪)하고 7·8박에 일어나 9박에 구부리고 10박에 편다. (도판 8) 수법: 제 4대는 염수한 대로 한다. (여대는 염수하고 서 있는다.) 보허자 20각 동작 보법: 제 4대는 1·2·3·4박까지 서서 수법만 하고 5박에 무릎 구부렸다가 펴며 6박에 內足을 뒤로 딛고 7박에 구부리고 8박에 펴고 9박에 구부렸다가 10박에 편다. (도판 8) 수법: 제 4대는 1박에 「거수」하여 2·3·4·5박까지 외서(外舒)하고 6·7·8·9·10박까지 염수한다. (여대는 염수하고 서 있는다.)

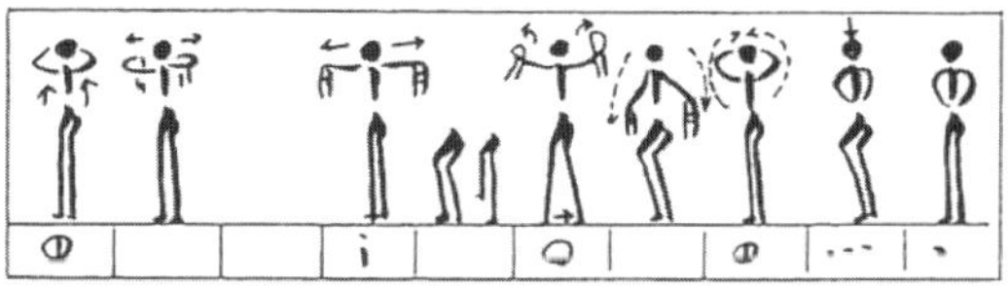

몽금척(악학궤범)

홀 기	진 행 도	음악	장단	배역	동 작
	인정용정봉정작정미　右五　족　左五　右三右一　左一左三　右四右二　左二左四　금　↑右六　척　左六↑　황　개　개　개　개　개 인정용정봉정작정미 <도판 9> (5대 무진)	보허자	21각	4대 5대	**보허자 21각 동작** 보법: 제 4·5대는 1·2박에 무릎 구부리고 3·4박에 펴고 5박에 구부렸다가 펴며 內足을 들어 先內足, 次外足으로 6·7·8·9·10박까지 4대는 무퇴하고 5대는 무진한다. (도판 9) 수법: 제 4·5대는 무작한 대로 1·2·3·4·5박까지 무작하고 6·7·8·9·10박은 무작한 대로 한다. (左六, 右六은 한자리 무진한다.)
			22각	4대 5대	**보허자 22각 동작** 보법: 제 4·5대는 1·2·3·4·5박까지 先內足, 次外足으로 4대는 무퇴하고 5대는 무진하여 6박에 4·5대는 內足을 뒤로 딛고 7박에 구부리고 8박에 펴고 9박에 구부리고 10박에 편다. (도판 9) 수법: 제 4·5대는 무작한 대로 1·2·3·4·5박까지 4대는 무퇴하고 5대는 무진하여 6·7·8·9·10박까지 염수한다. (左六, 右六은 한자리 무진한다.)

몽금척(악학궤범)

홀 기	진 행 도	음악	장단	배역	동 작
	 인정용정봉정작정미 右五 족 左五 右三右一 左一左三 右四右二 左二左四 금 右六 척 左六 황 개 개 개 개 개 인정용정봉정작정미 <도판 10> (6대 무진)	보허자	23각	5대	 보허자 23각 동작 보법: 제 5대는 1·2·3박까지 궤(跪)하여 4·5박까지 면복(俛伏)하여 6박에 궤(跪)하고 7·8박에 일어나 9박에 구부리고 10박에 편다. (도판 10) 수법: 제 5대는 염수한 대로 한다.
			24각	5대	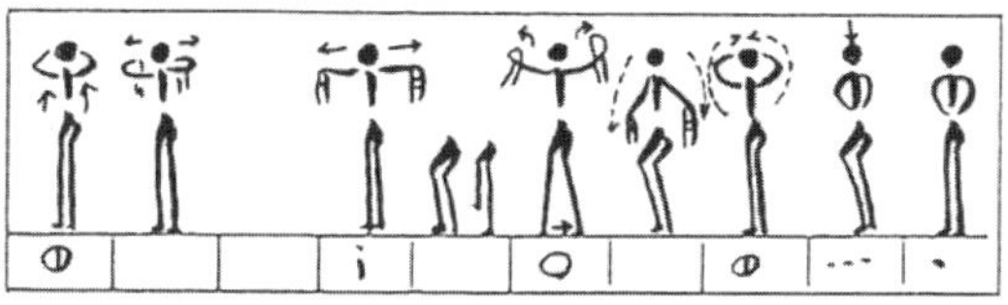 보허자 24각 동작 보법: 제 5대는 1·2·3·4박까지 서서 수법만 하고 5박에 무릎 구부렸다 펴며 6박에 內足을 뒤로 딛고 7박에 구부리고 8박에 펴고 9박에 구부렸다가 10박에 편다. (도판 10) 수법: 제 5대는 1박에 「거수」하여 2·3·4·5박까지 외서(外舒)하고 6·7·8·9·10박까지 염수한다.
	 인정용정봉정작정미 右六 족 左六 右五右三右一 左一左三左五 右四右二 左二左四 금 척 황 개 개 개 개 개 인정용정봉정작정미 <도판 11> (6대 무진)		25각	5대 6대	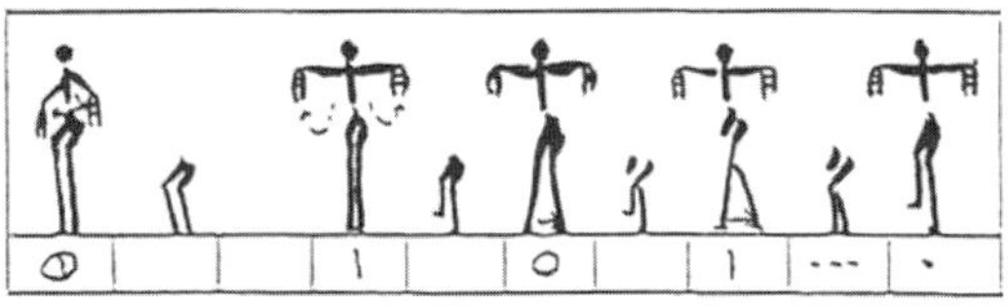 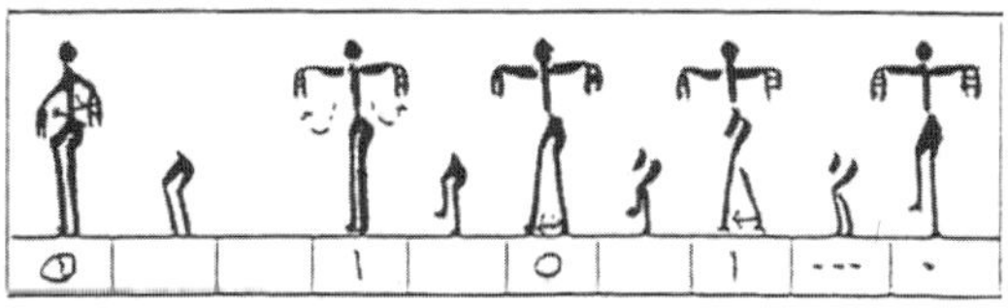 보허자 25각 동작 보법: 제 5·6대는 1·2박에 무릎 구부리고 3·4박에 펴고 5박에 구부렸다가 펴며 內足을 들어 先內足, 次外足으로 6·7·8·9·10박까지 5대는 무퇴하고 6대는 무진한다. (도판 11) 수법: 제 5·6대는 1·2·3·4·5박까지 무작하여 6·7·8·9·10박은 무작한 대로 한다.

몽금척(악학궤범)

홀 기	진 행 도	음악	장단	배역	동 작
		보허자	26각	5대	
				6대	보허자 26각 동작 보법: 제 5·6대는 1·2·3·4·5박까지 先內足, 次外足으로 5대는 무퇴하고 6대는 무진하여 1·2대는 內足을 뒤로 딛고 7박에 구부리고 8박에 펴고 9박에 구부리고 10박에 편다. (도판 11) 수법: 제 5·6대는 무작한 대로 1·2·3·4·5박까지 5대는 무퇴하고 6대는 무진하여 6·7·8·9·10박까지 염수한다.
	인정용정봉정작정미 右六 足 左六 右五 右三 右一 左一 左二 左五 右四 右二 左二 左四 금 척 황 개 개 개 개 개 인정용정봉정작정미 <도판 12>		27각	6대	보허자 27각 동작 보법: 제 6대는 1·2·3박까지 궤(跪)하여 4·5박까지 면복(俛伏)하여 6박에 궤(跪)하고 7·8박에 일어나 9박에 구부리고 10박에 편다. (도판 12) 수법: 제 6대는 염수한 대로 한다. ※ 左一, 右一과 左, 右대 2·3·4·5·6은 염수하고 서 있는다.
			28각	6대	보허자 28각 동작 보법: 제 6대는 1·2·3·4박까지 서서 수법만 하고 5박에 무릎 구부렸다가 펴며 6박에 內足을 뒤로 딛고 7박에 구부리고 8박에 펴고 9박에 구부렸다가 10박에 편다. (도판 12) 수법: 제 6대는 1박에 「거수」하여 2·3·4·5박까지 외서(外舒)하고 6·7·8·9·10박까지 염수한다.

몽금척(악학궤범)

홀　　기	진　행　도	음악	장단	배역	동　　　작
	인정용정봉정작정미 右五右三右一　左一左三左五 右六右四右二　左二左四左六 족 금척 황 개 개 개 개 개 인정용정봉정작정미 <도판 13> (6대 복위)	보허자	29각	6대	보허자 29각 동작 보법: 제 6대는 1·2박에 무릎 구부리고 3·4박에 펴고 5박에 구부렸다가 펴며 內足을 들어 先內足, 次外足으로 6·7·8·9·10박까지 무퇴한다. (도판 13) 수법: 제 6대는 1·2·3·4·5박까지 무작하여 6·7·8·9·10박까지 무퇴한다. (도판 13)
			30각	6대	보허자 30각 동작 보법: 제 6대는 1·2·3·4·5박까지 先內足, 次外足으로 무퇴하여 6박에 內足을 뒤로 딛고 7박에 구부리고 8박에 펴고 9박에 구부렸다가 편다. 수법: 제 6대는 1·2·3·4·5박까지 무퇴 복위하여 6·7·8·9·10박까지 염수한다.
	인정용정봉정작정미 右五右三右一　左一左三左五 右六右四右二　左二左四左六 족 금척 황 개 개 개 개 개 인정용정봉정작정미 <도판 14>			여대 11인	보허자 31각 동작 보법: 여대 11인은 1·2·3·4박까지 서서 수법만 하고 5박에 무릎 구부렸다가 펴며 6박에 內足을 뒤로 딛고 7박에 구부리고 8박에 펴고 9박에 구부렸다가 10박에 편다. (도판 14) 수법: 여대 11인은 1박에 「거수」하여 2·3·4·5박까지 외서(外舒)하고 6·7·8·9·10박까지 염수한다. (여대11인은 염수를 갱염수(更斂手)라 하고 제6대가 염수하는 동작을 염수라 한다.) ※ 박

홀 기	진 행 도	음악	장단	배역	동 작
 樂奏嗺子〔令擊拍〕奉金尺一人奉黄盖一人並足蹈小進而立樂止奉金尺入致語也〔夢金尺受命之祥太祖在潛邸夢見神人奉金尺自天而來若曰慶侍中有淸德且耄矣崔三司有直名愁戀也謂太祖資慶文武有德有識民望屬焉乃以金尺授之〕訖擊拍奏前樂奉金尺一人奉黄盖一人足蹈仍立樂止					※ 이 부분에서 악주최자령(樂奏嗺子令)은 악주(樂奏) 보허자 최자로 보여진다. 최자(嗺子) 중강(中腔)은 보허자에 많이 나오며, 이 술어는 음악의 속도를 말하는 것이기 때문이다. 이런 고로 보허자 음악으로 도안하였다.
	인정용정봉정작정 미 / 右五 右三 右一 족금척↑ 황개↑ 左一 左二 左五 / 右六 右四 右二 左二 左四 左六 인정용정봉정작정 미 / 개 개 개 개 <도판 15>	보허자	31 32각	금척 황개	(아래 동작 참조)

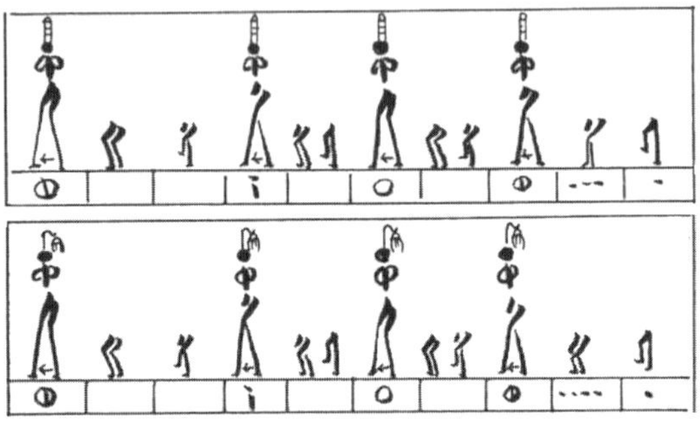

보허자 31·32각 동작

보법: 금척과 황개는 31·32각 동안 1각4보 先內足, 次
　　　外足으로 무진한다.

수법: 금척은 양손으로 금척을 받들고 황개는 右手上,
　　　左手下로 황개를 잡는다.

※ 악지·박 ※

※ 금척치어(金尺致語)

夢金尺受明之祥也　　　　　　　몽금척수명지상야
금척(金尺)을 꿈 꾼 것은 천명(天命)을 받으려는 상서입니다.
太祖在潛邸夢見神人　　　　　　태조재잠저몽견신인
태조(太祖)가 잠저에 있을 적에 신인(神人)이
奉金尺自天而來若曰　　　　　　봉금척자천이래약왈
금척(金尺)을 받고 하늘로부터 내려와 말하기를
慶侍中有德且老矣　　　　　　　경시중유덕차노의
경시중(慶侍中)은 밝은 덕망이 있으나 늙었고
催三司有直名愁戀也　　　　　　최삼사유직명척당야
최삼사(催三司)는 정직한 명망이 있으나 어리다하면서
謂太祖資慶文武有德有識　　　위태조자경문무유덕유식
태조(太祖)에게 말하기를 문무(文武)를 겸비하고 덕망도 지식
도 있어
民望屬焉乃以金尺授之　　　　민망속언내이금척수지
백성들의 종망이 귀속한다하고 곧 금척(金尺)을 주었습니다.

※ 악지·박 ※

몽금척(악학궤범)

홀　　기	진　행　도	음악	장단	배역	동　　　　작
樂奏金尺令 六隊十二人斂手足蹈隨樂節唱金尺詞 惟皇鑑之孔明兮 吉慶于金尺淸者卷美兮直其懸兮有德焉是適帝用度 吾心兮伊均壽于家國貞式厥苟兮受命之禪傳子及孫兮彌 億于千記					※ 이분의 악주금척령(樂奏金尺令)은 6대 12인이 수수무(垂手舞:염수족도)하며 금척사를 창하는 것을 보아 금척사(金尺詞)를 노래하기 때문에 붙여진 악명(樂名)으로 보여 지므로 타정재(他呈才)의 예로 보아 보허자 음악에 의하여 도안하였다.
		수악절(보허자)	1각	6대 12인	 **수악절 1각 동작** 보법: 6대 12인은 1박에 內足을 앞으로 딛고 2·3·4·5·6박까지 앞으로 수수무를 하고 7·8·9·10박까지 뒤로 수수무를 하고 11·12·13·14박까지 앞으로 수수무를 하며 15·16·17·18·19·20박까지는 뒤로 수수무를 한다. (금척과 황개는 서 있는다.) 수법: 6대 12인은 양손을 內足 무릎에 얹고 한다. (도판 15)
			2 3 4 5 6각		**수악절 2·3·4·5·6각 동작** 수악절 2·3·4·5·6각 동작은 수악절 1각 동작을 반복하여 수수무를 한다.
			7각	선모와 협무	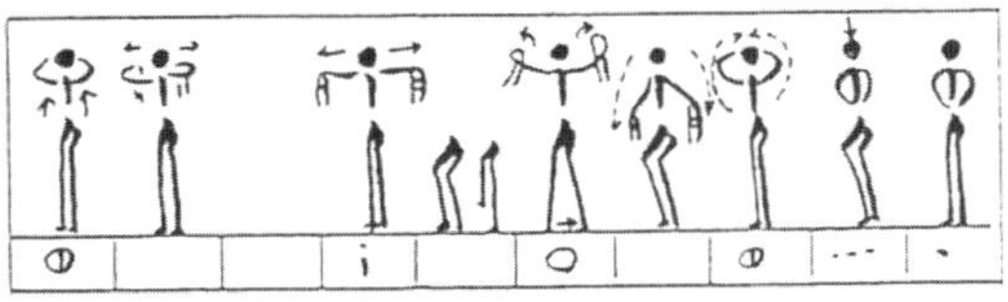 **수악절(보허자) 7각 동작** 보법: 선모와 협무는 1·2·3·4박까지 서서 수법만 하고 5박에 무릎을 구부렸다가 펴며 선모는 右足을 협무는 內足을 들어 6박에 뒤로 딛고 7박에 구부리고 8박에 펴고 9박에 구부리고 10박에 편다. (도편 6) 수법: 선모와 협무는 1박에 「거수」하여 2·3·4박까지 「외서」하고 6·7·8·9·10박까지 염수한다. ※ 악지·박 ※ 註: 수악절 염수족도는 수악절 수명명사가 끝날 때까지 수악절(보허자) 1각 동작을 말하는 것이나 이를 보허자 1장만하는 것으로 도안하였다.

몽금척(악학궤범)

홀 기	진 행 도	음악	장단	배역	동 작
					※수악절 금척사 惟皇鑑之孔明兮　　　　　유황감지공명혜 하늘의 살피심이 크게 밝아 吉夢協于金尺　　　　　길몽협우금척 상서로운 꿈이 금척에 맞았도다. 淸者耄矣兮　　　　　청자모의혜 청백한 이는 늙어 혼미하고 直基戇兮　　　　　직기당혜 정직한 이는 어리석음이여 有德焉是適　　　　　유덕언시적 덕망 있는 이가 이에 적합 하도다 帝用度吾心兮　　　　　제용탁오심혜 하늘이 우리 마음을 헤아려 俾均齊于家國　　　　　비균제우가국 국가를 잘 다스리게 하였도다 貞哉厥符兮　　　　　정재궐부혜 정고한 저 부록이여 受命之祥　　　　　수명지상 천명을 받을 상서로다 傳子及孫　　　　　전자급손 그 아들에게 전하고 송자에게 미침이여 彌于千億　　　　　미우천억 그 천억 대를 이어가리다.

몽금척(악학궤범)

홀 기	진 행 도	음악	장단	배역	동　　　　작
舞進至簇子訖樂止 左右而退 擊拍六䵏十二入仍唱其詞_{帝用}以下三度舞進舞退_{舞金尺○}					※ 악지·박 ※ ※ 금척사(金尺詞)의 제용(帝用)이하 가사(歌詞)를 창(唱)하며 삼도무진무퇴(三度舞進舞退)할 때 족자 左, 右까지 무진하여 족자지후(簇子之後)까지 무퇴한다. 삼도무진무퇴는 천지인(天地人)에 해당한다. (삼도무진 무퇴할 때 금척, 황개는 서 있는다.)
	인정용정봉정작정미 　 족금척 　 인정용정봉정작정미 右五右三右一　左一左三左五 右六右四右二　左二左四左六 황개 개　개　개　개 <도판 16> (3도 진퇴)	보허자	1각(제용이하창하며)	6대 12인 (天)	보허자 1각 동작 <u>보법:</u> 6대 12인은 1·2박에 무릎 구부리며 3·4박에 펴고 5박에 구부렸다가 펴며 內足을 들어 先內足, 次外足으로 6·7·8·9·10박까지 무진한다. (도판 16) <u>수법:</u> 6대 12인은 1·2·3·4·5박까지 무작하여 6·7·8·9·10박은 무작한 대로 무진한다.
			2각(제용이하창하며)	6대 12인	보허자 2각 동작 <u>보법:</u> 6대 12인은 1각 4보로 先內足, 次外足으로 무진한다. <u>수법:</u> 6대 12인은 무작한 대로 무진한다. (도판 16)
			3각(제용이하창하며)	6대 12인	보허자 3각 동작 <u>보법:</u> 6대 12인은 1각 4보 先內足, 次外足으로 무퇴한다. <u>수법:</u> 6대 12인은 무작한 대로 무퇴한다. (도판 16)

몽금척(악학궤범)

홀 기	진 행 도	음악	장단	배역	동 작
		보허자	4각 (제용이하 창하며)	6대 12인 (地)	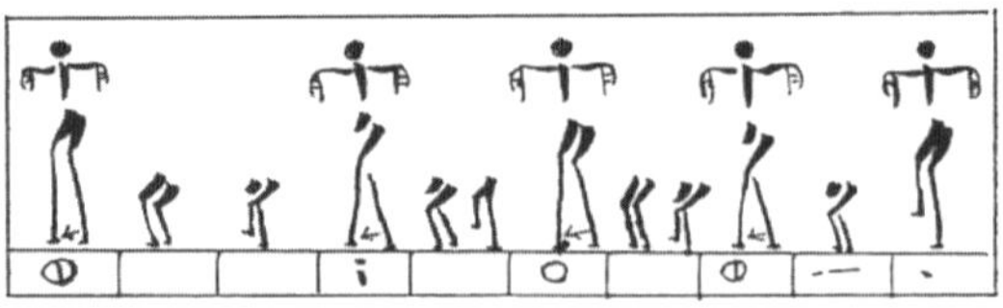 보허자 4각 동작 보법: 6대 12인은 1각 4보 先內足, 次外足으로 무진한다. 수법: 6대 12인은 무작한 대로 무진한다. (도판 16)
			5각 (제용이하 창하며)	6대 12인	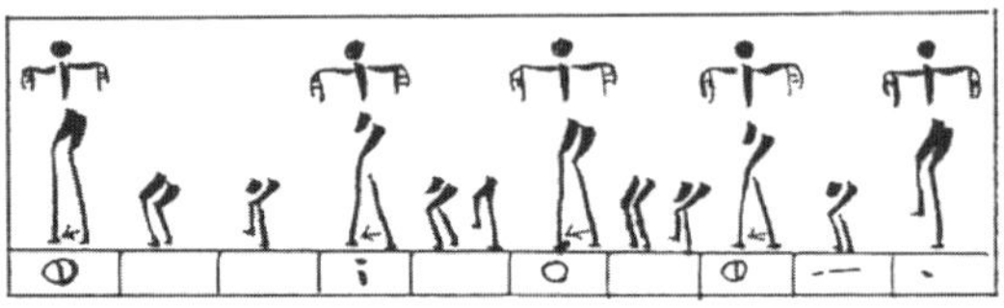 보허자 5각 동작 보법: 6대 12인은 1각 4보 先內足, 次外足으로 무퇴한다. 수법: 6대 12인은 무작한 대로 무퇴한다. (도판 16)
			6각 (제용이하 창하며)	6대 12인 (人)	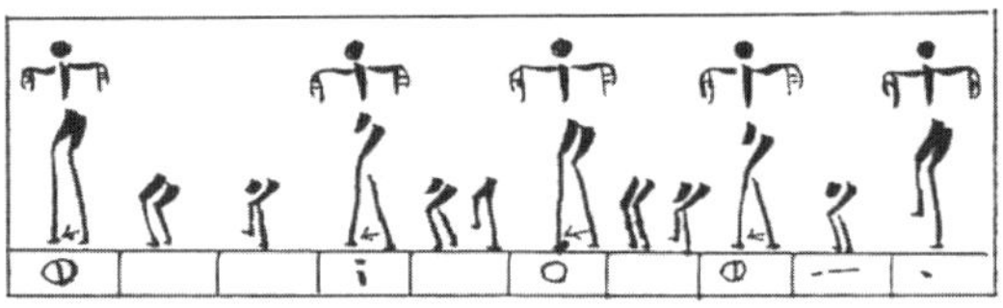 보허자 6각 동작 보법: 6대 12인은 1각 4보 先內足, 次外足으로 무진한다. 수법: 6대 12인은 무작한 대로 무진한다. (도판 16)
			7각 (제용이하 창하며)	6대 12인	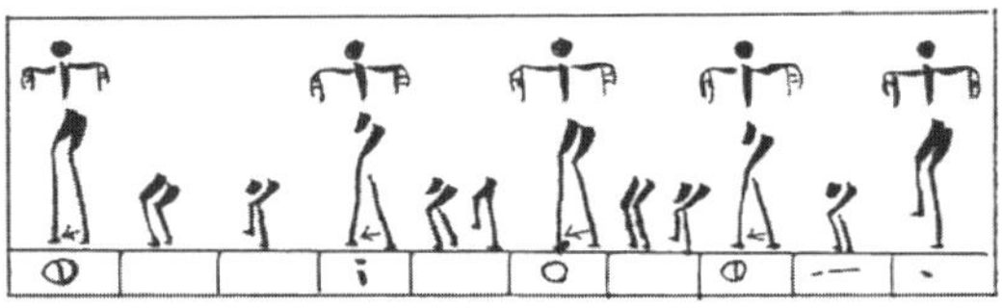 보허자 7각 동작 보법: 6대 12인은 1각 4보 先內足, 次外足으로 무퇴한다. 수법: 6대 12인은 무작한 대로 무퇴한다. (도판 16)
			8각	6대 12인	 보허자 8각 동작 보법: 6대 12인은 1·2·3·4·5박까지 先內足, 次外足으로 무퇴하여 6박에 內足을 뒤로 딛고 7박에 구부리고 8박에 펴고 9박에 구부렸다가 편다. (도판 16) 수법: 6대 12인은 1·2·3·4·5박까지 무퇴 복위하여 6·7·8·9·10박까지 염수한다.

몽금척(악학궤범)

홀 기	진 행 도	음악	장단	배역	동 작
					※ 삼진 삼퇴 시 제용이하 창사 帝用度吾心兮　　　　　제용탁오심혜 하늘이 우리 마음을 헤아려 俾均齊于家國　　　　　비균제우가국 국가를 잘 다스리게 하였도다 貞哉厥符兮　　　　　　정재궐부혜 정고한 저 부록이여 受命之祥　　　　　　　수명지상 천명을 받을 상서로다 傳子及孫　　　　　　　전자급손 그 아들에게 전하고 손자에게 미침이여 彌于千億　　　　　　　미우천억 그 천억 대를 이어 가리다

※ 악지·박 ※

(1) 악학궤범홀기에서는 좌선회무(左旋回舞)라 기록하고 있으나 회무도(回舞圖)도 「보기1」과 같이 되어 있는 것은 홀기의 기록이 우죽간자(右竹竿子) 선도(先道)로 기록하였기 때문이다. 그러므로 「보기2」와 같이 홀기를 수정해야 좌선회무(左旋回舞)를 할 수 있다. (홀기비교 참조)

보기 1 (악학궤범 홀기)

보기 2 (수정 홀기)

(2) 소포구락령(小抛毬樂令)이 어떤 음악인지 불분명 하여 회무(回舞)하기 편한 삼현도드리로 선택하여 도안하였다.

(3) 회무삼잡(回舞三匝)은 세바퀴를 돈다.라는 뜻이나 이 또한 천(天)지(地)인(人)을 의미한 회무(回舞)이다.

몽금척(악학궤범)

홀　　기	진　행　도	음악	장단	배역	동　　　작
奏小抛毬樂令擊拍右竹竿子足蹈先導次簇子次金尺次黃盖次左竹竿子次左隊六人次右隊六人次足蹈而出（左右隊十二）（舞人出）左旋回舞（四手）與右竹竿子相連並隨樂節唱詞（聖人有作萬物皆覩靈瑞繽紛諸福平至於樂於倫君王萬壽）舞三匝訖					※ 좌죽간자를 선도(先導)로 족자 금척 황개 우죽간자를 우대(右隊)6인 좌대(左隊)6인 순으로 좌선(左旋) 회무(回舞) 삼잡(三匝)을 하며 「성인유작(聖人有作)」을 창(唱)한다. ※회무창사 聖人有作萬物皆覩　　　　성인유작만물개도 성인이 일어나시니 만물이 다 보게 되고 靈瑞繽粉諸福畢至　　　　영서빈분제복필지 영이한 상서 하도 많으사 모든 복이 다 이르옵니다 長言不足式歌且舞　　　　장언부족식가차무 긴 말이 오히려 부족하여 노래하고 또 춤추옵니다 於樂於倫君王萬壽　　　　어락어륜군왕만수 차례가 있음이여 우리 임금님 만수를 누리소서
	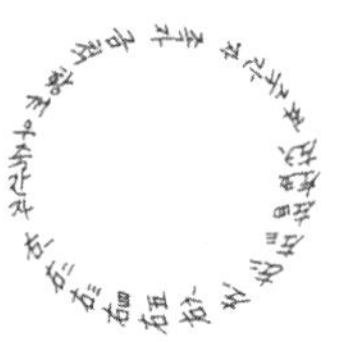 <도판 17> (좌선 회무)	삼현	1각 (창하며)	좌우대 12인과 금척, 족자, 황개, 죽간자	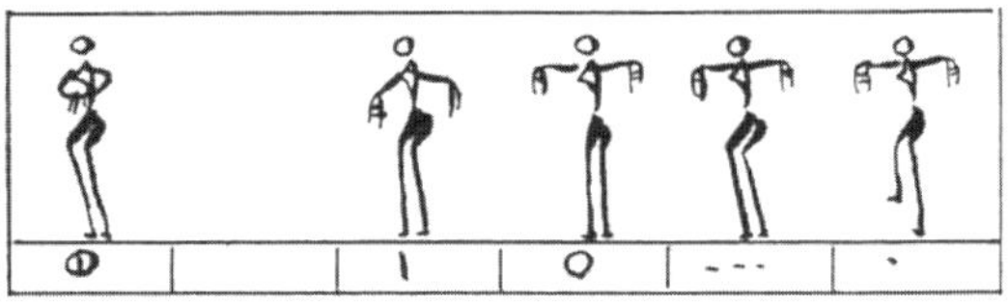 **삼현 1각 동작** 보법: 좌우대 12인과 금척, 황개, 족자, 죽간자는 1·2박에 무릎 구부리고 3·4박에 펴고 5박에 구부렸다가 펴며 내족을 든다. 수법: 좌우대 12인은 무작하고 금척, 황개, 족자, 죽간자는 처음 잡은 그대로 보법만 한다.
			2 3 4 5 6 7 8 9 10 각 (창하며)	좌죽간자 족자 금척	

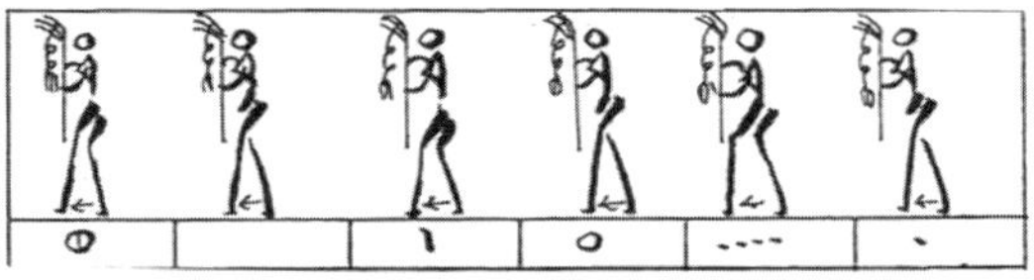

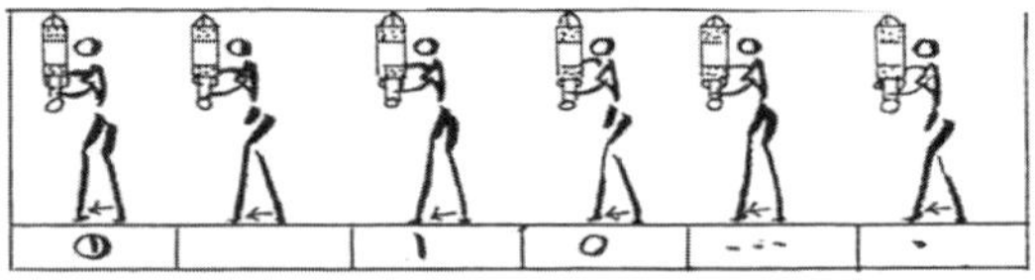

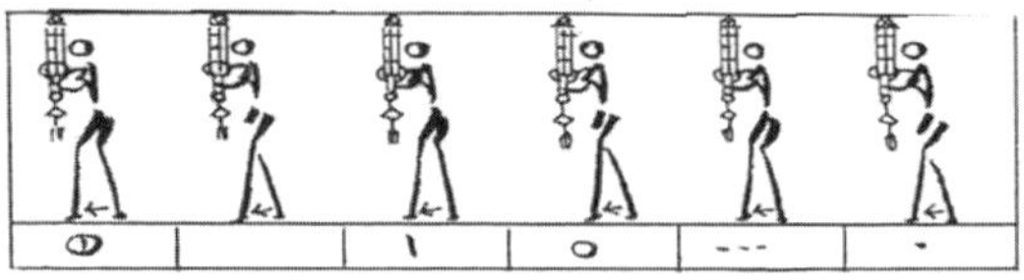

몽금척(악학궤범)

홀 기	진 행 도	음악	장단	배역	동 작
		삼현		황개	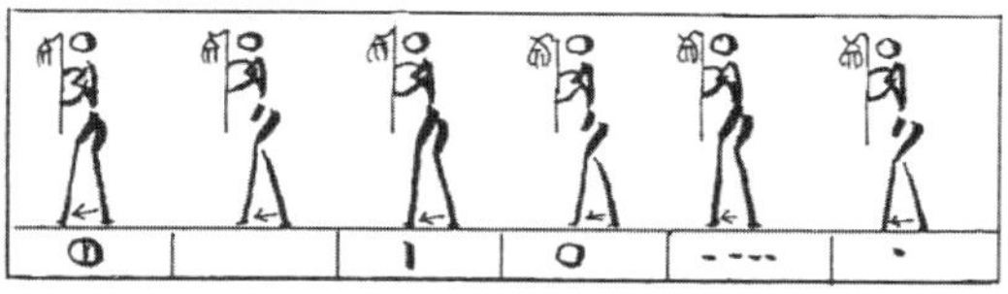
				우 죽간자	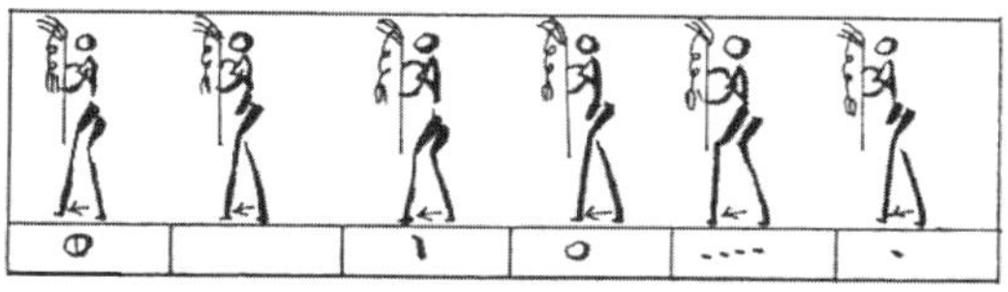
				우대 6인	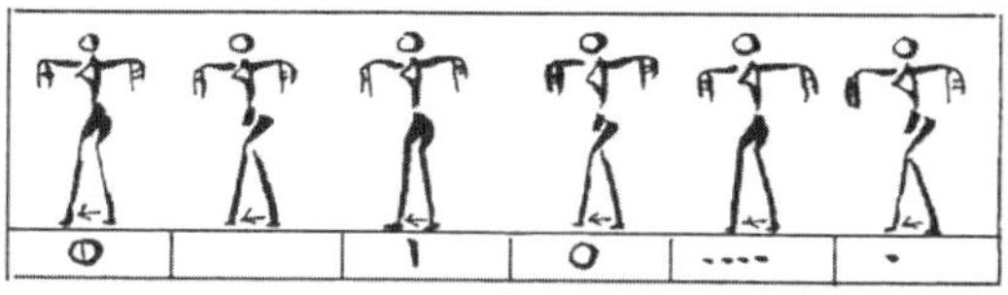
				좌대 6인	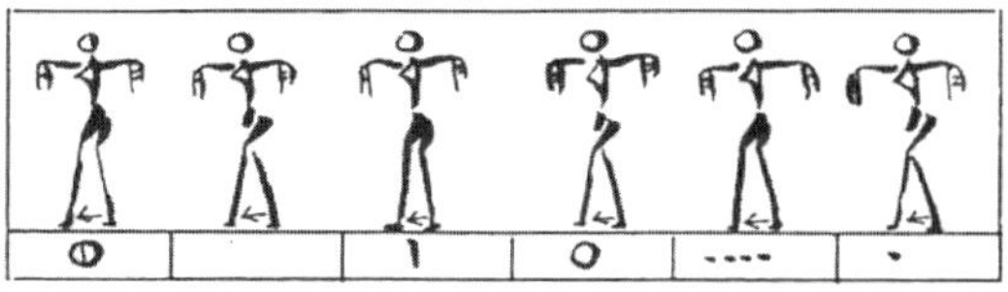 삼현 2·3·4·5·6·7·8·9·10각 동작 보법: 좌 죽간자, 족자, 금척, 황개, 우 죽간자, 우대6인, 좌대6인은 1박 1보로 先內足, 次外足으로 좌선 회무한다. 수법: 좌대6인과 우대6인은 무작한 대로 회무한다. ※ 반주음악은 일회(一回) 회무할 수 있는 음악만 기록하였다.(3회 회무할 때는 반주음악을 추가하면 된다.) ※ 이 부분도 악학궤범의 홀기를 보기2와 같이 수정해야 한다.
					보기1 (수정 안 된 홀기)  보기2 (수정된 홀기) 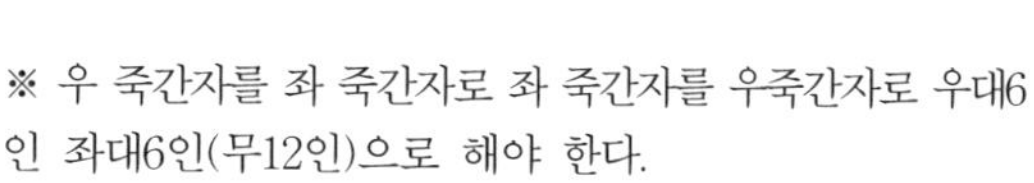 ※ 우 죽간자를 좌 죽간자로 좌 죽간자를 우죽간자로 우대6인 좌대6인(무12인)으로 해야 한다.

몽금척(악학궤범)

홀　　기	진 행 도	음악	장단	배역	동　　작
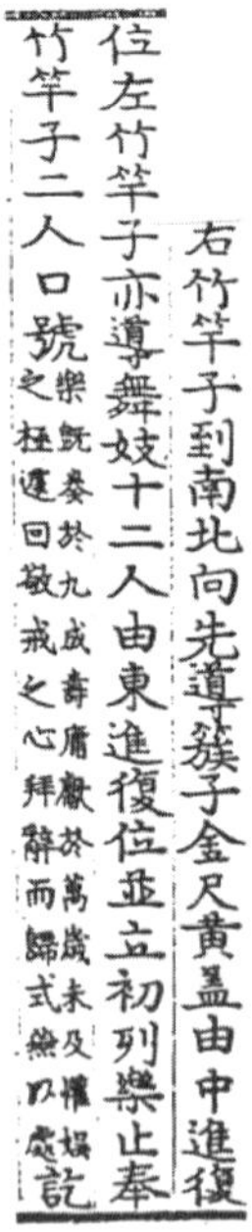 右竹竿子到南北向先導簇子金尺黃盖由中進復位左竹竿子亦導舞妓十二人由東進復位並立初列樂止奉竹竿子二人口號之樂旣奏於九成壽庸獻於萬歲未及懽娛之極遽回敬戒之心拜辭而歸式燕以處訖	북 죽　족　죽 右一　　左一 右二　금　左二 右三　척　左三 右四　　左四 右五　황　左五 右六　개　左六 남 <도판 18> (초열 입)  죽　족　죽 右一　　左一 右二　금　左二 右三　척　左三 右四　　左四 右五　황　左五 右六　개　左六 개　개　개　개 <도판 18-1> (초열)	삼현	11 12 13 14 15 각 16각	좌, 우대 12인 과 금척, 황개, 족자, 죽간자	삼현 11·12·13·14·15각 동작 ※「도판 17」과 같이 좌선회무(左旋回舞)하여 좌 죽간자가 남쪽에 이르면「도판 18」과 같이 북쪽을 향하여 들어와「도판 18-1」과 같이 초열이 된다. (동작은 회무동작 그대로 들어온다.) 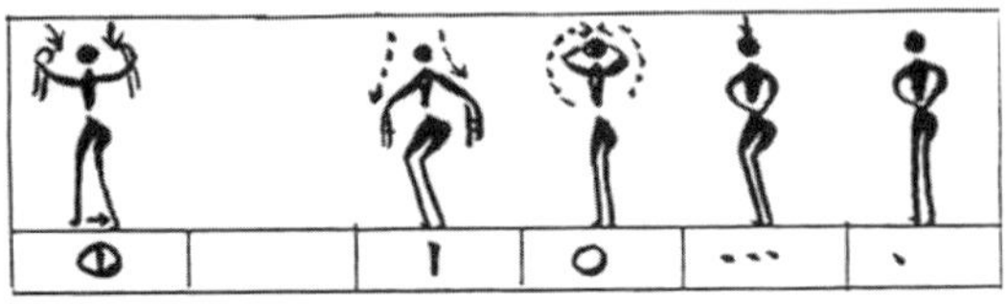 삼현 16각 동작 보법: 좌, 우대 12인과 족자, 금척, 황개, 죽간자는 1박에 內足을 뒤로 딛고 2·3박까지 무릎 구부리고 4박에 펴고 5박에 구부렸다가 6박에 편다. 수법: 좌, 우대 12인은 염수한다. (금척, 황개, 족자, 죽간자는 보법만 한다.) ※ 악지·박 죽간자2인은 구호를 창한다.

삼현 11·12·13·14·15각 동작

※「도판 17」과 같이 좌선회무(左旋回舞)하여 좌 죽간자가 남쪽에 이르면「도판 18」과 같이 북쪽을 향하여 들어와「도판 18-1」과 같이 초열이 된다. (동작은 회무동작 그대로 들어온다.)

삼현 16각 동작

보법: 좌, 우대 12인과 족자, 금척, 황개, 죽간자는 1박에 內足을 뒤로 딛고 2·3박까지 무릎 구부리고 4박에 펴고 5박에 구부렸다가 6박에 편다.

수법: 좌, 우대 12인은 염수한다. (금척, 황개, 족자, 죽간자는 보법만 한다.)

※ 악지·박

죽간자2인은 구호를 창한다.

※ 죽간자 구호

樂旣奏於九成　　　　　　악기주어구성
이미 구성의 악을 연주하였고
壽庸獻於萬歲　　　　　　수용헌어만세
곧 만세의 장수를 드리도다
未及懽娛之極　　　　　　미급환오지극
즐거움의 극치에 미처 이르기 전에
遽回敬戒之心　　　　　　거회경계지심
빨리 경계하는 마음을 품으소서
拜辭而歸　　　　　　　　배사이귀
절하며 하직하고 돌아가니
式燕以處　　　　　　　　식연이처
편히 쉬소서

※ 악지·박

홀　　기	진　행　도	음악	장단	배역	동　　　　작
擊拍樂奏五雲開瑞朝引奉竹竿子二人奉筬子一人奉金尺 一人奉黃盖一人足蹈擊拍而退 <도판 19> 擊拍斂手足蹈擊拍舞退(斂手樂止) 擊拍舞妓十二人舞進(挾手舞)	<도판 19> <도판 20> (무진)	보허자	1·2각 3각	죽간자와 족자 금척 황개 좌, 우대 12인 좌, 우대 12인	 **보허자 1·2각 족자 죽간자 동작** 보법: 죽간자와 족자는 1박1보(先內足, 次外足)로 무퇴한다. (도판 19, 돌아서 남쪽을 향하여 퇴립할 수도 있다.) 수법: 죽간자와 족자는 처음 잡은 대로 한다. **보허자 1·2각 금척, 황개 동작** 보법: 금척과 황개는 1각 4보(先內足, 次外足)로 무퇴한다. (도판 19) 수법: 금척과 황개는 처음 잡은 대로 한다. **보허자 3·4각 동작** 보법: 좌, 우대는 1·2박까지 무릎 구부리며 3·4박까지 펴고 5박에 구부리며 內足을 들어 先內足, 次外足으로 6·7·8·9·10박과 6각의 1·2·3·4·5박까지 무진하여 6박에 內足을 뒤로 딛고 7박에 구부리고 8박에 펴고 9박에 구부렸다가 10박에 편다. (도판 20) 수법: 좌, 우대는 1·2·3·4박까지 무작(협수무)하여 6·7·8·9·10박과 6각의 1·2·3·4·5박까지 무진(족자 좌우)하여 6·7·8·9·10박까지 염수한다.

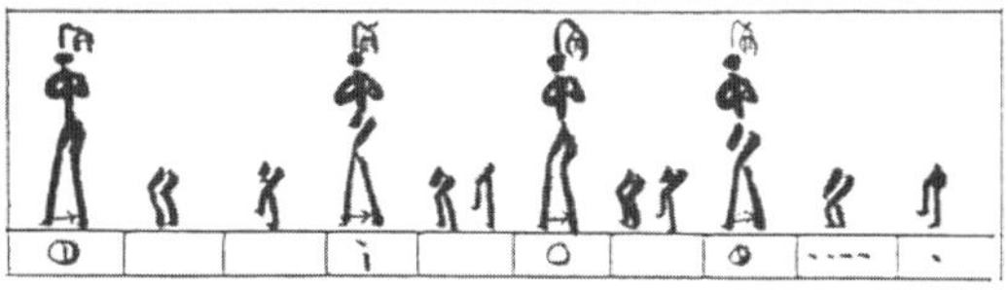

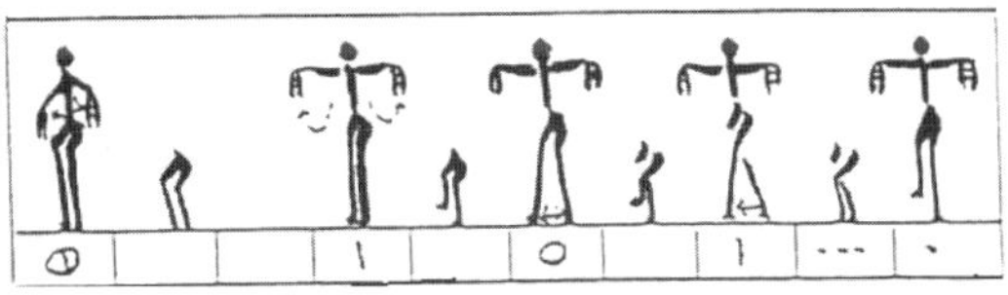

몽금척(악학궤범)

홀　　기	진　행　도	음악	장단	배역	동　　작
		보허자	5각	좌, 우대 12인	

보허자 5각 동작

보법: 좌, 우대는 1·2·3박까지 궤(跪)하여 4·5박까지 면복(俛伏)하여 6박에 「궤」하고 7·8박에 일어나 9박에 구부리고 10박에 편다. (도판 20)

수법: 좌, 우대는 염수한 대로 한다.

| | | | 6각 | 좌, 우대 12인 | |

보허자 6각 동작

보법: 좌, 우대는 1·2·3·4박까지 서서 수법만 하고 5박에 무릎 구부렸다가 펴며 6박에 內足을 뒤로 딛고 7박에 구부리고 8박에 펴고 9박에 구부렸다가 10박에 편다. (도판 20)

수법: 좌, 우대는 1박에 「거수」하여 2·3·4·5박까지 외서(外舒)하고 6·7·8·9·10박까지 염수한다.

| | | 보허자 | 7각 | 좌, 우대 12인 | |
| | | | 8각 | 좌, 우대 12인 | |

보허자 7·8각 동작

보법: 좌, 우대는 1·2박까지 무릎 구부리며 3·4박까지 펴고 5박에 구부리며 內足을 들어 先內足, 次外足으로 6·7·8·9·10박과 6각의 1·2·3·4·5박까지 무퇴하여 6박에 內足을 뒤로 딛고 7박에 구부리고 8박에 펴고 9박에 구부렸다가 10박에 편다. (도판 21)

수법: 좌, 우대는 1·2·3·4박까지 무작하여 6·7·8·9·10박과 6각의 1·2·3·4·5박까지 무퇴하여 6·7·8·9·10박까지 염한다.

진행도(7·8각):

<도판 21>
(무퇴)

몽금척(악학궤범)

홀 기	진 행 도	음악	장단	배역	동 작
	 <도판 22> (무퇴)				※ 죽간자와 족자가 금척, 황개 좌우대12인 좌, 우의 의물을 인도하여 전정(殿庭) 남문(南門)쪽으로 퇴장하여 처음 위치했던 위치에 가서 앉는다.

몽금척 무보

계사년홀기

몽금척(계사년홀기)

홀 기	진 행 도	음악	장단	배역	동 작
樂奏壽寧之曲 步虛子令 ○拍 籤子一人竹竿子二人齊行足蹈而 進立樂止口號 容 奉貞符之靈異 美盛德之形容 冀借優容 式孚宴譽 訖○拍(蛺瘤) 交奏 ○拍竹竿 子二人足蹈而退立 仍立 (籤子)	인정용정봉정작정미 ↑죽 ↑족 ↑죽 右一 右二 금 右三 척 右四 右五 황 右六 개 개 개 左一 左二 左三 左四 左五 左六 개 개 인정용정봉정작정미 <초입배열도>	보허자	1각 2각	죽간자 죽간자	보허자 1·2각 동작 보법: 죽간자2인과 족자1인은 1각2보(先內足, 次外足)로 무진한다. 수법: 죽간자2인은 외수상(外手上) 내수하(內手下)로 죽간자를 잡고 족자1인은 우수상(右手上) 좌수하(左手下)로 족자를 잡는다. ※ 악지·박 죽간자 구호 奉貞符之靈異　　　봉정부지영이 정고한 부록의 영이함을 받들어서 美盛德之形容　　　미성덕지형용 성덕의 형용을 미화하도다 冀借優容　　　기차우용 바라건대 너그러이 받아들이사 式孚宴譽　　　식부연예 연락(연락을) 미덥게 하소서 ※ 악지·박
	인정용정봉정작정미 화← 족 →척 右一 右二 금 右三 척 右四 右五 황 右六 개 개 개 左一 左二 左三 左四 左五 左六 개 개 인정용정봉정작정미 <도판 1>	보허자	3각 4각	죽간자 죽간자	보허자 3·4각 동작 보법: 죽간자2인은 3·4각 동안 1각4보(先內足, 次外足)로 무퇴한다. (족자는 서 있는다.)(도판 1) 수법: 죽간자2인은 처음 죽간자를 잡은 대로 한다.

홀 기	진 행 도	음악	장단	배역	동 작
拍左右第一隊舞進而立○拍斂手立於籧子左右○	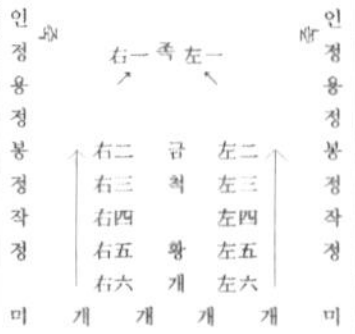 <도판 2> (1대무진)	보허자	5각	1대	
			6각	1대	 **보허자 5·6각 동작** 보법: 제 1대는 1·2박까지 무릎 구부리며 3·4박까지 펴고 5박에 구부리며 內足을 들어 先內足, 次外足으로 6·7·8·9·10박과 6각의 1·2·3·4·5박까지 무진하여 6박에 內足을 뒤로 딛고 7박에 구부리고 8박에 펴고 9박에 구부렸다가 10박에 편다. (도판 2) 수법: 제 1대는 1·2·3·4·5박까지 무작(절화무)하여 6·7·8·9·10박과 6각의 1·2·3·4·5박까지 무진(족자좌우)하여 6·7·8·9·10박까지 염수한다. ※ 左, 右대는 염수하고 한자리씩 무진하여 선다. (절화무, 악학궤범)
			7각	1대	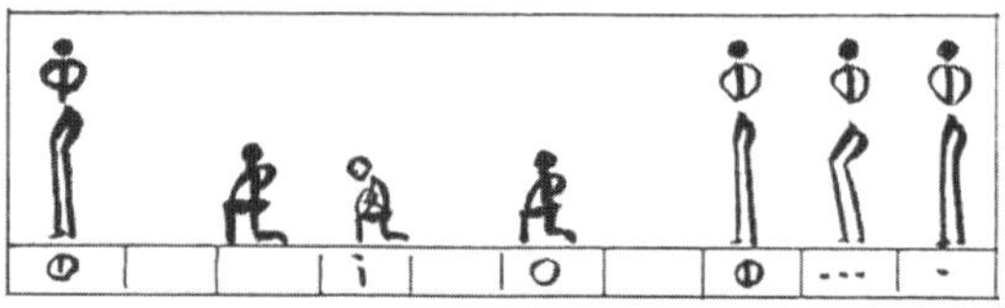 **보허자 7각 동작** 보법: 제 1대는 1·2·3박까지 궤(跪)하여 4·5박까지 면복(俛伏)하여 6박에 궤(跪)하고 7·8박에 일어나 9박에 구부리고 10박에 편다. 수법: 제 1대는 염수한 대로 한다.
			8각	1대	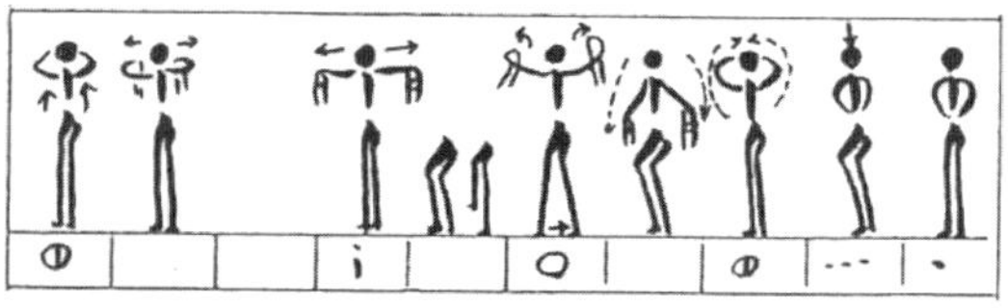 **보허자 8각 동작** 보법: 제 1대는 1·2·3·4박까지 서서 수법만 하고 5박에 무릎 구부렸다가 펴며 6박에 內足을 뒤로 딛고 7박에 구부리고 8박에 펴고 9박에 구부렸다가 10박에 편다. (도판 2)

몽금척(계사년홀기)

홀　　　기	진　행　도	음악	장단	배역	동　　　　　작
					수법: 제 1대는 1박에 「거수」하여 2・3・4・5박까지 외서(外舒)하고 6・7・8・9・10박까지 염수한다. (여대는 염수하고 서 있는다.) ※ 악학궤범에는 다음과 같이 기록하고 있는데 계사년홀기에는 이 부분이 빠져 있어 악학궤범과 같이 도안하였다. 악학궤범의 내용 (계사년홀기에는 기록이 빠져있음) (1) (2) 1대 무퇴할 때 2대는 동시에 무진한다.
○拍第二隊舞進而立○拍斂手足蹈、	右二 족 左二 右一 左一 右三 左三 右四 금 左四 右五 척 左五 右六 황 左六 개 인정용정봉정작정 미 개 개 개 개 인정용정봉정작정 미 〈도판 3〉 (2대 무진)	9각		1대 2대	보허자 9각 동작 보법: 제 1・2대는 1・2박에 무릎 구부리고 3・4박에 펴고 5박에 구부렸다가 펴며 內足을 들어 先內足, 次外足으로 6・7・8・9・10박까지 1대는 무퇴하고 2대는 무진한다. (도판 3) 수법: 제 1・2대는 1・2・3・4・5박까지 무작하여 6・7・8・9・10박은 무작한 대로 한다.
		10각		1대 2대	보허자 10각 동작 보법: 제 1・2대는 1・2・3・4・5박까지(先內足, 次外足) 1대는 무퇴하고 2대는 무진하여 6박에 1・2대는 內足을 뒤로 딛고 7박에 구부리고 8박에 펴고 9박에 구부리고 10박에 편다. (도판 3)

몽금척(계사년홀기)

홀　　　기	진　행　도	음악	장단	배역	동　　　작
	인정용정봉정작정미　殿 右二　족　左二 右一　左一 右三　左三 右四　금　左四 右五　척　左五 右六　左六 황 개 미 개 개 개 개 미 인정용정봉정작정미　殿 <도판 4>		11각	2대	수법: 제 1·2대는 무작한 대로 1·2·3·4·5박까지 1대는 무퇴하고 2대는 무진하여 6·7·8·9·10박까지 염수한다. ※ 左, 右대는 염수하고 한자리씩 무진하여 선다. 보허자 11각 동작 보법: 제 2대는 1·2·3박까지 궤(跪)하여 4·5박까지 면복(俛伏)하고 6박에 궤(跪)하고 7·8박에 일어나 9박에 구부리고 10박에 편다. (도판 4) 수법: 제 2대는 염수한 대로 한다. ※ 左一, 右一과 左, 右대는 3·4·5·6은 염수하고 서 있는다.
			12각	2대	보허자 12각 동작 보법: 제 2대는 1·2·3·4박까지 서서 수법만 하고 5박에 무릎 구부렸다가 펴며 6박에 內足을 뒤로 딛고 7박에 구부리고 8박에 펴고 9박에 구부렸다가 10박에 편다. 수법: 제 2대는 1박에 「거수」하여 2·3·4·5박까지 외서(外舒)하고 6·7·8·9·10박까지 염수한다.
拍第三隊舞進而立○拍斂手足蹈(	인정용정봉정작정미　殿 右三　족　左三 右一　左二 右二　左三 右四　금　左四 右五　척　左五 右六　左六 황 개 미 개 개 개 개 미 <도판 5> (3대 무진)	보허자	13각	2대 3대	보허자 13각 동작 보법: 제 2·3대는 1·2박에 무릎 구부리고 3·4박에 펴고 5박에 구부렸다가 펴며 內足을 들어(先內足, 次外足) 6·7·8·9·10박까지 2대는 무퇴하고 3대는 무진한다. (도판 5)

몽금척(계사년홀기)

홀 기	진 행 도	음악	장단	배역	동 작
			14각	2대 3대	수법: 제 2·3대는 1·2·3·4·5박까지 무작하여 6·7·8·9·10박은 무작한 대로 한다. (여대는 염수하고 서 있는다.) 보허자 14각 동작 보법: 제 2·3대는 1·2·3·4·5박까지 先內足, 次外足으로 2대는 무퇴하고 3대는 무진하여 6박에 2·3대는 內足을 뒤로 딛고 7박에 구부리고 8박에 펴고 9박에 구부리고 10박에 편다. (도판 5) 수법: 제 2·3대는 무작한 대로 1·2·3·4·5박까지 2대는 무퇴하고 3대는 무진하여 6·7·8·9·10박까지 염수한다. (여대는 염수하고 서 있는다.)
	인정용정봉정작정　미 右三　족　左三 右一　左一 右二　左二 右四　금　左四 右五　척　左五 右六　　左六 황 개 개 개 개 개 인정용정봉정작정　미 <도판 6>	보허자	15각 16각	3대 3대	보허자 15각 동작 보법: 제 3대는 1·2·3박까지 궤(跪)하여 4·5박까지 면복(俛伏)하여 6박에 궤(跪)하고 7·8박에 일어나 9박에 구부리고 10박에 편다. (도판 6) 수법: 제 3대는 염수한 대로 한다. (여대는 염수하고 서 있는다.) 보허자 16각 동작 보법: 제 3대는 1·2·3·4박까지 서서 수법만 하고 5박에 무릎 구부렸다가 펴며 6박에 내족(內足)을 뒤로 딛고 7박에 구부리고 8박에 펴고 9박에 구부렸다가 10박에 편다. (도판 6) 수법: 제 3대는 1박에 「거수」하여 2·3·4·5박까지 외서(外舒)하고 6·7·8·9·10박까지 염수한다. (여대는 염수하고 서 있는다.)

홀 기	진 행 도	음악	장단	배역	동 작
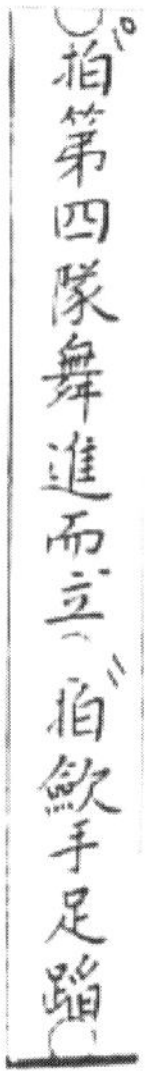 ○拍第四隊舞進而立(拍欽手足蹈)	 인정용정봉정작정 미 右四 右一右二右三 右五右六 죽 右一 左一左二 금척 황개 개 左四 左一左二 左五左六 인정용정봉정작정 미 개개개개 〈도판 7〉 (4대 무진)	보허자	17각	3대	
				4대	

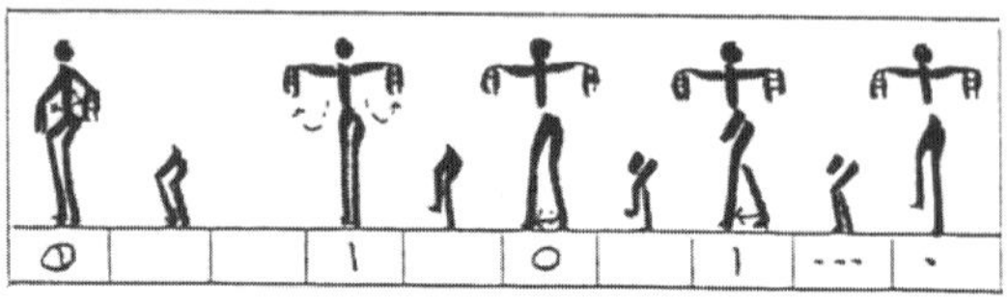

보허자 17각 동작

보법: 제 3·4대는 1·2박에 무릎 구부리고 3·4박에
　　　펴고 5박에 구부렸다가 펴며 內足을 들어 先內足,
　　　次外足으로 6·7·8·9·10박까지 3대는 무퇴
　　　하고 4대는 무진한다. (도판 7)

수법: 제 3·4대는 1·2·3·4·5박까지 무작하여 6·
　　　7·8·9·10박은 무작한 대로 한다. (여대는 한
　　　자리씩 여미고 무진한다.)

홀 기	진 행 도	음악	장단	배역	동 작
			18각	3대	
				4대	

보허자 18각 동작

보법: 제 3·4대는 1·2·3·4·5박까지 先內足, 次外
　　　足으로 3대는 무퇴하고 4대는 무진하여 6박에
　　　1·2대는 內足을 뒤로 딛고 7박에 구부리고 8박
　　　에 펴고 9박에 구부리고 10박에 편다. (도판 9)
　　　(여대는 한자리씩 여미고 무진한다.)

수법: 제 3·4대는 무작한 대로 1·2·3·4·5박까지
　　　3대는 무퇴하고 4대는 무진하여 6·7·8·9·10
　　　박까지 염수한다. (여대는 한자리씩 여미고 무진
　　　한다.)

몽금척(계사년홀기)

홀 기	진 행 도	음악	장단	배역	동 작
	인정용정봉정작정미 右四　족　左四 右三右一　左一左三 右二　左二 右五　금　左五 右六　척　左六 황 개 개 개 개 개 인정용정봉정작정미 \<도판 8\>		19각 20각	4대 4대	**보허자 19각 동작** 보법: 제 4대는 1·2·3박까지 궤(跪)하여 4·5박까지 면복(俛伏)하여 6박에 궤(跪)하고 7·8박에 일어나 9박에 구부리고 10박에 편다. (도판 8) 수법: 제 4대는 염수한 대로 한다. (여대는 염수하고 서 있는다.) **보허자 20각 동작** 보법: 제 4대는 1·2·3·4박까지 서서 수법만 하고 5박에 무릎 구부렸다가 펴며 6박에 內足을 뒤로 딛고 7박에 구부리고 8박에 펴고 9박에 구부렸다가 10박에 편다. (도판 8) 수법: 제 4대는 1박에 「거수」하여 2·3·4·5박까지 외서(外舒)하고 6·7·8·9·10박까지 염수한다. (여대는 염수하고 서 있는다.)
一拍第五隊舞進而立○拍歛手足蹈○	인정용정봉정작정미 右五　족　左五 右三右一　左一左三 右四右二　左二左四 금 右六　척　左六 황 개 개 개 개 개 인정용정봉정작정미 \<도판 9\> (5대 무진)	보허자	21각	4대 5대	**보허자 21각 동작** 보법: 제 4·5대는 1·2박에 무릎 구부리고 3·4박에 펴고 5박에 구부렸다가 펴며 內足을 들어 先內足, 次外足으로 6·7·8·9·10박까지 4대는 무퇴하고 5대는 무진한다. (도판 9) 수법: 제 4·5대는 무작한 대로 1·2·3·4·5박까지 무작하고 6·7·8·9·10박은 무작한 대로 한다. (左六, 右六은 한자리 무진한다.)

몽금척(계사년홀기)

홀 기	진 행 도	음악	장단	배역	동 작
			22각	4대	
				5대	

보허자 22각 동작

보법: 제 4·5대는 1·2·3·4·5박까지 先內足, 次外足
으로 4대는 무퇴하고 5대는 무진하여 6박에 4·5대
는 內足을 뒤로 딛고 7박에 구부리고 8박에 펴고
9박에 구부리고 10박에 편다. (도판 9)

수법: 제 4·5대는 무작한 대로 1·2·3·4·5박까지 4대
는 무퇴하고 5대는 무진하여 6·7·8·9·10박까
지 염수한다. (左六, 右六은 한자리 무진한다.)

진행도:

```
박                                      박
     右五    족    左五
     右三右一  左一左三
     右四右二  左二左四
인                    인
정                    정
용          금        용
정          척        정
봉  右六          左六  봉
정                    정
작          황        작
정                    정
          개
미  개  개    개  개  미
```

<도판 10>
(6대 무진)

| | | 보허자 | 23각 | 5대 | |

보허자 23각 동작

보법: 제 5대는 1·2·3박까지 궤(跪)하여 4·5박까지 면
복(俛伏)하여 6박에 궤(跪)하고 7·8박에 일어나 9
박에 구부리고 10박에 편다. (도판 10)

수법: 제 5대는 염수한 대로 한다.

| | | | 24각 | 5대 | |

보허자 24각 동작

보법: 제 5대는 1·2·3·4박까지 서서 수법만 하고 5박
에 무릎 구부렸다 펴며 6박에 內足을 뒤로 딛고 7박
에 구부리고 8박에 펴고 9박에 구부렸다가 10박에
편다. (도판 10)

수법: 제 5대는 1박에 「거수」하여 2·3·4·5박까지 외서
(外舒)하고 6·7·8·9·10박까지 염수한다.

몽금척(계사년홀기)

홀기	진행도	음악	장단	배역	동작
○拍第六隊舞進而立拍斂手足蹈樂止○	 <도판 11> (6대 무퇴)	보허자	25각	5대	
				6대	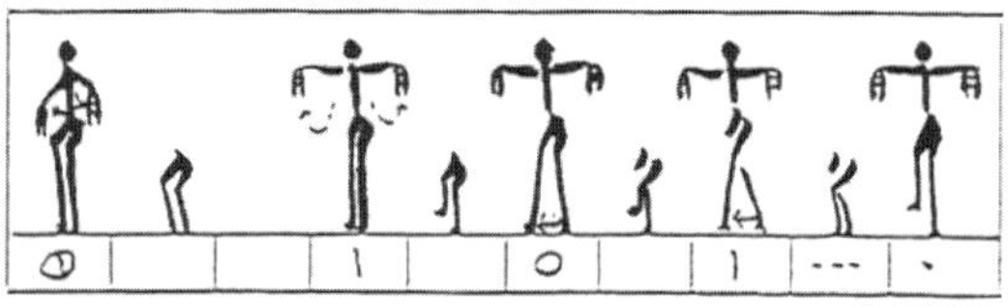 보허자 25각 동작 보법: 제 5·6대는 1·2박에 무릎 구부리고 3·4박에 펴고 5박에 구부렸다가 펴며 內足을 들어 先內足, 次外足으로 6·7·8·9·10박까지 5대는 무퇴하고 6대는 무진한다. (도판 11) 수법: 제 5·6대는 1·2·3·4·5박까지 무작하여 6·7·8·9·10박은 무작한 대로 한다.
			26각	5대	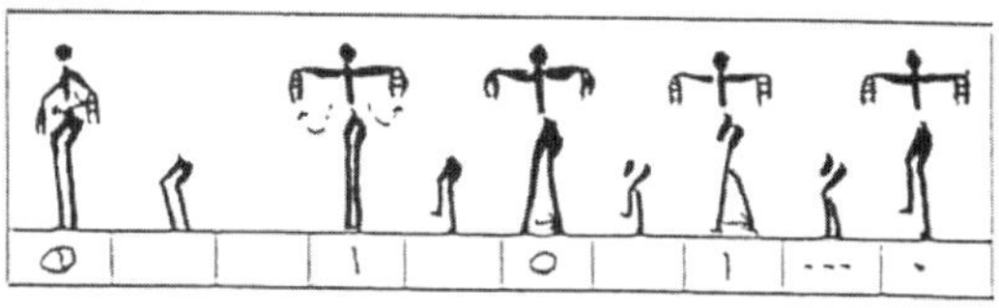
				6대	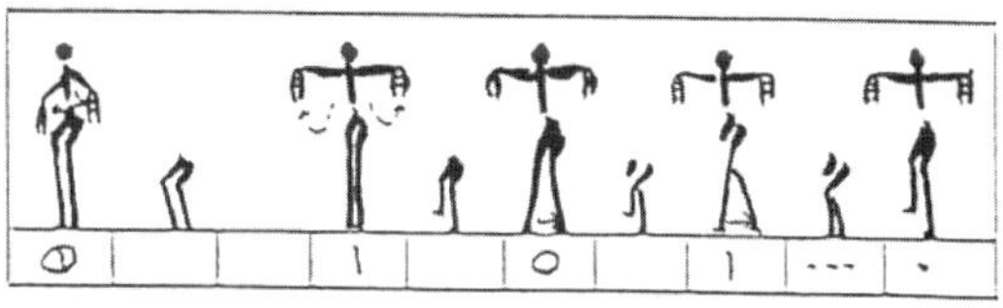 보허자 26각 동작 보법: 제 5·6대는 1·2·3·4·5박까지 先內足, 次外足으로 5대는 무퇴하고 6대는 무진하여 1·2대는 內足을 뒤로 딛고 7박에 구부리고 8박에 펴고 9박에 구부리고 10박에 편다. (도판 11) 수법: 제 5·6대는 무작한 대로 1·2·3·4·5박까지 5대는 무퇴하고 6대는 무진하여 6·7·8·9·10박까지 염수한다.

몽금척(계사년홀기)

홀 기	진 행 도	음악	장단	배역	동 작
	 인정용정봉정작정 미 右六 족 左六 右五 右三 右一 左一 左三 左五 右四 右二 左二 左四 금 척 황 개 개 개 개 개 인정용정봉정작정 미 〈도판 12〉		27각	6대	 **보허자 27각 동작** 보법: 제 6대는 1·2·3박까지 궤(跪)하여 4·5박까지 면복(俛伏)하여 6박에 궤(跪)하고 7·8박에 일어나 9박에 구부리고 10박에 편다. (도판 12) 수법: 제 6대는 염수한 대로 한다. ※ 左一, 右一과 左, 右대 2·3·4·5·6은 염수하고 서 있는다.
			28각	6대	 **보허자 28각 동작** 보법: 제 6대는 1·2·3·4박까지 서서 수법만 하고 5박에 무릎 구부렸다가 펴며 6박에 內足을 뒤로 딛고 7박에 구부리고 8박에 펴고 9박에 구부렸다가 10박에 편다. (도판 12) 수법: 제 6대는 1박에 「거수」하여 2·3·4·5박까지 외서(外舒)하고 6·7·8·9·10박까지 염수한다.

몽금척(계사년홀기)

홀 기	진 행 도	음악	장단	배역	동 작
	 인정용정봉정작정미　족　右五右三右一　左一左三左五　右六右四右二　左二左四左六　금석　황　개　개　개　개　개　인정용정봉정작정미 <도판 13> (6대 복위)	보허자	29각	6대	 보허자 29각 동작 보법: 제 6대는 1·2박에 무릎 구부리고 3·4박에 펴고 5박에 구부렸다가 펴며 內足을 들어 先內足, 次外足으로 6·7·8·9·10박까지 무퇴한다. (도판 13) 수법: 제 6대는 1·2·3·4·5박까지 무작하여 6·7·8·9·10박까지 무퇴한다. (도판 13)
			30각	6대	 보허자 30각 동작 보법: 제 6대는 1·2·3·4·5박까지 先內足, 次外足으로 무퇴하여 6박에 內足을 뒤로 딛고 7박에 구부리고 8박에 펴고 9박에 구부렸다가 편다. 수법: 제 6대는 1·2·3·4·5박까지 무퇴 복위하여 6·7·8·9·10박까지 염수한다.
	 인정용정봉정작정미　족　右五右三右一　左一左三左五　右六右四右二　左二左四左六　금석　황　개　개　개　개　개　인정용정봉정작정미 <도판 14>		31각	여대 11인	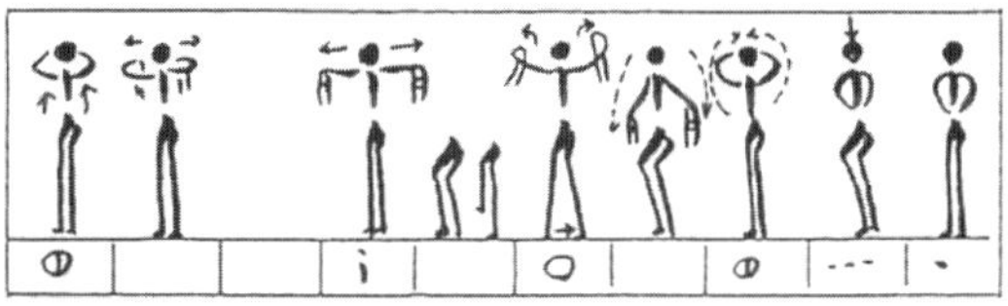 보허자 31각 동작 보법: 여대 11인은 1·2·3·4박까지 서서 수법만 하고 5박에 무릎 구부렸다가 펴며 6박에 內足을 뒤로 딛고 7박에 구부리고 8박에 펴고 9박에 구부렸다가 10박에 편다. (도판 14) 수법: 여대 11인은 1박에 「거수」하여 2·3·4·5박까지 외서(外舒)하고 6·7·8·9·10바까지 염수한다. (여대11인은 염수를 갱염수(更斂手)라 하고 제6대가 염수하는 동작을 염수라 한다.) ※ 박 ※ 계사년홀기에는 악학궤범에 수록된 다음의 기록이 빠져 있다. 악학궤범의 기록 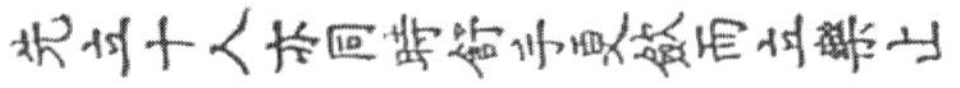

몽금척(계사년홀기)

홀 기	진 행 도	음악	장단	배역	동 작
樂止金尺人致語 夢金尺受命之祥也 太祖潛邸 夢受金尺 漢陽開國 聖神休德 于今幾百 於千萬億 訖○ 郷唐 ○拍交奏 ○拍金尺人黃蓋人並足蹈小進而立	인정용정봉정작정 미 右五右三右一 금척 ↑ 左一左三左五 右六右四右二 ↑ 황개 ↑ 左二左四左六 인정용정봉정작정 미 개 개 개 개 <도판 15>	보허자	32 33 각	금척 황개	※ 악학궤범에는 악주(樂奏) 최자령(嗺子令)으로 기록되어 있는데, 계사년홀기에는 향당교주(鄕唐交奏)로 기록하고 있어 향당교주가 어떤 음악인지 불분명하여 악학궤범의 최자를 보허자 최자로 보아 도안하였다.

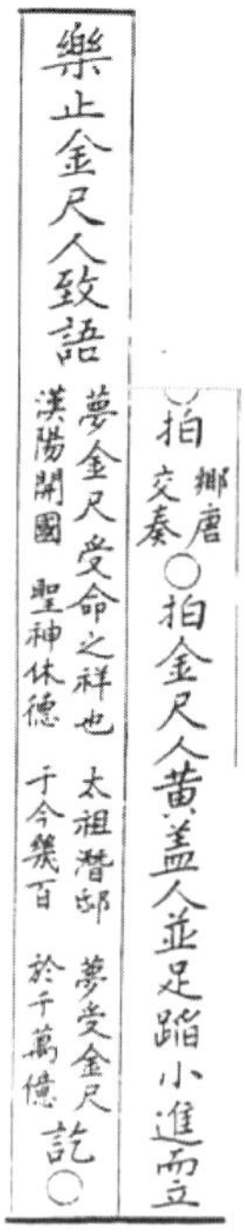

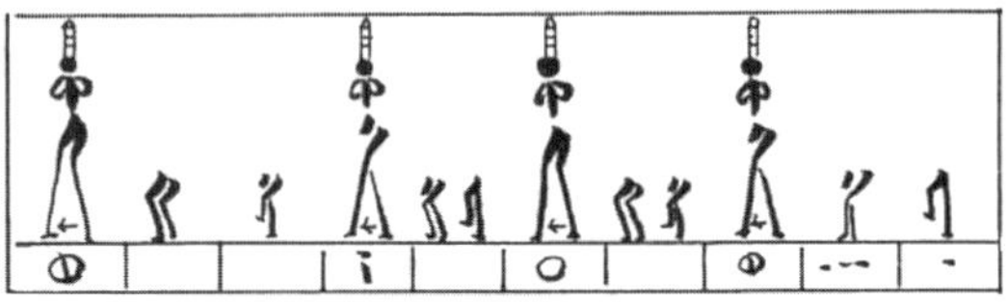

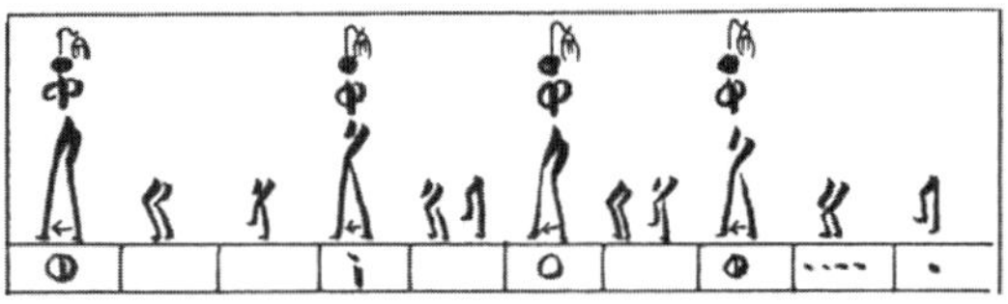

보허자 32 · 33각 동작
보법: 금척과 황개는 31 · 32각 동안 1각4보 先內足, 次
　　外足으로 무진한다.
수법: 금척은 양손으로 금척을 받들고 황개는 右手上,
　　左手下로 황개를 잡는다.

※ 악지 · 박 ※

※ 금척치어(金尺致語)
夢金尺受明之祥也　　　몽금척수명지상야
금척(金尺)을 꿈 꾼 것은 천명(天命)을 받으려는 상서
입니다.
太祖潛邸 夢受金尺　　　태조잠저 몽수금척
태조(太祖)께서 잠저에 계실 적에 꿈에서 금척을 받으
셨다.
漢陽開國 聖神休德　　　한양개국 성신휴덕
한양 개국은 성신의 아름다운 덕이
于今幾百 於千萬億　　　우금기백 어천만억
오늘날까지 수백년 천만년 억만년 이어지리라.

※ 악지 · 박 ※

※ 태조잠저(太祖潛邸) 이하의 창사 가사(歌詞)가 악
학궤범과는 다르다.

몽금척(계사년홀기)

홀 기	진 행 도	음악	장단	배역	동 작
拍子令 步虛 金尺黃盖足蹈仍立六隊十二人歛手足蹈隨樂節唱 詞 惟皇鑑之孔明兮 吉夢協于金尺 淸 者耄矣兮 直其戇 繄有德焉是適 訖樂止(		수악절 (보허자)	1각 2 3 4 5 6 각 7각	6대 12인 6대 12인	

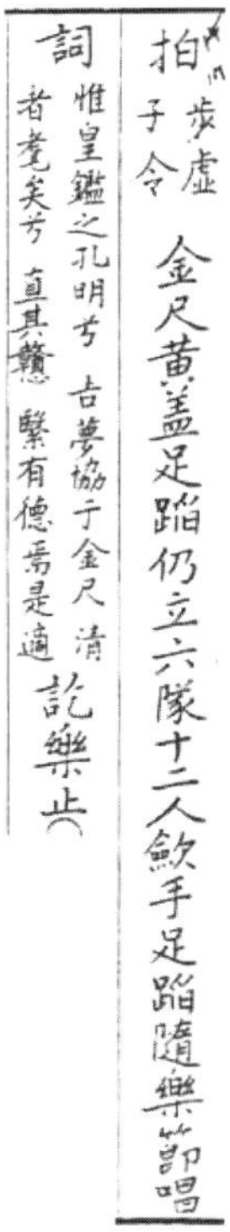

동작 내용

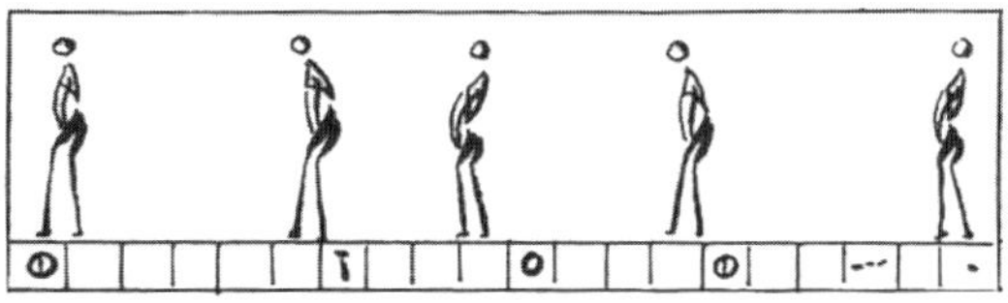

수악절 1각 동작

보법: 6대 12인은 1박에 內足을 앞으로 딛고 2·3·4·5·6박까지 앞으로 수수무를 하고 7·8·9·10박까지 뒤로 수수무를 하고 11·12·13·14박까지 앞으로 수수무를 하며 15·16·17·18·19·20박까지는 뒤로 수수무를 한다. (금척과 황개는 서 있는다.)

수법: 6대 12인은 양손을 內足 무릎에 얹고 한다. (도판 15)

수악절 2·3·4·5·6각 동작

수악절 2·3·4·5·6각 동작은 수악절 1각 동작을 반복하여 수수무를 한다. (금척 황개는 서 있는다.)

※수악절 금척사

惟皇鑑之孔明兮	유황감지공명혜
하늘의 살피심이 크게 밝아	
吉夢協于金尺	길몽협우금척
상서로운 꿈이 금척에 맞았도다.	
淸者耄矣兮	청자모의혜
청백한 이는 늙어 혼미하고	
直基戇兮	직기당혜
정직한 이는 어리석음이여	
有德焉是適	유덕언시적
덕망 있는 이가 이에 적합하도다	

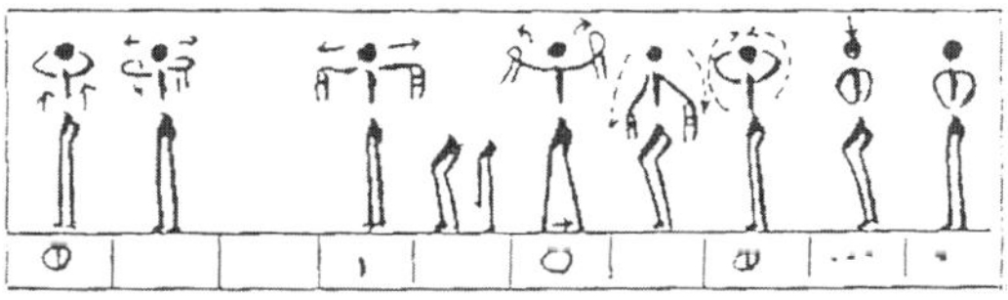

수악절 7각 동작

보법: 6대 12인은 1·2·3·4까지 서서 수법만 하고 5박에 무릎을 구부렸다가 펴며 5박에 內足 들어 6박에 뒤에 딛고 7박에 구부리고 8박에 펴고 9박에 구부리고 10박에 편다.

수법: 6대 12인은 거수·외서·염수한다.

※ 악지·박

몽금척(계사년홀기)

홀 기	진 행 도	음악	장단	배역	동 작
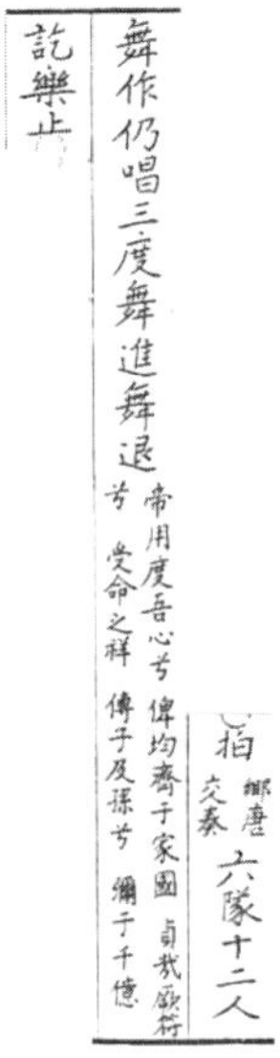 訖樂止 舞作仍唱三度舞進舞退 帝用度吾心兮俾均齊于家國貞哉厥符 兮受命之祥俾子及孫兮彌于千億 拍 鄕唐交奏 六隊十二人					(1) 수악절의 「금척사」를 제용(帝用) 이하는 창하지 않고 줄여서 창하였다. (2) 금척사 내용은 악학궤범과 같으나 창사를 줄여서 창안하였다. ※ 금척사(金尺詞)를 창하며 삼도 무진 무퇴할 때 악학궤범에는 무진지족자좌우이퇴(舞進至簇子左右而退)라고 기록하고 있으나 계사년홀기에는 이 부분의 기록이 없고 악학궤범에 삼도무진무퇴를 금척무라고 기록하고 있으나 계사년홀기에는 이 부분도 없다. 그러므로 악학궤범대로 도안하였다.
	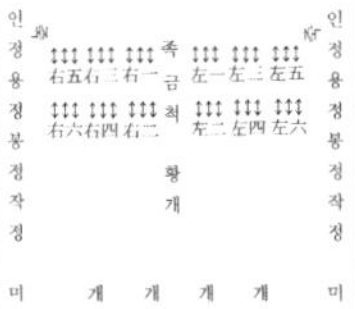 <도판 16> (3도 진퇴)	보허자	1각(제용이하창하며)	6대 12인(天)	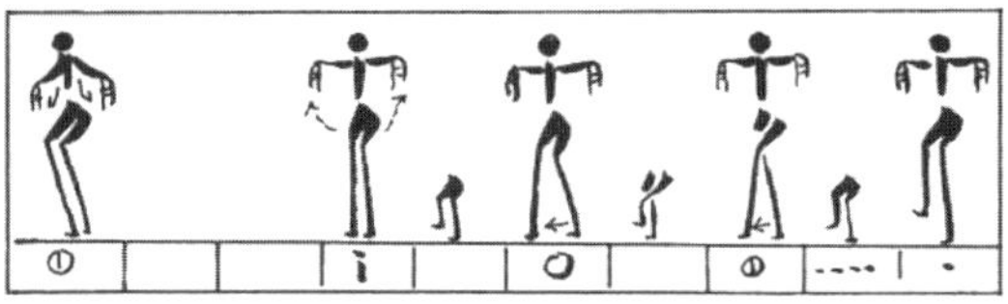 보허자 1각 동작 보법: 6대 12인은 1·2박에 무릎 구부리며 3·4박에 펴고 5박에 구부렸다가 펴며 內足을 들어 先內足, 次外足으로 6·7·8·9·10박까지 무진한다. (도판 16) 수법: 6대 12인은 1·2·3·4·5박까지 무작하여 6·7·8·9·10박은 무작한 대로 무진한다.
			2각(제용이하창하며)		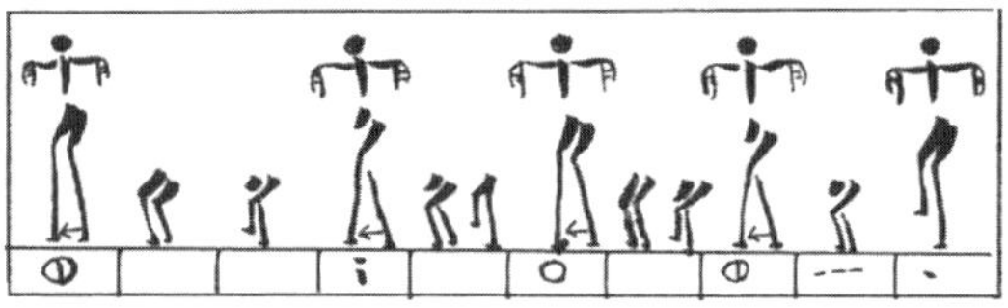 보허자 2각 동작 보법: 6대 12인은 1각 4보로 先內足, 次外足으로 무진한다. 수법: 6대 12인은 무작한 대로 무진한다. (도판 16)
			3각(제용이하창하며)		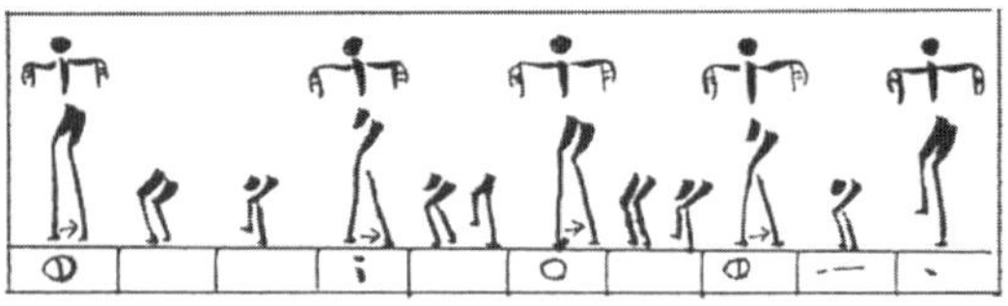 보허자 3각 동작 보법: 6대 12인은 1각 4보 先內足, 次外足으로 무퇴한다. 수법: 6대 12인은 무작한 대로 무퇴한다. (도판 16)

몽금척(계사년홀기)

홀 기	진 행 도	음악	장단	배역	동 작
		보허자	4각 (제용이하 창하며)	6대 12인 (地)	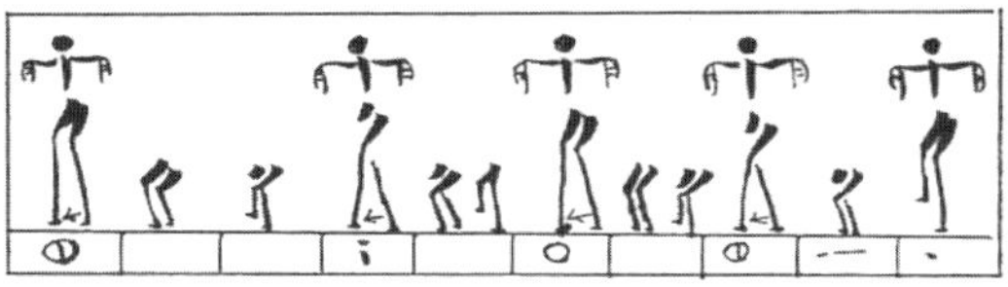 **보허자 4각 동작** 보법: 6대 12인은 1각 4보 先內足, 次外足으로 무진한다. 수법: 6대 12인은 무작한 대로 무진한다. (도판 16)
			5각 (제용이하 창하며)	6대 12인	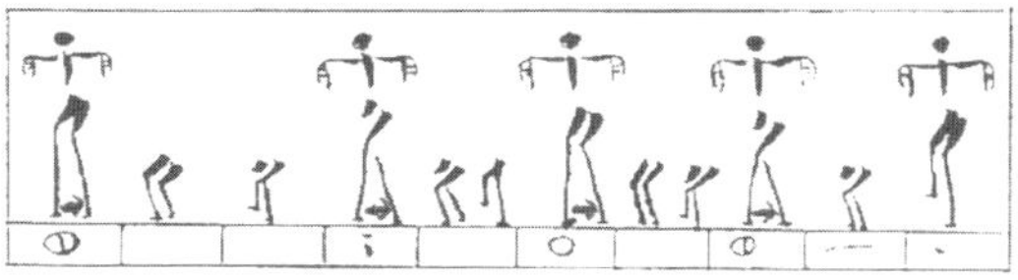 **보허자 5각 동작** 보법: 6대 12인은 1각 4보 先內足, 次外足으로 무퇴한다. 수법: 6대 12인은 무작한 대로 무퇴한다. (도판 16)
			6각 (제용이하 창하며)	6대 12인	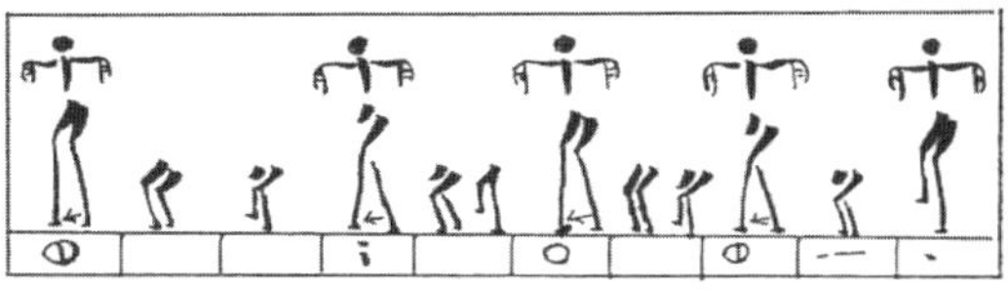 **보허자 6각 동작** 보법: 6대 12인은 1각 4보 先內足, 次外足으로 무진한다. 수법: 6대 12인은 무작한 대로 무진한다. (도판 16)
			7각 (제용이하 창하며)	6대 12인	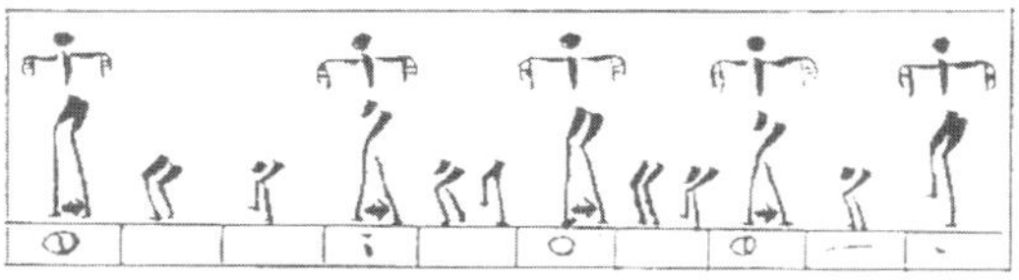 **보허자 7각 동작** 보법: 6대 12인은 1각 4보 先內足, 次外足으로 무퇴한다. 수법: 6대 12인은 무작한 대로 무퇴한다. (도판 16)
			8각	6대 12인	 **보허자 8각 동작** 보법: 6대 12인은 1·2·3·4·5박까지 先內足, 次外足으로 무퇴하여 6박에 內足을 뒤로 딛고 7박에 구부리고 8박에 펴고 9박에 구부렸다가 편다. (도판 16) 수법: 6대 12인은 1·2·3·4·5박까지 무퇴 복위하여 6·7·8·9·10박까지 염수한다.

몽금척(계사년홀기)

홀 기	진 행 도	음악	장단	배역	동　　　　　작
					※ 삼진 삼퇴 시 제용이하 창사 帝用度吾心兮　　　　　제용탁오심혜 하늘이 우리 마음을 헤아려 俾均齊于家國　　　　　비균제우가국 국가를 잘 다스리게 하였도다 貞哉剧符兮　　　　　정재궐부혜 정고한 저 부록이여 受命之祥　　　　　수명지상 천명을 받을 상서로다 傳子及孫　　　　　전자급손 그 아들에게 전하고 손자에게 미침이여 彌于千億　　　　　미우천억 그 천억 대를 이어 가리다 ※ 악지·박 ※
					※ 악학궤범의 홀기와 동일(同一)하게 기록하고 있어 「보기1」을 「보기2」와 같이 수정해야 좌선회무(左旋回舞)를 할 수 있다. 보기 1. (수정 안 된 홀기) 보기 2. (수정 된 홀기) ⑴ 악학궤범에는 반주음악이 소 포구락 령으로 기록하고 있으나 계사년홀기에는 「향당교주」로 기록하고 있다. ⑵ 소 포구락 령과 향당교주가 어떤 음악인지 불분명하여 회무(回舞)하기 편안한 삼현도드리로 도안하였다. ⑶ 회무삼잡(回舞三匝)은 천(天) 지(地) 인(人)을 의무한 회무(回舞)이다.

몽금척(계사년홀기)

홀　　기	진　행　도	음악	장단	배역	동　　　　　작
					※ 좌 죽간자를 선도(先導)로 족자 금척 황개 우 죽간자 우대(右隊) 6인 좌대(左隊) 6인 순으로 좌선(左旋) 회무(回舞) 삼잡(三匝)을 하며 「성인유작(聖人有作)」을 창(唱)한다. (수정 된 홀기) ※ 회무창사 聖人有作萬物皆覩　　　　　성인유작만물개도 성인이 일어나시니 만물이 다 보게 되고 靈瑞繽粉諸福畢至　　　　　영서빈분제복필지 영이한 상서 하도 많으사 모든 복이 다 이르옵니다 長言不足式歌且舞　　　　　장언부족식가차무 긴 말이 오히려 부족하여 노래하고 또 춤추옵니다 於樂於倫君王萬壽　　　　　어락어륜군왕만수 차례가 있음이여 우리 임금님 만수를 누리소서
訖 連並隨樂節唱詞　聖人有作　萬物皆觀　靈瑞績紛　諸福畢至　長言不足　式歌且舞　於樂於倫　君王萬壽　三匝 竿子左隊六人右隊六人次次足蹈而出左旋回舞三匝與右竹竿一匝 鄕唐 拍交奏○拍右竹竿子足蹈先導次篌子金尺黃盖左竹	 <도판 17> (좌선 회무)	삼현	1각 (창하며) 2 3 4 5 6 7 8 9 10각 (창하며)	좌우대 12인과 금척, 족자, 황개, 죽간자 좌 죽간자 족자 금척	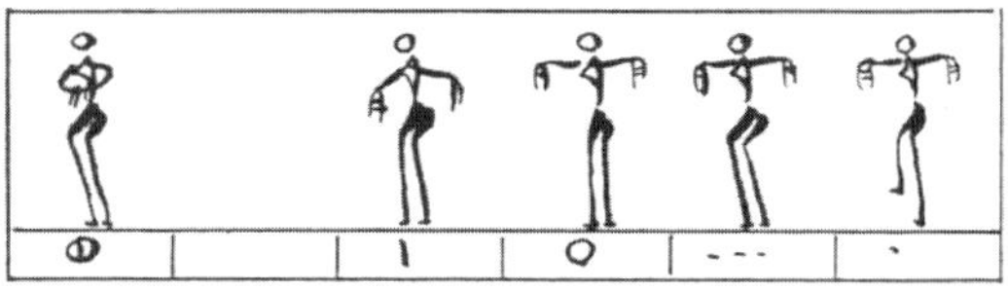 **삼현 1각 동작** 보법: 좌우대 12인과 금척, 황개, 족자, 죽간자는 1·2박에 무릎 구부리고 3·4박에 펴고 5박에 구부렸다가 펴며 내족을 든다. 수법: 좌우대 12인은 무작하고 금척, 황개, 족자, 죽간자는 처음 잡은 그대로 보법만 한다.

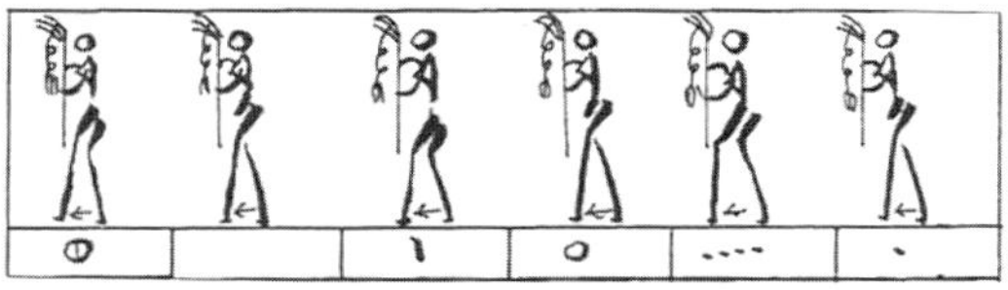

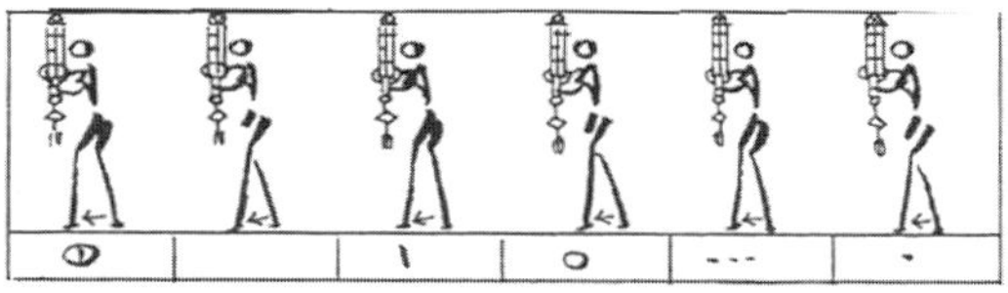

몽금척(계사년홀기)

홀 기	진 행 도	음악	장단	배역	동 작
		삼현		황개	
				우 죽간자	
				우대 6인	
				좌대 6인	

삼현 2·3·4·5·6·7·8·9·10각 동작

보법: 좌 죽간자, 족자, 금척, 황개, 우 죽간자, 우대6인,
　　　 좌대6인은 1박 1보로 先內足, 次外足으로 좌선 회
　　　 무한다.

수법: 좌대6인과 우대6인은 무작한 대로 회무한다.

※ 반주음악은 일회(一回) 회무할 수 있는 음악만 기록
하였다.(3회 회무할 때는 반주음악을 추가하면 된다.)

※ 이 부분도 보기2와 같이 수정해야한다.

보기 1. (수정되지 않은 것)

보기 2. (수정된 것)

몽금척(계사년홀기)

홀　　기	진　행　도	음악	장단	배역	동　　작
右竹竿子 拍　到南北向　簇二　金尺黃盖居中舞十二人作六隊並如初列 拍　竹竿子二人進立樂止告號 樂既奏於九成　壽庸獻於萬歲　未及懽娛之極　遽回敬戒之心　拜辭而歸　式燕以處 訖	북 죽　족　죽 右一　　左一 右二　금　左二 右三　척　左三 右四　　左四 右五　황　左五 右六　개　左六 서　　　　　　동 남 <도판 18> (초열 입) 인정용정봉정작정미　죽　족　죽　인정용정봉정작정미 右一　　左一 右二　금　左二 右三　척　左三 右四　　左四 右五　황　左五 右六　개　左六 개　개　개　개 <도판 18-1> (초열)	삼현	11 12 13 14 15 각 16각	좌, 우대 12인 과 금척, 황개, 족자, 죽간자	삼현 11·12·13·14·15각 동작 ※ 「도판 17」과 같이 좌선회무(左旋回舞)하여 좌 죽간자가 남쪽에 이르면 「도판 18」과 같이 북쪽을 향하여 들어와 「도판 18-1」과 같이 초열이 된다. (동작은 회무동작 그대로 들어온다.) 삼현 16각 동작 보법: 좌, 우대 12인과 족자, 금척, 황개, 죽간자는 1박에 內足을 뒤로 딛고 2·3박까지 무릎 구부리고 4박에 펴고 5박에 구부렸다가 6박에 편다. 수법: 좌, 우대 12인은 염수한다. (금척, 황개, 족자, 죽간자는 보법만 한다.) ※ 악지·박 죽간자2인은 구호를 창한다. ※ 죽간자 구호 樂旣奏於九成　　악기주어구성 이미 구성의 악을 연주하였고 壽庸獻於萬歲　　수용헌어만세 곧 만세의 장수를 드리도다 未及懽娛之極　　미급환오지극 즐거움의 극치에 미처 이르기 전에 遽回敬戒之心　　거회경계지심 빨리 경계하는 마음을 품으소서 拜辭而歸　　배사이귀 절하며 하직하고 돌아가니 式燕以處　　식연이처 편히 쉬소서 ※ 악지·박

몽금척(계사년홀기)

홀 기	진 행 도	음악	장단	배역	동 작
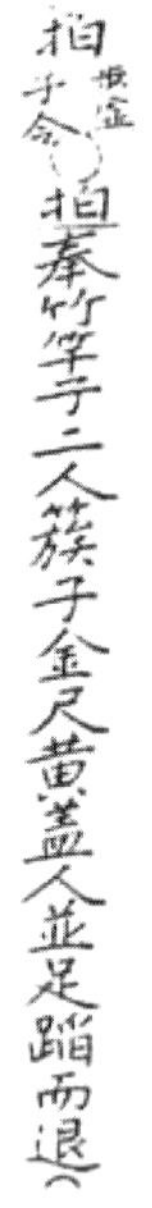 拍 挨金 子令 拍奉竹竿子二人簇子金尺黃蓋人並足蹈而退	 인정용정봉정작정미 右一 右二 右三 右四 右五 右六 개 / 금척→황개 / 개 左一 左二 左三 左四 左五 左六 개 인정용정봉정작정미죽 <도판 19>	보허자	1 2 각	죽간자와 족자	 보허자 1·2각 족자 죽간자 동작 보법: 죽간자와 족자는 1박1보(先內足, 次外足)로 무퇴한다. (도판 19, 돌아서 남쪽을 향하여 퇴립할 수도 있다.) 수법: 죽간자와 족자는 처음 잡은 대로 한다.
				금척 황개	보허자 1·2각 금척, 황개 동작 보법: 금척과 황개는 1각 4보(先內足, 次外足)로 무퇴한다. (도판 19) 수법: 금척과 황개는 처음 잡은 대로 한다.
拍舞十二人舞進〇拍繁擎手足蹈〇拍舞退無止	인정용정봉정작정미 右一 右二 右三 右四 右五 右六 개 / 금척황개 / 개 左一 左二 左三 左四 左五 左六 개 인정용정봉정작정미죽 <도판 20> (무진)		3각 4각	죽간자와 족자 좌, 우대 12인	보허자 3·4각 동작 보법: 좌, 우대는 1·2박까지 무릎 구부리며 3·4박까지 펴고 5박에 구부리며 內足을 들어 先內足, 次外足으로 6·7·8·9·10박과 6각의 1·2·3·4·5박까지 무진하여 6박에 內足을 뒤로 딛고 7박에 구부리고 8박에 펴고 9박에 구부렸다가 10박에 편다. (도판 20) 수법: 좌, 우대는 1·2·3·4박까지 무작(협수무)하여 6·7·8·9·10박과 6각의 1·2·3·4·5박까지 무진(족자 좌우)하여 6·7·8·9·10박까지 염수한다.

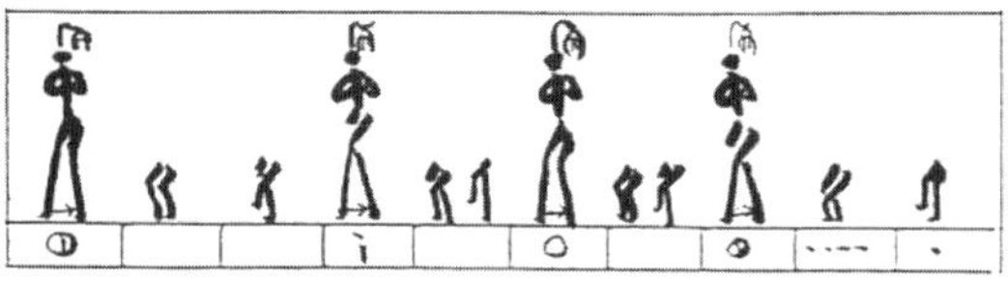

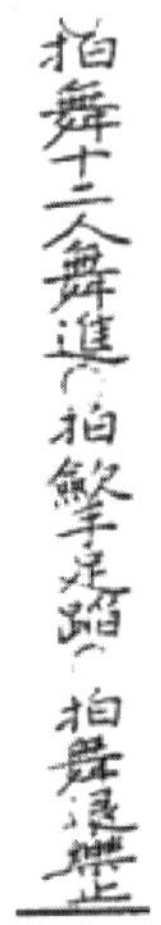

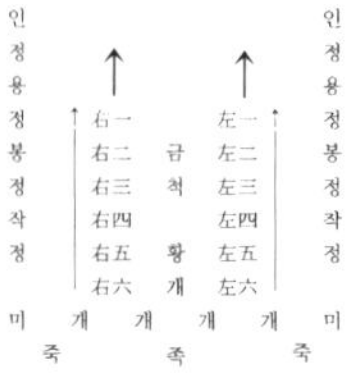

홀 기	진 행 도	음악	장단	배역	동 작
		보 허 자	5각	좌, 우대 12인	 **보허자 5각 동작** 보법: 좌, 우대는 1·2·3박까지 궤(跪)하여 4·5박까지 면복(俛伏)하여 6박에 「궤」하고 7·8박에 일어나 9박에 구부리고 10박에 편다. (도판 20) 수법: 좌, 우대는 염수한 대로 한다.
			6각	좌, 우대 12인	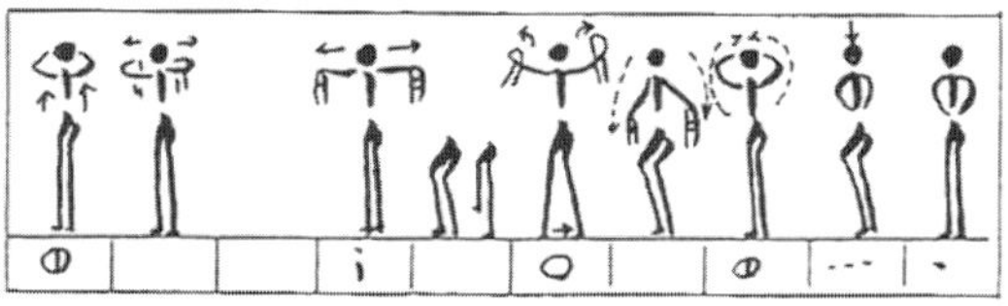 **보허자 6각 동작** 보법: 좌, 우대는 1·2·3·4박까지 서서 수법만 하고 5박에 무릎 구부렸다가 펴며 6박에 內足을 뒤로 딛고 7박에 구부리고 8박에 펴고 9박에 구부렸다가 10박에 편다. (도판 20) 수법: 좌, 우대는 1박에 「거수」하여 2·3·4·5박까지 외서(外舒)하고 6·7·8·9·10박까지 염수한다.
	 <도판 21> (무퇴)	보 허 자	7각	좌, 우대 12인	 **보허자 7·8각 동작** 보법: 좌, 우대는 1·2박까지 무릎 구부리며 3·4박까지 펴고 5박에 구부리며 內足을 들어 先內足, 次外足으로 6·7·8·9·10박과 6각의 1·2·3·4·5박까지 무퇴하여 6박에 內足을 뒤로 딛고 7박에 구부리고 8박에 펴고 9박에 구부렸다가 10박에 편다. (도판 21) 수법: 좌, 우대는 1·2·3·4박까지 무작하여 6·7·8·9·10박과 6각의 1·2·3·4·5박까지 무퇴하여 6·7·8·9·10박까지 염수한다.
			8각	좌, 우대 12인	

진행도 (도판 21):

```
인          ↓         ↓          인
정                               정
용   右一          左一          용
정   右二   금    左二          봉
봉   右三   척    左三          정
정   右四          左四          작
작   右五   황    左五          정
정   右六   개    左六          미
미     개   개  개   개         죽
죽         족
```

몽금척(계사년홀기)

홀 기	진 행 도	음악	장단	배역	동 작
	 <도판 22> (무퇴)				※ 죽간자와 족자가 금척, 황개 좌우대12인 좌, 우의 의물을 인도하여 전정(殿庭) 남문(南門)쪽으로 퇴장하여 처음 위치했던 위치에 가서 앉는다.

수보록 受寶籙

조선 초기

Ⅰ. 사고(史考)

1. 개관

이태조가 왕위에 오르기 전에 지금의 전라북도에 있는 지리산 석벽 속에서 신인(神人)이 나와 이씨가 왕이 된다는 예언을 기록한 보록(寶錄)의 글자를 얻었다.

보록에 기록된 글자

목(木)·자(子)는 이(李)자로 이성계를 말한 것이고

주(走)·초(肖)는 조준(趙浚)을 말한 것이고

비(非)·의(衣)는 배극렴(裵克廉)을 말한 것이고

삼전삼읍(三傳三邑)은 정도전(鄭道傳), 정희계(鄭熙啓), 정총(鄭摠)을 말한 것이다.

이성계는 아들과 힘을 모아 새로운 나라를 건국하라는 뜻으로 마이산에서는 하늘에서 내려온 신인에게 금자대를 얻었고 또 지리산 석벽 속에서 나온 신인에게서 보록의 글자를 얻었다. 이것은 천신(天神)과 지신(地神)의 계시를 받았으므로 새로운 나라를 건국하겠다는 뜻을 갖고 조선을 건국하게 된다.

태조 2년(1393) 정도전이 수보록사(受寶錄詞)를 지어 올린다.

2. 증보문헌비고

1) 사고 (1)

증보 문헌 비고 권 107 악고 18	국 역
受寶籙得異書也　太祖在潛邸有人得異書於智異山石壁中以 獻後至歲壬申其言乃驗作受寶籙	수보록이란, 이서(異書)를 얻은 것이다. 태조가 잠저에 있을 때에 어떤 사람이 지리산(智異山) 석벽(石壁) 속에서 이서(異書)를 얻어서 바쳤는데, 뒤에 임신년(壬申年 1392년 태조 원년)에 이르러 그 말이 징험이 되었으므로 수보록을 지었다. (국역 증보문헌비고 P.231)

※ 태조 2년(1393) 정도전이 지은 수보록사

2) 사고 (2)

증보 문헌 비고 권 101 악고 12	국 역
彼高矣山石與天齊于以剖之得之異書桓木子乘時而作誰其 輔之走肯其德菲衣君子來自金城三顚三邑賢以成之奠于新都 傳祚八百我龍受之粤惟寶籙	높다란 저 산이여 석벽이 하늘과 맞닿았네. 그 돌을 깨뜨려서 이서(異書)를 얻었도다. 씩씩한 목자(木子 이씨(李氏))가 때를 타고 일어나리. 누가 그를 돕겠는가? 덕망 있는 주초이네. 비의의 군자가 금성으로부터 오고, 삼전삼읍이 도와서 이루리. 새로 도읍 정하여서 팔백년을 전하리라. 우리 왕이 이를 받으니 보록이라 하였네. (국역 증보 문헌 비고 P.28)

3) 사고 (3)

증보 문헌 비고 권 103 악고 14	국 역
受皇天之符瑞啓景運之靈長擧有慚忻式陳頌辭 奏九曲而告成祝千歲而有永幸值昇平之日敢申悅豫之情拜辭 華筵式燕譽處	하늘이 내린 보록(寶錄)의 상서를 받아 영묘하고 장원한 큰 국운을 열었도다. 온 백성 함께 즐거워서 송축을 드립니다. 아홉 곡조 연주하여 완성됨을 고하고 천년 축수 올리면서 영원하기 바라네. 다행히 태평 시대 만나서 감히 즐거운 심정 펴옵니다. 빛나는 자리를 절하고 물러나니 편안하고 즐겁게 쉬소서. (국역 증보 문헌 비고 P.108)

　　태조 2년에 정도전이 지어 올린 수보록사를 노래하며 추는 춤을 창제하였는데 이 춤이 수보록춤이다. 이 춤은 정조 때 8월과 9월에 양노연(養老宴)에서 추어졌을 뿐만 아니라 궁중연향에도 추어졌던 춤이다. 이 춤은 지선(地仙)의 춤으로 죽간자 2인과 족자 1인이 앞에 서고 그 뒤에 의물을 든 18인이 좌대 3열고 우대 3열로 분류해서 도열하고 중앙에 보록을 든 여령 1인과 좌·우대 첫째 열과 둘째 열 사이 뒤편에 지선(地仙)이 나누어 도열하고 있다가 보록을 든 기녀가 왕에게 보록을 드리고 제 위치에 오면 지선2인이 앞으로 나가 상대, 상배, 북향하며 추는 춤으로 지선은 지리산 석벽 속에서 나와 보록을 이성계에게 전해 준 지신(地神)의 춤인 것이다.

4) 사고 ⑷

증보 문헌 비고 권 104 악고 15	국 역
十四年　上御經筵召謂詳定所提調曰初作雅樂之時予欲只設於朝儀而未及會禮乃因申請會體樂器及工人冠服文武二舞之器亦令制造勢將不廢然二舞冠服之制進退作變之節或違於古則必取笑於後與其取笑於後寧廢而不用若以童男備六佾舞之何如且唐七德舞者本秦王破陣之樂太宗爲秦王破劉武周軍中相與作秦王破陣之曲及其卽位宴會必奏之謂侍臣曰雖發揚蹈厲異乎文容然功業由之被於樂章示不忘本也今以受寶籙觀天庭之詞被之雅舞亦猶破陣曲之意也	세종 14년(1432)에 임금이 경연(經筵)에 나아가서 상정소 제조(詳定所提調)를 불러 이르기를, "처음 아악을 만들 때에 나는 조정의 의식에만 설치하려고 하였고 회례(會禮)에는 미치지 아니했는데, 거듭 청함으로 인하여 회례의 악기와 공인(工人)의 관복(冠服)과 문무·무무에 쓰는 기구도 만들게 하였으니 형세가 폐지할 수 없게 되었다. 그러나 두 춤에 쓰는 관복의 제도와 진퇴(進退) 작변(作變)의 절차가 혹시 옛 제도에 어긋남이 있으면 반드시 후세에 비웃음을 살 것이다. 후세에 비웃음을 사는 것보다는 차라리 폐하고 쓰지 아니하는 것이 나을 것이니, 만약 동남(童男)으로써 육일(六佾)을 갖추어서 춤추게 함이 어떠하겠는가? 또 당(唐)나라 칠덕무(七德舞)라는 것은 본래 진왕파진악(秦王破陣樂)으로서, 태종(太宗)이 진왕의 유무주(劉武周)를 격파하자 군중에서 서로 진왕파지곡(秦王破陣曲)을 지은 것이다. 태종이 즉위(卽位)함에 미쳐 연회에 반드시 연주하게 하고 시신(侍臣)에게 이르기를, '비록 활발하고 거칠게 뛰는 것이 문무(文舞)의 조용한 것과는 다르더라도 공업(功業)이 이로 말미암았으니 악장(樂章)에 올려서 근본을 잊지 아니하는 뜻을 보이는 것이다.' 라고 하였는데, 이제 수보록(受寶籙) 근천정(覲天庭)의 가사를 아악무(雅樂舞)에 올리는 것은 역시 파진곡의 뜻과 같은 것이다. (국역 증보 문헌 비고 P.122)

수보록은 조선 후기의 모든 의궤(儀軌)에는 추어진 기록이 없다.

수보록(악학궤범)

홀 기	진 행 도	음악	장단	배역	동 작
樂奏會八仙子引擊拍奉簇子一人奉竹竿子二人齊竹足蹈小 進而立樂止口號 受皇天之符瑞啓景運之靈長舉有懽忻式陳頌禱 訖擊拍奏前樂奉 竹竿子二人足蹈擊拍而退左右分立 仍簇子立	 ↑　↑　↑ 죽　족　죽 작 정 인　인 정 작 선 철 인　인 철 선 　　장　　　장 右七 右四 右一　左一 左四 左七 정 봉 정 보　정 봉 정 절 선 철 록　절 선 전 右八 右五 右二　左二 左五 左八 미 정 용　용 정 미 선 철 선　선 철 선 右九 右六 右三　左三 左六 左九 　　지　　　지 　　선　　　선 \<초입 배열도\>	보허자	1·2각	죽간자 족자	 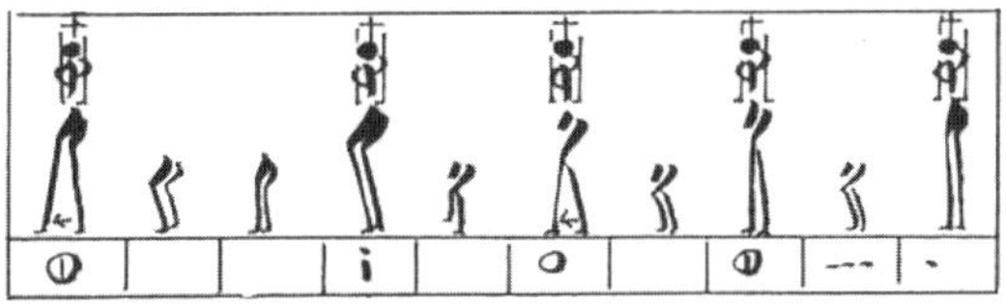 **보허자 1·2각 동작** 보법: 죽간자와 족자는 1각2보 先內足, 次外足으로 무진한다. (초입배열도) 수법: 죽간자와 족자는 外手上, 內手下로 죽간자를 잡는다. 註: 회팔선인자가 불분명하여 보허자 아명으로 보아 보허자로 도안하였다. ※ 악지·박 ※ 죽간자 구호 受皇天之符瑞　　　수황천지부서 하늘이 내린 부록의 상서를 받아 啓景運之靈長　　　계경운지영장 영묘하고 장엄한 큰 국운을 얻었도다 擧有懽忻　　　거유환희 온 백성 함께 즐거워서 式陳頌禱　　　식진송도 송축을 드립니다. ※ 악지·박
	쌔← 족 →쌔 작 정 인　인 정 작 선 철 인　인 철 선 　　장　　　장 右七 右四 右一　左一 左四 左七 정 봉 정 보　정 봉 정 절 선 철 록　절 선 전 右八 右五 右二　左二 左五 左八 미 정 용　용 정 미 선 철 선　선 철 선 右九 右六 右三　左三 左六 左九 　　지　　　지 　　선　　　선		3각	죽간자 죽간자	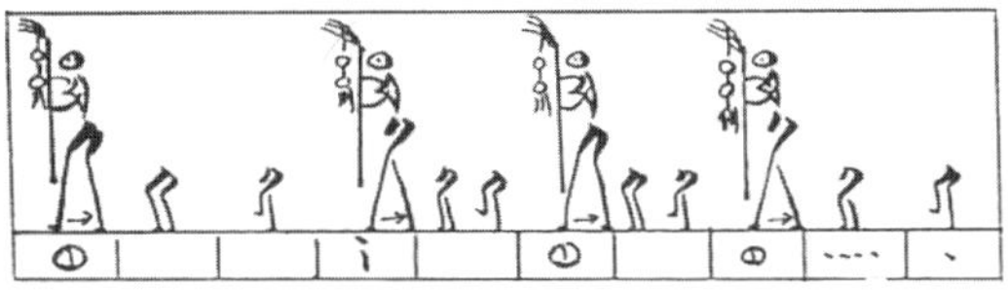  **보허자 3·4각 동작** 보법: 죽간자 2인은 1각4보로 先內足, 次外足으로 무퇴립한다. 수법: 족자는 잡은 그대로 한다. ※죽간자는 제 위치에 서 있는다.

수보록(악학궤범)

홀 기	진 행 도	음악	장단	배역	동 작
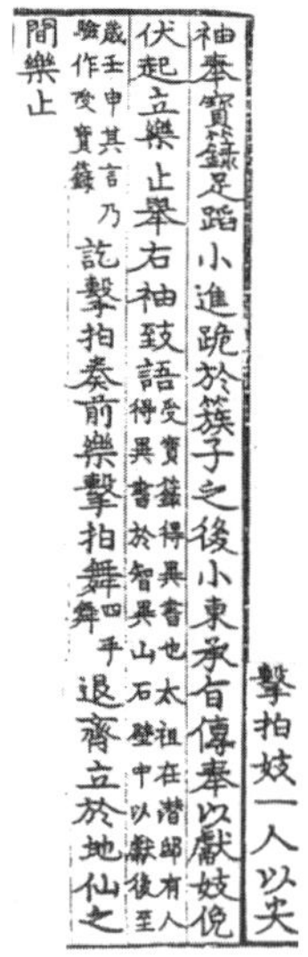 神奉寶籙足蹈小進跪於簇子之後小東承旨傳奉以獻妓俛 伏起立樂止擧右袖致語 受寶籙得異書於智異山石壁中以獻邸有人 太祖在潛邸後至 歲壬申其言乃 訖擊拍奏前樂擊拍舞 舞四手退齊立於地仙之 驗作變寶籙 間樂止 擊拍妓一人以夫	 족보록 右七 右四 右一　左一 左四 左七 （작선 정절 인인장　인인장 정절 작선） 右八 右五 右二　左二 左五 左八 （정절 봉선 정절　정절 봉선 정절） 右九 右六 右三　左三 左六 左九 （미선 정절 용선　용선 정절 미선） 지선　지선 <도판 1>	보허자	5각	보록	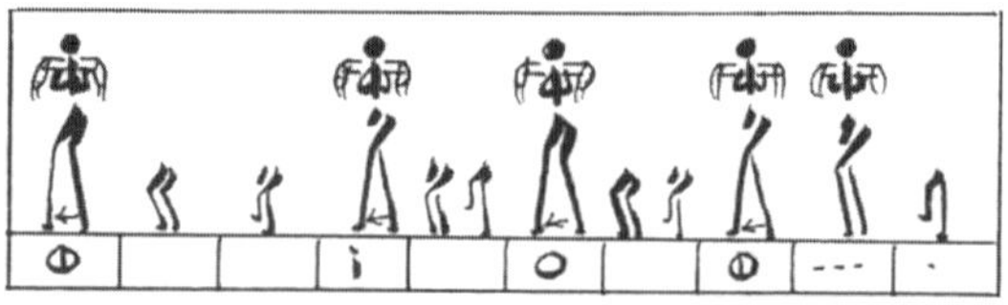
			6각	보록	 **보허자 5·6각 동작** 보법: 보록은 1각4보(先內足, 次外足)로 족자 뒤까지 무진한다. 수법: 보록은 양손으로 보록을 받는다. (도판 1)
			7각	보록	 **보허자 7각 동작** 보법: 보록은 1·2·3·4박까지 궤(跪)하고 5·6박에 승지에게 보록을 전해주고 7·8박에 일어나 9박에 구부렸다가 펴면서 10박에 右足을 든다. 수법: 보록은 보록을 양손으로 받들고 궤(跪)하여 승지에게 보록을 전해준다. (도판 1) 註: 보록이 족자 뒤로 나아갈 때 승지는 동쪽에서 나와 서향하고 궤하며 보록을 전해 받들고 왕에게 드린다.
			8각	보록	 **보허자 8각 동작** 보법: 보록은 1·2·3박까지 궤(跪)하여 4·5박에 면복(俛伏)하고 6박에 궤(跪)하고 7·8박에 일어나 9박에 구부리고 10박에 편다. (도판 1) 수법: 보록은 염수한 대로 한다.

수보록(악학궤범)

홀　기	진　행　도	음악	장단	배역	동　　作
	측 보 작 정 인 록　인 정 작 선 절 인　　인 절 선 　　　장　　장 右七 右四 右一　左一 左四 左七 정 봉 정　　정 봉 정 절 선 절　　절 선 절 右八 右五 右二　左二 左五 左八 미 정 용　　용 정 미 선 절 선　　선 절 선 右九 右六 右三　左三 左六 左九 　　지　　　지 　　선　　　선 〈도판 2〉	보 허 자	9각	보록	**보허자 9각 동작** 보법: 보록은 1·2·3·4박까지 서서 수법만 하고 5박에 右足을 들어 뒤로 딛고 7박에 구부리고 8박에 펴고 9박에 구부렸다가 10박에 편다. (도판 2) 수법: 보록은 1박에 「거수」하여 2·3·4·5박까지 외서(外舒)하여 6·7·8·9·10박까지 염수하며 右手는 미간(眉間)에 左手는 흉(胸)에 들고 치어를 창한다. ※ 악지·박 ※ 보록(寶錄) 치어(致語) 受寶錄得異書也　　　수보록득이서야 수보록을 받은 것은 이서를 얻은 것입니다. 太祖在潛邸有人　　　태조재잠저유인 태조께서 잠저에 계실 때 어떤 사람이 得異書於智異山石碧中　득이서어지이산석벽중 질산 석벽 속에서 이서를 얻어다가 以獻後至歲壬申其言乃驗　이헌후지세임신기언내험 드린후 임신년에 그 말이 징험되었습니다. 作受寶錄　　　작수보록 그러므로 수보록을 지었사옵니다. ※ 악지·박
			10각	보록	**보허자 10각 동작** 보법: 보록은 1·2·3·4박까지 서서 수법만 하고 5박에 무릎 구부렸다가 펴며 6박에 內足을 뒤로 딛고 7박에 구부리고 8박에 펴고 9박에 구부렸다가 10박에 편다. (도판 2) 수법: 보록은 1박에 「거수」하여 2·3·4·5박까지 외서(外舒)하고 6·7·8·9·10박까지 염수한다.

수보록(악학궤범)

홀　기	진　행　도	음악	장단	배역	동　　작
	 족 작　정　인　　인　정　작 선　절　인　　인　절　선 　　　장　　장 右七　右四　右一　　左一　左四　左七 정　봉　정　　정　봉　정 절　선　절　　절　선　절 右八　右五　右二　　左二　左五　左八 미　정　용　　용　정　미 선　절　선　　선　절　선 右九　右六　右三　　左三　左六　左九 지　보　지 신　록　선 <도판 3> (보록 무퇴)	보허자	11각	보록	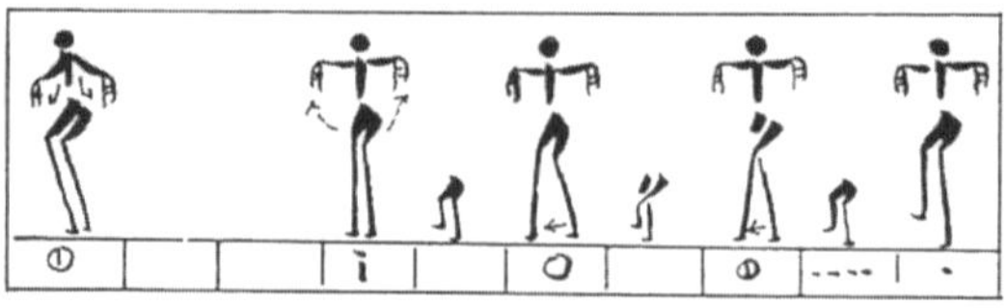 보허자 11각 동작 보법: 보록은 1·2박에 무릎 구부리며 3·4박에 펴고 5박에 구부렸다가 펴며 內足을 들어 先內足, 次外足으로 6·7·8·9·10박까지 무진한다. (도판 3) 수법: 보록은 1·2·3·4·5박까지 무작하여 6·7·8·9·10박은 무작한 대로 무진한다.
			12 13 각	보록	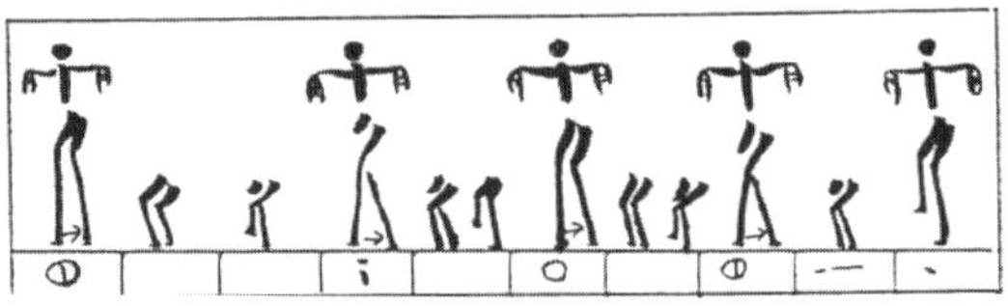 보허자 12·13각 동작 보법: 보록은 1각 4보 先內足, 次外足으로 무퇴한다. 수법: 보록은 무작한 대로 무퇴한다.
			14각	보록 지선	보허자 14각 동작 보법: 보록은 1·2·3·4박까지 무퇴하고 지선은 1·2·3·4박까지 서서 수법만 한다. 5박에 보록과 지선은 무릎 구부렸다가 펴며 보록은 右足을 지선은 內足을 들어 6박에 뒤로 딛고 7박에 구부리고 8박에 펴고 9박에 구부렸다가 10박에 편다. (도판 3) 수법: 지선은 1·2·3·4·5박까지 「외서」하여 6·7·8·9·10박에 보록과 같이 염수한다. (이때 지선의 염수를 갱 염수라 한다.)

수보록(악학궤범)

홀 기	진 행 도	음악	장단	배역	동 작
樂奏步虛子 今奉威儀六隊十八人足踏隨樂節唱寶 錄詞而作誰其輔之走肯其德非衣君子來自金城三矣三邑時 彼高矢山石與天薺于以剖之得之異書桓桓木子乘時 質而成之真于新都傳祚 八百我龍受之粤愖寶蘇		보허자	1각 2 3 4 5 6각	의물 18인 과 지선 보록	

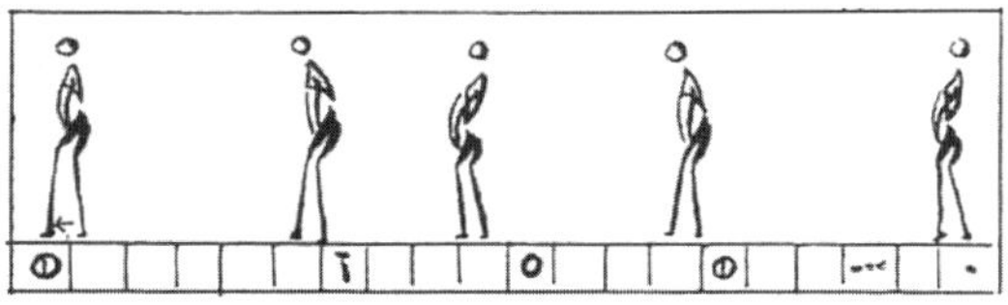

<u>수악절 1각 동작</u>

보법: 지선2인과 보록, 의물 18인은 보록사를 창하며 1·2·3·4·5·6박까지는 앞으로 수수무(垂手舞)를 하고 7·8·9·10박까지 뒤로 수수무를 하며, 11·12·13·14박까지 앞으로 수수무 14·15·16·17·18·19·20박까지는 뒤로 수수무를 한다.

수법: 의물은 처음 의물을 잡은 대로 하고 지선과 보록은 염수하고 수수무를 한다.

<u>수악절 2·3·4·5·6각 동작</u>

보법: 수악절 1각 동작과 같다.

수법: 수악절 1각 동작과 같다.

註: 염수족도(斂手足蹈) 수악절창(隨樂節唱)이라 했을 때 보허자 1각과 같이 수수무 하는 것이나 여기에는 족도(足蹈) 수악절창(隨樂節唱)이라 기록한 것은 의물을 든 기녀는 염수를 할 수 없기 때문에 이렇게 기록한 것으로 보여 진다.

※ 보록사 (수악절 1장)

彼高矢山 石興天薺　　　　피고의산 석여천제
높다란 저 산이여 새벽이 하늘과 맞닿았네
于以剖之 得之異書　　　　우이부지 득지이서
그 돌을 깨뜨려서 이서를 얻었도다
桓桓木子 乘時而作　　　　환환목자 승시이작
씩씩한 목사(이성세)가 내를 타고 일어나리

※ 악지·박

수보록(악학궤범)

홀　기	진　행　도	음악	장단	배역	동　　　작
					※ 보록사(寶籙詞) 일성(一成)이 끝나고(수수무가 끝나고) 박을 치면 곧 기사(其詞) 즉 보록사를 창하며 6대 18인(의물 18인)이 이중(二重)으로 줄을 지어 회선(回旋)(左九妓西向內回, 右九妓東向外回) 삼잡(三匝) 복위 악지(復位樂止)라 기록하고 있다. 註: 악학궤범의 左九妓西向內回를 左九妓西向外回로 右九妓東向內回, 右九妓東向內回로 바꾸어야 陰陽에 맞는다. 또한 수연장무에서는 악학궤범 수연장 홀기에는 左九妓西向內回를 左九妓西向外回로 기록하고 있으나, 후기의 수연장 계사년과 신축년 홀기에는 左四舞西向外回, 左四舞東向內回로 기록하고 있다. 수연장에서 악학궤범과 후기 계사년 신축년 홀기의 기록 다르게 기록된 것은 기록자의 잘못으로 보여 진다. 또한 모든 정재의 보법과 수법이 음양에 맞게 움직이고 있는데 어찌 퇴무에서만 수연장에서 보이는 바와 같이 잘못이 나타나게 되었는지 주시해야한다. 그러므로 수보록의 회무 삼잡을 左隊는 西向外回로 右隊는 東向內回로 수정하여 도안하였다. ※ 수보록의 의물18인은 수보록사 2장을 창하며 회선하여 초열이 된다. ※ 수보록사 (수악절 2장) 誰其輔之　走肖其德　　　　　수기보지 주초기덕 도울 사람은 누구인가 덕망 있는 주초와 非衣君子　來自金城　　　　　비의군자 내자금성 비의의 군자가 금성으로부터 올 것이요 三奠三邑　贊而成之　　　　　삼전삼읍 찬이성지 삼전삼읍이 도와서 이루리도다 奠于新都　傳祚八百　　　　　전우신도 전조팔백 새로 도읍을 정하여 왕위 팔백 년을 전하리 我龍受之　粤惟寶籙　　　　　아룡수지 월유보록 우리가 우러러 받았으니 오직 이 보록이로다 ※ 세 바퀴를 돌아 제자리로 돌아오면 악지(樂止)한다.

홀　기	진　행　도	음악	장단	배역	동　　작
行回旋 左九妓西向內回 右九妓東向外回 三匝復位樂止　一成擊拍仍唱其詞六隊十八人重	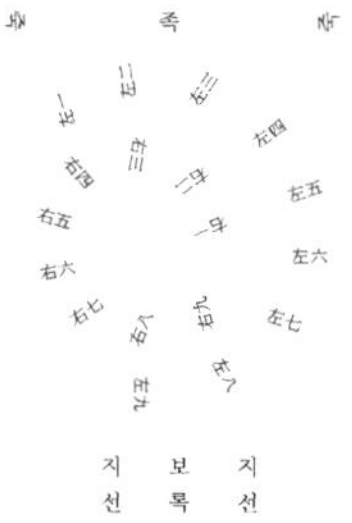 <도판 4> (회선) 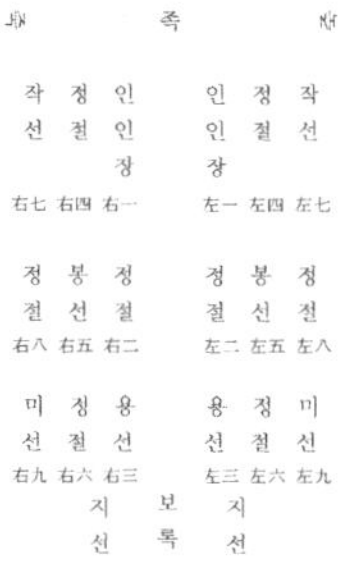　<도판 4-1>	보허자	1 2 3 4 5 6 7 8 9 10 11 12 각	인인장 정절 용선 봉선 작선 미선	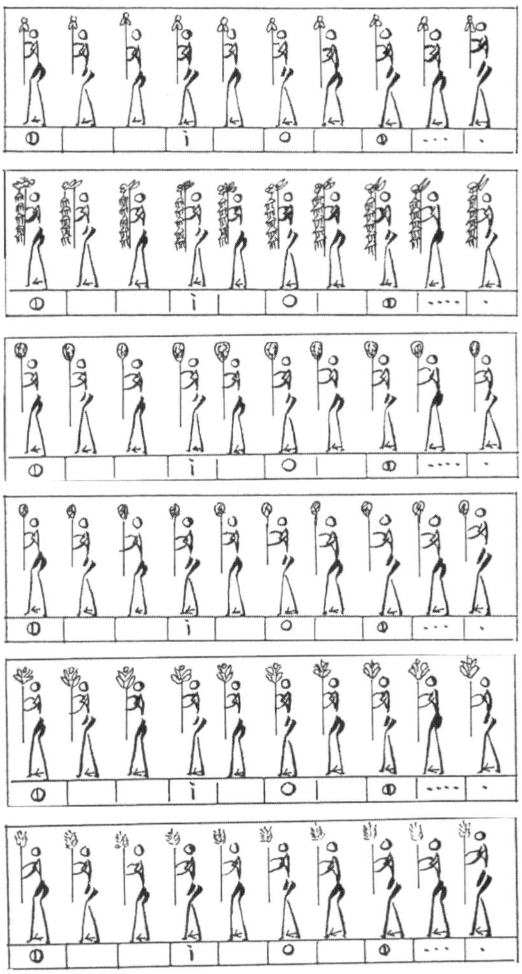

보허자 1·2·3·4·5·6·7·8·9·10·11·12각 동작

보법: 좌, 우대는 「피고의산…이하 생략」을 창하며 1박1
　　　보로　좌대외회(左隊外回)　우대내회(右隊內回)
　　　삼잡(三匝)하여 초열로 들어온다. (도판 4, 4-1)
수법: 처음 잡은 대로 한다.

註: 홀기의 (1)左九妓西向內回, 右九妓東向外回를 (2)左
　　九妓西向外回, 右九妓東向內回로 해야 음양(陰陽)
　　이 맞는다. 이 부분은 홀기마다 (1)과 같이 기록하기
　　도 하고 (2)와 같이 기록하기도 하였다. 그럼으로
　　(2)와 같이 도안하였다.

수보록(악학궤범)

홀　기	진　행　도	음악	장단	배역	동　작
地仙二人足蹈各由龍扇旌節之間進立於仗妓之前擊拍北向舞金殿樂下殿樂同次對舞次北向舞次背舞次北向舞次舞進簇子左右齊立如前而舞訖 樂奏金殿樂 令擊拍	袖　　足　　袖 작 정 인　　인 정 작 선 절 인　　인 절 선 　　　장　　장 右七 右四 右一　　左一 左四 左七 　　지　　지 정 봉선정　　정선봉 정 철 선 절　　절 선 절 右八 右五 右二　　左二 左五 左八 미 정 용　　용 정 미 선 절 선　　선 절 선 右九 右六 右三　　左三 左六 左九 지 보 지 신 록 선 <도판 5> (지선 무진)	금전악	1각 2 3 4 각	지선 2인 지선 2인	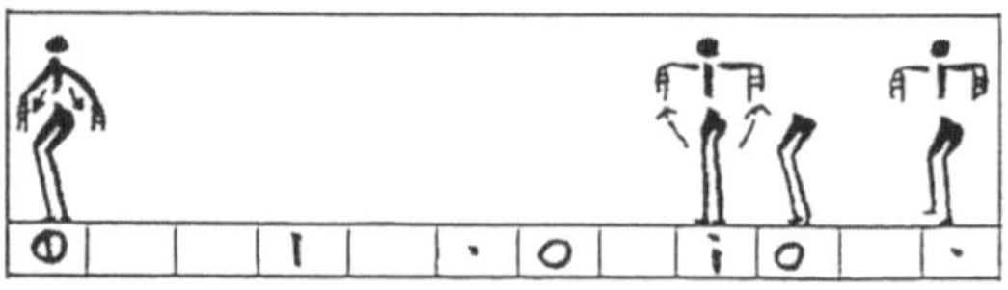 금전악 1각 동작 보법: 지선 2인은 1·2박에 무릎 구부리며 3박에 펴고 4박에 구부렸다가 펴며 內足을 든다. 수법: 지선 2인은 무작한다. 금전악 2·3·4각 동작 보법: 지선 2인은 1박1보(先內足, 次外足)로 인인장 지후(之後)까지 무진한다. 수법: 지선 2인은 무작한 대로 무진한다.
	袖　　足　　袖 작 정 인　　인 정 작 선 절 인　　인 절 선 　　　장　　장 右七 右四 右一　　左一 左四 左七 　지　　지 정 봉선정　　정신봉 정 철 선 절　　절 선 절 右八 右五 右二　　左二 左五 左八 미 정 용　　용 정 미 선 절 선　　선 절 선 右九 右六 右三　　左三 左六 左九 보 록 <도판 6>		5각 6각 7각	지선 2인 지선 2인 지선 2인	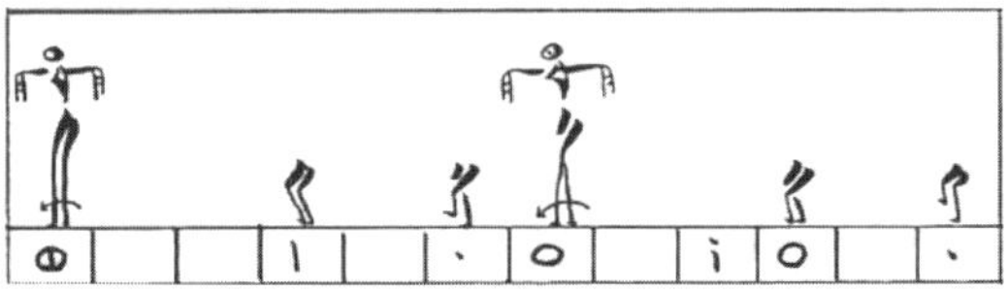 금전악 5각 동작 보법: 지선 2인은 2박1보(先內足, 次外足)로 상대한다. 수법: 지선 2인은 무작한 대로 한다. (도판 6) 금전악 6각 동작 보법: 지선 2인은 2박1보(先內足, 次外足)로 북향한다. 수법: 지선 2인은 무작한 대로 한다. (도판 6) 금전악 7각 동작 보법: 지선 2인은 2박 1보(先內足, 次外足)로 상배한다. (도판 6) 수법: 지선 2인은 무작한 대로 한다.

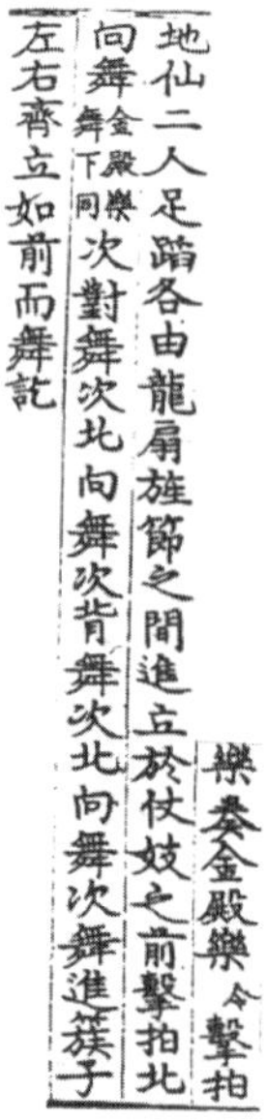

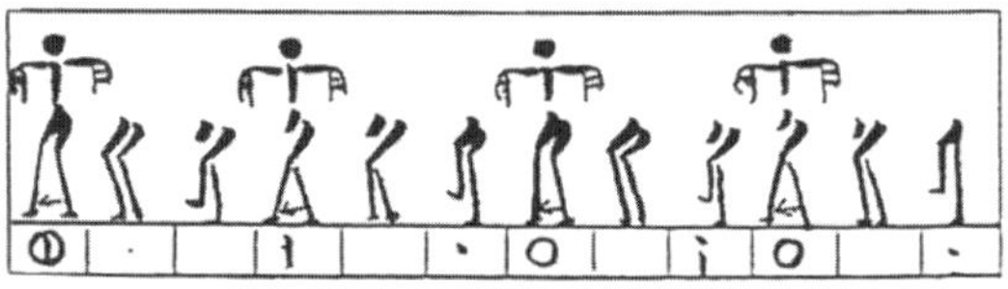

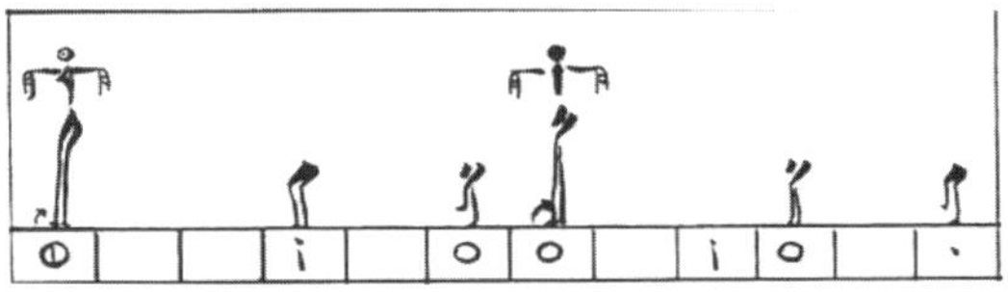

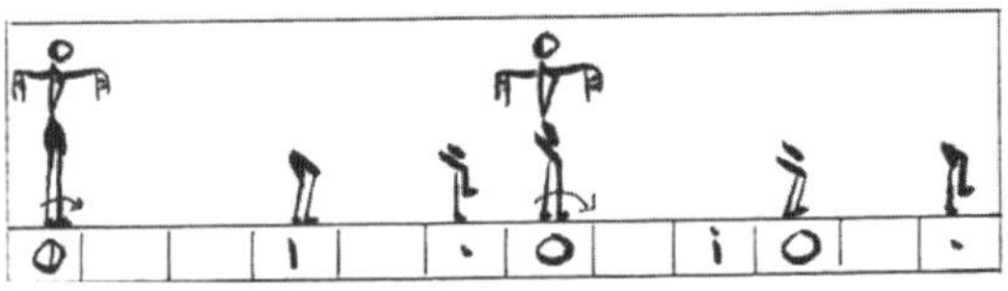

수보록(악학궤범)

홀 기	진 행 도	음악	장단	배역	동　　작
		금 전 악	8각	지선 2인	**금전악 8각 동작** 보법: 지선 2인은 2박1보(先內足, 次外足)로 북향한다. 수법: 지선 2인은 무작한 대로 한다. (도판 6)
			9각	지선 2인	**금전악 9각 동작** 보법: 지선 2인은 1박에 내족을 뒤로 딛고 2박에 구부리 고 3박에 펴고 4박에 구부렸다가 편다. 수법: 지선 2인은 염수한다.
	(도판 7 — 진행도: 족 지선인장 右七 右四 右一 ｜ 左一 左四 左七 정봉정절선절 右八 右五 右二 ｜ 左二 左五 左八 미정용선절선 右九 右六 右三 ｜ 左三 左六 左九 보록 <도판 7>)		10각	지선 2인	**금전악 10각 동작** 보법: 지선 2인은 1·2박에 무릎 구부리며 3박에 펴고 4박에 구부렸다가 펴며 內足을 든다. (도판 7) 수법: 지선 2인은 무작한다.
			11 12 13 각	지선 2인	**금전악 11·12·13각 동작** 보법: 지선 2인은 1박1보(先內足, 次外足)로 족자左, 右 까지 무진한다. (도판 7) 수법: 지선 2인은 무작한 대로 무진한다.

홀 기	진 행 도	음악	장단	배역	동　　작

	 <pre>　　　지　죽　지
	　　　선　　　선
	작　정　인　인　정　작
	선　절　인　인　절　선
	　　　장　　　장
	右七 右四 右一　左一 左四 左七
	
	정　봉　정　정　봉　성
	절　선　절　절　선　절
	右八 右五 右二　左二 左五 左八
	
	미　정　용　용　정　미
	선　절　선　선　절　선
	右九 右六 右三　左三 左六 左九
	　　　보
	　　　록
	<도판 8></pre>
		금전악	14각	지선 2인	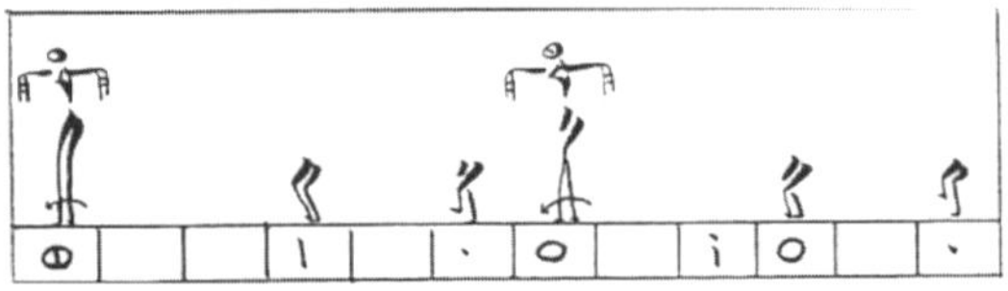 금전악 14각 동작
					보법: 지선 2인은 2박1보(先內足, 次外足)로 상대한다.
					수법: 지선 2인은 무작한 대로 한다. (도판 8)

			15각	지선 2인	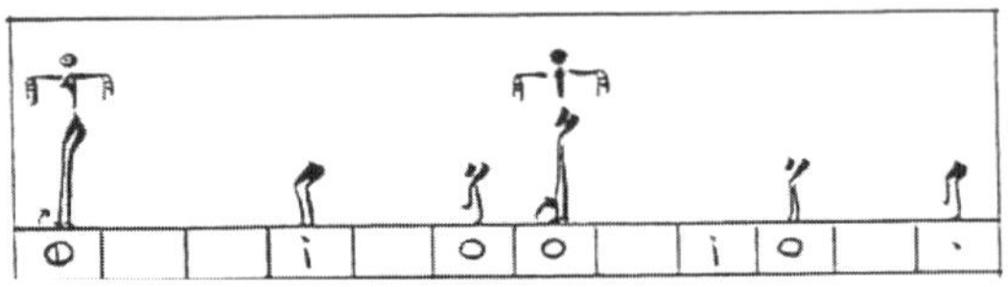 금전악 15각 동작 보법: 지선 2인은 2박1보(先內足, 次外足)로 북향한다. 수법: 지선 2인은 무작한 대로 한다. (도판 8)
			16각	지선 2인	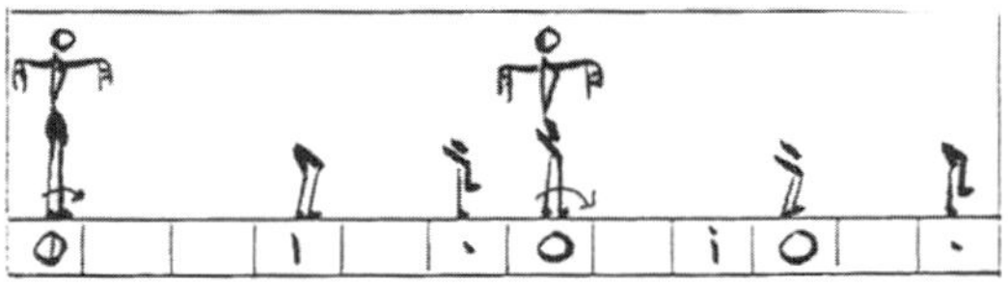 금전악 16각 동작 보법: 지선 2인은 2박1보(先內足, 次外足)로 상배한다. (도판 8) 수법: 지선 2인은 무작한 대로 한다.
			17각	지선 2인	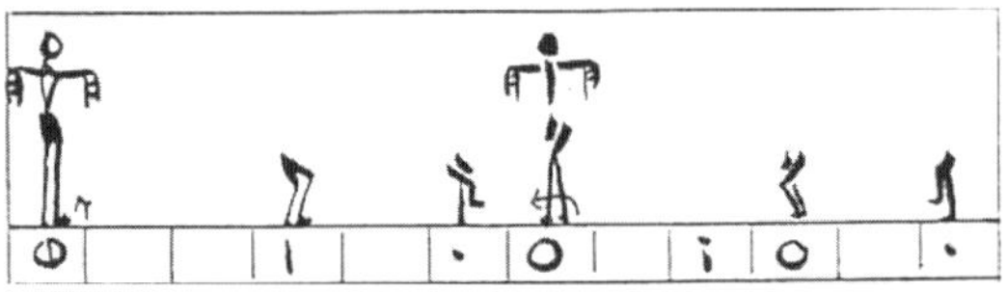 금전악 17각 동작 보법: 지선 2인은 2박1보(先內足, 次外足)로 북향한다. 수법: 지선 2인은 무작한 대로 한다. (도판 8)
			18각	지선 2인	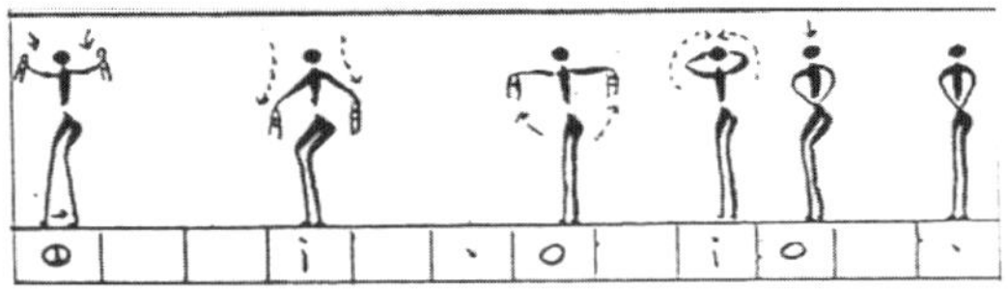 금전악 18각 동작 보법: 지선 2인은 1박에 內足을 뒤로 딛고 2박에 구부리고 3박에 펴고 4박에 구부렸다가 편다. (도판 8) 수법: 지선 2인은 염수한다.

수보록(악학궤범)

홀 기	진 행 도	음악	장단	배역	동 작
舞退前位如前而舞	 족 작정인　인정작 선절인　인절선 　　장　장 右七 右四 右一　左一 左四 左七 　　지　지 정 봉선정　정선봉 정 절 선 절　절 신 절 右八 右五 右二　左二 左五 左八 미 정 용　용 정 미 선 절 선　선 절 선 右九 右六 右三　左三 左六 左九 보 록 <도판 9>	금전악	19각	지선 2인	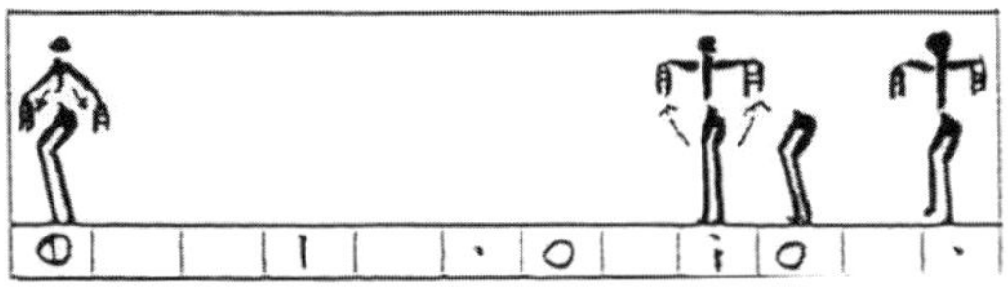 **금전악 19각 동작** 보법: 지선 2인은 1·2박에 무릎 구부리며 3박에 펴고 4박에 구부렸다가 펴며 內足을 든다. 수법: 지선 2인은 무작한다.
			20 21 22 각	지선 2인	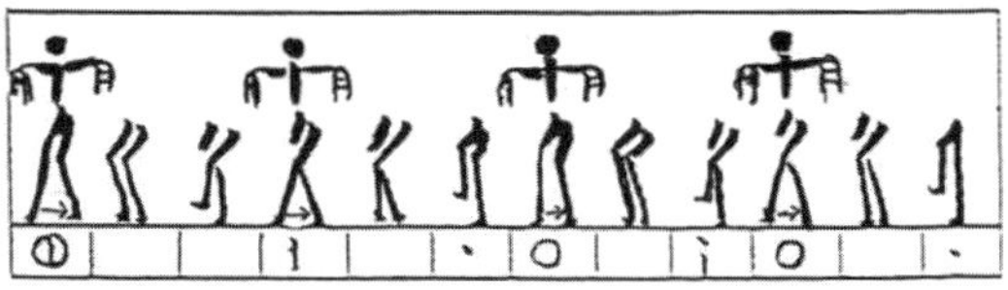 **금전악 20·21·22각 동작** 보법: 지선 2인은 1박1보(先內足, 次外足)로 인인장 지후(之後)까지 무퇴한다. 수법: 지선 2인은 무작한 대로 무진한다.
	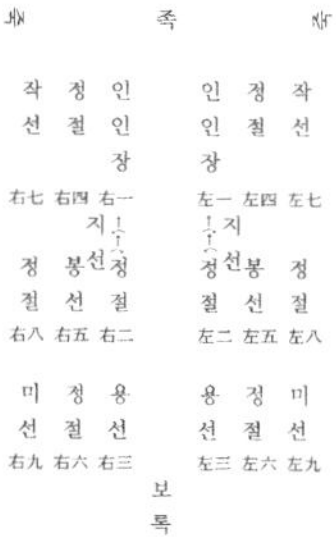 족 작정인　인정작 선절인　인절선 　　장　장 右七 右四 右一　左一 左四 左七 　지　지 정 봉선정　정선봉 정 절 선 절　절 신 절 右八 右五 右二　左二 左五 左八 미 정 용　용 정 미 선 절 선　선 절 선 右九 右六 右三　左三 左六 左九 보 록 <도판 10>		23각	지선 2인	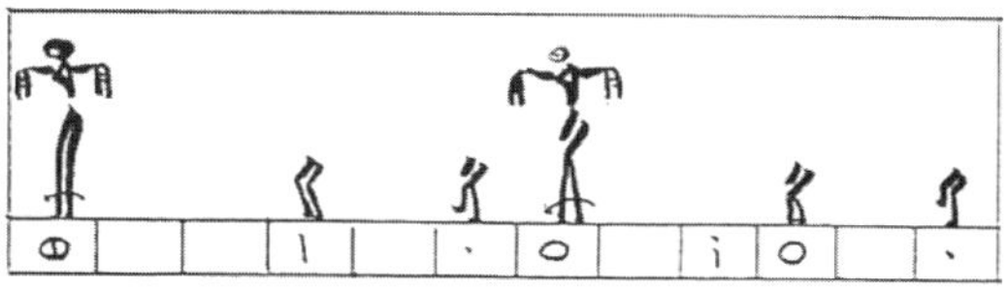 **금전악 23각 동작** 보법: 지선 2인은 2박1보(先內足, 次外足)로 상대한다. 수법: 지선 2인은 무작한 대로 한다. (도판 10)
			24각	지선 2인	 **금전악 24각 동작** 보법: 지선 2인은 2박1보(先內足, 次外足)로 북향한다. 수법: 지선 2인은 무작한 대로 한다. (도판 10)
			25각	지선 2인	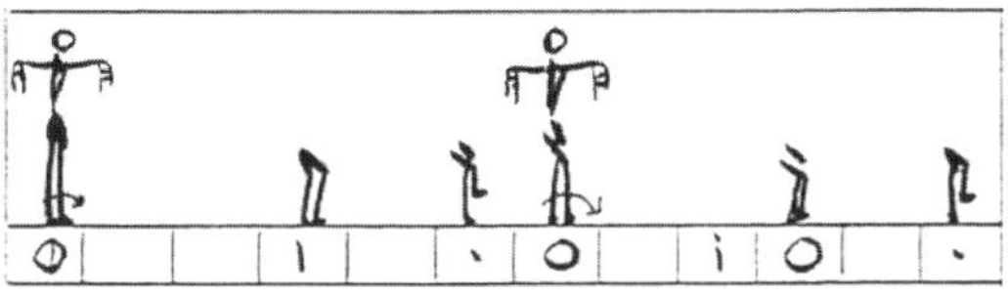 **금전악 25각 동작** 보법: 지선 2인은 2박 1보(先內足, 次外足)로 상배한다. (도판 10) 수법: 지선 2인은 무작한 대로 한다.

수보록(악학궤범)

홀 기	진 행 도	음악	장단	배역	동 작
		금전악	26각	지선 2인	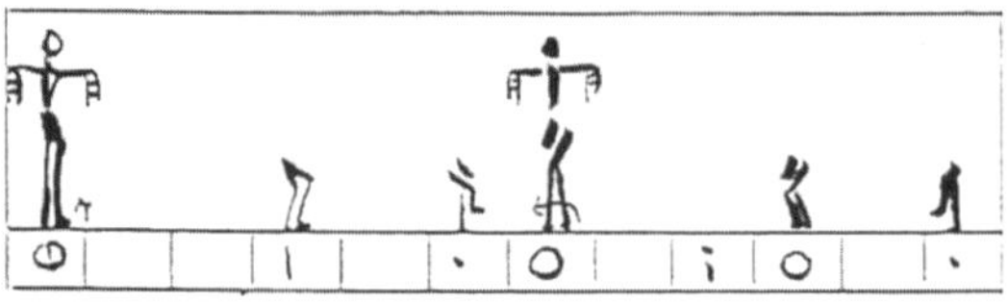 **금전악 26각 동작** 보법: 지선 2인은 2박 1보(先內足, 次外足)로 북향한다. 수법: 지선 2인은 무작한 대로 한다.
 如此三進退舞訖	 작정인 / 선절인 / 장 右七 右四 右一 지↕↕↕ 정 봉선정 / 절 선 절 右八 右五 右二 미 정 용 / 선 절 선 右九 右六 右三 인정작 / 인절선 / 장 左一 左四 左七 ↕↕↕지 정선봉 정 / 절 선 절 左二 左五 左八 용 정 미 / 선 절 선 左三 左六 左九 보록 <도판 11> (3진퇴)		27각	지선 2인	 **금전악 27각 동작** 보법: 지선 2인은 1박 1보(先內足, 次外足)로 인인장 之後에서 무진한다. (도판 11) 수법: 지선 2인은 부작한 대로 무진한다.
			28각	지선 2인	 **금전악 28각 동작** 보법: 지선 2인은 1박1보(先內足, 次外足)로 인인장 지후(之後)에서 무퇴한다. (도판 11) 수법: 지선 2인은 무작한 대로 무퇴한다.
			29각	지선 2인	**금전악 29각 동작** 보법, 수법: 금전악 27각과 같다.
			30각	지선 2인	**금전악 30각 동작** 보법, 수법: 금전악 28각과 같다.
			31각	지선 2인	**금전악 31각 동작** 보법, 수법: 금전악 27각과 같다.
			32각	지선 2인	**금전악 32각 동작** 보법, 수법: 금전악 28각과 같다.

수보록(악학궤범)

홀　기	진　행　도	음악	장단	배역	동　　　작
		금전악	33각	지선 2인	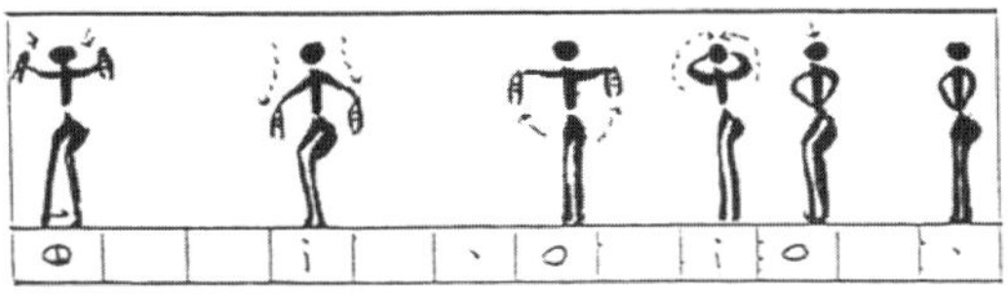 __금전악 33각 동작__ 보법: 지선 2인은 1박에 內足을 뒤로 딛고 2박에 구부리고 3박에 펴고 4박에 구부렸다가 편다. 수법: 지선 2인은 염수한다.
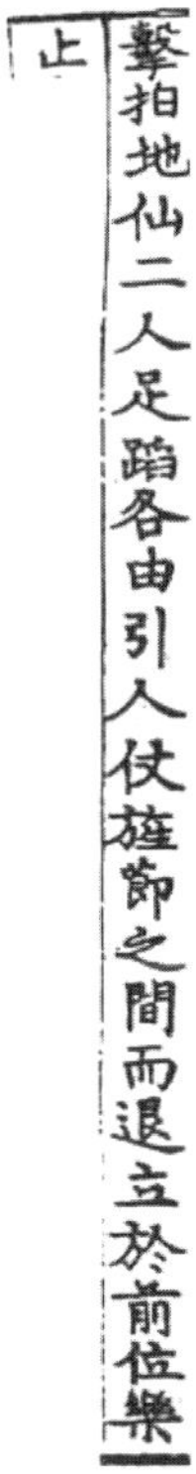 止 擊拍地仙二人足蹈各由引人仗旌節之間而退立於前位樂	 족 작선 정전 인인장 / 인인장 정절 작선 右七 右四 右一 / 左一 左四 左七 정전 봉선 정절 / 성절 봉선 정전 右八 右五 右二 / 左二 左五 左八 미선 정절 용선 / 용선 정절 미선 右九 右六 右三 / 左三 左六 左九 지선 보록 지선 <도판 13>		34각	지선 2인	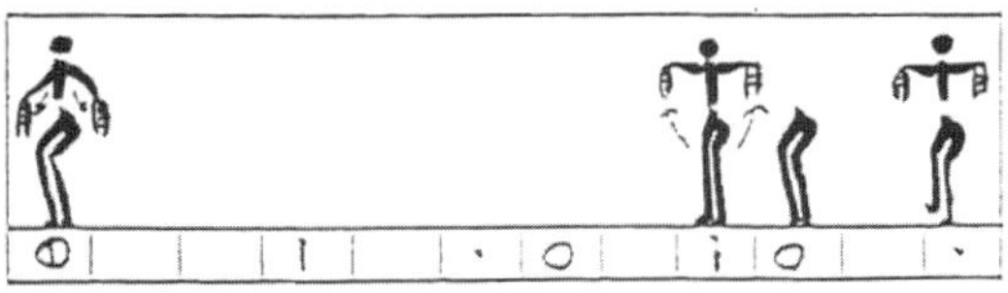 __금전악 34각 동작__ 보법: 지선 2인은 1·2박에 무릎 구부리며 3박에 펴고 4박에 구부렸다가 펴며 內足을 든다. (도판 12) 수법: 지선 2인은 무작한다.
			35 36 각	지선 2인	 __금전악 35·36각 동작__ 보법: 지선 2인은 1박 1보(先內足, 次外足)로 무퇴하여 복위한다. (도판 12) 수법: 지선 2인은 무작한 대로 무퇴한다.
			37각	지선 2인	
				지선 2인	 __금전악 37각 동작__ 보법: 지선 2인은 1박 1보(先內足, 次外足)로 무퇴하고 보록은 1·2·3박까지 서서 수법만 하고 4박에 구부렸다 펴며 右足을 든다. 수법: 지선 2인은 펴든 대로 무퇴하고 보록은 「거수」 「외서」 한다.

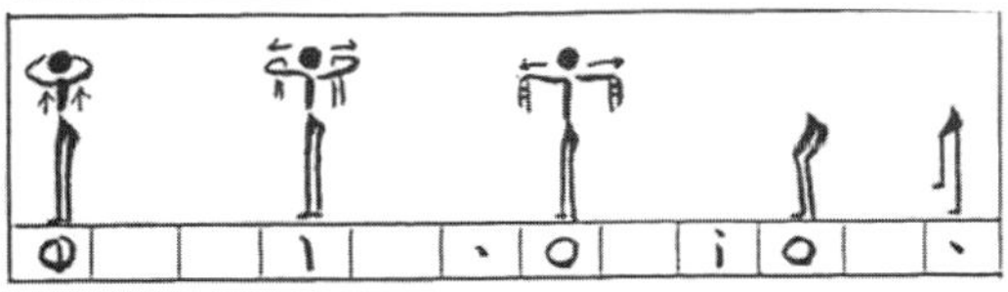

수보록(악학궤범)

홀　　기	진 행 도	음악	장단	배역	동　　작
樂奏會八仙子引擊拍奉竹竿子二人足蹈而進分立於簇子 左右樂止口號之日奏九曲而告成祝千歲而有永幸值昇平之日敢申悅懌之情拜辭華筵式宴馨處記	→죽　　　족　　　죽← 작 정 인　　인 정 작 선 절 인　　인 절 선 　　장　　　　장 右七 右四 右一　　左一 左四 左七 정 봉 정　　정 봉 정 절 선 절　　절 선 절 右八 右五 右二　　左二 左五 左八 미 정 용　　용 정 미 선 절 선　　선 절 선 右九 右六 右三　　左三 左六 左九 　　지　보　지 　　선　록　선 〈도판 13〉	금전악 보허자	38각 1각 2각	지선과 보록 죽간자 죽간자	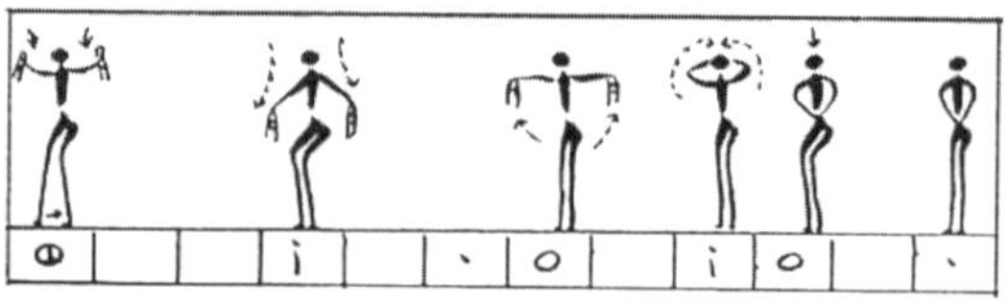 금전악 38각 동작 보법: 지선 2인은 1박에 內足을 보록은 右足을 뒤로 딛고 2박에 구부리고 3박에 펴고 4박에 구부렸다 편다. (도판 11) 수법: 보록과 지선2인은 염수한다. (이때 보록의 염수를 갱 염수라 한다.) 보허자 1·2각 동작 보법: 죽간자 2인은 1각 4보(先內足, 次外足)로 들어와 2각의8·9·10박에 북향한다. 수법: 죽간자 2인은 처음 잡은 대로 한다. ※ 악지·박 ※ 죽간자 구호

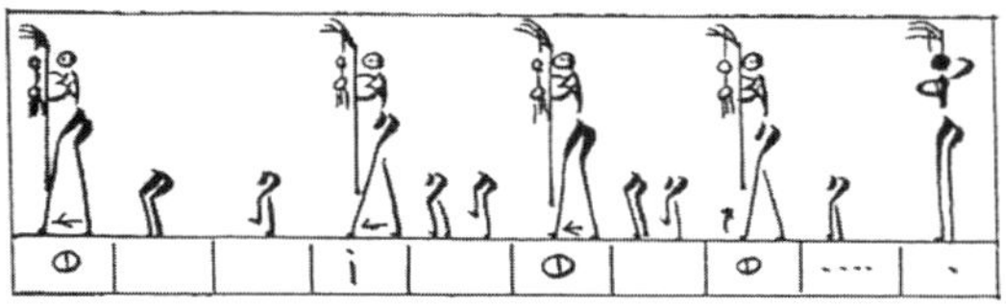

금전악 38각 동작

보법: 지선 2인은 1박에 內足을 보록은 右足을 뒤로 딛고 2박에 구부리고 3박에 펴고 4박에 구부렸다 편다. (도판 11)

수법: 보록과 지선2인은 염수한다. (이때 보록의 염수를 갱 염수라 한다.)

보허자 1·2각 동작

보법: 죽간자 2인은 1각 4보(先內足, 次外足)로 들어와 2각의8·9·10박에 북향한다.

수법: 죽간자 2인은 처음 잡은 대로 한다.

※ 악지·박
※ 죽간자 구호

奏九曲而告成　　　　　주구곡이고성
구곡을 연주하여 이루어짐을 고하고
祝千歲而有永　　　　　축천세이유영
천세를 빌어 영원함을 기원하도다
幸值昇平之日　　　　　행치승평지일
다행히 태평한 날을 만나
敢申悅懌之情　　　　　감신열역지정
감히 즐거운 심정을 펴옵니다.
拜辭華筵　　　　　　　배사화연
이 빛난 자리를 하직하니
式宴馨處　　　　　　　식연예처
곧 편안히 쉬시기 바라도다

수보록(악학궤범)

홀 기	진 행 도	음악	장단	배역	동 작
 擊拍奏前樂奉竹竿子二人奉旞子一人足蹈擊拍而退	 작선 정철 인인장 右七 右四 右一 / 정철 봉선 정철 右八 右五 右二 / 미선 정철 용선 右九 右六 右三 지선 보록 죽 족 / 인인장 정철 작선 左一 左四 左七 / 정철 봉선 정철 左二 左五 左八 / 용선 정철 미선 左三 左六 左九 지선 죽 <도판 14>	보허자	3·4각	죽간자와 족자	※ 악지·박 註: 죽간자 2인과 족자 1인의 퇴립은 악학궤범 포구락 홀기에서 죽간자 후 구호를 끝내고 퇴할 때 各退由(각퇴유) 其隊兩妓之間他呈才倣此(기대양기지간타정재방차)라고 기록하고 있다. 이 기록에 의거하여 죽간자 2인과 족자 1인의 퇴립을 도안한 것이다. 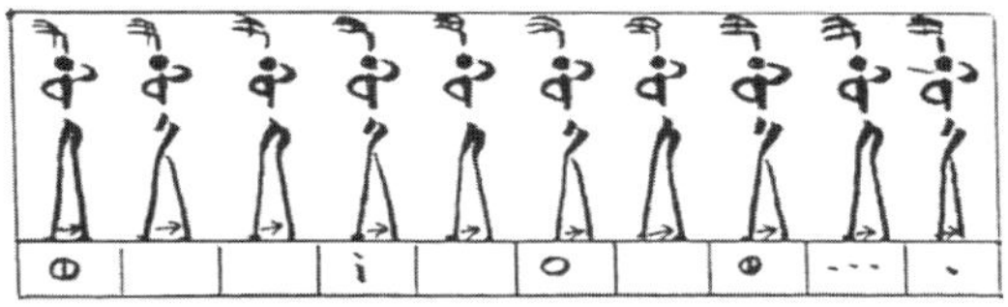 보허자 3·4각 동작 보법: 죽간자 2인과 족자 1인은 1각 1보(先內足, 此外足)로 퇴립한다. (죽간자와 족자는 돌아 남쪽을 향하여 퇴할 수도 있다.) 수법: 죽간자 인과 족자 1인은 처음 잡은 대로 한다.
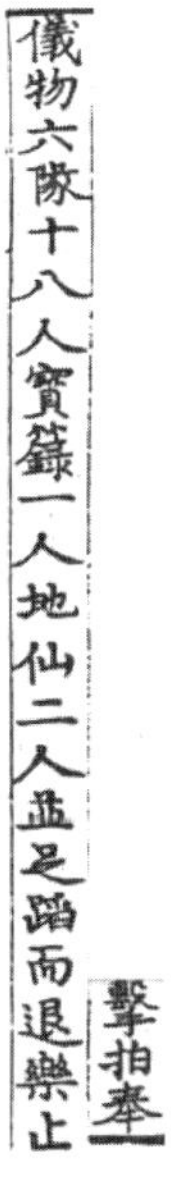 儀物六隊十八人寶籙一人地仙二人盂足蹈而退樂止 擊拍奏	 <도판 15> (퇴장)				※ 의물 18(左, 右隊)과 지선 보록을 죽간자 2인과 족자 1인이 인도하여 전정(殿庭) 남문(南門)쪽으로 나아가 처음 대기하고 있던 자리로 가서 앉는다.

관천정 觀天庭

조 선 초 기

Ⅰ. 사고(史考)

1. 증보 문헌비고 악고 제2권

　태종묘(太宗廟)에 하륜(河崙)이 악장(樂章) 2편을 지어 올리니 임금이 보고 김첨(金瞻)을 불러 말하기를 「관현(管絃)에 올려서 연향악(宴享樂)으로도 사용토록 하라」하고 참찬 의정부사, 권근(權近)에게 명하여 좌대언(左代言), 이승상(李升商)을 보내어 하륜에게 주었다.

2. 하륜에게 내린 교서(教書)

　「대저 듣건대 임금과 신하의 사이는 경계하는 말을 올리는 것이 귀중하고 성악(聲樂)의 도(道)는 상(象)을 이루는데 있다고 하였다. 일찍이 하륜은 힘을 다하여 종사(宗社)를 안정시켰고 또 정성을 다하여 나라의 명(命)을 도왔으니 너의 큰 공덕을 아름답게 여기어 다시 더불어 동맹(同盟)하였고 백관의 정승으로 삼아서 나의 정치를 돕게 하였다. 이제 올린 바 근천정(覲天庭), 수명명(受明命), 악장(樂章) 2편을 보건대 노래를 읊는 것만이 아니라 간(諫)하여 경계함이 절실하다.

　내가 중국 조정에 들어가 조회에 참석한 것은 신자(臣子)의 직분으로 당연한 것이며 은명(恩命)을 받은 것은 천자(天子)의 은혜가 다행히 덕(德)이 없는 나에게 미친 것이니 모두 노래할 만 한 것이 없는데 경이 시가(詩歌)를 지어서 근면하고 경계하는 뜻을 붙였으니 대게 그 어려움을 생각하여 그 성공을 무궁토록 보선하게 함이나. (하락)」

　근정전은 조선조 태종이 명나라에 들어가 이태종(李太朝)이 개국한 것을 고려 왕위를 빼앗은 것으로 여기는 명의 조정의 오해를 풀게 한데 대한 성과를 찬미하여 하륜이 악장가사를 지어 태종에게 올린다.

3. 증보문헌비고

1) 사고⑴

증보 문헌 비고 권101 악고12	국 역
觀天庭 振振王子德普孔彰緝熙其學奎璧其章天子有旨邦人震惶惟君 父使不敢或遑旣見天子敷納維詳貝錦消沮家國之昌勉勉王子 鳳導義方專對來歸宗社之光桓桓我王壽考而康王子來歸其樂 無疆	거룩하신 왕자여 덕음 매우 빛나시니 밝으신 학문이며 아름다운 문장이네 천자의 교지 받고 온 나라가 두려워 했네 군부의 사신이라 감히 늦출 수 없었네 천자를 뵙고 자세하게 설득하여 패금이 사라지니 나라의 복이로다 근면하신 왕자께선 옳은 도리 따르시어 임무를 수행하고 돌아오니 종사의 영광이네 거룩하신 우리 임금 수하시고 건강하소서 왕자가 돌아오니 즐거움이 한량없네 국역 증보 문헌 비고 (P.13)

    태종 2년(1402) 6월에 하륜이 지어 올린 위의 가사를 노래하며 연향악(宴鄕樂)으로 사용하도록 무용으로 사용한 것이다. 세종 때에는 회례(會禮)악(樂)과 양노연(養老宴)에 사용하였다. 이 춤의 형태는 앞에 죽간자 2인, 족자 1인이 서 있고 그 뒤에서 선모 1인과 협무 2인이 춤을 추고 동, 서로 의물이 도열하여 서 있다. 세종 14년 12월에는 정초(鄭招) 등이 태조(太祖)와 태종(太宗)의 공덕(功德)을 노래하는 문명지곡(文明之曲)을 지어 올린다.

2) 사고⑵

증보 문헌 비고 권101 악고12	국 역
觀天庭之樂 韻 見上 文明之曲 於皇太祖聖德在躬膺天順人爰有大東武威旣戢文治以隆深仁 厚澤垂裕無窮於昭大宗繼序增功德由敬明治以仁陟畏天事大 終始一成億萬斯年永底豐亨	문명지곡(文明之曲) 아! 거룩하신 태조께선 성덕을 지니셨네. 천명과 인도에 순응하여 이 나라를 차지했네. 무위로 나라를 평정하고 문치로 융성시켜. 깊은 사랑과 후한 은혜 무궁토록 후세에 끼치었네. 아! 밝으신 태종께선 뒤를 이어 공덕을 더하시니 덕은 경으로 밝아지고 정치는 인으로 융성해졌네. 천도 따라 대국 섬겨 한결같이 변함이 없네. 억만년이 지나도록 영구히 형통하리. 국역 증보 문헌 비고(P.29)

    태종(太宗)이 명(明)나라에 가서 황제(皇帝)의 오해를 풀어 온 백성이 기뻐한다는 내용의 가사이나 이는 구공(九功)의 수(水), 화(火), 금(金), 목(木), 토(土) 오행(五行) 즉 궁(宮) 상(商) 각(角) 치(緻) 우(羽)의 주역(周易) 예기(禮記)의 내용에 대입하고 정덕(正德) 이용(利用) 후생(厚生)의 삼사(三事)를 노래한 것으로 이 노래는 우(禹)왕이 순(舜)왕에게 6부(六府)와 삼사(三事)의 구공(九功)을 잘 조화시키며 노래하게 하소서. 라고 말한 것을 비유하여 지어 올린 사(詞)는 다음과 같다.

3) 사고(3)

증보 문헌 비고 권103 악고14	국 역
利觀天庭承帝眷之優渥端膺寶曆啓王業之延長舉有懽忻恭陳 頌禱 德維善政方間九功之歌樂且有儀敢陳六佾之舞不懈于位永觀 厥成	중국 조정에 배알하여 황제의 두터운 은혜를 받았고, 단정히 보력(寶曆)을 바다서 왕업(王業)의 지속됨을 열었네. 모두 다 즐거워하여 삼가 송축을 올립니다. 덕으로써 착한 정사 베푸니 바야흐로 구공(九功)의 노래를 듣겠고, 즐겁고도 위의(威儀)가 있으니 감히 육일(六佾 제후의 무악(舞樂))의 춤을 베풉니다. 왕위(王位)에서 게으름이 없으시니 길이길이 그 성공을 보오리라. 국역 증보 문헌 비고(P.108)

4) 사고(4)

증보 문헌 비고 권107 악고18	국 역
○ 觀天庭 觀天庭者 太宗以潛邸入觀天庭蒙 被 帝眷禮而遣還國之老 幼歡忻慶忭相與歌之也	근천정(覲天庭)이란 태종이 잠저(潛邸) 때 명(明)나라 조정에 가서 황제(皇帝)를 뵙자 황제가 후한 예(禮)로 대우하여 보냈는데 돌아오자 온나라 늙은이와 어린이들이 기뻐하여 경축하고 뛰면서 서로 노래한 것이다. 국역증보 문헌(P.233)

이상의 증보 문헌 비고의 (1) (2) (3) (4)의 내용으로 보아 근천정(覲天庭)은 이태조(李太祖)가 고려 왕위를 쟁탈하여 왕위에 오른 것으로 여기는 중국조정의 오해를 풀게 한 태종(太宗)의 공덕(功德)을 찬미하기 위하여 당악정재 형식을 도입하여 창제된 춤이 근천정무이다. 그러므로 근천정은 당악정재 형식을 도입하여 창제된 향악정재로 분류해야 한다고 본다.

군천정 무보

악학궤범

근천정(악학궤범)

홀기	진행도	음악	장단	배역	동작
樂奏五雲開瑞朝引擊拍奉簇子一人奉竹竿子二人齊行足踏小進而立樂止口號啓利觀天庭承帝拳之優渥端膺寶曆啓王業之延長擧有懽忻恭陳頌禱訖擊拍奏前樂奉竹竿子二人足踏擊拍而退左右分立簇子	인정용정봉정작정미 ↑죽 ↑족 ↑죽 록右 선모 남左 인정용정봉정작정미 개 개 개 〈초입 배열도〉	보허자	1각 2각	죽간자와 족자 죽간자와 족자	(동작 그림)

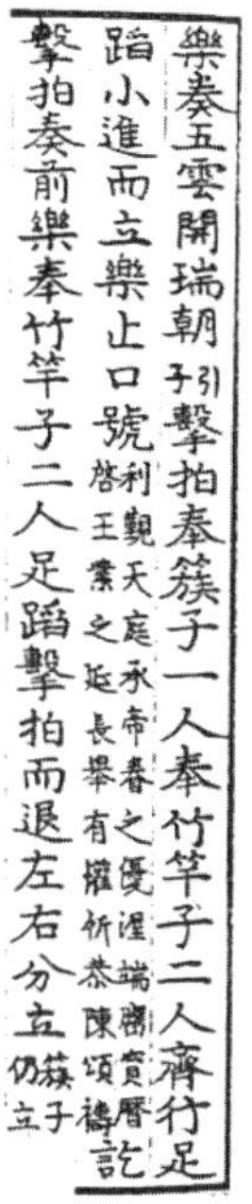

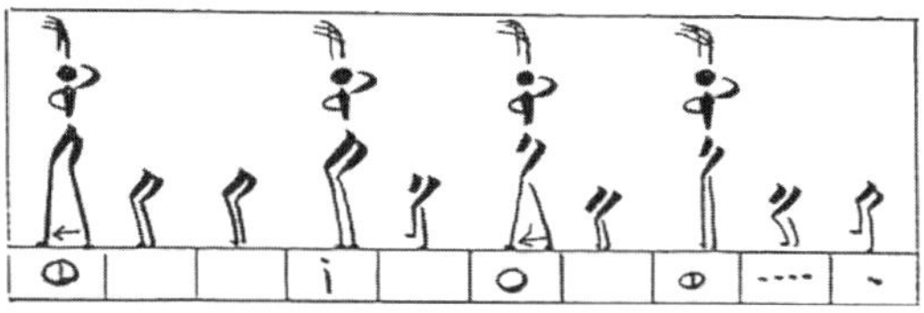

보허자 1 · 2각 동작

보법: 죽간자, 외족자는 1각2보(先內足, 次外足)로 무진한다. (족자는 서 있다.)

수법: 죽간자는 2인은 外手上, 內手下로 죽간자를 잡고 족자1인은 右手上, 左手下로 족자를 잡는다. (초입배열도)

※ 악지 · 박

※ 죽간자 구호

利觀天庭	이근천정
중국조정에 배알하여	
承帝拳之優渥	승제권지우악
황제의 두터운 은혜를 받았고	
端膺寶曆	단응보력
단정히 보력을 받아서	
啓王業之延長	계왕업지연장
왕업의 지속됨을 얻었네	
擧有懽忻	거유환흔
무두다 즐거워하여	
恭陳頌禱	공진송도
삼가 송축을 올립니다.	

※ 악지 · 박

근천정(악학궤범)

홀 기	진 행 도	음악	장단	배역	동 작
	인정용정봉정작정미 ← 족 → 인정용정봉정작정미 죽 선 남 右 모 左 개 개 개 <도판 1> (죽간자 퇴립)	보허자	3각	죽간자	보허자 3·4각 동작 보법: 죽간자 2인은 1각4보(先內足 次外足)로 무퇴한다. (도판 1) 수법: 죽간자 2인은 처음 죽간자를 잡은 대로 한다. (도판 1)
			4각	죽간자	
一 拍 仙毋興左右挾二人足蹈小進而立擊拍舒手更歛手足蹈擊	인정용정봉정작정미 족 인정용정봉정작정미 묵 선 남 右 모 左 개 개 개 <도판 2> 인정용정봉정작정미 족 인정용정봉정작정미 묵 선 남 右 모 左 개 개 개 <도판 3>		5각	선모와 협무	보허자 5·6각 동작 보법: 선모와 협무는 1각 4보로 선모는(先右足, 次左足) 협무는(先內足, 次外足)로 무진한다. (도판 2) 수법: 선모와 협무는 염수하고 무진한다.
			6각	선모와 협무	
			7각	선모와 협무	 보허자 7각 동작 보법: 선모와 협무는 1·2·3·4박까지 서서 수법만 하고 5박에 무릎 구부렸다가 펴며 선모는 右足을 협무는 內足을 들어 6박에 뒤로 딛고 7박에 구부리고 8박에 펴고 9박에 구부렸다가 10박에 편다. (도판 3) 수법: 선모와 협무는 1박에 「거수」하여 2·3·4박까지 서수(舒手)하여 6·7·8·9·10박까지 염수한다.

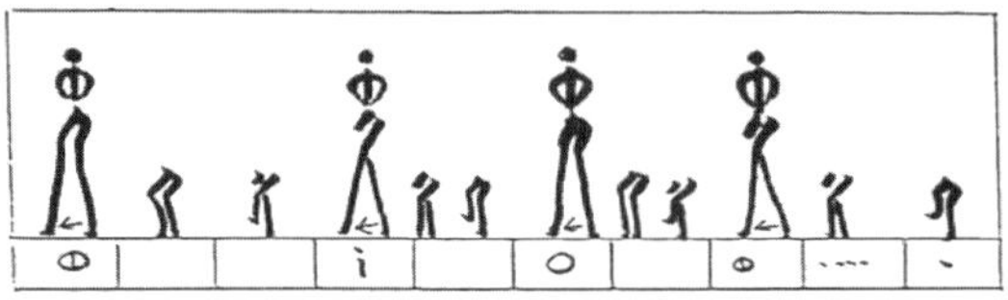

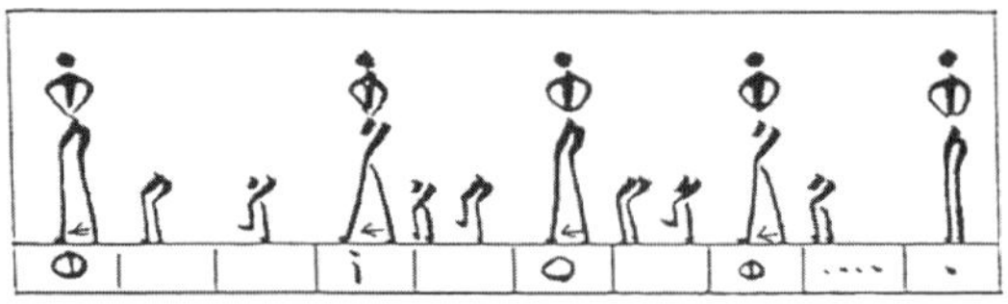

근천정(악학궤범)

홀 기	진 행 도	음악	장단	배역	동 작
		보허자	8각	선모 와 협무	 보허자 8각 동작 보법: 선모와 협무는 1·2·3박까지 궤(跪)하여 4·5박까지 면복(俛伏)하여 6박에 궤(跪)하고 7·8박에 일어나 9박에 구부리고 10박에 편다. 수법: 선모와 협무는 염수한 대로 한다.
			9각	선모 와 협무	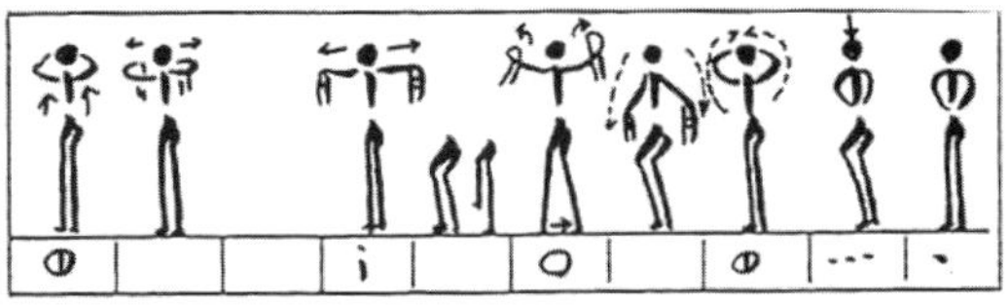 보허자 9각 동작 보법: 선모와 협무는 1·2·3·4박까지 서서 수법만 하고 5박에 무릎 구부렸다가 펴며 선모는 右足을 협무는 內足을 들어 6박에 뒤로 딛고 7박에 구부리고 8박에 펴고 9박에 구부렸다가 10박에 편다. (도판 3) 수법: 선모와 협무는 1박에 「거수」하여 2·3·4박까지 서수(舒手)하여 6·7·8·9·10박에 염수한다.
擊拍並足踏小退而立	인정용정봉정작정미　　족　　인정용정봉정작정미 　　↓톡右　↓선모　↓남左 　　개　개　개 <도판 4>		10각	선모 와 협무	보허자 10·11각 동작 보법: 선모와 협무는 1각 4보 선모는 先右足, 次左足, 협무는 先內足, 次外足로 무퇴한다. (도판 4) 수법: 선모와 협무는 염수한 대로 무퇴한다.
			11각	선모 와 협무	

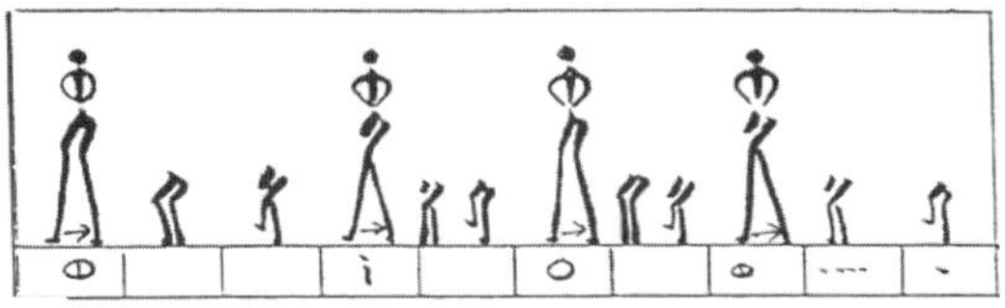

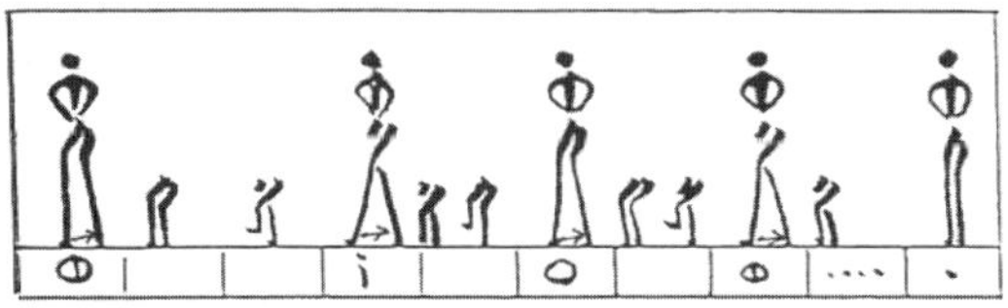

근천정(악학궤범)

홀 기	진 행 도	음악	장단	배역	동 작
致語太宗以潛邸入覲天庭蒙被帝春禮而遣還國之老幼懽忻慶忭相與歌之也記擊拍仙母足蹈小進而立樂止擧右手擊拍仙母足蹈仍立樂止記擊拍樂奏唯子令仙母足蹈仍立樂止	인정용정봉정작정미 · 북 · 족 선모↑ 남左 뵉右 · 개 개 개 <도판 5> 인정용정봉정작정미 · 북 · 족 선모↑ 남左 뵉右 · 개 개 개 <도판 6>	보허자	12각	선모 와 협무	보허자 12각 동작
			13각	선모	보허자 13각 동작
			14각	선모	보허자 14각 동작

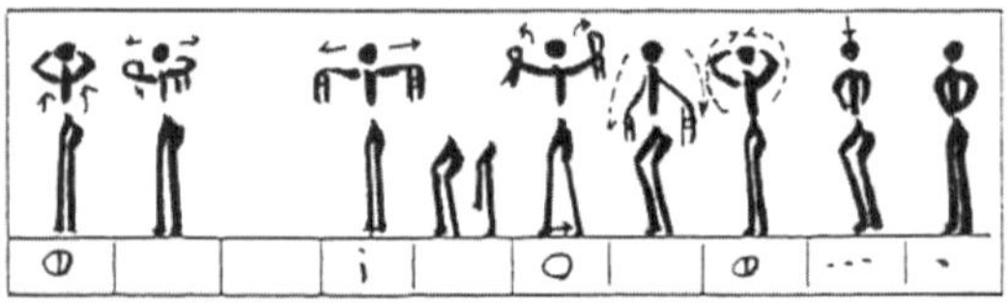

보허자 12각 동작

보법: 선모와 협무는 1·2·3·4박까지 서서 수법만 하고 5박에 무릎 구부렸다가 펴며 선모는 右足을 협무는 內足을 들어 6박에 뒤로 딛고 7박에 구부리고 8박에 펴고 9박에 구부렸다가 10박에 편다. (도판 4)

수법: 선모와 협무는 1박에 「거수」하여 2·3·4박까지 서수(舒手)하여 6·7·8·9·10박에 염수한다.

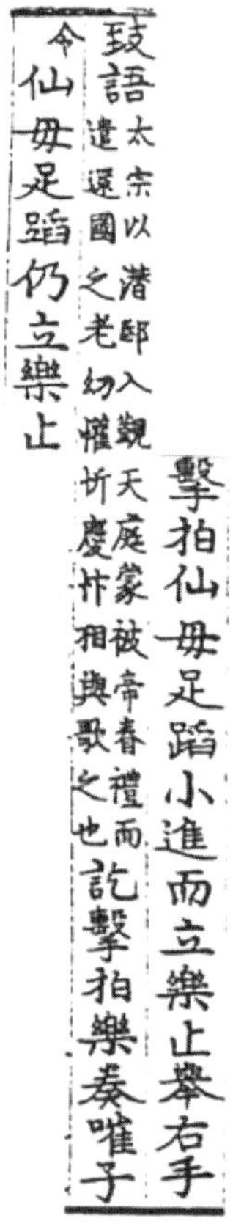

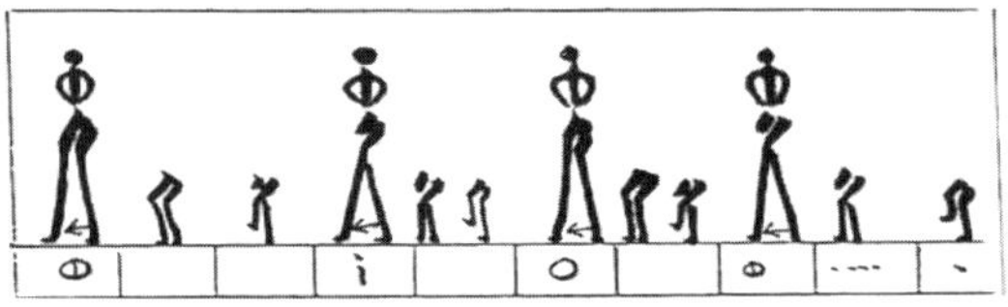

보허자 13각 동작

보법: 선모는 1각 4보(先右足, 次左足)로 무진한다. (도판 5)

수법: 선모는 염수하고 무진한다.

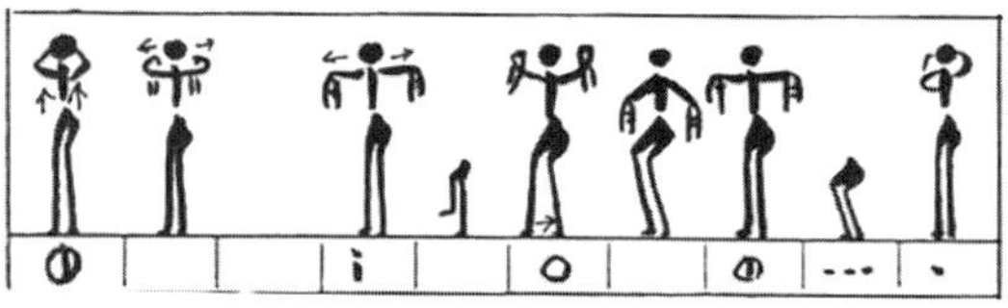

보허자 14각 동작

보법: 선모는 1·2·3·4박까지 서서 수법만 하고 5박에 무릎 구부렸다가 펴며 右足을 들어 뒤로 딛고 7박에 구부리고 8박에 펴고 9박에 구부리고 10박에 편다. (도판 6)

수법: 선모는 1박에 거수하여 2·3·4박까지 서수(舒手)하여 6·7·8·9·10박까지 염수하며 右手는 미간에 左手는 가슴에 든다.

※ 악지·박

※ 치어

홀　　기	진　행　도	음악	장단	배역	동　　　　　작
		보허자	12각	선모와 협무	※ 선모치어 太宗以潛邸　　　　　　　태종이잠저 태종께서 잠저에 계실 때 入覲天庭冢彼　　　　　　입근천정몽피 대국에 들어가 근조하여 帝春禮而遣　　　　　　　제춘례이견 황제의 은덕을 입고 예우를 받아 환국지노유환흔　　　　　환국지노유환흔 돌아옴으로 온 나라 노유(老幼)가 기뻐하며 경변상여가지야　　　　　경변상여가지야 경사롭게 여기어 서로 더불어 노래합니다. ※ 악지·박 보허자 15각 동작 보법: 선모와 협무는 1·2·3·4박까지 서서 수법만 하고 5박에 무릎 구부렸다가 펴며 선모는 右足을 협무는 內足을 들어 6박에 뒤로 딛고 7박에 구부리고 8박에 펴고 9박에 구부리고 10박에 편다. (도판 6) 수법: 선모와 협무는 1박에 「거수」하여 2·3·4박까지 외서(外舒)하여 6·7·8·9·10박까지 염수한다. ※ 악주(樂奏) 최자(嗺子: 즉 보허자 최자임)를 연주하며 왕모는 창사 끝난 자리에 서 있다.

근천정(악학궤범)

홀 기	진 행 도	음악	장단	배역	동 작
樂奏金殿樂 令仙母與左右挾二人隨舞 節欲手足踏唱觀天庭詞一成 振振王子 德音孔彰 緝熙其學 奎璧其章 天子有旨 邦人震惶 惟君父使 不敢或違 既見天子 敷納維詳 貝錦消沮 國家之昌 勉勉王子 夙遵義方 專對來歸 宗社之光 桓桓我王 壽考而康 王子來歸 其樂無疆 訖		금전악			※ 금전악 반주에 하륜(河崙)이 지어올린 사(詞)를 창하며 수수무(受手舞)를 한다.

※ <u>수악절 근천정사</u>

振辰王子 德音孔彰　　　　　진진왕자 덕음공창
거룩한 왕자여 덕음이 매우 빛나시니
緝熙其學 奎璧其章　　　　　집희기학 규벽기장
맑으신 학문이며 아름다운 문장이네
天子有旨 邦人震惶　　　　　천자유지 방인진황
천자께서 교지를 내리시니 나라 사람들 두려워하였소
惟君父使 不敢或違　　　　　유군부사 불감혹황
군부의 사신이라 감히 늦출 수 없었습니다.
既見天子 敷納維詳　　　　　기견천자 부납유상
천자들 뵙고 자세하게 아뢰어
貝錦消沮 國家之昌　　　　　패금소저 국가지창
얽힌 죄가 없어졌으니 국가의 복입니다.
勉勉王子 夙遵義方　　　　　면면왕자 숙준의방
부지런한 왕자시여 옳은 도리 준봉하여
專對來歸 宗社之光　　　　　전대래귀 종사지광
전대하여 돌아오니 종사의 영광입니다.
桓桓我王 壽考而康　　　　　환환아왕 수고이강
군센 우리 임금님 오래 살고 건강하소서
王子來歸 其樂無疆　　　　　왕자래귀 기락무강
왕자가 돌아오니 그 즐거움 끝 없습니다.

장단	배역
1각	선모와협무 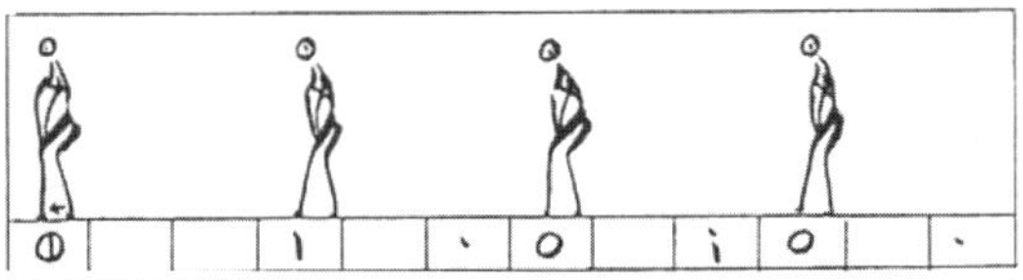
2각	선모와협무 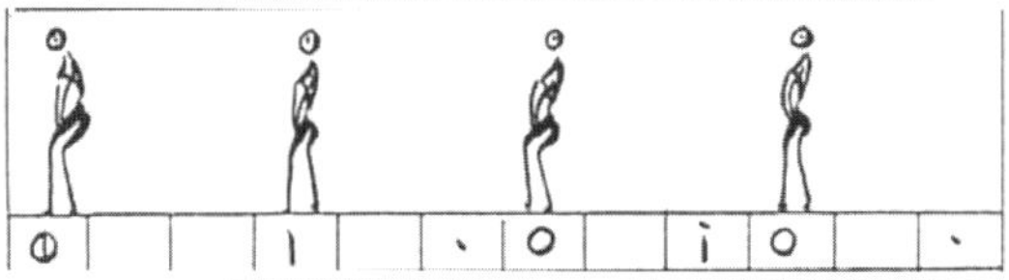
3각	선모와협무 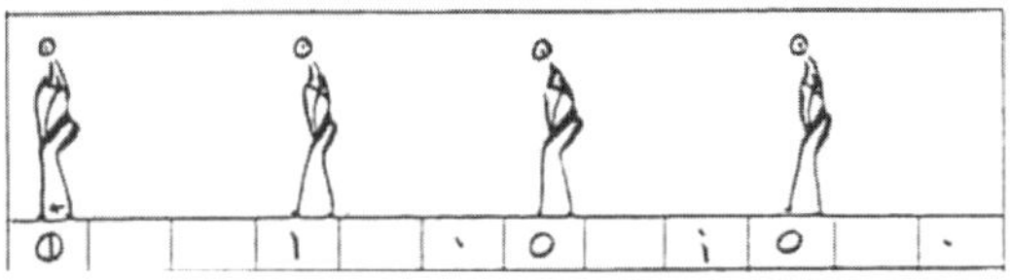
4각	선모와협무 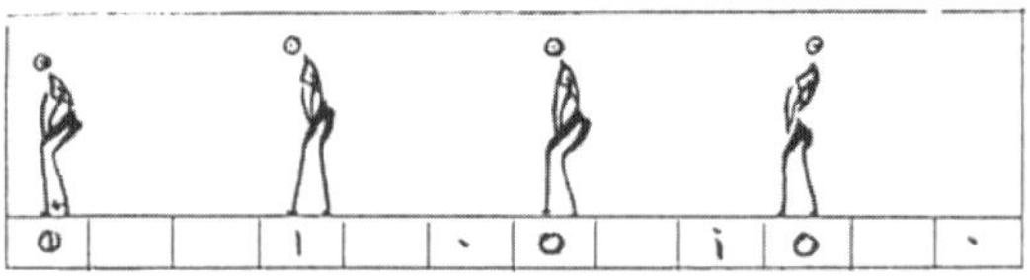

근천정(악학궤범)

홀 기	진 행 도	음악	장단	배역	동 작
			5각	선모와 협무	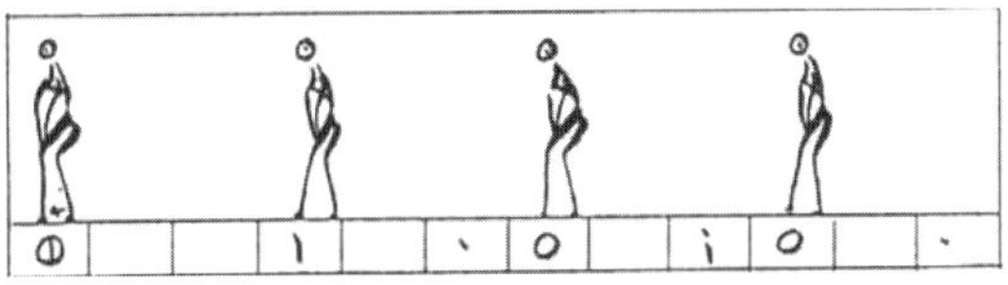
			6각	선모와 협무	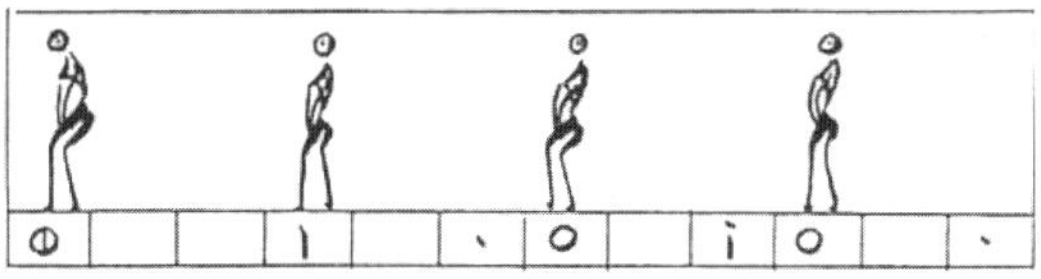
			7각	선모와 협무	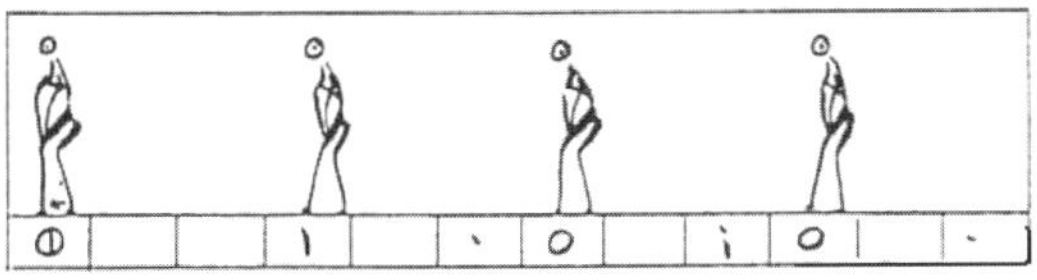
			8각	선모와 협무	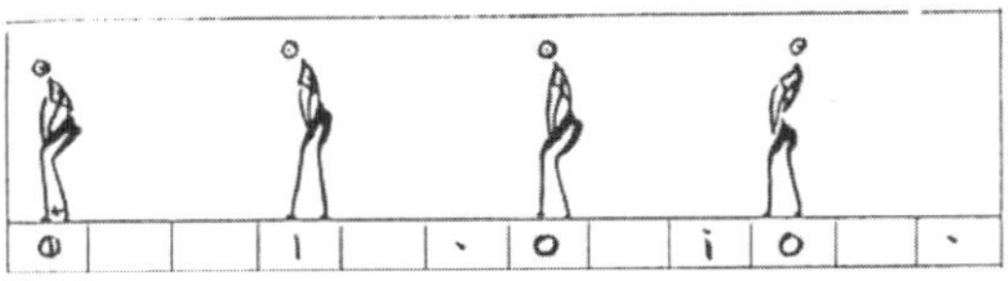 금전악 1·2·3·4·5·6·7·8각 동작 보법: 1각에 앞으로 수수무 2각에 뒤로 수수무 3각에 앞으로 수수무 4각에 뒤로 수수무 5각에 앞으로 수수무 6각에 뒤로 수수무 7각에 앞으로 수수무 8각에 뒤로 수수무한다. (도판 6 위치에서) 수법: 선모와 右협은 右측 무릎에 左협은 左측 무릎에 양손을 얹고 수수무를 한다. ※ 창사를 줄이며 8각만 한 것이다. ※ 악지 · 박
			9각	선모와 협무	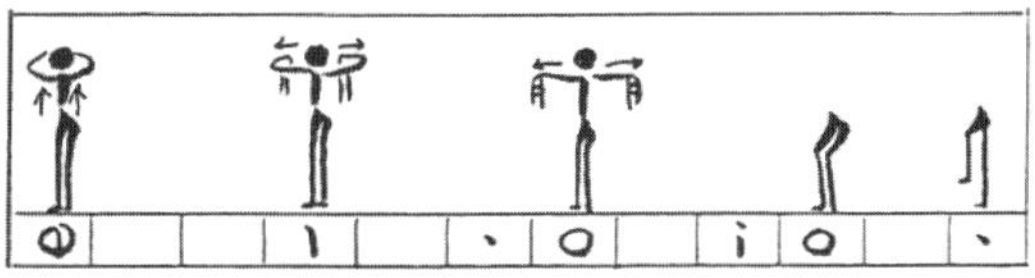 금전악 9각 동작 보법: 선모와 협무는 3박까지 서서 수법만하고 4박에 무릎 구부렸다가 펴며 선모는 右足을 협무는 內足을 든다. 수법: 선모와 협무는 1박에 「거수」하여 2·3박까지 「외서」하다.
			10각	선모와 협무	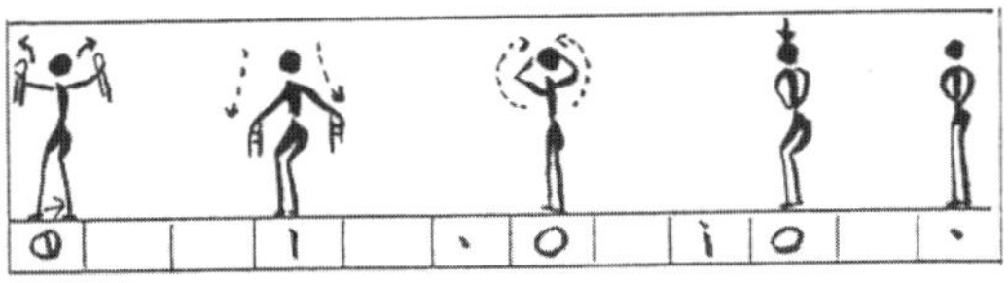 금전악 10각 동작

홀　기	진　행　도	음악	장단	배역	동　　작
復位　欲手足蹈擊拍對舞（右五拜命舞）次背舞次還北向舞左挾舞退　擊拍左挾舞進（右挾同）八手舞西向與仙母向東舒手更	인정용정봉정작정미　족　선모　록右　↑남左　인정용정봉정작정미　개 개 개 ＜도판 7＞ (좌협 무진)	금전악	11각	좌협	보법: 선모는 右足을 협무는 內足을 뒤로 딛고 2박까지 무릎 구부리고 3박에 펴고 4박에 구부렸다가 편다. 수법: 선모와 협무는 염수한다. (도판 6) 금전악 11각 동작 보법: 좌협(남, 左一)은 2박 1보(선내족, 차외족)로 무진한다. (도판 7) 수법: 좌협은 1각 1회로 팔수무(八手舞)를 한다.
			12각	좌협	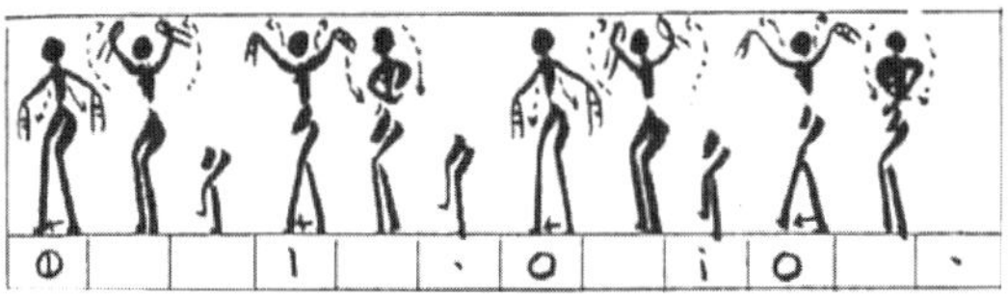 금전악 12각 동자 보법: 좌협은 1박 1보(선내족, 차외족)로 무진한다. 수법: 좌협은 2박 1회로 팔수무(八手舞)를 한다. (도판 7)
			13각	선모 와 좌협	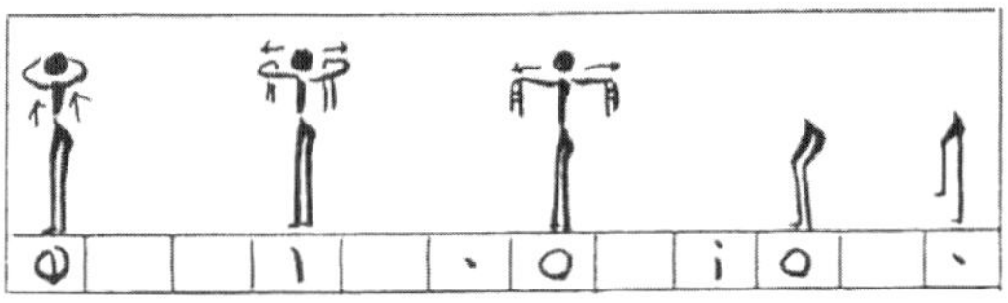 금전악 13각 동작 보법: 선모와 좌협은 1·2·3박까지 서서 수법만 하고 4박에 구부렸다가 펴며 선모는 右足을 좌협은 內足을 든다. (도판 7) 수법: 선모와 좌협은 1박에 「거수」하여 2·3박까지 「외서」한다.
			14각	선모 와 좌협	 금전악 14각 동작 보법: 선모와 右足을 좌협은 內足을 뒤로 딛고 2박에 구부리고 3박에 펴고 4박에 구부렸다가 편다. (도판 7) 수법: 선모와 좌협은 염수한다.

홀　기	진　행　도	음악	장단	배역	동　　　　작
					※ 註: 이 부분의 악학궤범의 홀기는 다음과 같이 수정되어야 오양선무가 된다. 좌협이 무작하여 무진할 때 선모는 거수 외서 하여 선모와 좌협이 같이 염수한다. 이때 선모의 염수를 갱염수라 하고 좌협은 염수라 한다.

원본홀기	(원본 홀기 기보)
수정한 홀기	(수정한 홀기 기보)

홀　기	진　행　도	음악	장단	배역	동　　　작
인정용정봉정작정미　족　인정용정봉정작정미　목右　개 개 개 <도판 7-1> (상대)		금전악	15각	선모와 협무	금전악 15각 동작 보법: 선모와 좌협은 1박에 무릎 구부렸다가 2·3박까지 펴고 4박에 구부렸다가 펴며 선모는 右足을 좌협은 內足을 든다. (도판 7-1) 수법: 선모와 좌협은 무작한다.
			16각	선모 / 좌협	금전악 16각 동작 보법: 선모와 좌협은 2박 1보(선모: 先右足, 次左足 좌협: 先內足, 次外足)로 상대한다. (도판 7-1) 수법: 선모와 좌협은 무작한 대로 상대한다. (人舞)
인정용정봉정작정미　족　인정용정봉정작정미　선모左 남도　목右　개 개 개 <도판 7-2> (북향)			17각	선모 / 좌협	금전악 17각 동작 보법: 선모와 좌협은 2박 1보(선모: 先右足, 次左足 좌협: 先內足, 次外足)로 북향한다. (도판 7-2) 수법: 선모와 좌협은 무작한 대로 북향한다. (人舞)

근천정(악학궤범)

홀기	진행도	음악	장단	배역	동작
	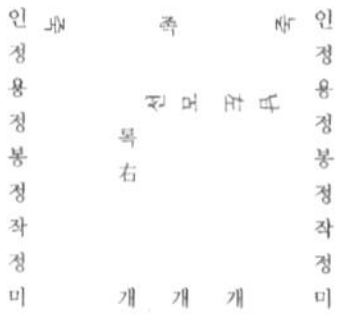 <도판 7-3>	금전악	18각	선모	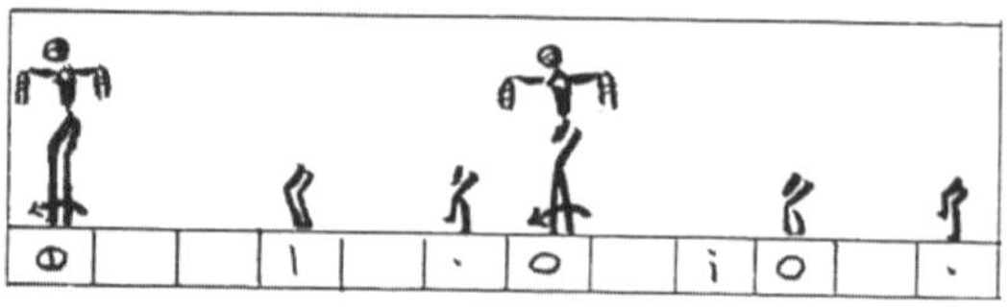
	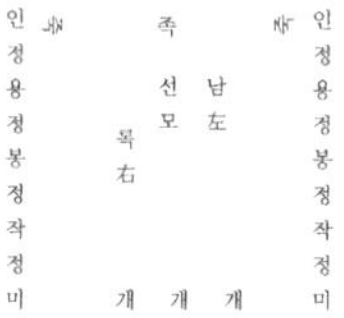 <도판 7-4>			좌협	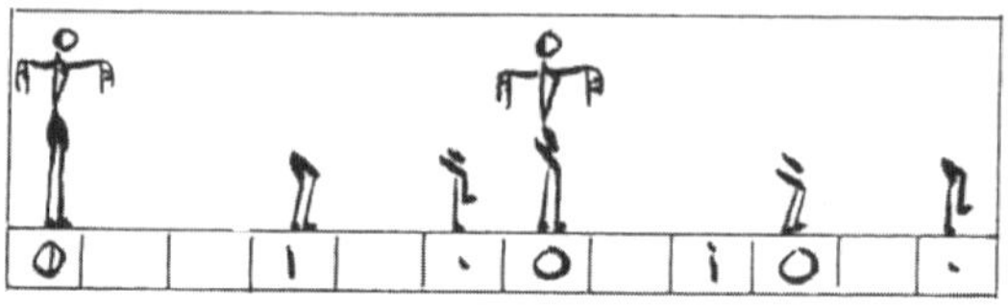 금전악 18각 동작 보법: 선모와 좌협은 2박 1보(선모: 先右足, 次左足 좌협: 先內足, 次外足)로 상배한다. (도판 7-3) 수법: 선모와 좌협은 무작한 대로 상배한다. (人舞)
			19각	선모	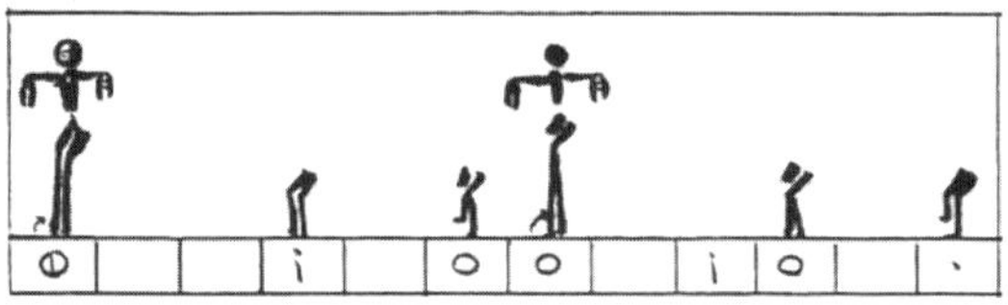
				좌협	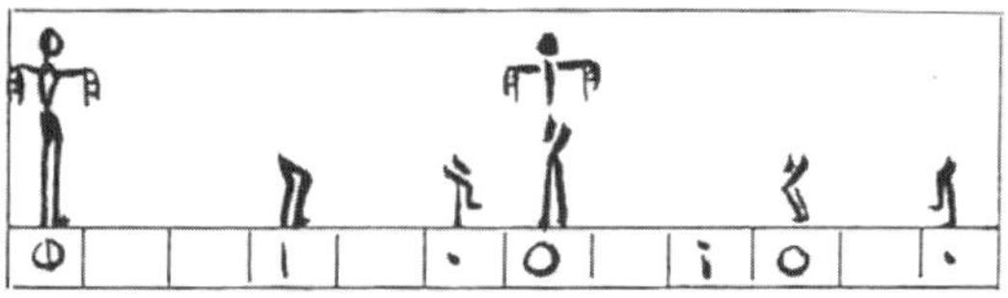 금전악 19각 동작 보법: 선모와 좌협은 2박 1보(선모: 先右足, 次左足 좌협: 先內足, 次外足)로 북향한다. (도판 7-4) 수법: 선모와 좌협은 무작한 대로 북향한다. (人舞)
			20각	선모와 좌협	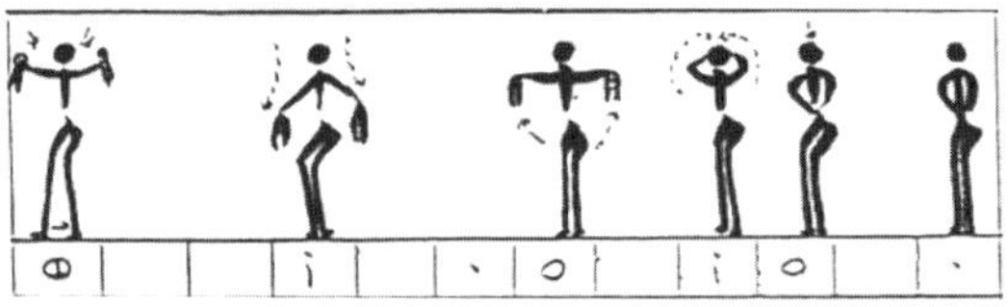 금전악 20각 동작 보법: 선모는 右足을 좌협은 內足을 뒤로 딛고 2박에 무릎 구부리고 3박에 펴고 4박에 구부렸다가 편다.(도판 7-4) 수법: 선모와 좌협무는 염수한다.

근천정(악학궤범)

홀　기	진　행　도	음악	장단	배역	동　작
	 <도판 7-5> (좌협 무퇴)	금전악	21각	좌협	 **금전악 21각 동작** 보법: 좌협은 2박 1보(先內足, 次外足)로 무퇴한다. (도판 7-5) 수법: 좌협은 1각 1회로 팔수무(八手舞)를 한다.
			22각	좌협	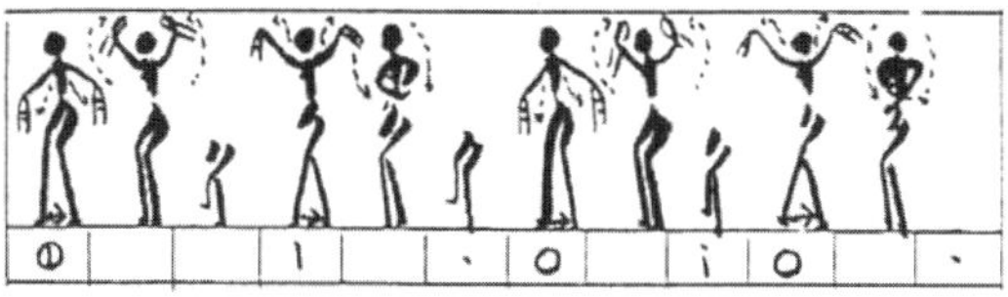 **금전악 22각 동작** 보법: 좌협은 1박1보(先內足, 次外足)로 무퇴한다. 수법: 좌협은 2박 1회로 팔수무(八手舞)를 한다. (도판 7-5)
			23각	선모 와 좌협	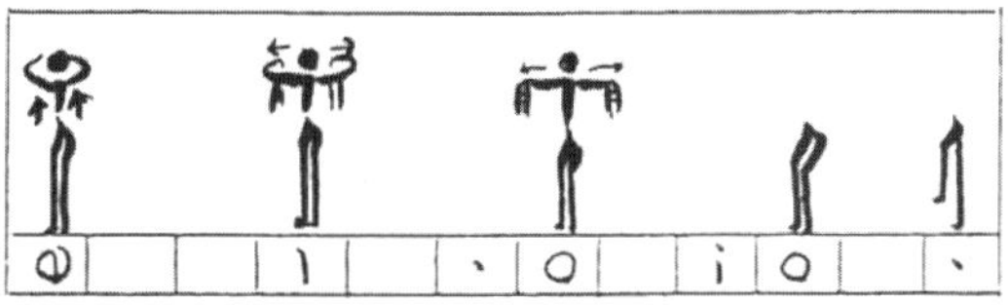 **금전악 23각 동작** 보법: 선모와 좌협은 1·2·3박까지 서서 수법만 하고 4박에 구부렸다 펴며 선모는 右足을 좌협은 內足을 든다. (도판 7-5) 수법: 선모와 좌협은 1박에 거수하여 2·3박에 외서한다.
			24각	선모 와 좌협	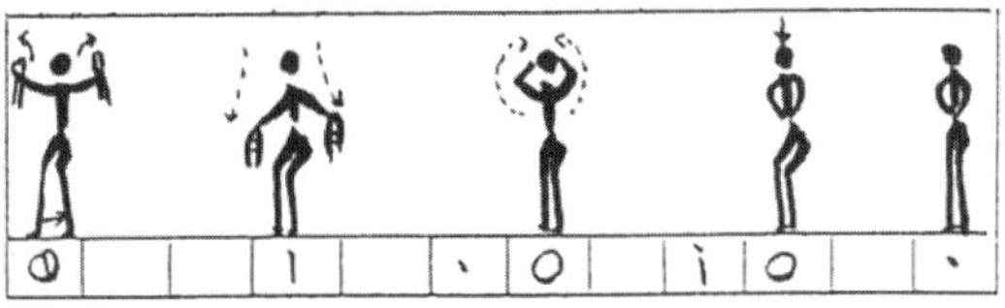  **금전악 24각 동작** 보법: 선모와 좌협은 1박에 선모는 右足을 좌협은 內足을 뒤로 딛고 2박에 구부리고 3박에 펴고 4박에 구부렸다가 편다. 우협은 2박1보(先內足, 次外足)로 무진한다. 수법: 선모와 좌협은 염수하고 우협은 1각1회로 팔수무(八手舞)를 한다.
				우협	

홀 기	진 행 도	음악	장단	배역	동 작
右挾舞進 佐前同時 左挾舞退未復東向與仙母及左挾同時舒手 更飲手足蹈擊拍舞如上儀訖樂止	인정용정봉정작정미　　　족 선모 ↑ 남 북 좌 右 개 개 개 인정용정봉정작정미 <도판 8> (우협 무진)	금전악	25각	우협	※ 24각의 우협은 左挾舞退未復位前同時舞進(좌협무퇴미복위전동시무진)에 해당한 것이다. **금전악 25각 동작** 보법: 우협은 1박 1보(先內足, 次外足)로 무진한다. (도판 8) 수법: 우협은 2박 1회로 팔수무를 한다.
			26각	선모 와 우협	**금전악 26각 동작** 보법: 선모와 우협은 1·2·3박까지 서서 수법만 하고 4박에 구부렸다가 펴며 선모는 右足을 좌협은 內足을 든다. (도판 8) 수법: 선모와 우협은 1박에 거수하여 2·3박까지 외서 한다.
			27각	선모 와 우협	**금전악 27각 동작** 보법: 선모는 右足을 우협은 內足을 뒤로 딛고 2박에 구부리고 3박에 펴고 4박에 구부렸다가 편다. (도판 8) 수법: 선모와 우협은 염수한다. ※ 左挾舞退未復位前同時舞進(좌협무퇴미복위전동시무진)은 선모와 좌협이 염수하는 금전악 24각 때 우협이 무진한다. 그러나 수보록(受寶籙) 지선무(地仙舞)는 상대, 상배, 북향하여 동시에 염수한다. 그러므로 선모와 좌협이 염수한 다음 우협이 무진하는 것으로 도안하였다.

홀 기	진 행 도	음악	장단	배역	동 작
	 인정용정봉정작정미 족 머 남左 개 개 개 인정용정봉정작정미 <도판 8-1> (상대)	금전악	28각	선모와 우협	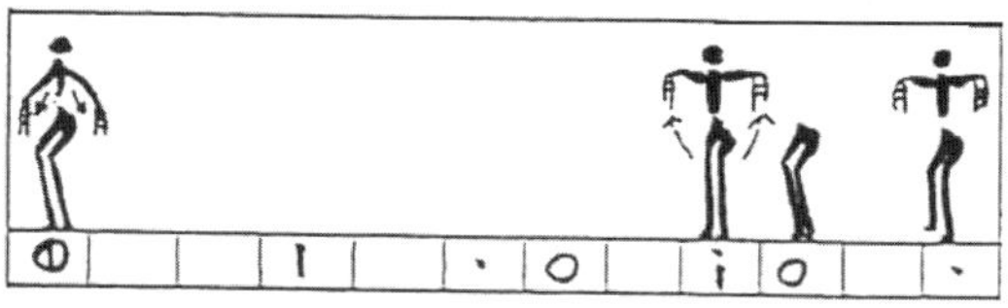 **금전악 28각 동작** 보법: 선모와 우협은 1박에 무릎 구부렸다가 2·3박까지 펴고 4박에 구부렸다가 펴며 선모는 右足을 우협은 內足을 든다. (도판 8-1) 수법: 선모와 우협은 무작한다.
			29각	선모 우협	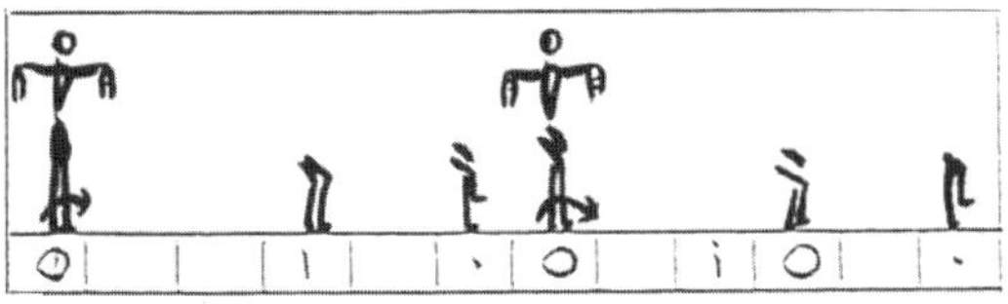 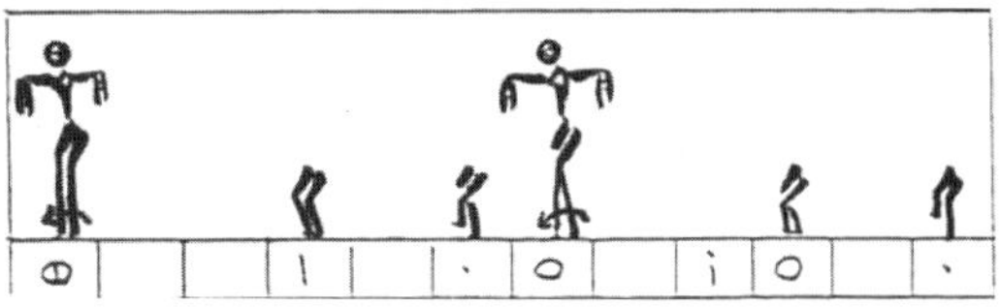 **금전악 29각 동작** 보법: 선모와 우협은 2박 1보(선모: 先右足, 次左足 우협: 先內足, 次外足)로 상대한다. (도판 8-1) 수법: 선모와 우협은 무작한 대로 상대한다.
	 인정용정봉정작정미 족 뚝 선 右 모 남左 개 개 개 인정용정봉정작정미 <도판 8-2> (북향)		30각	선모 우협	  **금전악 30각 동작** 보법: 선모와 우협은 2박 1보(선모: 先右足, 次左足 우협: 先內足, 次外足)로 북향한다. (도판 8-2) 수법: 선모와 우협은 무작한 대로 북향한다.

근천정(악학궤범)

홀 기	진 행 도	음악	장단	배역	동 작
	인정용정봉정작정미 족 복右 선모 남左 개 개 개 인정용정봉정작정미 <도판 8-2>	금전악	31각	선모 우협	**금전악 31각 동작** 보법: 선모와 우협은 2박 1보(선모: 先右足, 次左足 우협: 先內足, 次外足)로 상배한다. (도판 8-3) 수법: 선모와 우협은 무작한 대로 상배한다.
	인정용정봉정작정미 족 복右 선모 남左 개 개 개 인정용정봉정작정미 <도판 8-4>		32각	선모 우협	**금전악 32각 동작** 보법: 선모와 우협은 2박 1보(선모: 先右足, 次左足 우협: 先內足, 次外足)로 북향한다. (도판 8-4) 수법: 선모와 우협은 무작한 대로 북향한다.
			33각	선모 와 우협	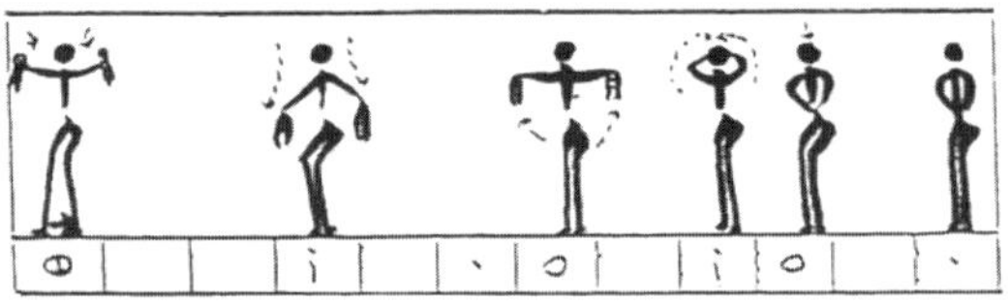 **금전악 33각 동작** 보법: 선모는 右足을 우협은 內足을 뒤로 딛고 2박에 무릎 구부리고 3박에 펴고 4박에 구부렸다가 편다. (도판 8-4) 수법: 선모와 우협은 염수한다.

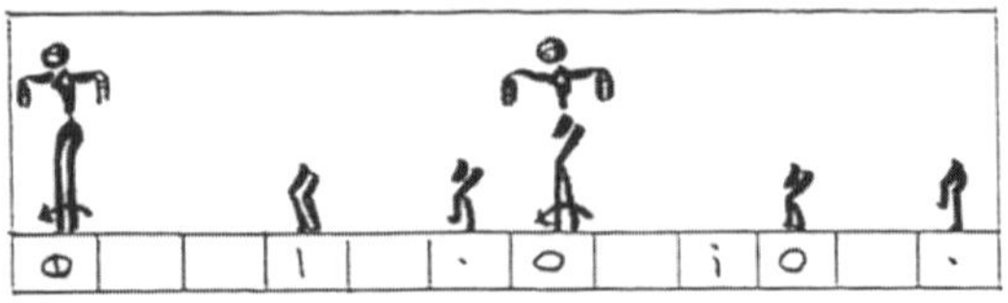

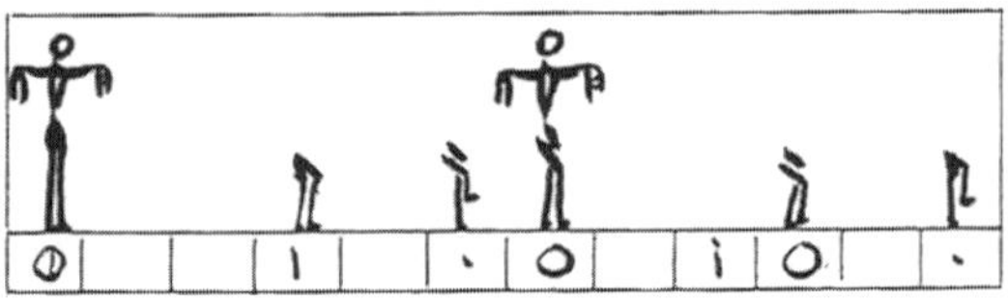

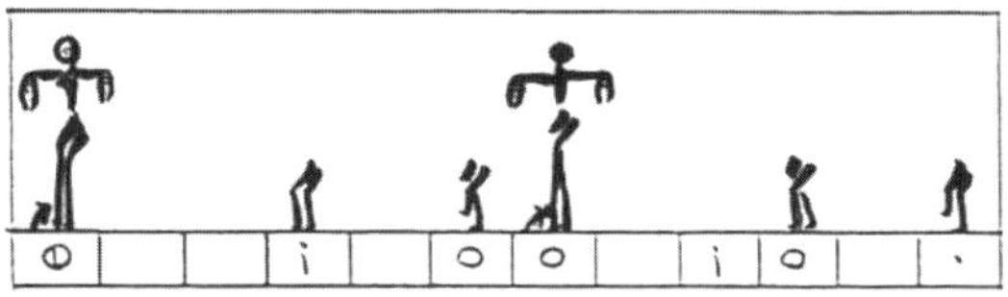

홀 기	진 행 도	음악	장단	배역	동　　작
	 인정용정봉정작정미　　족　선모　↓록右　남左　인정용정봉정작정미　개 개 개 <도판 8-5> (좌협 무퇴)		34각	우협	 금전악 34각 동작 보법: 우협은 2박 1보(先內足, 次外足)로 무퇴한다. (도판 8-5) 수법: 우협은 1각 1회로 팔수무(八手舞)를 한다.
			35각	우협	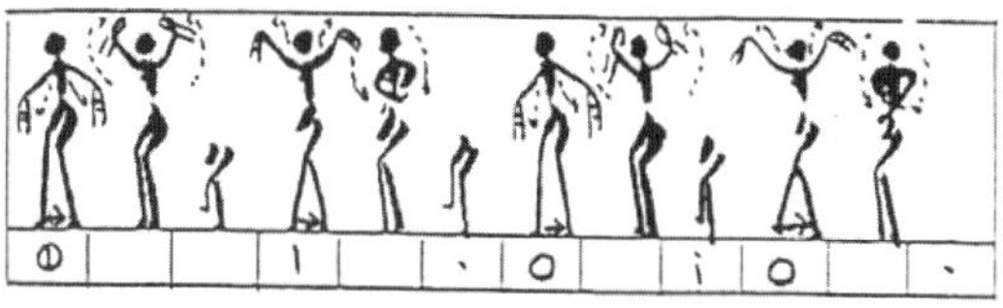 금전악 35각 동작 보법: 우협은 1박 1보(先內足, 次外足)로 무퇴한다. 수법: 우협은 2박 1회로 팔수무를 한다. (도판 8-5)
			36각	선모 와 좌우협	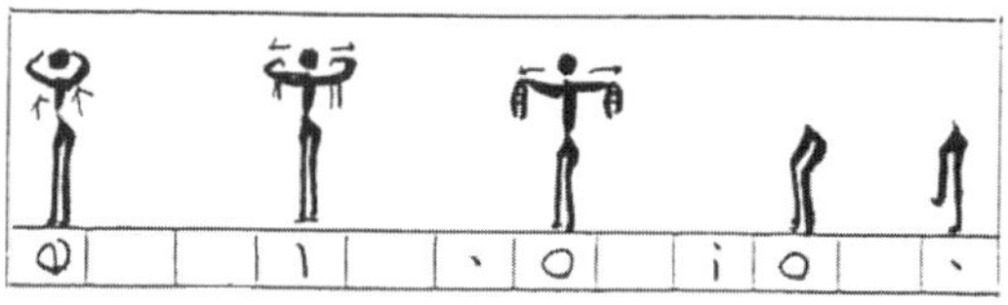 금전악 36각 동작 보법: 선모와 左, 右협은 1·2·3박까지 서서 수법만 하고 4박에 구부렸다 펴며 선모는 右足을 左, 右협은 內足을 든다. (도판 8-5) 수법: 선모와 左, 右협은 거수외서한다.
			37각	선모 외 좌우협	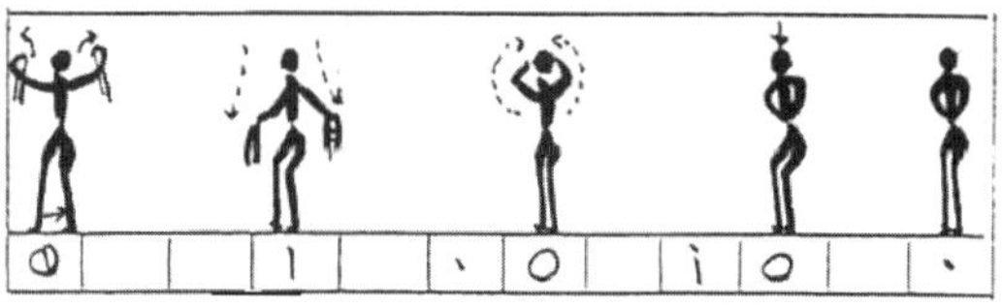 금전악 37각 동작 보법: 선모와 左, 右협은 內足을 뒤로 딛고 2박에 구부리고 3박에 펴고 4박에 구부렸다가 편다. (도판 8-5) 수법: 선모와 左, 右협은 염수한다.

근천정(악학궤범)

홀 기	진 행 도	음악	장단	배역	동 작
奏前樂擊拍左右挾舞訖 仙母受寶簇舞同地 樂止	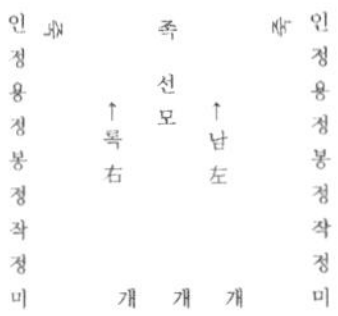 <도판 9>	금전악	38각	좌우협무	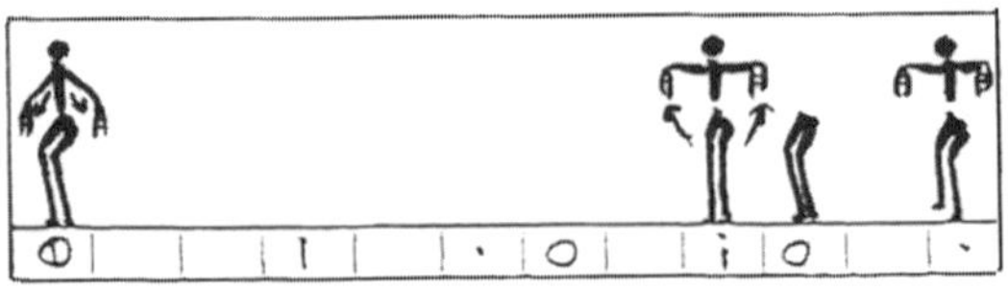 금전악 38각 동작 보법: 左, 右협무는 1박에 무릎 구부리며 2·3박에 펴고 4박에 구부렸다가 펴며 內足을 든다. (도판 9) 수법: 左, 右협무는 무작한다. (수보록, 지선무)
			39각	좌우협무	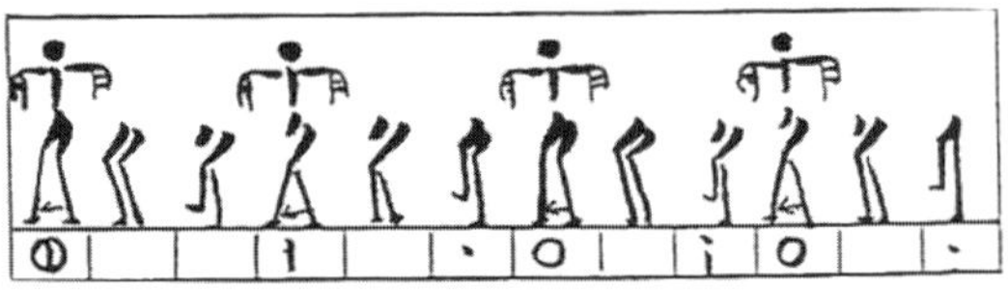 금전악 39각 동작 보법: 左, 右협무는 1박 1보(先內足, 次外足)로 선모지전(仙母之前)까지 무진한다. (도판 9) 수법: 左, 右협무는 무작한 대로 무진한다. (수보록, 지선무)
	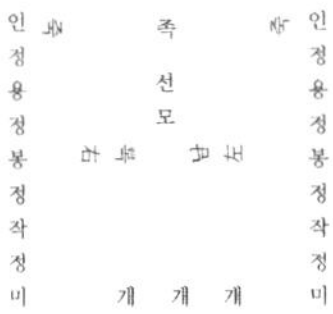 <도판 9-1> (상향)		40각	우협	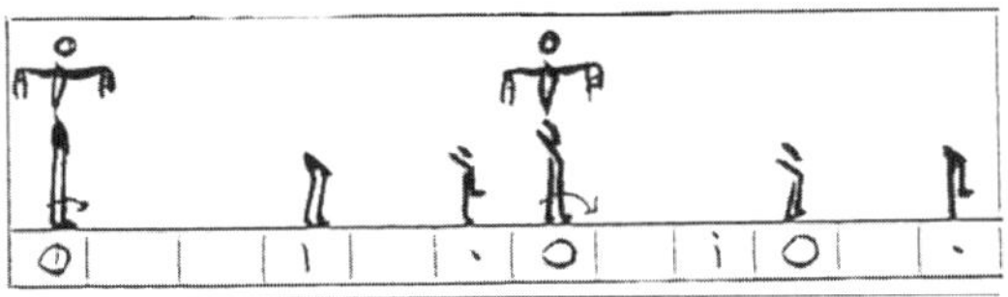
				좌협	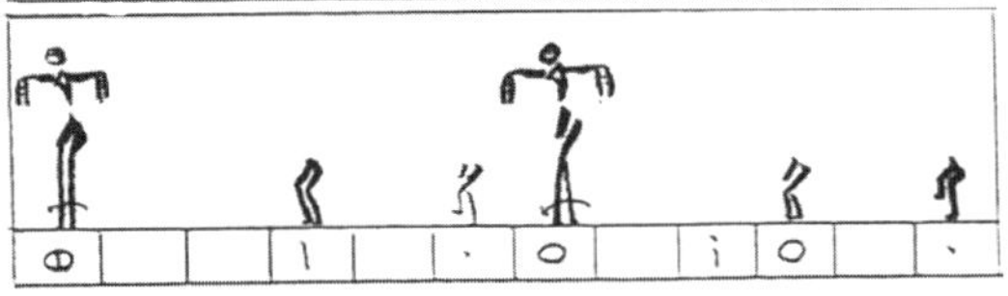 금전악 40각 동작 보법: 左, 右협무는 2박 1보(仙內足, 次外足)로 상향한다. (도판 9-1) 수법: 左, 右협무는 무작한 대로 한다. (수보록, 지선무)
	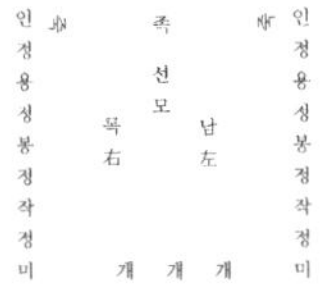 <도판 9-2> (북향)		41각	우협	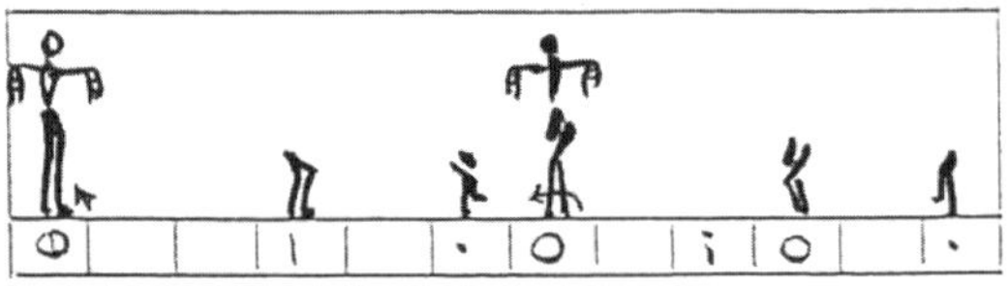
				좌협	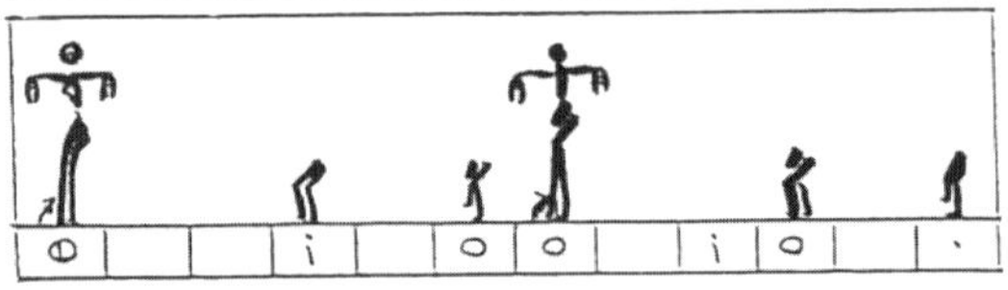 금전악 41각 동작

근천정(악학궤범)

홀기	진행도	음악	장단	배역	동작
		금전악			보법: 左, 右협무는 2박 1보(仙內足, 次外足)로 북향한다. (도판 9-2) 수법: 左, 右협무는 무작한 대로 한다. (수보록, 지선무)
	 <도판 9-3> (상배)		42각	우협 좌협	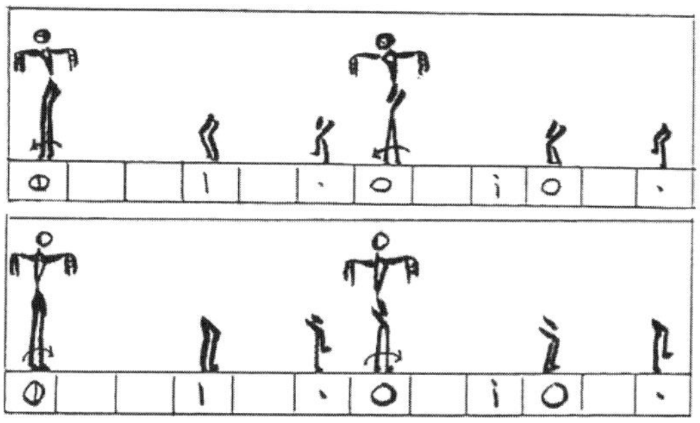 금전악 42각 동작 보법: 左, 右협무는 2박1보(先內足, 次外足)로 상배한다. (도판 9-3) 수법: 左, 右협무는 무작한 대로 한다. (수보록, 지선무)
	 <도판 9-4> (북향)		43각	우협 좌협	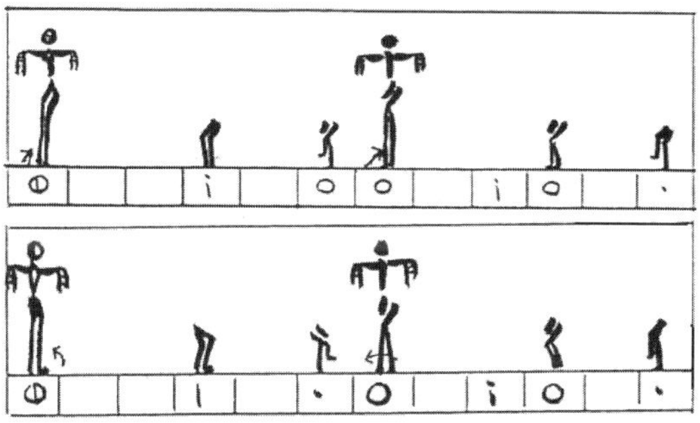 금전악 43각 동작 보법: 左, 右협무는 2박1보(先內足, 次外足)로 북향한다. (도판 9-4) 수법: 左, 右협무는 무작한 대로 한다.
			44각	좌우 협무	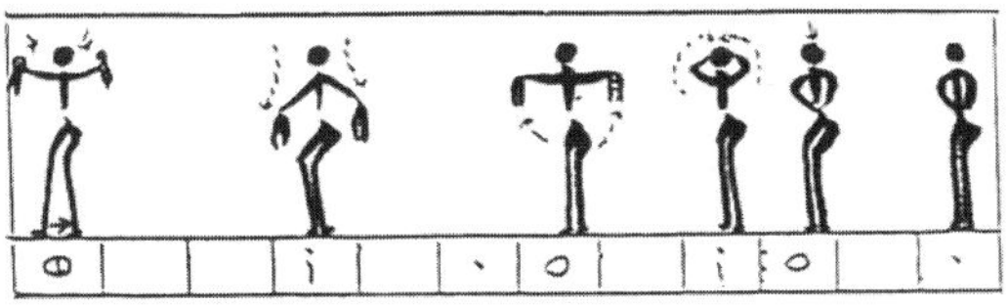 금전악 44각 보법 보법: 左, 右협무는 1박에 內足을 뒤로 딛고 2박에 구부리고 3박에 펴고 4박에 구부렸다가 편다. (도판 9-4) 수법: 左, 右협무는 염수한다.

근천정(악학궤범)

홀 기	진 행 도	음악	장단	배역	동 작
	 <도판 10>	금전악	45각	좌우협무	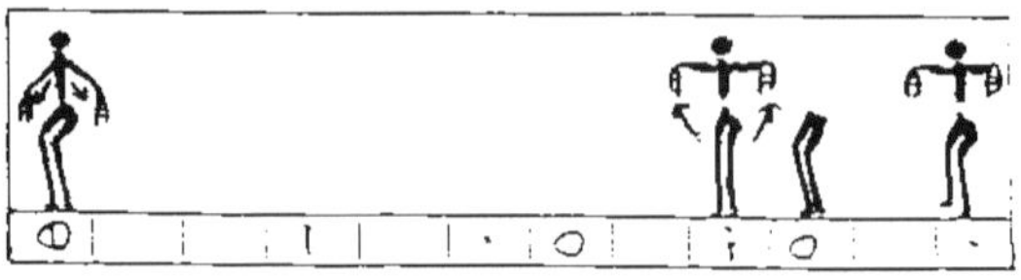 **금전악 45각 동작** 보법: 左, 右협무는 1박에 무릎 구부리며 2·3박에 펴고 4박에 구부렸다가 펴며 內足을 든다. 수법: 左, 右협무는 무작한다. (수보록, 지선무)
			46 47각	좌우협무	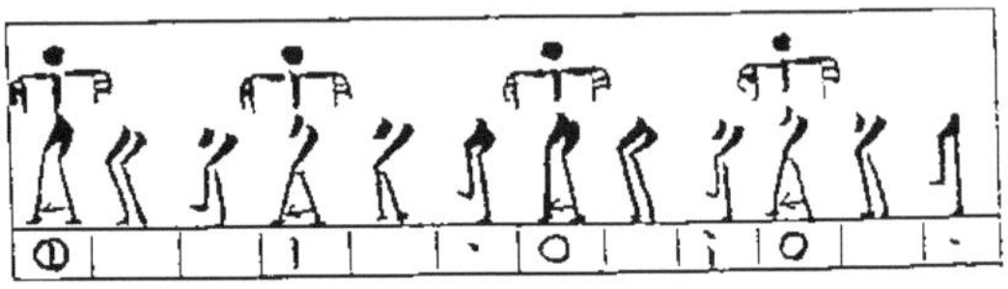 **금전악 46·47각 동작** 보법: 左, 右협무는 1박 1보(先內足, 次外足)로 족자 左, 右까지 무진한다. (도판 10) 수법: 左, 右협무는 무작한 대로 무진한다. (수보록, 지선무)
	 <도판 10-1> (상향)		48각	좌우협무 / 좌우협무	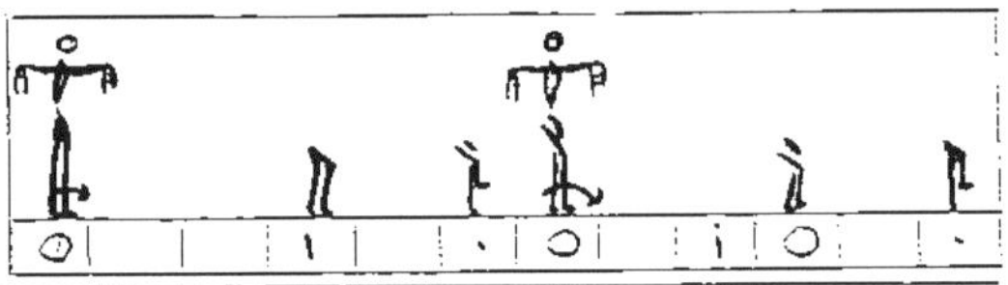 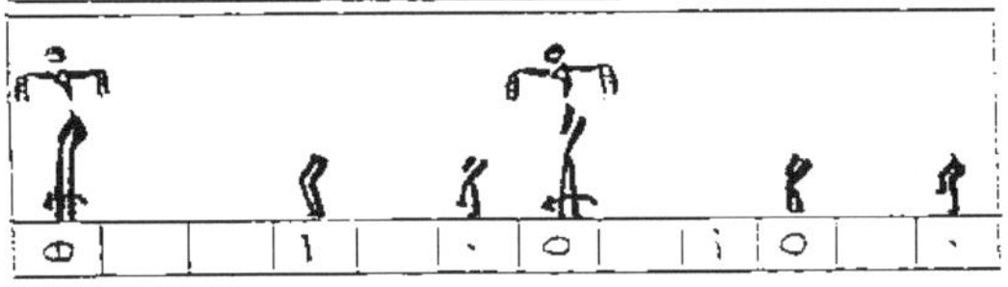 **금전악 48각 동작** 보법: 左, 右협무는 2박 1보(先內足, 次外足)로 상향한다. (도판 10-1) 수법: 左, 右협무는 무작한 대로 한다. (수보록, 지선무)
	 <도판 10-2> (북향)		49각	좌우협무 / 좌우협무	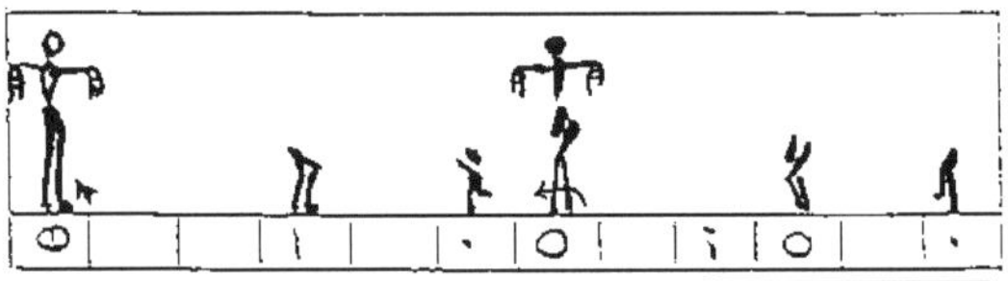 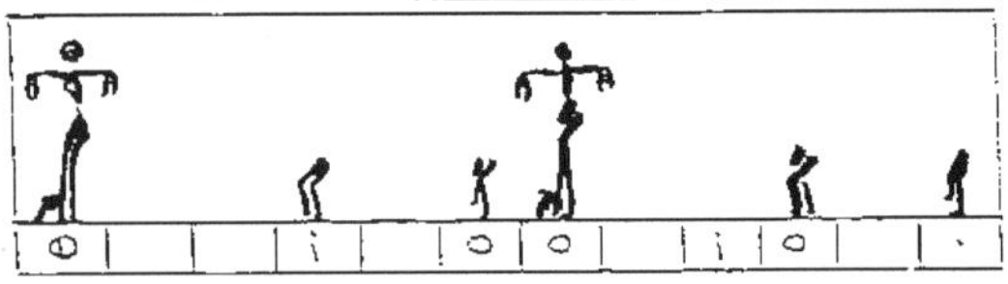 **금전악 49각 동작** 보법: 左, 右협무는 2박 1보(先內足, 次外足)로 북향한다. (도판 10-3) 수법: 左, 右협무는 무작한 대로 한다. (수보록, 지선무)

근천정(악학궤범)

홀 기	진 행 도	음악	장단	배역	동 작
	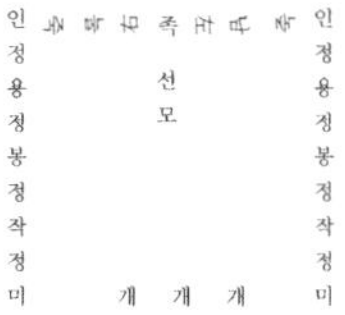 <도판 10-3> (상배)	금전악	50각	우협	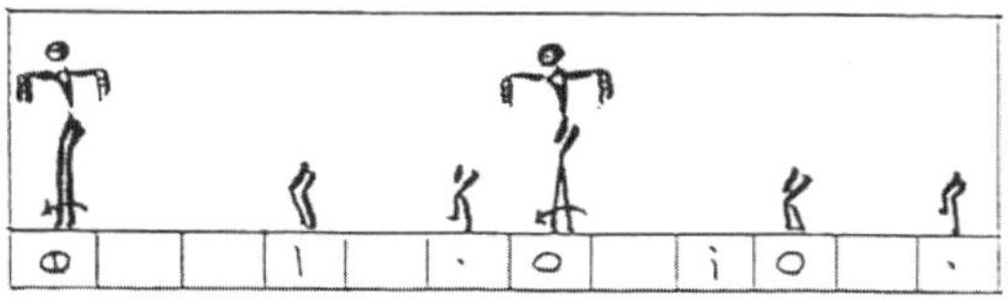
				좌협	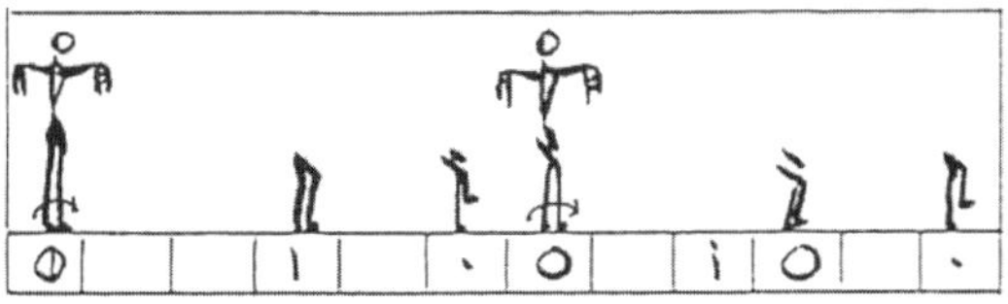 금전악 50각 동작 보법: 左, 右협무는 2박 1보(先內足, 次外足)로 상배한다. (도판 10-3) 수법: 左, 右협무는 무작한 대로 한다. (수보록, 지선무)
	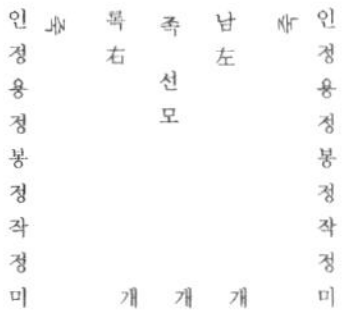 <도판 10-4> (북향)		51각	우협	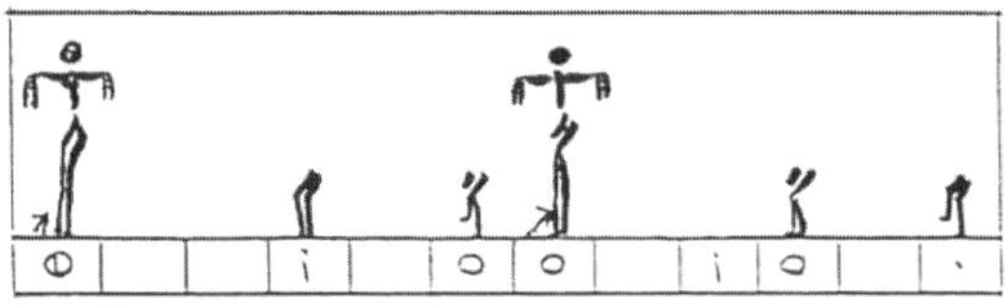
				좌협	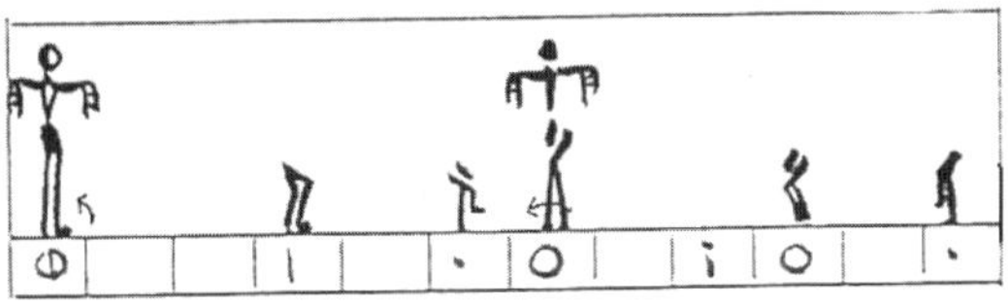 금전악 51각 동작 보법: 左, 右협무는 2박 1보(先內足, 次外足)로 북향한다. (도판 10-4) 수법: 左, 右협무는 무작한 대로 한다.
			52각	좌우협무	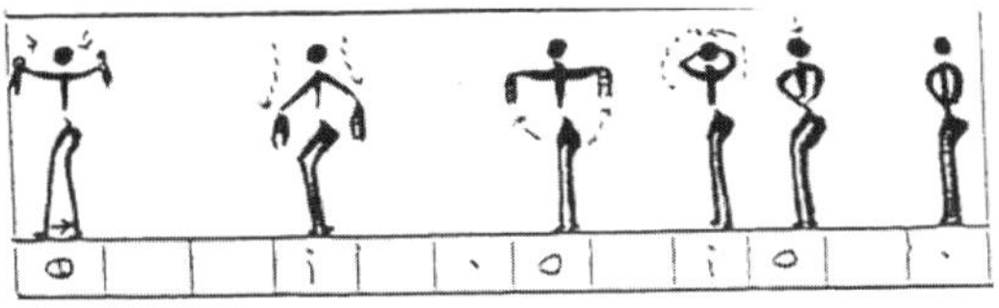 금전악 52각 동작 보법: 左, 右협무는 1박에 內足을 뒤로 딛고 2박에 구부리고 3박에 펴고 4박에 구부렸다가 편다. (도판 10-4) 수법: 左, 右협무는 염수한다.

근천정(악학궤범)

홀 기	진 행 도	음악	장단	배역	동 작
	<도판 11>	금전악	53각	좌우협무	금전악 53각 동작 보법: 左, 右협무는 1박에 무릎 구부리며 2·3박에 펴고 4박에 구부렸다가 펴며 內足을 든다. 수법: 左, 右협무는 무작한다. (수보록, 지선무)
			54 55각	좌우협무	금전악 54·55각 동작 보법: 左, 右협무는 1박 1보(先內足, 次外足)로 선모지(仙母之)까지 무퇴한다. (도판 11) 수법: 左, 右협무는 무작한 대로 무진한다. (수보록, 지선무)
	<도판 11-1> (상향)		56각	우협 / 좌협	금전악 56각 동작 보법: 左, 右협무는 2박 1보(先內足, 次外足)로 상향한다. 수법: 左, 右협무는 무작한 대로 한다. (수보록, 지선무)
	<도판 11-2> (북향)		57각	우협 / 좌협	금전악 57각 동작 보법: 左, 右협무는 2박 1보(先內足, 次外足)로 북향한다. (도판 11-2) 수법: 左, 右협무는 무작한 대로 한다. (수보록, 지선무)

근천정(악학궤범)

홀 기	진 행 도	음악	장단	배역	동 작
	 인성정봉정작정미　족　선모　수右　좌　인정용정봉정작정미 개 개 개 \<도판 11-3\> (상배)	금 전 악	58각	우협	
				좌협	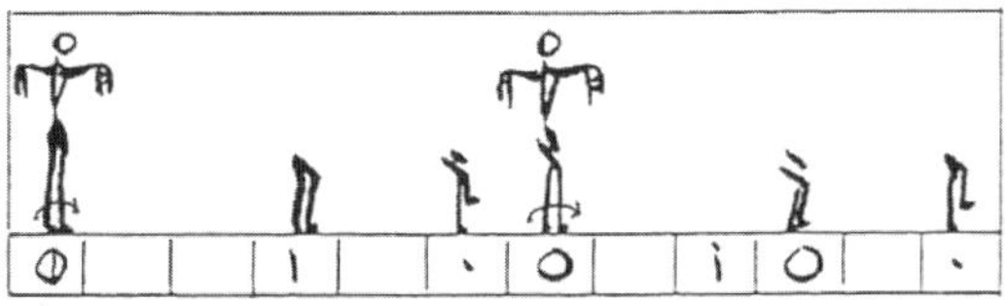 금전악 58각 동작 보법: 左, 右협무는 2박 1보(先內足, 次外足)로 상배한다. (도판 11-3) 수법: 左, 右협무는 무작한 대로 한다. (수보록, 지선무)
	 인정용정봉정작정미　족　선모　독右　남左　인정용정봉정작정미 개 개 개 \<도판 11-4\> (북향)		59각	우협	
				좌협	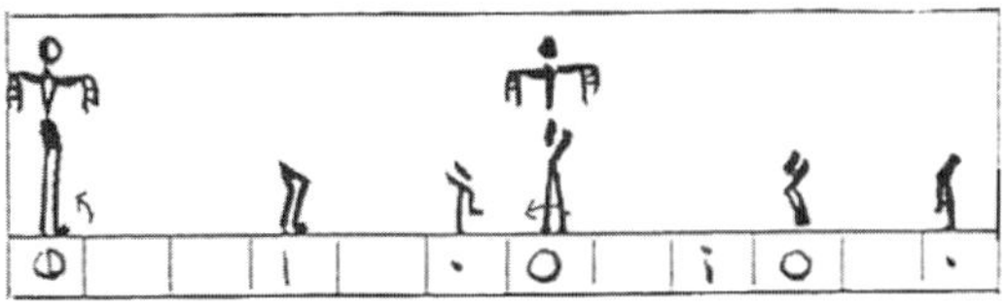 금전악 59각 동작 보법: 左, 右협무는 2박 1보(先內足, 次外足)로 북향한다. (도판 11-4) 수법: 左, 右협무는 무작한 대로 한다.
			60각	좌우 협무	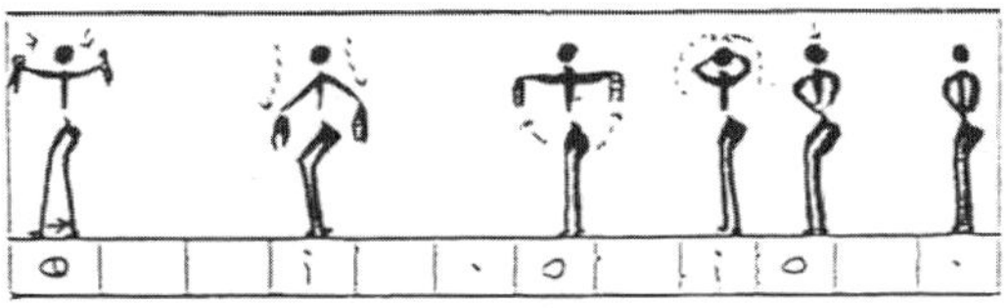 금전악 60각 동작 보법: 左, 右협무는 1박에 內足을 뒤로 딛고 2박에 구부리고 3박에 펴고 4박에 구부렸다가 편다. (도판 11-4) 수법: 左, 右협무는 염수한다.

근천정(악학궤범)

홀 기	진 행 도	음악	장단	배역	동 작
	 인정용정봉정작정미　족　인정용정봉정작정미 ↓선모↓ 목 右 남 左 개 개 개 <도판 12>	금전악	61각	좌우 협무	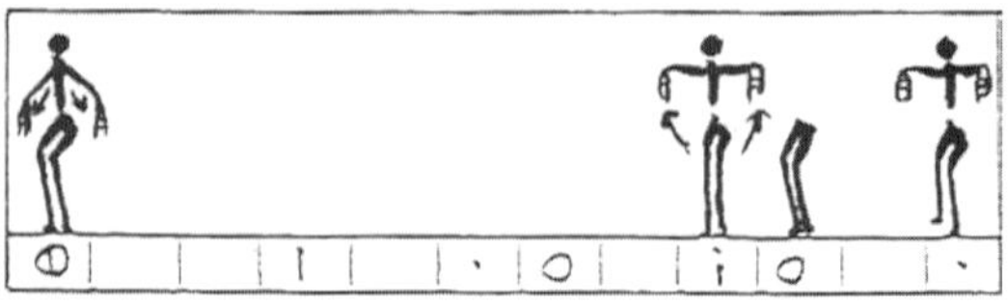 **금전악 61각 동작** 보법: 左, 右협무는 1박에 무릎 구부리며 2·3박에 펴고 4박에 구부렸다가 펴며 內足을 든다. (도판 12) 수법: 左, 右협무는 무작한다. (수보록, 지선무)
			62각	좌우 협무	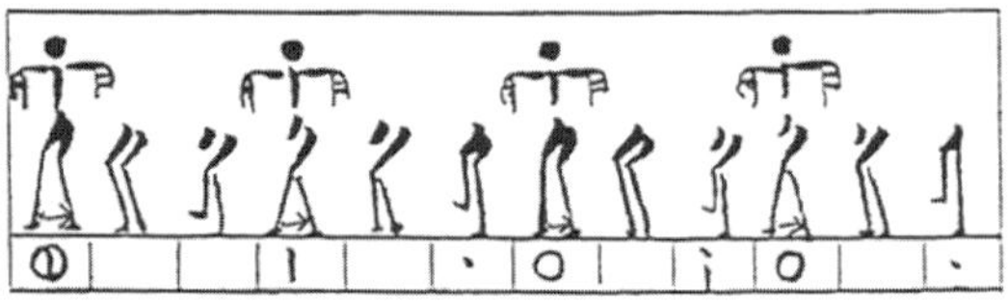 **금전악 62각 동작** 보법: 左, 右협무는 1박 1보(先內足, 次外足)로 무퇴한다. 수법: 左, 右협무는 무작한 대로 무퇴한다. (도판 12)
	 인정용정봉정작정미　족　인정용정봉정작정미 선모 목 右 남 左 개 개 개 <도판 12-1>		63각	좌우 협무	 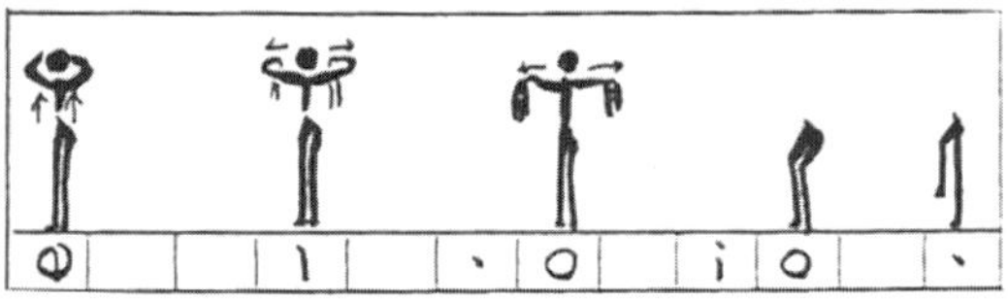 **금전악 63각 동작** 보법: 左, 右협무는 1박 1보(先內足, 次外足)로 무퇴복위(無退復位)하고 선모는 1·2·3박까지 서서 수법만 하고 4박에 구부렸다가 펴며 右足을 든다. (도판 12-1) 수법: 左, 右협무는 무작한 대로 무퇴하고 선모는 「거수」 외서한다.
				선모	
			64각	선모 와 좌우협	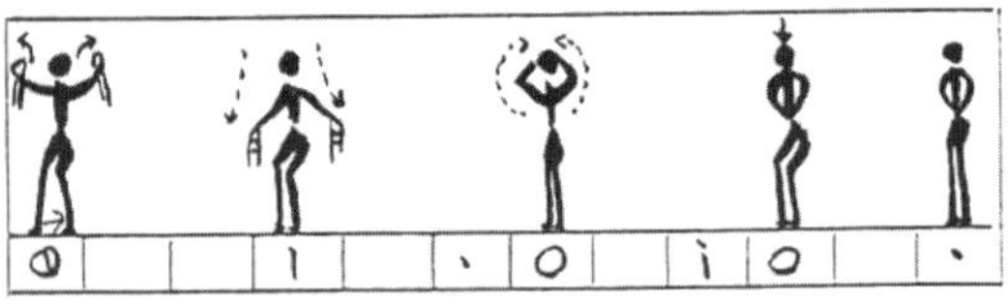 **금전악 64각 동작** 보법: 선모는 1박에 右足을 협무는 內足을 뒤로 딛고 2박에 구부리고 3박에 펴고 4박에 구부렸다가 편다. (도판 12-1) 수법: 선모와 협무는 염수한다.

홀 기	진 행 도	음악	장단	배역	동 작
樂奏中腔(令)擊拍奉竹竿子二人足蹈而進 分立於簇子左右 樂止 口號 德維善政方聞九功之歌樂且有儀敢陳六佾之舞不懈于位永觀厥成 訖	인정용정봉정작정미 죽→ 족 선 모 / 복 우 / 남 좌 / 개 개 개 인정용정봉정작정미 죽← <도판 13>	보허자	1각	죽간자	
			2각	죽간자	

보허자 1·2각 동작

보법: 죽간자 2인은 1각 4보(先內足, 次外足)로 左, 右협무지전(挾舞之前)까지 들어와 2각의 8·9·10박에 북향한다. (도판 13)

수법: 죽간자 2인은 처음 잡은 대로 한다.

※ 악지·박

※ 죽간자 구호

德維善政	덕유선정
그 덕으로 옳은 정사를 베푸사	
方聞九功之歌	방문구공지가
바야흐로 구공의 노래를 듣고	
樂且有儀	낙차유의
즐겁고도 위의가 있사와	
敢陳六佾之舞	감진육일지무
감히 육일의 춤을 펴나이다	
不懈于位	불해우위
그 지위에 게으르지 않사와	
永觀厥成	영관궐성
길이 그 이루심을 보오리라	

※ 악지·박

홀　기	진　행　도	음악	장단	배역	동　　작
擊拍樂奏五雲開瑞朝引奉簜子一人與奉竹竿子二人을 踴擊拍而退仚毋亦小退齊立於左右挾之間	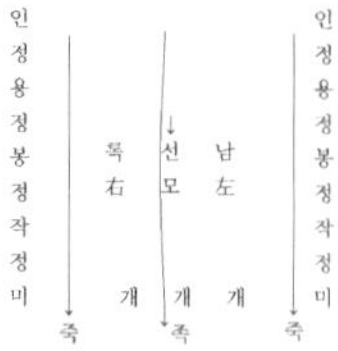 <도판 13-1> (죽, 족 이퇴) 인정용점봉정작정미　록右　선모　남左　개　개　개　죽　족　죽	보허자	3각	선모	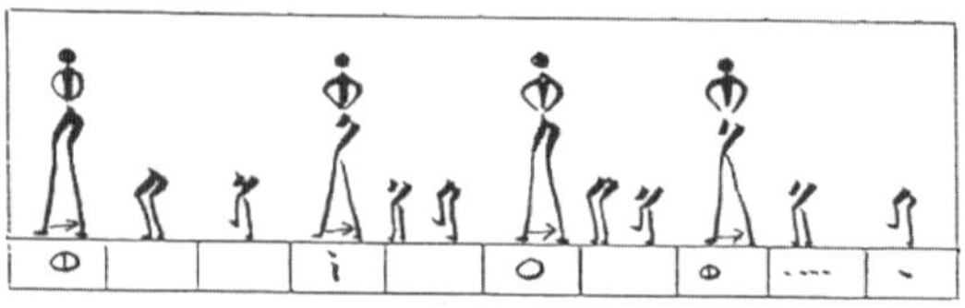
			4각	선모	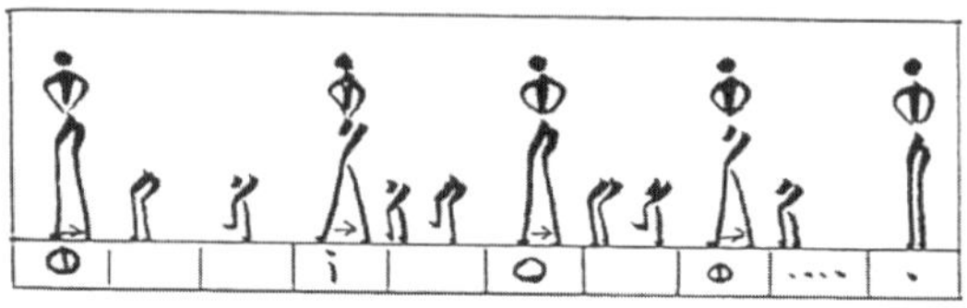
				죽간자	

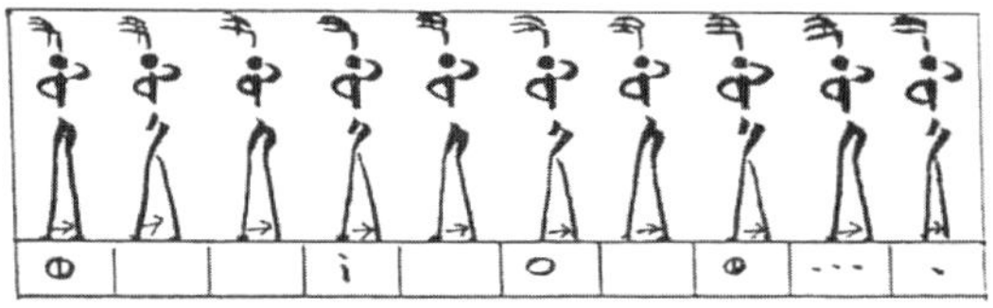

보허자 3·4각 동작

보법: 선모는 1각 4보(先右足, 次左足)로 무퇴하여 협무
　　　와 나란히 서고 죽간자와 족자는 1박 1보로 3·4
　　　각간에 「도판 13-1」과 같이 퇴립한다. (죽간자와
　　　족자는 돌아서 남쪽을 향하여 퇴할 수도 있다.)
수법: 선모는 염수하고 죽간자 족자는 처음 잡은 대로
　　　한다.

홀　기	진　행　도	음악	장단	배역	동　　작
			5각	선모 와 좌우협	

보허자 5각 동작

보법: 선모와 左, 右협무는 1·2·3·4박까지 서서 수
　　　법만하고 5박에 무릎 구부렸다가 펴며 선모는 右
　　　足을 左, 右협무는 內足을 들어 6박에 뒤로 딛고
　　　7박에 구부리고 8박에 펴고 9박에 구부리고 10박
　　　에 편다.
수법: 선모와 左, 右협무는 1박에 「거수」하여 2·3·4
　　　박까지 「외서」하여 6·7·8·9·10박까지 염수
　　　한다.

홀　　기	진　행　도	음악	장단	배역	동　　　　작
擊拍仙母與左右挾二人舞進舞挾手擊拍斂手足	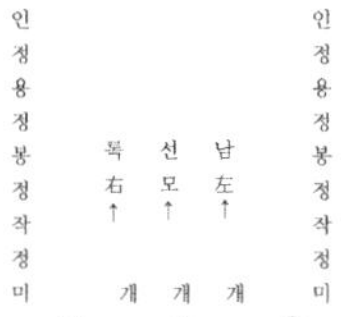 인정용정봉정작정미　　　　독右↑　선모↑　남左↑　개　개　개　죽　족　죽　인정용정봉정작정미　<도판 14>　(무진)	보허자	6각　　7각	선모와 좌우협　　선모와 좌우협	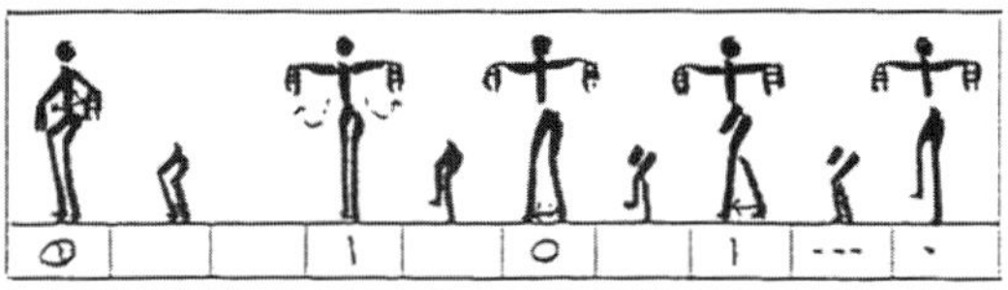 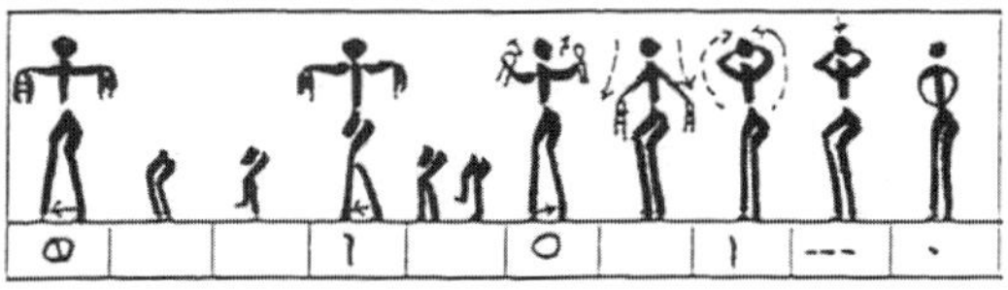 **보허자 6·7각 동작** 보법: 선모와 左, 右협무는 5각 1·2박에 무릎 구부리며 3·4박에 펴고 5박에 구부렸다가 펴며 선모는 右足을 左, 右협무는 內足을 들어 선모는(先右足, 次左足) 左, 右협무는(先內足, 次外足) 6·7·8·9·10박까지 무진한다. 6각의 1·2·3·4박까지 이어서 무진하여 5박에 구부렸다 펴며 선모는 右足을 협무는 內足을 들어 6박에 뒤로 딛고 7박에 구부리고 8박에 펴고 9박에 구부리고 10박에 편다. 수법: 선모와 左, 右협무는 5각의 1·2·3·4박까지 무작하여 6·7·8·9·10박까지 무진하고 이어서 6각의 1·2·3·4박까지 무진하여 6·7·8·9·10박까지 염수한다.
	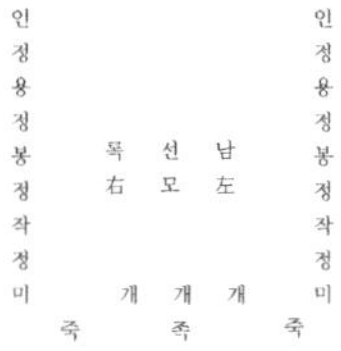 인정용정봉정작정미　　독右　선모　남左　개　개　개　죽　족　죽　<도판 14-1>		8각　　9각	선모와 좌우협　　선모와 좌우협	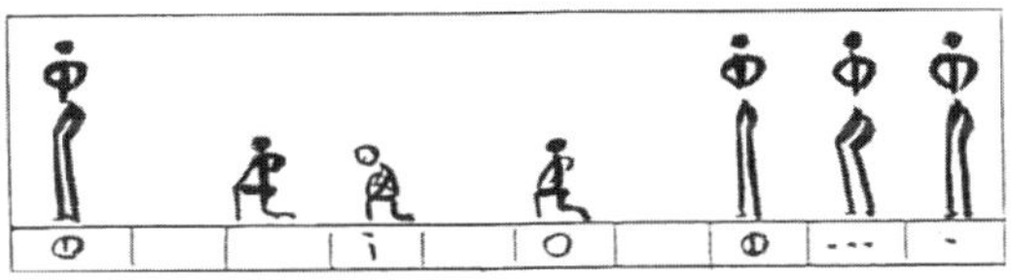 **보허자 8각 동작** 보법: 선모와 左, 右협무는 1·2·3박까지 跪하여 4·5박까지 면복(俛伏)하여 6박에 궤하고 7·8박에 일어나 9박에 구부리고 10박에 편다. 수법: 선모와 左, 右협무는 염수한 대로 한다. 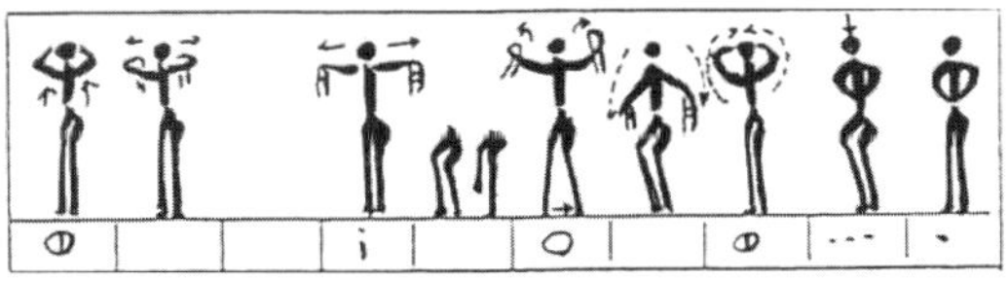 **보허자 9각 동작** 보법: 선모와 左, 右협무는 1·2·3·4박까지 서서 수법만 하고 5박에 무릎 구부렸다가 펴며 선모는 右足을 들어 6박에 뒤로 딛고 7박에 구부리고 8박에 펴고 9박에 구부리고 10박에 편다. 수법: 선모와 협무는 거수외서 염수한다.

홀 기	진 행 도	음악	장단	배역	동 작
踏擊拍舞退 舞退手樂 止 ー	 인정용정봉정작정미 인정용정봉정작정미 ↓독右 ↓선모 ↓남左 개 개 개 죽 족 죽 <도판 14-2> (무퇴)	보허자	10각 11각	선모 와 좌우협 선모 와 좌우협	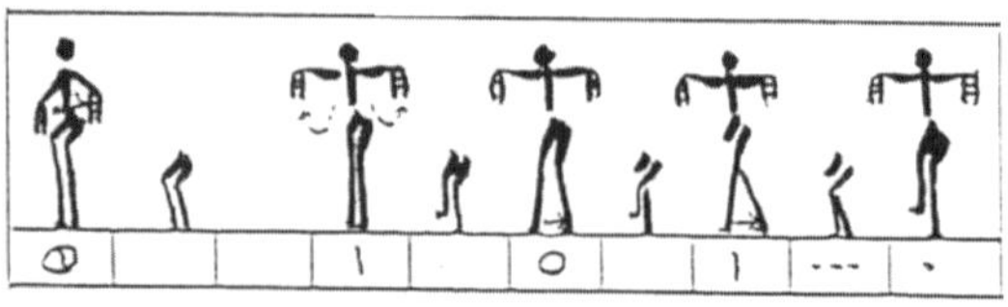  보허자 10·11각 동작 보법: 선모와 左, 右협무는 10각의 1·2박에 무릎 구부리며 3·4박에 펴고 5박에 구부렸다가 펴며 선모는 右足을 들어 선모는 先右足, 次左足 左, 右협무는 先內足, 次外足 6·7·8·9·10박까지 무퇴한다. 10각의 1·2·3·4박까지 이어서 무퇴하여 5박에 구부렸다가 펴며 선모는 右足을 左, 右협무는 內足을 들어 6박에 뒤로 딛고 7박에 구부리고 8박에 펴고 9박에 구부리고 10박에 편다. 수법: 선모와 左, 右협무는 9각의 1·2·3·4박까지 무작하여 6·7·8·9·10박까지 무퇴하고 이어서 6각의 1·2·3·4박까지 무퇴하여 6·7·8·9·10박까지 염수한다.
인정용정봉정작정미 인정용정봉정작정미 무녹 죽 족右 ↓ ↓ ↓ 녹 녹 녹 <도판 15> (퇴장)					※ 죽간자와 족자가 인솔하여 전정(殿庭) 남문 쪽으로 퇴장하여 처음 준비하고 있던 자리로 가서 앉는다.

수명명 受明命

조선 초기

Ⅰ. 사고(史考)

1. 개관

수명명(受明命)은 태종이 명(明)나라 섬기기를 예(禮)로서 섬기므로 명나라 황제(皇帝)의 고명(誥命)을 받아 조선왕에 등극하게 되고 아울러 인장(印章)과 면복(冕服)을 하사하니 사대부들이 기뻐하고 깜찍하여 하니 이를 찬미하여 하륜이 태종 2년(1402) 6월에 악장을 지어 올린다. 하륜이 지어 올린 악장을 노래하며 추는 춤으로 당악정재의 형식을 도입하여 창제된 춤이 수명명이다. 수명명은 세종실록 권58에 세종 14(1432) 10월에 사신연(使臣宴) 회례연(會禮宴) 양노연(養老宴)에 추어졌다.

2. 증보문헌비고

1) 사고 (1) (하륜의 악장가사)

증보 문헌 비고 권101 악고 12	국 역
受明命 聖聖我王德明敬止孝友施政令望不已罴罴乃心事大惟一奉揭 聲教漸于山日帝錫明命金印斯煌又何錫之袞衣九章王拜受命 天子聖明王拜受命宗社與榮於樂我王荷天之休體仁保民壽考 千秋於樂我王如日之升貽謨克正萬世其承	근면하신 우리 임금 덕이 밝고 공경을 다하시사, 효우로써 정사를 베푸시니 훌륭한 명망이 그치지 않네. 공경하는 마음으로 한결같이 대국을 섬기시니, 성교(聲教)를 신앙하니 우리나라에 미치게 했네. 황제가 밝은 명을 내리시니 금인이 빛나도다. 또 무엇을 내렸던가? 구장의 곤의로다. 임금이 절하고 명을 받으니 천자가 성명하도다. 임금이 절하고 명을 받으니 종사에도 영광일세. 아! 즐거울사 우리 임금 하늘의 명을 받으시어, 인을 본받고 백성을 보호하니 천년토록 수하시리. 아! 즐거울사 우리 임금 해가 솟듯이 밝으셔서, 바른 법을 남기셨으니 만세토록 계승하리. (국역증보문헌비고 P.14)

2) 사고 ⑵

증보 문헌 비고 권103 악고 14	국 역
胥悅 翼翼小心誕受維新之命洋洋盈耳欣聞克諧之普宗社重熙臣民 不忘 知我初服寔是無疆之休畜君何尤遇爲相悅之樂禮儀卒度德音	공경하고 조심하는 마음으로 크게 유신(維新)의 명을 받았고, 양양히 귀에 가득하게 지극히 조화된 음악 즐거이 듣네. 종사(宗社)가 거듭 빛나고 신민(臣民)이 함께 즐깁니다. 내가 처음으로 왕위를 이었으니 진실로 이는 끝없는 아름다움이며 임금의 욕심 저지함이 무엇이 허물이랴? 이것이 서로 기뻐하는 즐거움일세. 예의가 모두 법이 있으니 덕 있는 말씀 잊지 않으리다. (국역 증보 문헌 P.109)

이상의 사고에서 보여 지는 바와 같이 수명명은 당악정재의 형식을 도입하여 태종 때 창제된 정재인데, 이를 당악정재로 분류하고 있는 것은 잘못 분류된 것으로 당악정재 형식을 도입하여 창제된 향악정재로 수정 분류하여야 한다.

악학궤범

수명명(악학궤범)

홀　　기	진　행　도	음악	장단	배역	동　　　　　　작
樂奏會八仙引擊拍奉篨子一人奉竹竿子二人齊行足蹈小 進而立樂止口號〔翼翼小心 誕受維新之命 洋洋盈耳 欣聞克諧之音 宋社重熙 臣民胥悅〕記擊拍 奏前樂奉竹竿子二人足蹈擊拍而退左右分立仍篨子立	인정용경봉정작정미　　足↑　足↑　足↑　인정용경봉정작정미 右一　　　　　左一 右二　선모　左二 右三　　　　　左三 右四개　개　左四개 <초입배열도>	보허자	1각	죽간자 죽간자	

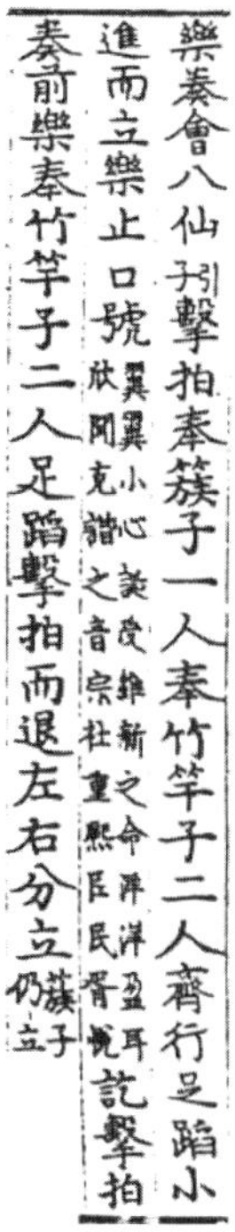

보허자 1·2각 동작

보법: 죽간자 2인은 1각 2보(先內足, 次外足)로 무진
　　　한다.
수법: 죽간자 2인은 외수상(外手上) 내수하(內手下)로
　　　죽간자를 잡는다. (초입배열도)

※ 악지·박

※ 죽간자 구호

翼翼小心　　　　　　　익익소심
항상 조심하고 삼가는 마음
誕受維新之命　　　　탄수유신지명
크게 유신의 명을 받았습니다
洋洋盈耳　　　　　　　양양영이
양양히 귀에 가득차 넘치나니
欣聞克諧之晉　　　　흔문극해지음
흔쾌히 화평한 소리를 듣나이다
宋社重熙　　　　　　　송사중희
종사가 거듭 빛나와
臣民胥悅　　　　　　　신민서열
신민이 서로 기뻐합니다

※ 악지·박

수명명(악학궤범)

홀 기	진 행 도	음악	장단	배역	동　　　작
	<도판 1> (죽간자 퇴립)	보허자	3각 4각	죽간자 죽간자	보허자 3·4각 동작 보법: 죽간자 2인은 1각 4보(先內足, 次外足)로 무퇴한다. (도판 1) 수법: 죽간자 2인은 처음 잡은 대로 한다.
擊拍仙毋與左右挾八人舞進新花而立樂止	<도판 2> (무진)		5각 6각	선모 와 협무 선모 와 협무	보허자 5·6각의 동작 보법: 선모와 협무는 5각의 1·2박에 무릎 구부렸다가 3·4박에 펴고 5박에 구부렸다가 펴며 선모는 右足을 협무는 內足을 들어 6·7·8·9·10박까지 선모는 先右足, 次左足 협무는 先內足, 次外足으로 무진한다. 이어서 6각의 1·2·3·4박까지 무진하여 5박에 구부렸다가 펴며 선모는 右足을 협무는 內足을 들어 6박에 뒤로 딛고 7박에 구부리고 8박에 펴고 9박에 구부리고 10박에 편다. 수법: 선모와 협무는 5각의 1·2·3·4박까지 무작(절화무)하여 6·7·8·9·10박까지 무진하고 이어서 6각의 1·2·3·4박까지 무진하여 6·7·8·9·10박까지 염수한다.

수명명(악학궤범)

홀 기	진 행 도	음악	장단	배역	동 작
	인정용정봉정작정미 　右一 右二 선모 右三 右四 개 　左一 左二 左三 左四 개　 인정용정봉정작정미 <도판 3>	보허자	7각	선모와 협무	보허자 7각 동작 보법: 선모와 협무는 1·2·3박까지 궤(跪)하고 5·6박까지 면복(俛伏)하여 6박에 궤하고 7·8박까지 일어나 9박에 구부리고 10박에 편다. 수법: 선모와 협무는 염수한 대로 한다. (도판 3)
			8각	선모와 협무	보허자 8각 동작 보법: 선모와 협무는 1·2·3·4박까지 서서 수법만 하고 5박에 무릎 구부렸다가 펴며 선모는 右足을 협무는 內足을 들어 6박에 뒤로 딛고 7박에 구부리고 8박에 펴고 9박에 구부리고 10박에 편다. (도판 3) 수법: 선모와 협무는 1박에 「거수」하여 2·3·4박까지 외서(外舒)하여 6·7·8·9·10박까지 염수한다.
					註 : 회무삼잡(回舞三帀)에서 수연장의 경우 악학궤범에는 보기(1)과 같이 기록되어 있고 계사년홀기에는 보기(2)와 같이 기록하고 있다. 이 기록은 음양(陰陽)으로 볼 때 보기(2)가 맞게 기록한 것이고 보기 (1)은 잘못 기록한 것이다. 수명명은 좌사기향서내회(左四妓向西內回) 우사기동향외회(右四妓東向外回) 악학궤범의 수연장 홀기가 잘못 기록됨에 따른 것으로 좌사기서향외회(左四妓向西外回) 우사기동향내회(右四妓東向內回)로 수정되어야 한다. ※ 보기 (1), (2) 악학궤범(1) 계사년홀기(2)

수명명(악학궤범)

홀 기	진 행 도	음악	장단	배역	동 작
樂奏步虛子 令擊拍 仙母立中周旋而舞左右挾八人回旋 左四妓向西內回右四妓向東外回下同 而舞 四舞 手還立如初樂止	 <도판 4> (회선)	보허자	9각	선모와 협무	 보허자 9각 동작 보법: 선모와 협무는 1·2박에 무릎 구부렸다가 3·4박에 펴고 5박에 구부렸다가 펴며 선모는 右足을 협무는 內足을 들어 선모는 先右足, 次左足 협무는 先內足, 次外足 6·7·8·9·10박까지 1박 1보로 선모는 중앙에서 左로 협무는 左四妓는 西向外回, 右四妓는 東向內回로 돌기 시작한다. (도판 4) 수법: 선모와 협무는 무작한다.
	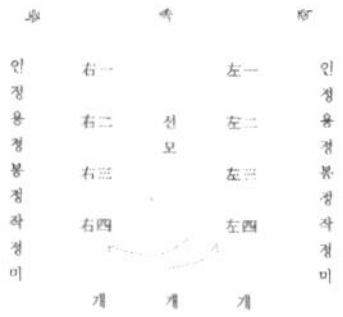 <도판 4-1> (초열)		10 11 12 13 14 15 16 각	선모와 협무 선모와 협무	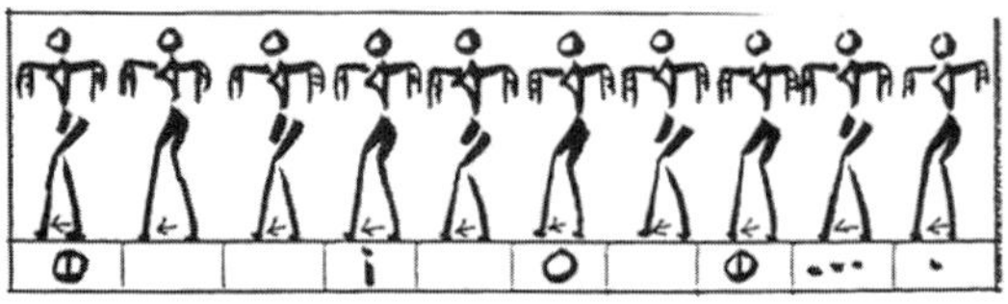  보허자 10·11·12·13·14·15·16각 동작 보법: 선모는 1박 1보로 10·11·12각까지 左로 13·14·15박까지 右로 돌아 16각 1·2·3·4박은 북향하여 춤을 추고 6박에 右足 뒤에 딛고 7박에 구부리고 8박에 펴고 9박에 구부리고 10박에 편다. 협무는 1박에 1보로 「도판 4」와 같이 회무하여 「도판 4-1」과 같이 회무하여 「도판 4-1」과 같이 초열로 들어와 16각의 6박에 內足을 뒤로 딛고 7박에 구부리고 8박에 펴고 9박에 구부리고 10박에 편다. 수법: 선모와 협무는 무작한 대로 회무하여 16각의 6·7·8·9·10박까지 염수한다. (도판 4, 4-1)

홀　기	진　행　도	음악	장단	배역	동　　작
右袖致語 太宗事大以禮 天子錫明命 從以印章冕服 國之大夫士 懽欣感激 相興歌之也 樂奏嗺子 令擊拍仙母小進而立樂止舉	속 선모↑ 右一　左一 右二　左二 右三　左三 右四　左四 인정용정봉정작정미 （좌·우） 개　개　개 〈도판 5〉 (선모 무진)	보 허 자	17각 18각	선모 선모	註: 악주최자령(樂奏嗺子令)은 보허자를 빠르게 연주하라는 뜻으로 악주전악최자(樂奏前樂嗺子)로 보아야한다. 최자(嗺子)는 음악명이 아니라 「빠르게」 즉 음악의 속도를 말하는 것이기 때문이다. 보허자 17각 동작 보법: 선모는 1각 4보(先右足, 次左足)로 무진한다. 수법: 선모는 염수한 대로 무진한다. 보허자 18각 동작 보법: 선모는 1·2·3·4박까지 서서 수법만 하고 5박에 무릎 구부렸다가 펴며 右足을 들어 6박에 뒤로 딛고 7박에 구부리고 8박에 펴고 9박에 구부리고 10박에 편다. 수법: 선모는 1박에 「거수」하여 2·3·4박까지 외서(外舒)하여 6·7·8·9·10박까지 염수하며 右手는 미간(眉間)에 左手는 흉(胸)에 들고 치어를 한다. ※ 악지·박 ※ 선모치어 太宗事大以禮　　　태종사대이례 태종이 예로서 사대(事大)를하자 天子錫明命　　　천자석명명 천자가 밝은 명을 내리고 從以印章冕服　　　지이인장면복 아울러 인장과 면복을 사사함으로 國之大夫士　　　국지대부사 나라의 사대부가 懽欣感激　　　환흔감격 기쁘고 감격하여 相興歌之也　　　상여가지야 서로 노래하였습니다. ※ 악지·박

수명명(악학궤범)

홀 기	진 행 도	음악	장단	배역	동　　　작
		보허자	19각	선모	
擊拍奏前樂擊拍仙毋小退復位樂止	足 右一　左一 右二　↓ 선모　左二 右三　左三 右四　左四 인정용정봉정좌정미　인정용정봉정좌정미 개　개　개 ＜도판 5-1＞ (선모 복위)		20각	선모	
			21각	선모와 협무	

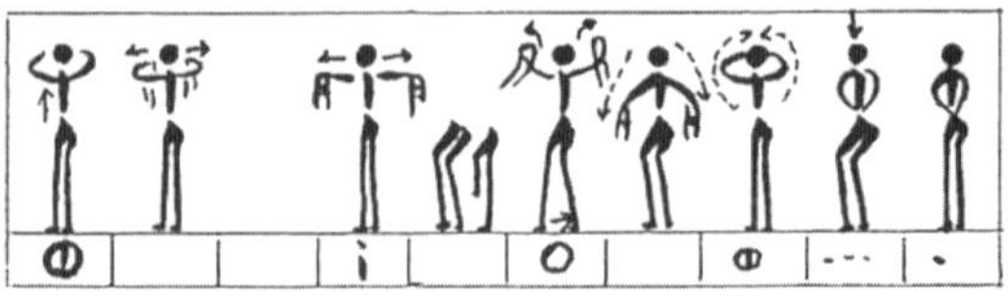

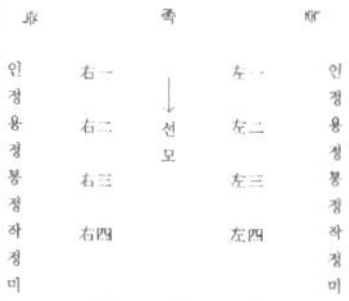

보허자 19각 동작

보법: 선모는 1·2·3·4박까지 서서 수법만 하고 5박에 무릎 구부렸다 펴며 右足을 들어 6박에 뒤로 딛고 7박에 구부리고 8박에 펴고 9박에 구부리고 10박에 편다.

수법: 선모는 1박에 「거수」하여 2·3·4박까지 「외서」하고 6·7·8·9·10박까지 염수한다.

보허자 20각 동작

보법: 선모는 1각 4보(先右足, 次左足)로 무퇴 복위한다.

수법: 선모는 염수한 대로 무퇴 복위한다.

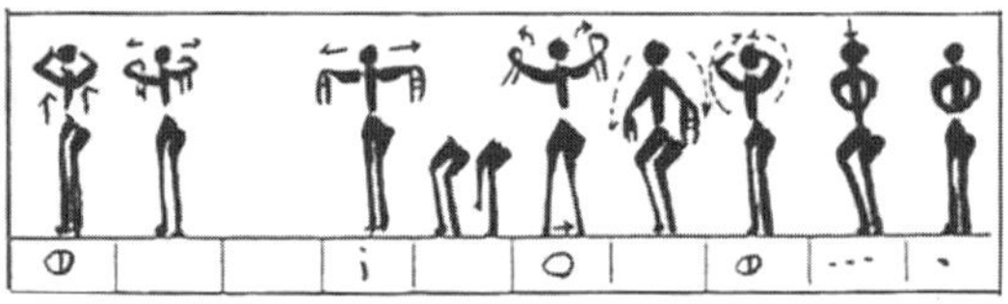

보허자 21각 동작

보법: 선모와 협무는 1·2·3·4박까지 서서 수법만 하고 5박에 무릎 구부렸다 펴며 선모는 右足을 협무는 內足을 들어 6박에 뒤로 딛고 7박에 구부리고 8박에 펴고 9박에 구부리고 10박에 편다.

수법: 선모와 협무는 1박에 「거수」하여 2·3·4박까지 「외서」하고 6·7·8·9·10박까지 염수한다. (이때 협무의 염수를 갱 염수라 한다.)(도판 5-1)

수명명(악학궤범)

홀 기	진 행 도	음악	장단	배역	동 작
八人隨樂節斂手足蹈唱受明命詞一成 翼翼乃心事大惟一章王奉楊聲救漸于出日帝錫明 又何錫之家衣九章王拜受命天于聖明臣民相慶宗社與葉 於樂我王翁天之休體仁保民壽考千秋記 於樂我王如日之昇貽謀克正萬世其永託樂止 樂奏步虛子 令仙毋與左右挾 成孝友施我王令整明不敬巳止	舞 인정용정봉정작정미 인정용정봉정작정미 右一 左一 右二 선모 左二 右三 左三 右四 左四 개 개 개 <도판 6> (수수무)	보허자	1각 2 3 4 5 6 각 7각	선모 와 협무 선모 와 협무	**수악절(보허자)1각 동작** 보법: 선모와 협무는 선모는 1박에 右足을 협무는 內足을 앞에 딛고 1·2·3·4·5·6박까지 앞으로 수수무(垂手舞) 7·8·9·10박까지 뒤로 수수무 11·12·13·14박까지 앞으로 수수무 15·16·17·18·19·20박까지 뒤로 수수무한다. (도판 6) 수법: 선모는 右足무릎에 협무는 內足무릎에 양손을 여미고 얹고 한다. **수악절(보허자) 2·3·4·5·6각 동작** 수악절 2·3·4·6각 동작은 수악절 1각 동작을 반복한다. **수악절(보허자) 7각 동작** 보법: 선모와 협무는 1·2·3·4박까지 서서 수법만 하고 5박에 무릎 구부렸다가 펴며 선모는 右足을 협무는 內足을 들어 6박에 뒤로 딛고 7박에 구부리고 8박에 펴고 9박에 구부리고 10박에 편다. (도판 6) 수법: 선모와 협무는 1박에 「거수」하여 2·3·4박까지 「외서」하고 6·7·8·9·10박까지 염수한다. ※ 악지·박 註: 수악절 염수족도는 수악절 수명명사가 끝날 때까지 수악절(보허자) 1각 동작을 반복하는 것이나 이를 보허자 1장단만 하는 것으로 도안하였다.

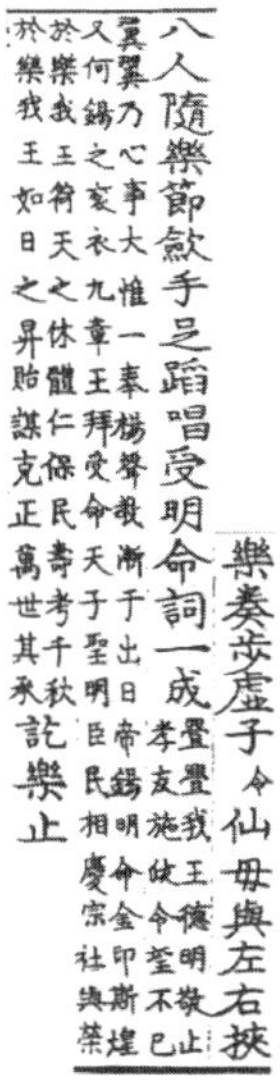

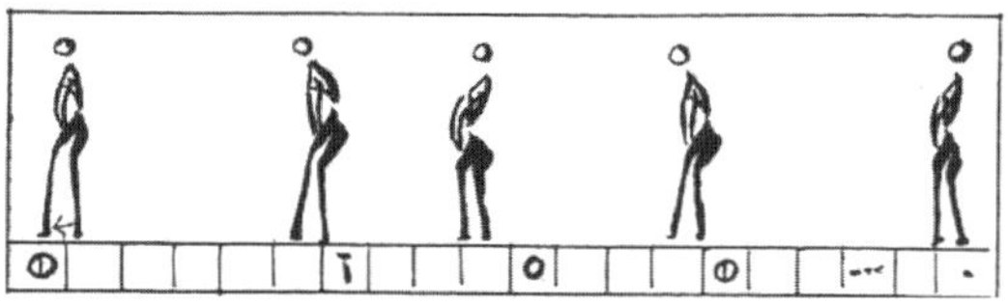

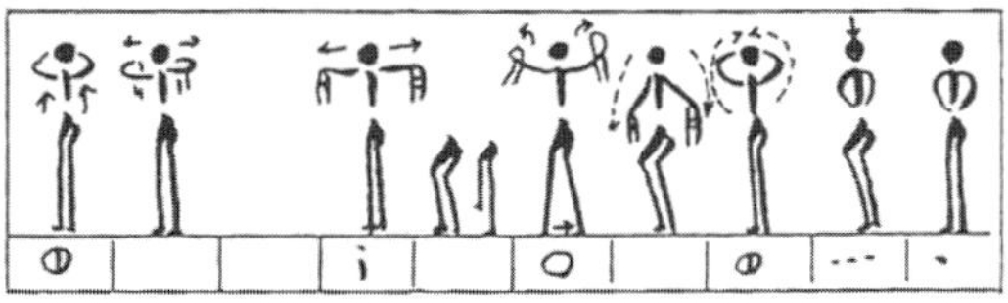

수명명(악학궤범)

홀 기	진 행 도	음악	장단	배역	동 작
					※ 수악절창 수명명사 1장 亹亹我王德明敬止(미미아왕덕명경지) 부지런하신 우리 임금 덕을 밝혀 공경에 머무시고 孝友施政令望不已(효우시정영망불이) 효우로 다스리시니 훌륭한 명망 그치지 않네 2장 翼翼乃心事大惟一(익익내심사대유일) 그 마음 조심하여 한결같이 사대하니 奉揚聲教漸于出日(봉양성교점우출일) 성교를 선양하여 해 돋는 나라에 미치게 했네 3장 帝錫明命金印斯煌(제석명명금인사황) 황제가 밝은 명을 내시니 금인이 찬란하도다 又何錫之袞衣九章(우하석지곤의구장) 또 무엇을 내리셨는가 구장의 곤의로다 4장 王拜受命天子聖明(왕배수명천자성명) 임금이 절하고 명을 받으니 천자가 성명하도다 臣民相慶宗祀與榮(신민상경종사여영) 신민이 서로 경축하니 종사에도 영광이라 5장 於樂我王荷天之休(어락아왕하천지휴) 아 화락한 우리 임금이여 하늘의 도를 받드시어 體仁保民壽考千秋(체인보민수고천추) 인을 체득하사 백성을 보호하시니 천년토록 오래사시리 6장 於樂我王如日之昇(어락아왕여일지승) 아 화락한 임금이여 해가 솟듯이 밝으셔서 貽謨克正萬世其承(이모극정만세기승) 바른 법을 남기셨으니 만세토록 이으리 知我初服(지아초복) 내 처음으로 왕위를 이었으니 實是無疆之休(실시무강지휴) 이 실로 끝없는 복이로다 畜君何尤(축군하우) 임금을 경계함이 무엇이 허물이랴 迺爲相悅之樂(내위상열지악) 이것이 곧 서로 즐기는 낙이로세 禮儀卒度(예의졸도) 예의를 법도 대로 하여야 德音不忘(덕음불망) 그 덕음을 잊지 않으리

홀 기	진 행 도	음악	장단	배역	동 작
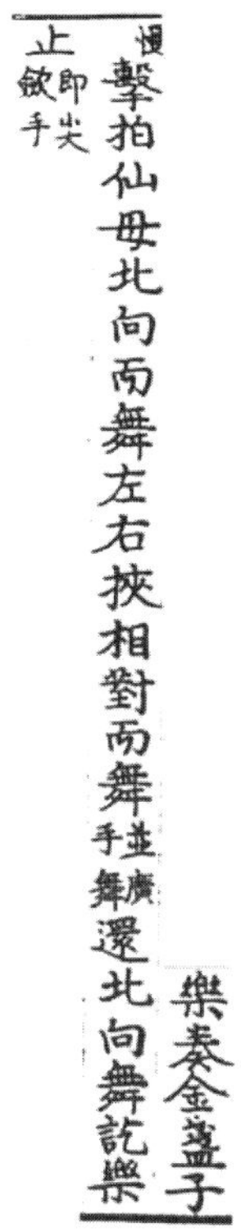 樂奏金盞子 慢擊拍仙母北向而舞左右挾相對而舞手並舞廣還北向舞訖樂 即尖手 止敬手	<도판 7>	금전악	1각	선모 와 협무	※ 금전악(金殿樂) 음악이 불분명하여 현행 금전악으로 도안하였다. **금전악 1각 동작** 보법: 선모와 협무는 1·2·3박까지 서서 수법만 하고 4박에 무릎 구부렸다 펴며 협무는 內足을 들고 선모는 들지 않는다. 수법: 선모와 협부는 1박에 「거수」하여 2·3박까지 「외서」 한다. (팔수무)
	 <도판 7-1>		2각	협무 선모	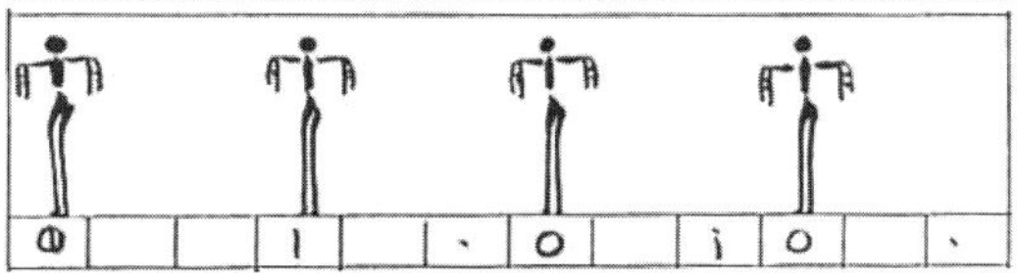 **금전악 2각 동작** 보법: 협무는 2박 1보(先內足, 次外足)로 돌아 상향(相向)하고 선모는 제 위치에 서서 2박 1회로 어른다. (도판 7-1) 수법: 선모는 제 위치에서 무작한 대로 2박 1회 어깨 춤추고 협무는 무작한 대로 상향한다. (선모에 대한 동작의 기록이 없어 임의로 선정하여 도안하였음.)
	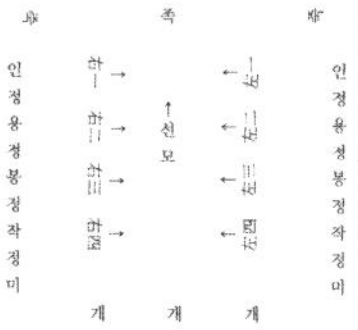 <도판 7-2>		3각	선모 선모	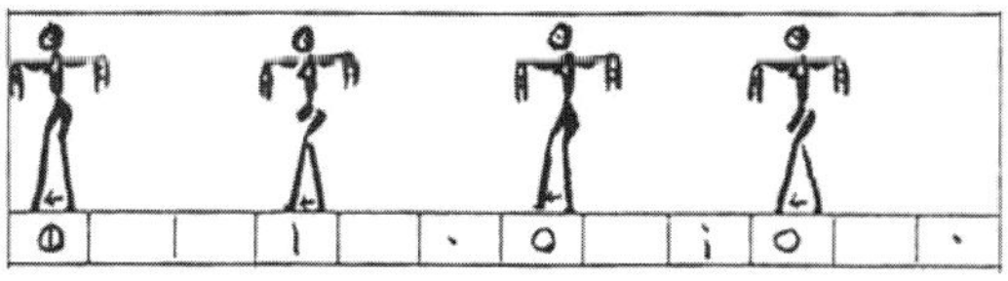 **금전악 3각 동작** 보법: 선모는 북향하고 1박 1보(先右足, 次左足)로 무진하고 협무는 상향하고 1박 1보(先內足, 次外足)로 무진한다. (도판 7-2) 수법: 선모와 협무는 광수한 대로 한다.

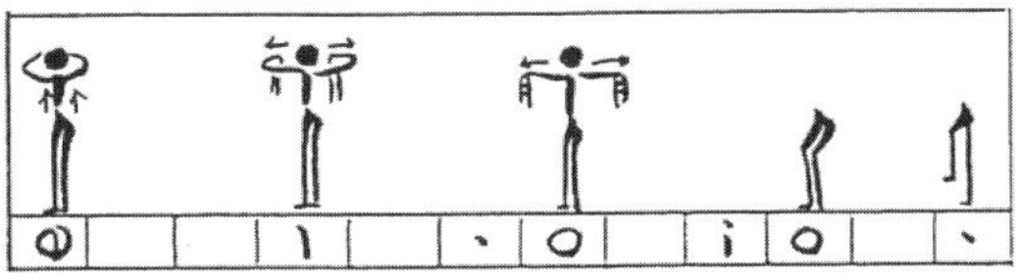

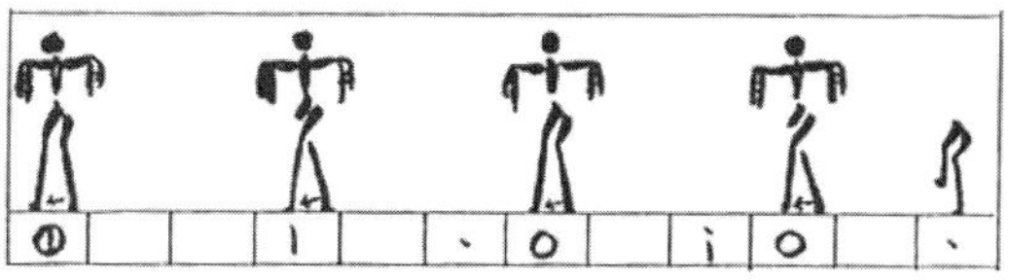

수명명(악학궤범)

홀 기	진 행 도	음악	장단	배역	동 작
	 <도판 7-3> (복위)	금전악	4각	선모 협무	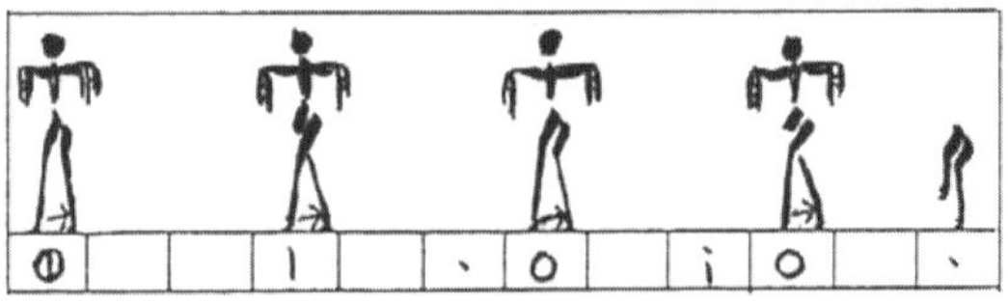 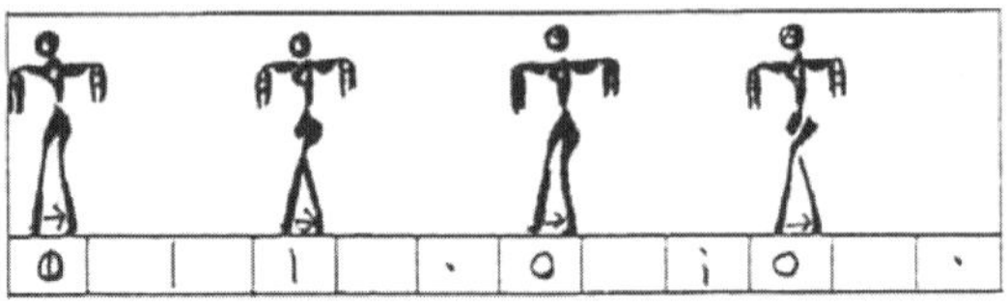 **금전악 4각 동작** 보법: 선모와 협무는 1박 1보로 선모는 先右足, 次左足 　　협무는 先內足, 次外足으로 무퇴 복위한다. (도판 7-3) 수법: 선모와 협무는 광수한 대로 무퇴한다.
	 <도판 7-4> (북향)		5각	협무 선모	 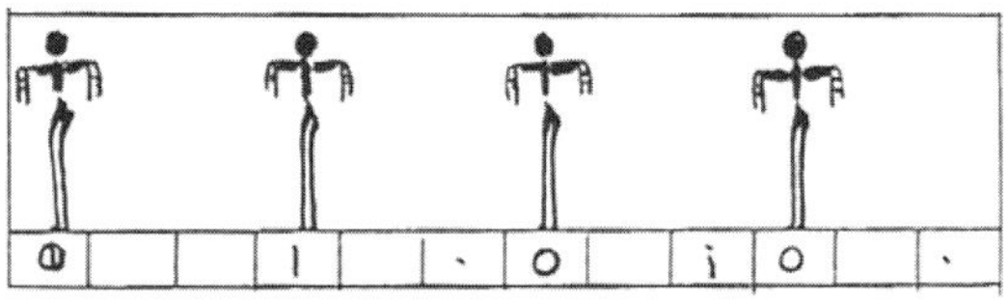 **금전악 5각 동작** 보법: 협무는 2박 1보(先內足, 次外足)로 북향한다. 선모는 복위하여 2박 1회로 어깨춤을 춘다. 수법: 선모와 협무는 광수한 대로 한다.
			6각	선모 와 협무	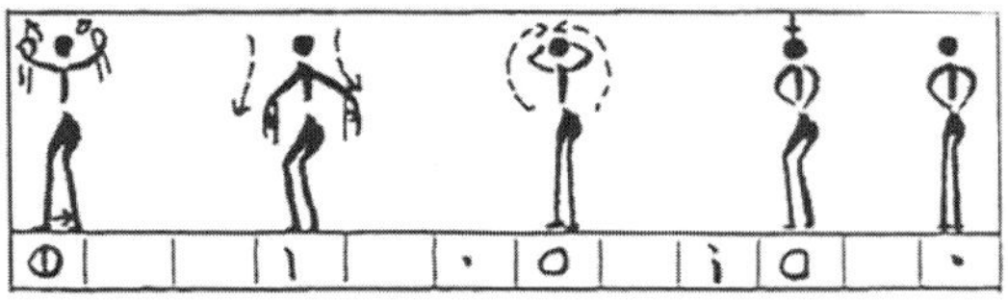 **금전악 6각 동작** 보법: 선모와 협무는 1박에 선모는 右足을 협무는 內足을 뒤로 딛고 2박까지 구부렸다가 3박에 펴고 4박에 구부렸다가 편다. 수법: 선모와 협무는 염수한다.

수명명(악학궤범)

홀　기	진　행　도	음악	장단	배역	동　작
樂奏步虚子令仙毋北向而舞左右挾八人或面或背 還北向而舞四手訖樂止	<도판 8> (상향) <도판 8-1> (북향) <도판 8-2> (상배)	보허자	1각 2각	선모 협무 선모 협무	

보허자 1각 동작

보법: 선모와 협무는 1·2박에 무릎 구부리며 3·4박에 펴고 5박에 구부렸다가 펴며 선모는 右足을 협무는 內足을 들어 6·7·8·9·10박까지 선모는 先右足, 次左足으로 무퇴하고 협무는 先內足, 次外足으로 상향(相向)한다.

수법: 선모와 협무는 1·2·3·4박까지 무작(사수무)하여 6·7·8·9·10박은 무작한 대로 한다.

보허자 2각 동작

보법: 선모는 1각 4보(先右足, 次左足)로 무진하고 협무는 1·2·3·4·5박까지 북향하고 6·7·8·9·10박까지 상배(相拜)한다. (도판 8-1, 8-2)

수법: 선모와 협무는 무작한 대로 한다.

홀 기	진 행 도	음악	장단	배역	동 작
	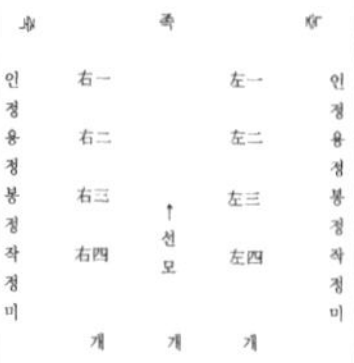 인정용정봉정작정미 右一 右二 右三 右四 족 ↑선모 左一 左二 左三 左四 인정용정봉정작정미 개 개 개 <도판 8-3> (북향)	보허자	3각	선모 협무	  보허자 3각 동작 보법: 선모는 1·2·3·4·5박까지 先右足, 次左足으로 무진하고 협무는 1·2·3·4·5박까지 先內足, 次外足으로 북향하여 6박에 선모는 右足을 협무는 內足을 뒤로 딛고 7박에 구부리고 8박에 펴고 9박에 구부리고 10박에 편다. (도판 8-3) 수법: 선모와 협무는 1·2·3·4·5박까지 무작한 대로 하고 6·7·8·9·10박까지 염수한다.
右挾八人回旋而舞八手還立如初樂止 樂奏唯子令擊拍仙毋周旋而舞左	 인정용정봉정작정미 右二 右三 右四 족 ↑선모 左一 左二 左三 左四 인정용정봉정작정미 개 개 개 <도판 9> (회선) 인정용정봉정작정미 右一 右二 右三 右四 족 선모 左一 左二 左三 左四 인정용정봉정작정미 개 개 개 <도판 9-1> (초열)		4각	선모 와 협무	 보허자 4각 동작 보법: 협무는 1박 1보로 先內足, 次外足으로 회무한다. 선모는 1박 1보 左로 先右足, 次左足으로 돌기 시작한다. 수법: 협무는 1·2·3·4·5박까지 들어 양어깨위에 얹고 6박에 뿌려 7·8·9·10박까지 左, 右대는 外手는 앞 內手는 뒤로 내린다. 선모는 1·2·3·4·5박까지 들어 양어깨위에 얹고 右手 앞, 左手 뒤로 내린다.
			5각	선모 와 협무	 보허자 5각 동작 보법: 협무는 1박 1보 先內足, 次外足으로 회무한다. 선모는 1박 1보로 先右足, 次左足으로 左로 돈다. 수법: 협무는 1·2·3·4·5박까지 들어 양어깨위에 얹고 6박에 뿌려 7·8·9·10박까지 좌, 우대는 내수 앞 외수는 뒤로 내린다. 선모는 1·2·3·4·5박까지 들어 양어깨위에 얹고 右手 뒤 左手는 앞으로 내린다.

홀 기	진 행 도	음악	장단	배역	동 작
		보허자	6각	선모와협무	<u>보허자 6각 동작</u> 보법: 보허자 4각 동작과 같다. 수법: 보허자 4각 동작과 같다.
			7각	선모와협무	<u>보허자 7각 동작</u> 보법: 보허자 5각 동작과 같다. 수법: 보허자 5각 동작과 같다.
			8각	선모와협무	<u>보허자 8각 동작</u> 보법: 보허자 4각 동작과 같다. 수법: 보허자 4각 동작과 같다.
			9각	선모와협무	<u>보허자 9각 동작</u> 보법: 보허자 5각 동작과 같다. 수법: 보허자 5각 동작과 같다.
			10각	선모와협무	※ 협무는 보허자 4·5·6·7·8·9각까지 도판 9와 같이 회무하여 「도판 9-1」과 같이 초열(初列)로 들어온다. (도판 9, 9-1) 　선모는 4·5·6각까지 좌선(左旋)하고 7·8·9박은 우선(右旋)하여 북향한다. (도판 9, 9-1) <u>보허자 10각 동작</u> 보법: 선모와 협무는 1·2·3·4박까지 서서 수법만 하고 5박에 구부렸다가 펴며 선모는 右足을 협무는 內足을 뒤로 딛고 7박에 구부리고 8박에 펴고 9박에 구부리고 10박에 편다. (도판 9-1) 수법: 선모와 협무는 1박에 거수하여 2·3·4박까지 「외서」하고 6·7·8·9·10박까지 염수한다.

홀 기	진 행 도	음악	장단	배역	동 작
奉竹竿子二人足蹈而進分立於簇子左右樂止口號 是知我初服實無疆之休畜君何尤逎為相悅之樂禮儀卒度德音不忘訖 樂奏會八仙引子擊拍	인정용정봉정작정미 　→俗　族　竹←　인성용정봉정작정미 右一　　左一 右二　선모　左二 右三　　左三 右四　　左四 개　개　개 <도판 10>	보허자	11각	죽간자	(도판: 보허자 11·12각 동작)
			12각	죽간자	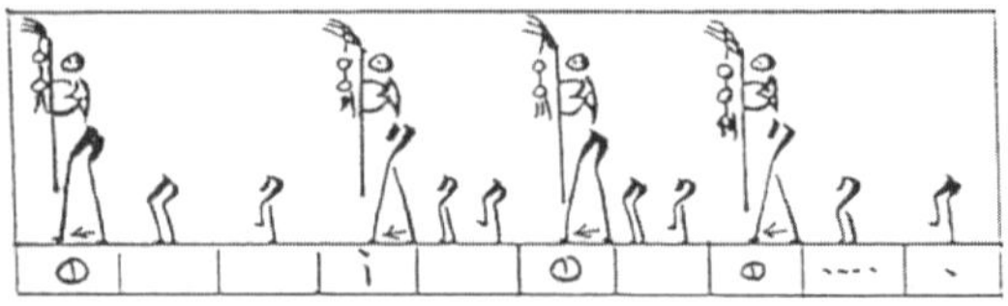 

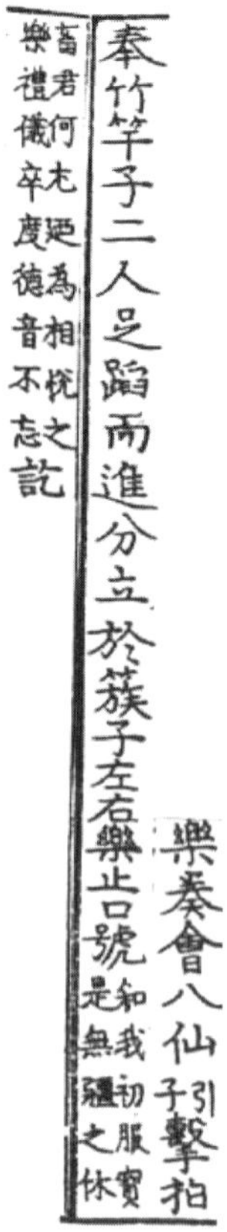

보허자 11·12각 동작

보법: 죽간자2인은 1각 4보(先內足, 次外足)로 협무지 전(挾舞之前)까지 들어와 12각의 8·9·10박에 북향한다. (도판 10)

수법: 죽간자 2인은 처음 잡은 대로 한다.

※ 악지·박

※ 죽간자 구호

知我初服	지아초복
내 처음으로 왕위를 이었으니	
實是無疆之休	실시무강지휴
이 실로 끝없는 복이로다	
畜君何尤	축군하우
임금을 경계함이 무엇이 허물이랴	
逎爲相悅之樂	내위상열지악
이것이 곧 서로 즐기는 낙이로세	
禮儀卒度	예의졸도
예의를 법도 대로 하여야	
德音不忘	덕음불망
그 덕음을 잊지 않으리	

※ 악지·박

수명명(악학궤범)

홀 기	진 행 도	음악	장단	배역	동 작
擊拍奏前樂奉竹竿子二人奉簇子 一人足蹈擊拍而退	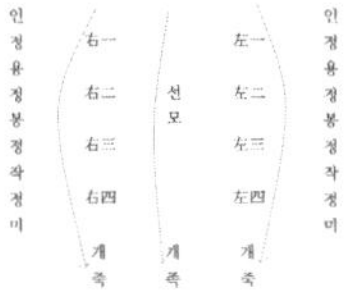 인정용정봉정작정미 左一 左二 左三 左四 개죽 / 선모 개족 / 右一 右二 右三 右四 개죽 인정용정봉정작정미 <도판 10-1>	보허자	13 14각	죽간자와 족자	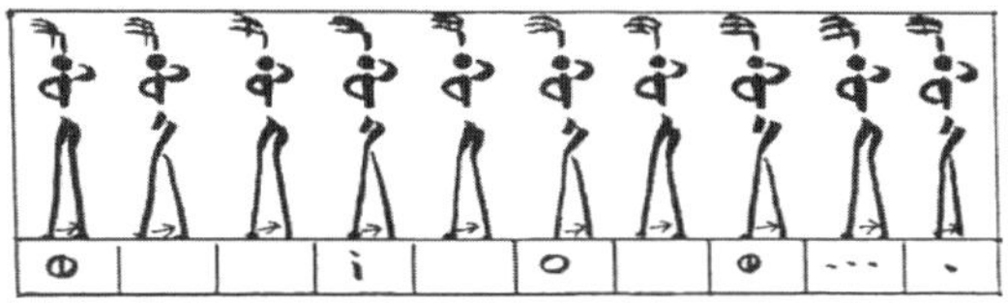 **보허자 13·14각 동작** 보법: 죽간자 2인은 1박 1보(先內足, 次外足)로 무퇴한다. 족자 1인은 1박 1보(先右足, 次左足)로 무퇴한다. 수법: 죽간자와 족자는 처음 잡은 대로 한다. ※ 죽간자와 족자는 돌아서 남쪽을 향하여 퇴립할 수도 있다.
歛手足蹈擊拍舞退 繼手樂止 擊拍仙母與左右挾八人舞進 舞袚手擊拍	인정용정봉정작정미 ↑左一 ↑左二 ↑左三 ↑左四 개죽 / ↑선모 개족 / ↑右一 ↑右二 ↑右三 ↑右四 개죽 인정용정봉정작정미 <도판 11> (무진)		15각 16각	선모와 협무 선모와 협무	**보허자 15·16각 동작** 보법: 선모와 좌, 우협무는 15각 1·2박에 무릎 구부리며 3·4박에 펴고 5박에 구부렸다가 펴며 선모는 右足을, 左右협무는 內足을 들어 선모는 先右足, 次左足으로 左右협무는 先內足, 次外足으로 6·7·8·9·10박까지 무진한다. 16각의 1·2·3·4박까지 이어서 무진하여 5박에 구부렸다가 펴며 선모는 右足을 협무는 內足을 들어 6박에 뒤로 딛고 7박에 구부리고 8박에 펴고 9박에 구부리고 10박에 편다. 수법: 선모와 左右협무는 15각의 1·2·3·4박까지 무작하여 6·7·8·9·10박까지 무진하고 이어서 16각의 1·2·3·4박까지 무진하여 6·7·8·9·10박까지 염수한다.

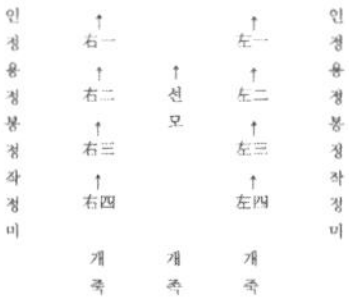

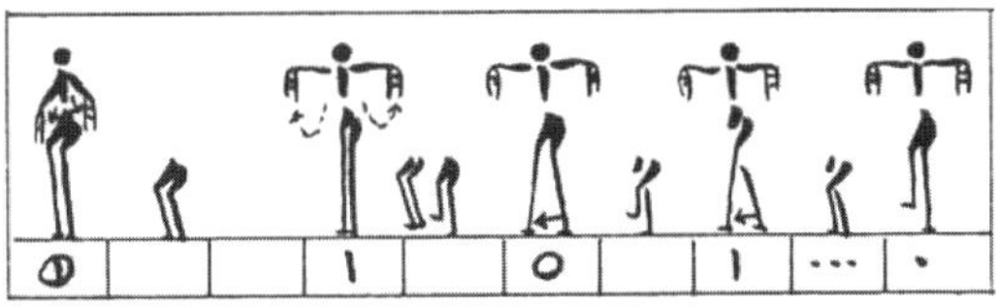

수명명(악학궤범)

홀 기	진 행 도	음악	장단	배역	동　　작
	 인정용정봉정작정미　右一　右二　右三　右四　개죽　　선모　개족　　左一　左二　左三　左四　개죽　인정용정봉정락정미 <도판 11-1>	보허자	17각	선모와협무	 **보허자 17각 동작** 보법: 선모와 左右협무는 1·2·3박까지 궤(跪)하여 4·5박까지 면복(俛伏)하여 6박에 궤(跪)하고 7·8박에 일어나 9박에 구부리고 10박에 편다. 수법: 선모와 左右협무는 염수한 대로 한다. (도판 11-1)
			18각	선모와협무	 **보허자 18각 동작** 보법: 선모와 左右협무는 1·2·3·4박까지 서서 수법만 하고 5박에 무릎 구부렸다가 펴며 선모는 右足을 협무는 內足을 들어 6박에 뒤로 딛고 7박에 구부리고 8박에 펴고 9박에 구부리고 10박에 편다. (도판 11-1) 수법: 선모와 左右협무는 1박에 「거수」하여 2·3·4박까지 「외서」하고 6·7·8·9·10박까지 염수한다.
	 인정용정봉정작정미　↓右一　↓右二　↓右三　↓右四　개죽　↓선모　개족　↓左一　↓左二　↓左三　↓左四　개죽　인정용정봉정락정미 <도판 11-2>		19각	선모와협무	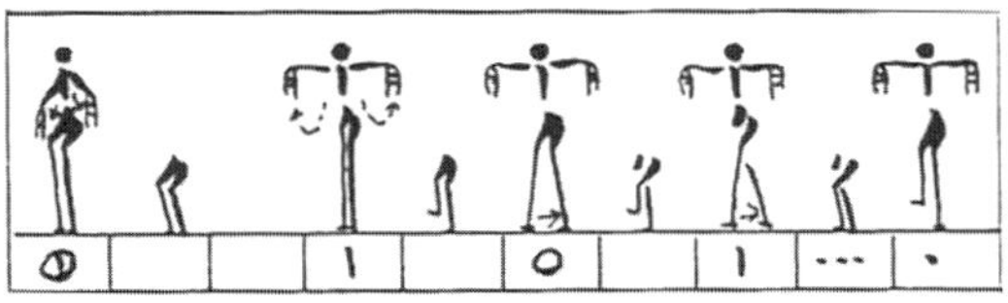
			20각	선모와협무	 **보허자 19·20각 동작** 보법: 선모와 左右협무는 19각의 1·2박에 무릎 구부리며 3·4박에 펴고 5박에 구부렸다가 펴며 선모는 右足을 左右협무는 內足을 들어 선모는 先右足, 次左足 左右협무는 先內足 次外足으로 6·7·8·9·10박까지 무퇴한다. 20각의 1·2·3·4박까지 이어서 무퇴하여 5박에 구부렸다가 펴며 선모는 右足을 左右협무는 內足을 들어 6박에 뒤로 딛고 7박에 구부리고 8박에 펴고 9박에 구부리고 10박에 편다.

홀 기	진 행 도	음악	장단	배역	동 작
	<도판 11-3> (퇴장)				수법: 선모와 左右협무는 19각의 1·2·3·4박까지 무작하여 6·7·8·9·10박까지 무퇴하고 이어서 20각의 1·2·3·4박까지 무퇴하여 6·7·8·9·10박까지 염수한다. (도판 11-2) ※ 죽간자와 족자가 인솔하여 전정(殿庭) 남문 쪽으로 퇴장하여 처음 준비하고 있던 자리로 가서 앉는다.

조 선 초 기

하
황
은
荷皇恩

Ⅰ. 사고(史考)

1. 개관

하황은(荷皇恩)은 태종(太宗)이 부왕(夫王)의 명(命)을 받아 나라 일을 대행하다가 명(明)나라 황제(皇帝)의 고명(誥命)을 받아 왕에 등극(登極)하게 된 것은 온나라 백성이 기뻐하여 이를 경축하기 위하여 당악정재형식을 도입하여 창제된 향악정재로 분류되어야 할 춤이다.

2. 증보문헌비고

1) 사고(1)

증보 문헌 비고 권101 악고 12	국 역	
荷皇恩之樂 赫赫始祖造我東方傳子及孫世有哲王金玉北相天賦聰明旣孝 且悅旣仁且誠紺熙聖學惟日聖奮閉昭父王允也如子遹俊于勤 殛托國事皇帝曰俞錫是明命王拜稽首皇帝神聖皇帝神聖恩溢 朝鮮小大舞蹈戚極天淵綿綿宗社彌億萬年	하황은지악(荷皇恩之樂) 혁혁하신 시조께서 우리나라 세우시어, 자손에게 전하시어 대대로 착한 임금 나셨네. 금옥같은 그 모습 타고 난 총명이라. 효도하고 공경하며 어질고도 성실하여, 성학을 밝히시어 날마다 힘쓰셨네. 밝으신 부왕께선 진실로 아들을 아시고, 정사에 피로하사 나랏일을 맡기셨네. 황제께서 허락하여	밝은 명령 내리었네. 왕께서 머리 조아려 절하니 신성하신 황제로다. 황제께서 신성하여 그 은혜 조선까지 넘치네. 모든 신민(臣民) 춤추며 감격이 천지에 가득하니, 종묘 사직 이어가 억만년을 뻗으리. (국역증보문헌비고 P.30)

2) 사고(2)

증보문헌비고 권103 악고14	국 역
特荷天子之恩乃正厥位籲歌吾君之德以矢其音敢冒宸顏庸陳 口號 式燕以禮禮畢成於既洽俾昌而熾壽顧享於無疆樂節將終拜辭 少退	천자의 은혜를 특별히 입어서 그 왕위를 바르게 하였고, 우리 임금 높은 덕을 노래하여 그 덕음을 펴나이다. 감히 신안(神顏 임금의 얼굴)을 대하여 구호(口號)를 올립니다. 잔치하며 즐기니 예가 이미 만족하게 이루어졌고, 번창하고 성대하여 무궁토록 수하심을 기원하옵니다. 음악 절차 끝나려 하니 절하고 하직 고하며 약간 물러섭니다. (국역증보문헌비고 P.110)

3) 사고(3)

증보문헌비고 권107 악고18	국 역
荷皇恩 荷皇恩受錫命也 太宗以父王之命權攝國事尊受 皇帝誥命 國人歡欣作荷皇恩	하황은(荷皇恩)은 석명(錫命)을 받아 태종(太宗)이 부왕(夫王)의 명령으로 나랏일을 임시 대행하다가 황제(皇帝)의 고명(誥命)을 받아 왕에 등극(登極)하게 되었다. 온나라 사람들이 이를 기뻐하여 하황은을 지은 것이다.

이상 문헌비고의 사료(1).(2).(3)의 내용으로 보아 하황은은 태종이 명(明)나라 황제(皇帝)의 고명 (誥命)을 받아 등극(登極)하게 된 것을 온 백이 기뻐하여 창제된 춤이 확실하게 보여준다. 세종실록 권3에는 세종(世宗) 원년(元年) 정월(正月)에 변계량(卞季良)에게 명(命)하여 하황은사(荷皇恩詞) 를 지여 올리게 하여 사신연(使臣宴)에 사용하였다고 기록하고 있으며 악학궤범 권2에는 회례연의 (會禮宴儀)때 제사작(第四爵)을 올릴 때 사용하였고 동지(冬至) 정조(正朝)에도 사용하였다. 라고 기록하고 있다.

그러면 하황은은 태종이 명나라 황제의 고명을 받아 등극한 것을 경축하기 위하여 창제된 것이냐 아니면 세종 때 사신연과 회례연의에 사용하기 위하여 창제된 것이냐의 문제가 제기되나 이는 문헌 비고의 기록으로 보아 태종의 등극을 경축하기 위하여 창제되었으니 세종 때에는 사신연과 회례연 의에도 사용하지 않았겠는가로 보여진다. 또한 악학궤범의 하황은과 후기 홀기에서도 변계량이 지 은 「하황은사」를 지어 올린 것이냐 하는 문제는 가지고 있다.

3. 정재악장

하황은의 정재악장은 순조 29년(1829) 기축진찬의궤·헌종 14년(1848) 무신진찬의궤 고종 5년 (1868) 무진진찬의궤 고종 14년(1877) 정축진찬의궤 고종 24년(1887) 정해진찬의궤 고종 29년(1892) 임진진찬의궤에 수록되어 있는데 그 내용은 다음과 같다.

1) 정재 악장 비교표

연 대	정 재 악 장
순조 29년(1829) 기축진찬의궤 권1 (P.16B)	荷皇恩 (정재악장 원문 — 세로쓰기 한문) 하황은은 태종이 황제로부터 고명을 받은 것은 국인이 기뻐하며 하황은사를 지었다. 영종 계해진연에는 왕의 명을 받아 조선재조 번국2사(二事)로 치어를 바꾸어지어 2사 (詞)를 족자에 사용하였고 금척에도 사용하였다. 여기 2인이 죽간자를 받들고 1인은 족자를 받들고 나아가 나란히 선다. 2인은 앞에서고 1인은 左측에 1인은 右측에 1인은 중앙에 서고 2인은 뒤에 서서 서로 변하며 추는 춤이다.

연 대	정 재 악 장
헌종 14년(1848) 무신진찬의궤 권1(P.18B)	※ 순조 29년 기록과 같다.
고종 5년(1868) 무진진찬의궤 권1(P.62)	※ 순조 29년 기록과 같다.
고종 14년(1877) 정축진찬의궤 권1(P.19)	※ 순조 29년 기록과 같다.
고종 24년(1887) 정해진찬의궤 권1(P.18B)	※ 순조 29년 기록과 같다.
고종 29년(1892) 임진진찬의궤 권1(P.33)	※ 순조 29년 기록과 같다.

이상의 정재악장 기록에 어제이수명(御製以受名)이라고 순조 29년 정재악장에 기록하고 있으나 헌종 14년 고종 5년 고종 14년 고종 24년 고종 29년에는 어제이수명(御製以受名)으로 기록하고 있는 것으로 보아 순조 29년의 수명(受名)을 수명(受命)으로 수정되어야 한다.

또한, 증보문헌비고 「사고」(1),(2),(3)의 기록과 세종실록 권3의 기록의 차이는 정재악장의 기록에서 보이는 바와 같이 태종이 명나라 황제의 고명을 받아 국왕에 등극하게 된 것을 경축하기 위하여 하황은이 창제된 것이 분명해지고 있다. 그러면 세종 때는 이 춤을 사신연과 회례연의에도 사용되었다고 보아야 한다.

Ⅱ. 택일(擇日) 및 의주(儀註)

1. 하황은이 추어진 영향

하황은이 어느 연향에서 추어졌는지 택일 및 의주의 내용을 보면 다음과 같다.

1) 영조 20년(1744) 갑자진연의궤 권수

의 례 명	설 행 일 시	설 행 장 소	하황은 유·무
대왕대비전진연	10월 4일 묘시	광명전 설행	7작때 추어짐
대전진연	10월 7일 진시	숭정전 설행	무
중궁전진연	10월 4일 묘시	광명전 설행	무

2) 순조 29년(1829) 기축진찬의궤 권수

의 례 명	설 행 일 시	설 행 장 소	하황은 유·무
대전외진찬	2월 9일 오시	명정전 설행	무
대전내진찬	2월 12일 진시	자경전 설행	유
대전야진찬	2월 12일 2경	자경전 설행	무
왕세작회작	2월 13일 진시	자경전 설행	유

3) 헌종 14년(1848) 무신진찬의궤 권수

의 례 명	설 행 일 시	설 행 장 소	하황은 유·무
대왕대비전내진찬	3월 17일 묘시	통명전 설행	유
대전대비전야진찬	3월 17일 2경	통명전 설행	무
대전회작	3월 19일 묘시	통명전 설행	무
대전야연	3월 19일 2경	통명전 설행	무

4) 고종 5년(1868) 무진진찬의궤 권수

의 례 명	설 행 일 시	설 행 장 소	하황은 유·무
대왕대비전내진찬	12월 6일 미시	강령전 설행	※ 의주에 정재 명칭 기록이 없으나 정재 채비에 있음
대전회작	12월 11일 묘시	강령전 설행	〃

5) 고종 10년(1873) 계유진작의궤 권수

의 례 명	설 행 일 시	설 행 장 소	하황은 유·무
대왕대비전진작	4월 17일	강령전 설행	유
대전대비전야진작	4월 18일	강령전 설행	무
대전익일회작	4월 20일	강령전 설행	무
대전익일야연	4월 20일	강령전 설행	무

6) 고종 14년(1877) 정축진찬의궤 권수

의 례 명	설 행 일 시	설 행 장 소	하황은 유·무
대왕대비전내진찬	12월 6일 진시	통명전 설행	무
대전대비전야진찬	12월 6일 2경	통명전 설행	유
대전회작	12월 10일 진시	통명전 설행	무
대전야연	12월 10일 2경	통명전 설행	무

7) 고종 24년(1887) 정해진찬의궤 권수

의 례 명	설 행 일 시	설 행 장 소	하황은 유·무
대왕대비전내진찬	1월 27일 진시	만경전 설행	무
대전대비전야진찬	1월 27일 2경	만경전 설행	유
대전회작	1월 28일 진시	만경전 설행	무
대전야연	1월 28일 2경	만경전 설행	무
왕세자회작	1월 29일	만경전 설행	무
왕세자야연	1월 29일	만경전 설행	무

8) 고종 29년(1892) 임진진찬의궤 권수

의 례 명	설 행 일 시	설 행 장 소	하황은 유·무
대전외진찬	9월 24일 묘시	근정전 설행	무
대전중궁전내진찬	9월 25일 진시	강령전 설행	유(2회)
대전중궁전야진찬	9월 25일 2경	강령전 설행	유 무
왕세자회작	9월 26일 진시	강령전 설행	무
왕세자야연	9월 26일 2경	강령전 설행	무

2. 의주(儀註)

1) 영조 20년(1744) 갑자진연의궤(甲子進宴儀軌)

영조 20년(1744) 51세가 되는 해로 여은군이 말하기를 숙종은 59세에 기로소에 들어갔는데 영조 또한 50세를 넘어 60세에 이르니 기로소에 가실 것을 청하니 신하 김재로가 태조 중종도 50세가 넘어 기로소에 들어가셨으므로 5, 6년을 더 기다렸다가 의논하여도 늦지 않는다 하여 반대하였다.

그러나 영조는 부자(父子)가 이어서 기로소에 갔다고 기록이 된다면 이 어찌 귀한일이 아니겠느냐면서 쾌히 기로소에 들어감에 9월 2일 제신들의 주청으로 대왕대비의 허락을 받아 진연을 실행하기로 하였다.

9월 9일 기로소에 거동하여 영수각(靈壽閣)에서 어첩을 꺼내어 친히 지행순덕영모의열왕(至行純德英謨毅烈王)이라고 쓰고 예관이 올리는 범장(凡杖)을 받았다.

기로소에 들어가는 의식을 마치고 10월 4일 임금이 광명전(光明殿)에서 인원왕후에게 진연을 올릴 때 대왕대비께서 범장(凡杖)을 앞에 세워놓고 노래를 불렀다.

10월 7일에는 숭정전(崇政殿)에서 진연을 베풀고 왕이 기로소에 들어간 것을 경축하였다.

하황은이 추어진 의주(儀註)내용

연 대	의 주 내 용	국 역
영조 20년(1744) 대왕대비전진연 10월 4일 묘시 광명전 설행 갑자진연의궤	의주 내용은 없고 7작연에서 7작때 하황은이 추어졌다는 기록이 있다.	

2) 순조 29년(1829) 기축진찬의궤(己丑進饌儀軌)

순조 29년(1829)은 순조의 보령 40세와 즉위 30년이 되는 해로 이를 경축하기 위하여 정월 초하루에 치사(致詞)를 올리고 하례(賀禮)를 행하였다.

2월 9일 오시(午時)에 대전외진찬을 열었고 2월 12일 진시에 자경전에서 대전내진찬을 열었고 같은 날 2경에 대전야진찬을 열었다.

2월 13일 왕세자 퇴작을 자경전에서 실행하였다.

순조의 생신인 6월 18일에는 치사(致詞)와 표리(表裏: 안감과 겉옷감)를 올리고 6월 19일에 진찬을 올렸다. 순조 때는 혜경궁의 관례(冠禮) 60주년과 환후회복 원손탄생과 왕비 보령40세 등 경사가 겹치는 해에는 오아실과 친인척 신하들을 초대하여 음주를 나누며 즐기며 경사를 축하하였다.

2월 진찬에는 어느 의례에서 하황은이 추었는지 의주(儀註) 내용을 보면 다음과 같다.

하황은이 추어진 의주(儀註) 내용

연 대	의 주 내 용	국 역
순조 29년(1829) 대왕대비전내진찬 2월 12일 진시 자경전 설행 기축진찬의궤 권1(P.36B)	萬壽長樂之曲（原舞）荷皇恩 女執事引戚臣班首詣簾外 女執事俯伏興降座奏 進爵位尚食開尊蓋以勺酌酒盛於瓶以瓶取酒於爵以 授尚饌尚饌受之以授女執事女執事受之以授戚臣班 首典贊唱跪戚臣班首跪受爵還授女執事女執事受之 奉于簾外尚饌受之以授尚食尚食傳捧跪進于 殿下 座前案（進味樂止）	여집사가 휘를 눕혔다 세우면 만수장악지곡(원무곡)을 연주하고 하황은을 올릴 때 여집사가 척신 반수를 인도하여 염외 작위에 이르면 상식이 술통뚜껑을 열고 국자로 술을 떠 병에 담아 이 병의 술을 술잔에 따라 상찬에게 주면 상찬은 받아 여집사에게 준다. 여집사는 받아 척신반수에게 주면 전찬이 궤(跪)하고 창하면 척신반수 「궤」하고 술잔을 받아 여집사에게 되돌려준다. 여집사는 받아 받들고 염외로 나아가면 상찬은 받아 상식에게 주면 상식은 전해 받들고 「궤」하고 나아가 전하 앞에 이르러 올리고 미수를 올리면 악지한다.
순조 29년(1829) 왕세자회작 2월 13일 진시 자경전 설행 기축진찬의궤 권1(P.43B)	皇恩（原舞）王世子陞座爐烟升織扇陪衛如常儀樂止 女執事俯伏興降座奏鳳笙曲荷	여집사가 휘를 눕혔다 세우면 봉생곡을 연주하고 하황은(원곡)을 올릴 때 왕세자가 좌(座)에 오르면 향연(香煙)이 오르고 산선과 배위는 평소의 의례와 같이 하면 악지한다.

3) 헌종 14년(1848) 무신진찬의궤(戊申進饌儀軌)

헌종 5년(1834) 대왕대비 순원왕후(純元王后)의 보령51세와 왕비책봉 40년이 되는 해로 표리(表裏: 안감과 겉옷감)와 전문(箋文)을 올리고 하례(賀禮)를 하고 대사령을 반포했다.

헌종 14년(1848)은 순원오아후의 육순과 신정왕후(神貞王后)가 망오(望五:41세)가 되는 해로 정월 초하루에 치사(致詞)와 표리(表裏: 안감과 겉옷감)를 올리고 하례(賀禮)를 하고 3월 15일에 순조와 익종에게 존호(尊號)를 올리고 3월 16일에 순원왕후와 신정왕후에게 융희(隆熙)와 헌성(獻聖)이란 존호와 치사(致詞) 전문(箋文) 표리(表裏)를 올렸다.

3월 17일 묘시에 대왕대비전내진찬을 같은 날 2경에 야진찬을 통명전에서 올렸다.

3월 19일 묘시에 대전익일회작을 열고 2경에 야연을 통명전에서 시행하였다.

어느 의례 때 하황은이 추어졌는지에 대한 의주(儀註) 내용을 보면 다음과 같다.

하황은이 추어진 의주(儀註)내용

연 대	의 주 내 용	국 역
헌종 14년(1848) 대왕대비전내진찬 3월 17일 묘시 통명전 설행 무신진찬의궤 권1(P.29)	荷皇恩(原舞) 女執事俯伏擧麾奏慶春光之曲 女執事進花于殿下前 女官進花于王妃前 女官進花于慶嬪前樂止	여집사가 휘를 눕혔다 세우면 춘광지곡을 연주하고 하황은(원무곡)을 올릴 때 여집사가 꽃을 들고 나아 전하께 올리고 여관이 꽃을 들고 나아가 왕비께 올리고 여관이 꽃을 들고 나아가 경빈께 올리면 악지한다.

4) 고종 5년(1868) 무진진찬의궤(戊辰進饌儀軌)

신정왕후(神貞王后)는 순조 19년(1819) 효명세자와 결혼하여 세자빈이 되었다. 효명세자는 헌종 때 익종(翼宗)으로 추존(追尊)되었고 신정왕후는 익종의 비(妃)로서 왕대비가 되었다가 철종(哲宗) 때에 대왕대비가 되었다. 고종 5년(1868)에 신정왕후가 환갑이 되는 해로 정월초 하루에 치사(致詞)

전문(箋文)표리(表裏)를 올리고 대사령(大赦令)을 반포하고 9월 11일에 존호를 가상하기로 전교(傳敎)하고 9월 15일에 대왕대비의 허락을 받아 12월 6일 미시에 대왕대비전내진찬을 경복궁 내전인 강령전에서 시행하였고 12월 11일 묘시에 대전회작을 강령전에서 시행하였는데 어느 의례 때 하황은이 추어졌는지 의주(儀註) 내용을 보면 다음과 같다.

하황은이 추어진 의주(儀註) 내용

연 대	의 주 내 용	국 역
고종 5년(1868) 대왕대비전내진찬 12월 6일 미시 강령전 설행 무신진찬의궤 권3(P.39B) 정재채비	의주에 춤의 명칭의 기록이 없어 의주 내용은 알 수 없으나 정재채비의 기록을 보아 하황은이 추어졌음을 확인할 수 있었다.	

5) 고종 10년(1873) 계유진작의궤(癸酉進爵儀軌)

고종 10년(1873) 신정오아후가 헌종 즉위(1834)와 함께 대왕대비로 책봉 된지 40년이 되는 해로 4월 17일에 경복궁 내전인 강령전에서 대왕대비전에 존호와 책보와 하례를 올렸다.

고종은 흥선대원군의 차남으로 익종이 후사(後嗣)가 없어 신정왕후의 아들로 입적하여 왕위에 올랐으므로 고종의 생부모인 대원군과 부대부인이 참석한 것과 2작(二爵)만을 올린 특이 한 점이다.

4월 18일 대왕대비전내진작을 같은 날 대왕대비전야진작을 같은 날 2경에 강령전에서 실시하고 4월 20일 대전회작을 또 같은 날 2경에 대전야연을 강령전에서 실행 하였는데 계유진작의궤의 권수와 권1이 없어 의주(儀註)내용은 알 수가 없다.

하황은이 추어진 의주(儀註) 내용

연 대	의 주 내 용	국 역
고종 10년(1873) 대왕대비전내진작 4월 18일 강령전 설행 계유진작의궤 권3(P.56) 정재채비	계유진작 의궤는 권수와 권1이 손실되여 의주 내용은 알 수 없으나 권3 정재채비에는 하황은이 추어진 출연한 여령의 명단이 수록되어 있다.	

6) 고종 14년(1877) 정축진찬의궤(丁丑進饌儀軌)

고종 14년(1877) 신정왕후가 7순(70세)이 되고 철인왕후가 망오(望五: 41세)가 되는 해로 초하루에 치사(致詞) 전문(箋文) 표리(表裏)를 올리고 진찬도 함께 올리려 했으나 대왕대비가 나라의 흉년을 이유로 거절하여 진찬을 올리지 못했다가 12월 6일 신정왕후의 생신 축하하는 내진찬을 창경궁 내전 통명전에서 올리고 같은 날 2경에 대왕대비전야진찬을 실시하였다.

12월 10일 진시에 통명전에서 대전회작을 실시하고 같은 날 2경에 대전야연을 시행하였는데 하황은이 어느 의례 때에 추어졌는지 의주 내용을 보면 다음과 같다.

하황은이 추어진 의주(儀註) 내용

연 대	의 주 내 용	국 역
고종 14년(1877) 대왕대비전야진찬 12월 6일 2경 통명전 설행 정축진찬의궤 권1(P.37B)	西向座女執事俯伏舉麾奏聖壽無疆引足荷皇恩 女執事導　殿下就 樂止	여집사가 인도하여 전하께서 좌(座)에 서향(西向)하고 앉는다. 여집사가 휘를 눕혔다 세우면 성수무강인을 연주하고 하황은(원무곡)을 올리고 악지한다.

7) 고종 24년(1887) 정해진찬의궤(丁亥進饌儀軌)

고종 24년(1887) 신정왕후의 보령80세 고종의 보령 36세 왕세자가 14세가 되는 해로 대왕대비가 장수하고 왕과 왕세자가 청장년으로 나라가 굳건하여 이를 경축하기 위하여 1월 27일 진시에 대왕대비전내진찬을 실시하고 같은 날 2경에 대왕대비전야진찬을 실시하고 1월 28일 진시에 만경전에서 대전회작을 실시하고 같은 날 2경에 대전야연을 실시하였다.

1월 29일 진시에 만경전에서 왕세자회작을 같은 날 2경에 왕세자야연을 실행하였는데 어느 의례 때에 하황은이 추어졌는지 의주(儀註) 내용을 보면 다음과 같다.

하황은이 추어진 의주(儀註) 내용

연 대	의 주 내 용	국 역
고종 24년(1887) 대왕대비전야진찬 1월 27일 2경 만경전 설행 정해진찬의궤 권1(P.42B)	曲呈荷皇恩(原刻) 女執事進茶于殿下前女執事進茶 于王世子前樂止	여집사가 휘를 눕혔다 세우면 대명지곡을 연주하고 하황은(원무곡)을 올릴 때 여집사가 차(茶)를 가지고 나아가 전하전에 올리고 여집사가 차를 왕세자전에 올리면 악지한다.

8) 고종 29년(1892) 임진진찬의궤(壬辰進饌儀軌)

고종 29년(1892) 6월 16일 왕세자가 고종 보령 40세와 즉위 30년을 경축하는 진찬을 간청하는 상소문 2개를 올렸으나 윤허를 얻지 못하여 6월 17일 백관들을 거느리고 전정(殿庭)에서 다시 간청하고 다음 날 두 차례에 걸쳐 백관들을 거느리고 간청하여 윤허를 받아 실시하였다.

9월 24일 묘시에 경복궁 근정전에서 대전외작을 실시하고 9월 25일 진시에 대전중궁전내진찬을 같은 날 2경에 강령전에서 대전중궁전야진찬을 실시하였다.

9월 26일 진시에 강령전에서 왕세자회작을 실시하고 같은 날 2경에 왕세자야연을 시행하였는데 하황은이 어느 의례 때 추어졌는지 의주(儀註) 내용을 보면 다음과 같다.

하황은이 추어진 의주(儀註) 내용

연 대	의 주 내 용	국 역
고종 29년(1892) 대전중궁전내진찬 9월 25일 진시 강령전 설행 임진진찬의궤 권1(P.77)	執事俯伏舉麾奏永南山之曲呈荷皇恩[原舞] 殿下舉爵 女 尚食進受虛爵復於壽酒亭典賓唱俯伏興平身右命婦班首以下俯伏興平身樂止	여집사가 휘를 눕혔다 세우면 영남산지곡을 연주하고 하황은(원무곡)을 올릴 때 전하께서 잔을 들면 상식이 나아가 빈잔을 받아 수주정에 되돌려 놓는다. 전창이 「부복흥평신」하고 창하면 우명부반수 이하 「부복흥평신」하면 악지한다.
상 동 임진진찬의궤 권1(P.78)	執事俯伏舉麾奏呈瑞之曲呈荷皇恩[厚舞] 王妃舉爵[尚] 女 食進受虛爵復於壽酒亭典賓唱俯伏興平身右命婦班首以下俯伏興平身樂止	여집사가 휘를 눕혔다 세우면 정서지곡을 연주하고 하황은(원무곡)을 올릴 때 왕비가 잔을 들면 상식이 나아가 빈 잔을 받아 수주정에 되돌려 놓는다. 전창이 「부복흥평신」하고 창하면 우명부반수이하 「부복흥평신」하면 악지한다.
고종 29년(1892) 대전중궁전야진찬 9월 25일 2경 강령전 설행 임진진찬의궤 권1(P.88B) 임진진찬의궤 권1(P.88B)	女執事俯伏舉麾奏山河玉曆長之曲呈荷皇恩[原舞] 女執事導 王世子詣簾外女官承導詣殿東浮酒亭北向立尚食酌酒丁爵鞠躬進 王世子前 王世子受爵詣 殿下座前典賓唱跪 王世子跪 王世子以爵授尚食尚食受爵跪進于 殿下座前樂止	여집사가 휘를 눕혔다 세우면 산하옥령장지곡을 연주하고 하황은(원무곡)을 올릴 때 여집사가 왕세자를 인도하여 염외에 이르면 여관이 이어서 인도하여 전(殿) 동쪽 수주정에서 북향하고 서면 상식이 술잔에 술을 담아 국궁하고 나아가 왕세자 앞에 이르면 왕세자는 잔을 받아 전하좌(殿下座)앞에 이르러 전창이 「궤」하고 창하면 왕세자는 「궤」하고 왕세자는 이 잔을 상식에게 주면 전하좌(殿下座)에서 전하께 올리면 악지한다.

3. 각 연향 때 하황은 채비

각 의궤의 정재채비에 수록된 하황은을 춘 여기와 무동의 명단을 연대와 연향별로 보면 다음과
같다.

연 대	죽간자	족 자	선 모	좌 협	우 협
영조 20년(1744) 대왕대비전진연 10월 4일 묘시 광명전 설행 갑자진연의궤 권1(P.27B)	선금(善今) 양대월(陽臺月)	두견화(杜鵑花)	목단(牧丹)	이단(二丹) 밀성운(密城雲) 환춘앵(喚鶯) ※ 左·右협이 나누어지지 않았으나 나누어 기록하였음	현매(顯梅) 동월(冬月) 자경화(紫瓊花)
순조 29년(1829) 대전내진찬 2월 12일 진시 자경전 설행 기축진찬의궤 권3(P.6B)	양대운(陽臺雲) 명선(明仙)	순절(順節)	명옥(明玉)	연심(蓮心) 영애(永愛) 춘외춘(春外春)	향심(香蕈) 릉홍(綾紅) 금패(錦貝)
순조 29년(1829) 왕세자회작 2월 13일 진시 자경전 설행 기축진찬의궤 권3(P.6B)	상동	상동	상동	상동	상동
헌종 14년(1848) 대왕대비전내진찬 3월 17일 묘시 통명전 설행 무신진찬의궤 권3(P.7B)	영옥(暎玉) 금낭(錦娘)	윤옥(潤玉)	홍월(紅月)	학선(鶴仙) 효희(孝喜) 초옥(楚玉)	영산홍(暎山紅) 월중선(月中仙) 월향(月香)
고종 5년(1868) 대왕대비전내진찬 12월 6일 미시 강령전 설행 무진진찬의궤 권3(P.39B)	국희(菊姬) 옥엽(玉葉)	명옥(明玉)	월향(月香)	연향(蓮香) 혜란(蕙蘭) 순희(順姬)	화선(花仙) 금희(錦姬) 향란(香蘭)

연 대	죽간자	족 자	선 모	좌 협	우 협
고종 10년(1873) 대왕대비전진작 4월 17일 강령전 설행 계유진작의궤 권3(P.56)	경패(瓊貝) 채운(彩雲)	설중매(雪中梅)	월향(月香)	계월(桂月) 화선(花仙) 월색(月色)	초운(楚雲) 부희(笑喜) 연향(蓮香)
고종 14년(1877) 대왕대비전야진찬 12월 6일 2경 통명전 설행 정축진찬의궤 권3(P.19)	채옥(彩玉) 연향(蓮香)	진향(眞香)	월향(月香)	학희(鶴喜) 추월(秋月) 연향(蓮香)	월색(月色) 화향(花香) 도화(桃花)
고종 24년(1887) 대왕대비전야진찬 1월 27일 2경 만경전 설행 정해진찬의궤 권3(P.23)	금화(錦花) 채희(彩喜)	화향(花香)	운향(雲香)	금홍(錦紅) 산홍(山紅) 채봉(彩鳳)	도화(桃花) 혜옥(蕙玉) 소월(小月)
고종 29년(1892) 대전중궁전내진찬 9월 25일 진시 강령전 설행 임진진찬의궤 권3(P.33B)	홍도(紅桃) 산호주(珊瑚珠)	옥선(玉仙)	진옥(眞玉)	월희(月喜) 국화(菊花) 진향(眞香)	계월(桂月) 선희(仙喜) 명주(明珠)
고종 29년(1892) 대전중궁전야진찬 9월 25일 2경 강령전 설행 임진진찬의궤 권3(P.35B)	상동	상동	상동	월희(月喜) 이화(梨花) 진향(眞香)	상동

4. 상전(賞典)

연향이 끝나고 하황은을 춘 기녀들에게 시상을 했는데 연대별로 보명 다음과 같다.

연 대	수 상 자	상 품	비 고
순조 29년(1829) 대전내진찬(2월 12일 진시) 왕세자회작(2월 13일) 자경전 설행 기축진찬의궤 권3(P.36B)	선 모: 명옥(明玉) 좌 대: 연심(蓮心) 　　　영애(永愛) 　　　춘외춘(春外春) 우 대: 향심(香心) 　　　릉홍(綾紅) 　　　금패(錦貝) 죽간자: 양대운(陽臺雲) 　　　명선(明仙) 족 자: 순절(順節)	各白木二疋 紬一疋	상생보연지무에 모두 기록되어 있음(춤에 따라 따로 기록 되여 있지 않음)
헌종 14년(1848) 대왕대비전내진찬(3월 17일 묘시) 통명전 설행 무신진찬의궤 권3	없음	없음	다른 정재는 기록되어 있는데 하황은만 없음
고종 5년(1868) 대왕대비전내진찬(12월 6일 미시) 강령전 설행 무진진찬의궤 권3(P.46B)	죽간자: 옥엽(玉葉)등 2명 선 모: 월향(月香) 협 무: 연향(蓮香)등 6명	各木一疋 紬一疋 各白木一疋	족자의 시상이 없음
고종 10년(1873) 대왕대비전진작(4월 17일) 강령전 설행 계유진작의궤 권3(P.63B)	죽간자: 경패(瓊貝)등 2명 족 자: 설중매(雪中梅) 선 모: 월향(月香) 협 무: 계월(桂月)등 6명	各木一疋 春紬一疋 各黃芋一疋	
고종 14년(1877) 대왕대비전야진찬(12월 6일 2경) 통명전 설행 정축진찬의궤 권3(P.44B)	죽간자: 채옥(彩玉)등 2명 족 자: 진향(眞香) 선 모: 월향(月香) 협 무: 학희(鶴喜)등 6명	各白木一疋 木一疋 紬一疋 各白木一疋	
고종 24년(1887) 대왕대비전야진찬(1월 27일 2경) 만경전 설행 정해진찬의궤 권3(P.41)	죽간자: 금화(錦花)등 2명 족 자: 화향(花香) 선 모: 운향(雲香) 협 무: 금홍(錦紅)등 6명	各白木一疋 木一疋 紬一疋 各白木一疋	

고종 29년(1892) 대전중궁전내진찬(9월 25일 진시) 강령전 설행 임진진찬의궤 권3(P.64)	죽간자: 홍도(紅桃)등 2명 족　자: 옥선(玉仙) 선　모: 진옥(眞玉) 협　무: 월희(月喜)등 6명	各白木一疋 木一疋 紬一疋 各白木一疋	
고종 29년(1892) 대전중궁전야진찬(9월 25일 2경) 강령전 설행 임진진찬의궤 권3(P.73)	죽간자: 홍도(紅桃)등 2명 족　자: 옥선(玉仙) 선　모: 진옥(眞玉) 협　무: 월희(月喜)등 6명	各白木一疋 木一疋 紬一疋 各白木一疋	

Ⅲ. 도식(圖式) 및 복식(服食)

1. 순조 19년(1829) 기축진찬의궤 권3 공령(工伶)에는 하황은 복식이 따로 기록되지 않고 있는 것을 보아 각무정재(各舞呈才) 여령(女伶)으로 입었을 것으로 보이며 무동복식(舞童服飾) 또한 그러한 것으로 보인다.

1) 순조 29년(1829) 기축진찬의궤 권3 공령(P.4·B)

종 별	머 리	상 의	하 의	띠	한 삼	신
각무정재여령	화관(花冠)	초록단의 (草綠丹衣) 황초단삼 (黃綃單衫)	이남색상표 (裏藍色裳表) 홍초상 (紅綃裳)	홍가금루수대 (紅緞金縷繡帶)	오색한삼 (五色汗衫)	초록혜 (草綠鞋)

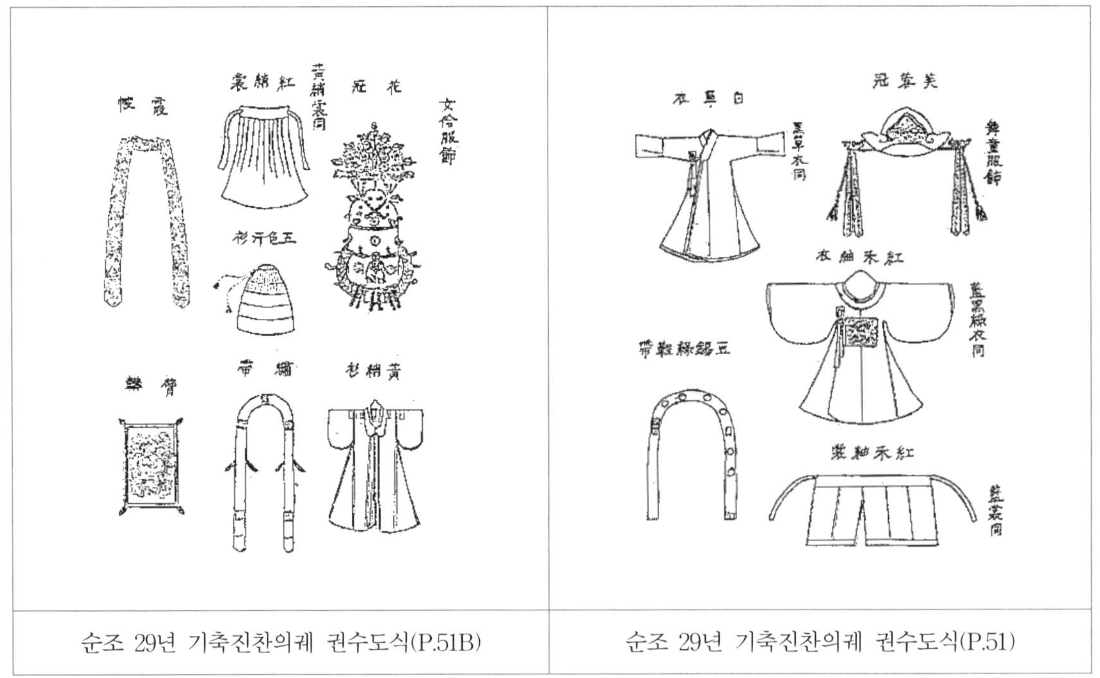

<table>
<tr><td align="center">순조 29년 기축진찬의궤 권수도식(P.51B)</td><td align="center">순조 29년 기축진찬의궤 권수도식(P.51)</td></tr>
</table>

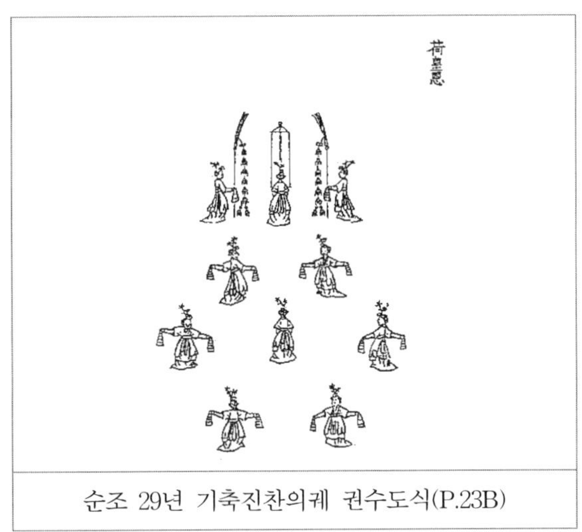

순조 29년 기축진찬의궤 권수도식(P.23B)

2. 헌종 14년(1828) 무신진찬의궤 권3(P.45B) 공령에 하황은 복식이 따로 기록되지 않은 것을
보아 각무정재여령 복식으로 입었을 것으로 보이며 무동복식 또한 그러한 것으로 보인다.

2) 헌종 14년(1828) 무신진찬의궤 권3 공령(P.45B)

종 별	머 리	상 의	하 의	띠	한 삼	신
각무정재여령	화관(花冠)	황초단삼 (黃綃單衫)	이남색상표 (裏藍色裳表) 홍초상 (紅綃裳)	홍단금루수대 (紅緞金縷繡帶)	오색한삼 (五色汗衫)	초록혜 (草綠鞋)

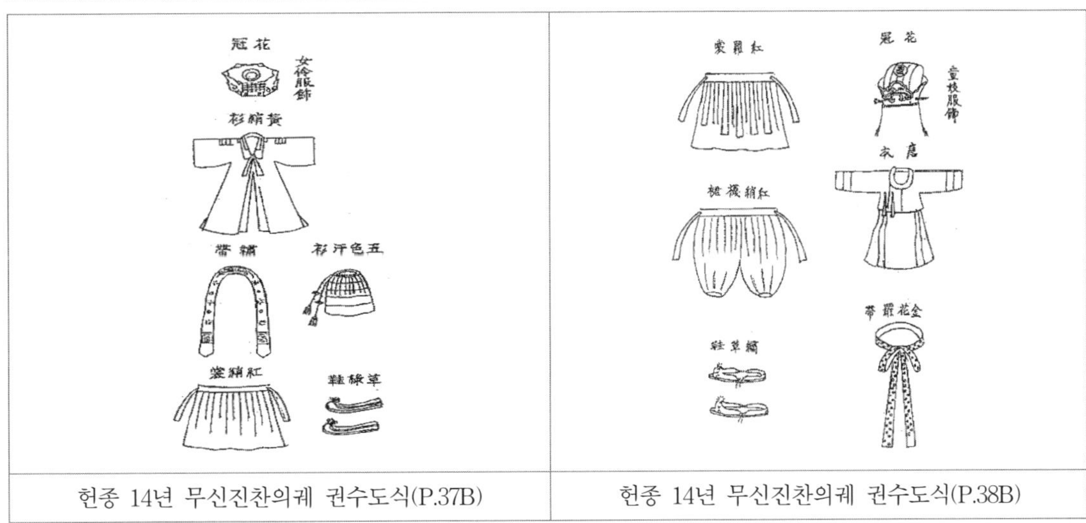

| 헌종 14년 무신진찬의궤 권수도식(P.37B) | 헌종 14년 무신진찬의궤 권수도식(P.38B) |

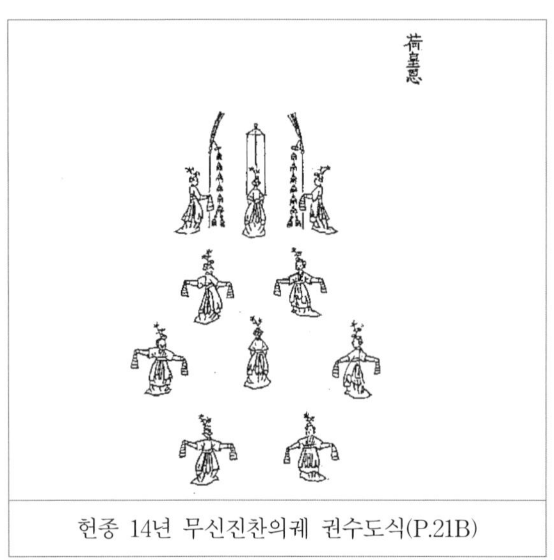

헌종 14년 무신진찬의궤 권수도식(P.21B)

3. 고종 5년(1868) 무진진찬의궤 권3 공령에 하황은 복식이 따로 기록되지 않은 것을 보아 각무정재여령 복식으로 입었을 것으로 보이며 무동복식 또한 그러한 것으로 보인다.

3) 고종 5년(1868) 무진진찬의궤 권3 공령(P.38·B)

종 별	머 리	상 의	하 의	띠	한 삼	신
각무정재여령	체구화관 (髢具花冠)	황초단삼 (黃綃單衫)	이남색상표 (裏藍色裳表) 홍초상 (紅綃裳)	홍단금루수대 (紅緞金縷繡帶)	오색한삼 (五色汗衫)	흑혜 (黑鞋)

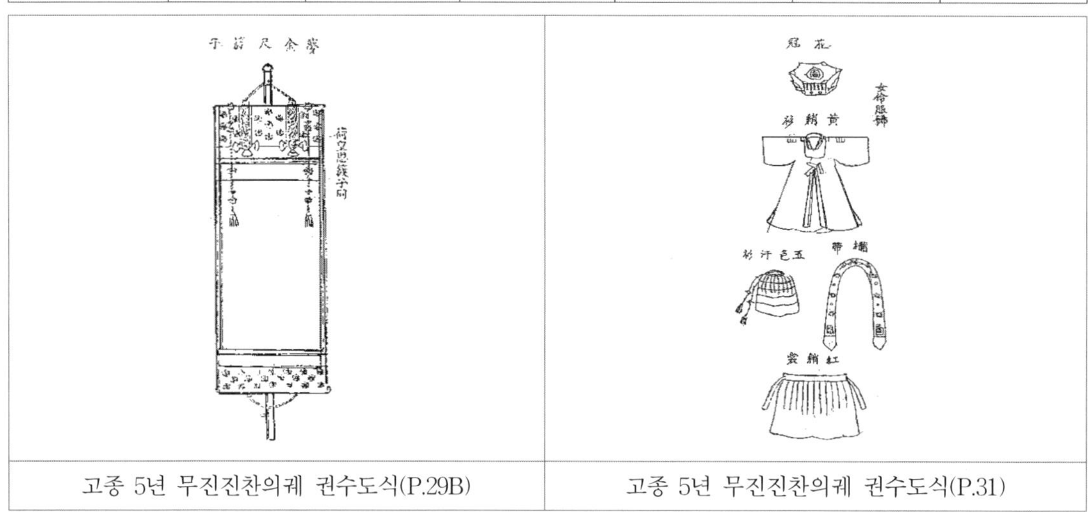

고종 5년 무진진찬의궤 권수도식(P.29B)	고종 5년 무진진찬의궤 권수도식(P.31)

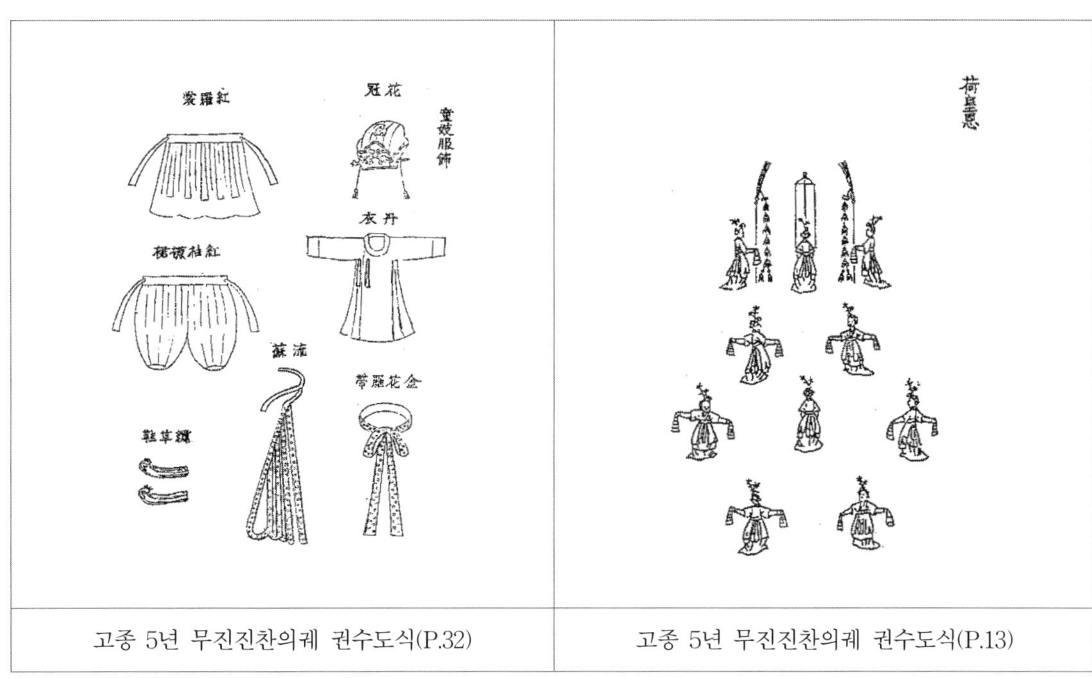

고종 5년 무진진찬의궤 권수도식(P.32)	고종 5년 무진진찬의궤 권수도식(P.13)

4. 고종 10년(1873) 계유진작의궤는 권수 권1이 손실되어 권수도식의 그림은 알 수 없으나 권3 공령에는 각무정재여령 복식으로 입었을 것으로 보이며 무동복식 또한 그러한 것으로 보인다.

4) 고종 10년(1873) 계유진작의궤 권3 공령(P.56)

종 별	머 리	상 의	하 의	띠	한 삼	신
각무정재여령	화관 (花冠)	황초단삼 (黃綃單衫)	이남색상표 (裏藍色裳表) 홍초상 (紅綃裳)	홍딘금루수대 (紅緞金縷繡帶)	오색힌삼 (五色汗衫)	기록없음

5. 고종 14년(1877) 정축진찬의궤 권3 공령에 하황은 복식에 대한 별도의 기록이 없는 것으로 보아 각무정재여령 복식으로 입었을 것으로 보이며 무동복식 또한 그러한 것으로 보인다.

5) 고종 14년(1877) 정축진찬의궤 권3 공령(P.16B)

종 별	머 리	상 의	하 의	띠	한 삼	신
각무정재여령	화관 (花冠)	황초단삼 (黃綃單衫)	이남색상표 (裏藍色裳表) 홍초상 (紅綃裳)	홍단금루수대 (紅緞金縷繡帶)	오색한삼 (五色汗衫)	초록혜 (草綠鞋)

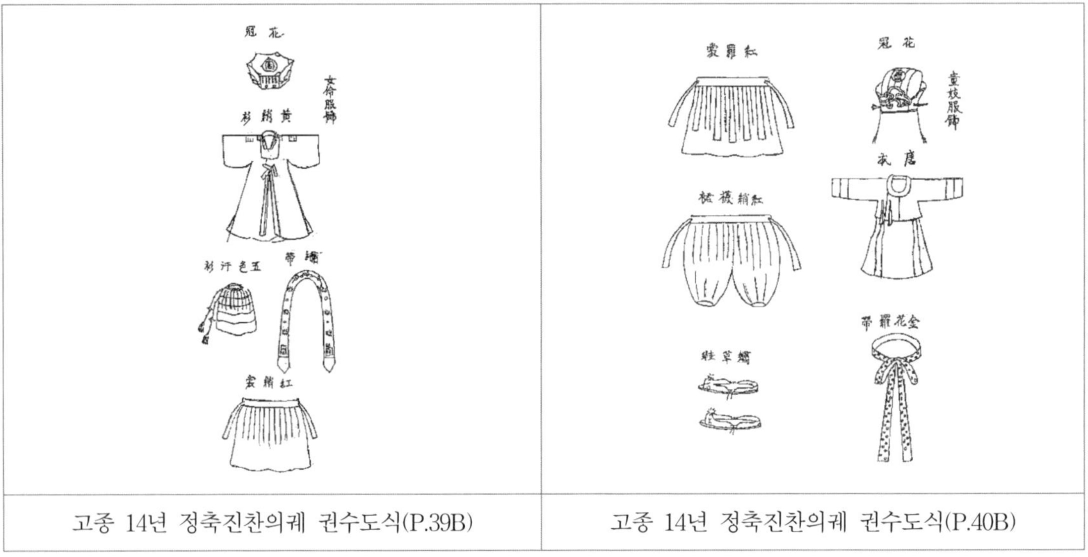

| 고종 14년 정축진찬의궤 권수도식(P.39B) | 고종 14년 정축진찬의궤 권수도식(P.40B) |

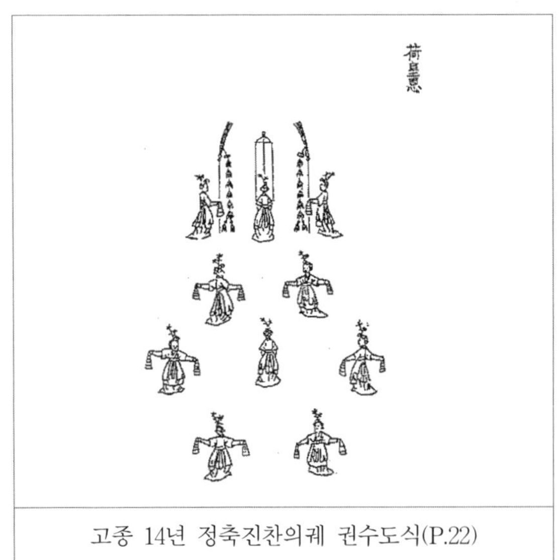

고종 14년 정축진찬의궤 권수도식(P.22)

6. 고종 24년(1887) 정해진찬의궤 권3 공령에 하황은 복식에 대한 별도의 기록이 없는 것으로 보아 각무정재 여령복식으로 입었을 것으로 보이며 무동복식 또한 그러한 것으로 보인다.

6) 고종 24년(1887) 정해진찬의궤 권3 공령(P.20)

종 별	머 리	상 의	하 의	띠	한 삼	신
각무정재여령	화관 (花冠)	황초단삼 (黃綃單衫)	이남색상표 (裏藍色裳表) 홍초상 (紅綃裳)	홍단금루수대 (紅緞金縷繡帶)	오색한삼 (五色汗衫)	초록혜 (草綠鞋)

고종 24년 정해진찬의궤 권수도식(P.24B)

고종 24년 정해진찬의궤 권수도식(P.46B)

고종 24년 정해진찬의궤 권수도식(P.47B)

7. 고종 29년(1892) 임진진찬의궤 권3 공령에 하황은 복식에 대한 별도의 기록이 없는 것으로 보아 각무정재 여령 복식으로 입었을 것으로 보이며 무동복식 또한 그러한 것으로 보인다.

7) 고종 29년(1892) 임진진찬의궤 권3 공령(P.30B)

종 별	머 리	상 의	하 의	띠	한 삼	신
각무정재여령	화관 (花冠)	황초단삼 (黃綃單衫)	이남색상표 (裏藍色裳表) 홍초상 (紅綃裳)	홍단금루수대 (紅緞金縷繡帶)	오색한삼 (五色汗衫)	초록혜 (草綠鞋)
무동복식	각무정재(各舞呈才) 무동복식(舞童服飾) 수기정재소착(隨其呈才所着)					

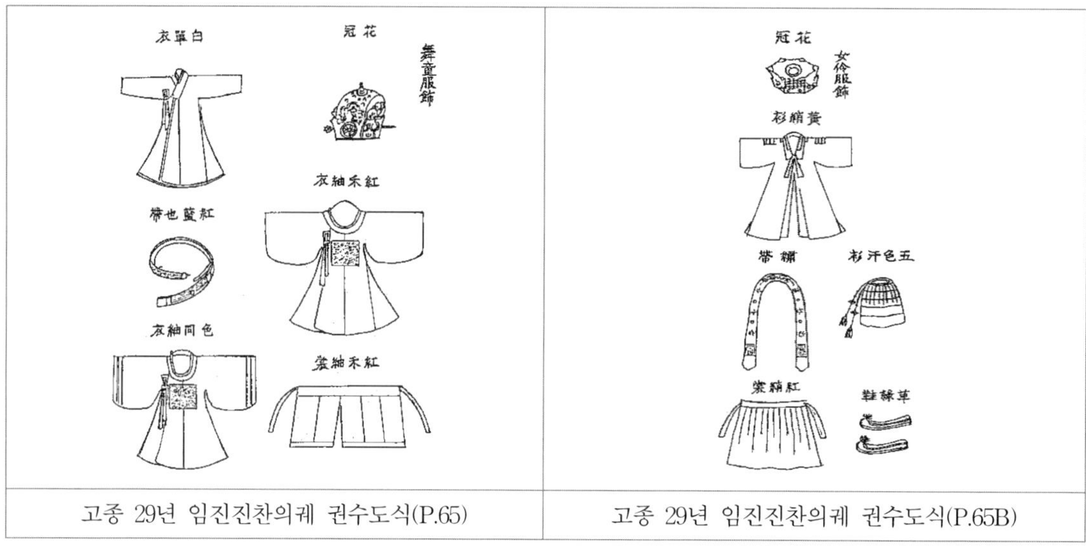

고종 29년 임진진찬의궤 권수도식(P.65)   고종 29년 임진진찬의궤 권수도식(P.65B)

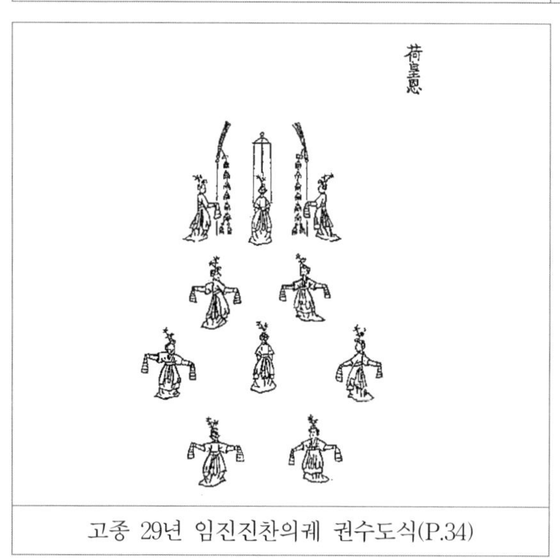

고종 29년 임진진찬의궤 권수도식(P.34)

Ⅳ. 하황은 홀기 비교

1. 하황은 홀기 비교표

❖ 하황은 홀기 비교표(1구)

	악학궤범홀기	계사년홀기	신축무동홀기
	樂奏會八仙引擊拍奉簇子一人奉竹竿子二人齊行足蹈小 進而立樂止口號 特荷天子之恩乃正厥位載歌吾君口號訖擊拍 奏前樂奉竹竿子二人足蹈擊拍而退左右分立 仍簇子立	樂奏感皇恩之曲 與民樂令○祝簇子一人竹竿子二人齊行足蹈而 進立樂止口號 特荷天子之恩乃正厥位載歌吾君敢冒慈儀唐陳口號訖○拍 與民樂令 拍竹竿子二人足蹈而退立○	樂奏感皇恩之曲 與民樂令○拍簇子一人竹竿子二人齊行 足蹈而進
음악	회팔선인자	여민락	여민락
진행	족자 · 죽간자소진	좌동	좌동
구호 창사		악학궤범의 감모신안(敢冒宸顔)이 감모자의(敢冒慈儀)로 바뀌었다.	죽간자 구호가 없다
진행	죽간자 이퇴 좌우분립 (족자잉입)	죽간자 이퇴(족자잉입의 기록과 죽간자 左右분립이 없음	죽간자 이퇴와 족자 잉입의 기록 이 없음

1. 악학궤범홀기에는 의물이 좌·우에 도열되어 있으나 계사년홀기와 신축무동홀기에는 없다.
2. 죽간자 구호 가사내용이 악학궤범과 같으나 악학궤범 감모신안이 계사년에는 감모자의로 바뀌었다.
3. 악학궤범에는 족자잉입(簇子仍立)이라 기록되어 있으나 계사년에는 이 기록이 빠져있다.
4. 신축무동홀기에는 죽간자 구호와 죽간자 퇴립, 족자잉입의 기록이 빠져있다.

❖ 하황은 홀기 비교표(2구)

	악학궤범홀기	계사년홀기	신축무동홀기
	母與左右挾六人舞進(折花)而立樂止樂奏金唯子擊拍仙母 荷皇恩受錫命也殿下以父王之命國人懽忻 足蹈小進而立樂止致語攡撝國事尋變皇帝語命 皇作恩符記 擊拍仙	左右樂止仙母致詞 國朝開創受皇命于朝鮮逮于中葉再蒙恩於我乎新製其章永垂皇詞 ○拍仙母與左右挾舞進而立蔟子	受皇命于朝鮮逮于中葉再蒙恩於我皇新製其章永垂皇恩記 ○拍仙母與左右挾舞進而立樂止仙母致語國朝開創
진행 (1)	선모와 협무소진(절화무)	선모와 협무무진 족자좌우 (절화무의 기록이 없다)	선모와 협무무진
진행	보허자 (최자)에 협무소진	없음	없음
선모 치어	「치어」	치어가사가 악학궤범과 다르다.	계사년 치어가사와 같다.
1. 악학궤범홀기에는 보허자(최자)반주에 선모가 소진하여 치어를 창하게 기록하고 있으나 계사년과 신축무동홀기에는 선모소진의 기록이 없다. ※ 악학궤범의 악주최자는 보허자(최자)로 보아야 한대[최자는 악곡명이 아니라 음악의 속도를 말하는 것이며 「최자」, 「중강」은 보허자에서 많이 기록되어 있기 때문이다. 2. 선모치어 가사는 악학궤범홀기의 기록과 다르게 계사년과 신축무동홀기에는 기록하고 있다.			

	악학궤범홀기	계사년홀기	신축무동홀기
	擊拍奏前樂擊拍仙母足蹈擊拍小退復位樂止樂卷 金殿樂 令仙母與左右挾六人隨樂節歛手足蹈唱荷皇恩詞 婦赫始祖既造我東方傳于及孫世有抬王金王其相天賦聰明 既孝且慱既仁且誠趨熙靈學惟日疊疊明昭父王允也知于聖 延倦于勤延托國事皇帝日俞錫是明令王拜揖首皇帝神聖 皇帝神聖勤恩監朝鮮小大舞蹈感极天開命綿綿宗社彌萬億年 訖樂止	步虛 于令 仙母與左右歛手足蹈隨樂節唱詞 漢陽 受命朝鮮兮 定都漢陽 九章輝聯兮 八音鏘鏘 繼繼承承兮 垂恩東方 再造藩邦兮 景受皇恩 朝宗屹然兮 遙拜五雲 新製其章兮 續編舊文 重熙綿綿兮 於萬其年 遵慕聖德兮 續述先先 敬作歌 頌兮 科獻禮延 訖樂止 拍	歛手足蹈隨樂節唱詞 受命朝鮮兮 定都漢陽 九章輝聯兮 八音鏘鏘 繼繼承承兮 垂恩東方 再造藩邦兮 景受皇恩 朝宗屹然兮 遙拜五雲 新製其章兮 續編舊文 重熙綿綿兮 於萬其年 遵慕聖德兮 繼述先先 敬作 歌頌兮 拜 歛禮延 訖樂止 ○拍 于令 仙母與左右挾
음악	주전악(보허자최자)	없음	없음
진행 (1)	선모소퇴복위	없음	없음
진행 (2)	금전악(령)에 선모와 협무가 「하황은사」를 창하며 수악절 염수족도 한다.	보허자(령)에 선모와 협무가 창사를 하며 수악절 염수족도 한다.	계사년과 같다.
창사 가사	하황은사	창사: 악학궤범의 가사 내용과 다르다.	계사년과 같다.

1. 악학궤범홀기에는 선모가 복위한 다음 수악절 염수족도를 하며 금전악에 「하황은사」를 창하나 계사년과 신축무동 홀기에는 보허자 반주에 창사하며 수악절 염수족도 한다.

2. 악학궤범에는 변계량이 지여 올린 「하황은사」를 창하나 계사년과 신축무동홀기에서는 창사 가사를 새로 지어 창한다.

❖ 하황은 홀기 비교표(4구)

	악학궤범홀기	계사년홀기	신축무동홀기
	樂奏中腔(今擊拍)仙母與左右挾六人北向而舞(四手舞) 訖樂止樂奏瑞唯子擊拍仙母在中而舞(八手舞)(挾舞同)左右挾六人 舞作三隊而立樂止	(仙母在中)○拍第二隊左右外步出隊而舞((鄉唐欠奏)拍○拍仙母與左右挾北向舞	拍第二隊左右外步出隊而舞((鄉唐交奏)○拍仙母與左右挾北向而舞(仙母在中)
음악	중강(中腔)[보허자중강]으로 보아야 함.	향당교주(어떤 곡을 향당교주로 연주해야 하는지 불분명함)	계사년과 같다.
진행(1)	선모와 협무는 북향하고 「사수무」를 춘다.	악학궤범과 같으나 춤사위 명의 기록이 없다.	계사년과 같다.
진행(2)	음악최자 「즉 보허자최자」를 춘다.	없음	없음
	선모와 협무는 「팔수무」를 추며 3대작 한다.	제 2대가 左右 외보(外步)하여 작대한다(춤사위 명칭이 없음)	계사년과 같다.

1. 악학궤범의 중강(中腔)은 보허자 중강으로 볼 수 있으나 계사년의 향당교주는 어떤 곡을 향당교주로 연주하였는지 불분명하다. 또한 현행, 향당교주(표정만방지곡)을 말하는 것인지 알 수 없다.(그러나 보허자 중강을 향당교주로 볼 수 있다.)

2. 악학궤범에는 춤사위명이 기록되어 있으나 계사년과 신축무동홀기에는 춤사위 명칭의 기록이 없어 이 두 개의 후기 홀기는 악학궤범의 춤사위를 사용하여야 한다고 본다.

❖ 하황은 홀기 비교표(5구)

	악학궤범홀기	계사년홀기	신축무동홀기
	二挾對舞 舞下同 五拜位 樂奏金殿樂 令仙毋北向而舞 入手在北 東南西南四挾北向斂手而立	右旋相對舞東南西南四挾斂手而立○ 拍仙毋以在北二挾左	對而舞○拍斂手足蹈○ 拍仙毋以在北二挾左右旋相
음악	금전악(령)	없음 [주전악(奏前樂)으로 보아야 할 것임)	계사년과 같음
진행 (1)	선모와 북2협은 오양선무를 추며 대무한다.	선모와 북2협은 左右로 회선하여 상대한다.	
	동남 서남 염수하고 서 있다.	좌동	염수족도

1. 악학궤범의 선모와 북2협대무(오양선무)는 악학궤범 오양선에서 「선모는 전좌협을 향하면 회선하며 대무한다.」 오양선의 이 부분이 추어야 한다.

2. 계사년홀기에서 「선모이 북2협 좌우선 상대무」가 악학궤범의 오양선무가 아닌 선모와 협무가 같이 左右로 돌면서 추는 춤으로 변하였다.

3. 계사년홀기의 「선모와 북2협 좌우회선대무」가 끝나고 염수족도는 악학궤범과 계사년홀기의 기록 「동남 서남 사협 염수이립」으로 보아야 할 것이다.

❖ 하황은 홀기 비교표(6구)

	악학궤범홀기	계사년홀기	신축무동홀기
	舞東南二挾對舞西南北四挾北向斂手而立仙母西向而舞 西南二挾對舞東南北四挾北向斂手而立舞訖終拍在北二 挾東南二挾四人皆舉手外舒與舞妓同時斂手而立樂止 仙母東向而	對舞在北二挾斂手足蹈○拍仙母以西南二挾相對舞東南二挾 斂手足蹈○ 拍仙母以東南二挾相	足蹈○拍仙母以西南二挾相對而舞○ 拍仙母以東南二挾相對而舞○拍擧
진행 (2)	(1) 선모와 동남 2협·대무(즉 오양선무)	선모와 동남 2협 상대무(좌,우회선하며 상대무가 빠져있다)	계사년과 같음
	(2) 서남, 북, 4협 염수이립	없음(재복2협 염수족도)	없음(없음)
진행 (3)	(1) 선모와 서남 2협 상대무(오양선무)	선모와 서남2협 상대무(좌우회선하며 상대무가 빠져있다)	계사년과 같다.
	(2) 선모와 서남 2협의 상대무가 끝나고 북향할 때 북2협과 동남2협 「거수」「외서」하여 선모와 서남 2협과 동시에 염수한다(즉 갱염수)	빠져있음	빠져있음

1. 악학궤범 오양선무는 선모가 향하면 그 해당 협무는 좌선회무(左旋回舞)하며 선모와 회선 대무한다. 악학궤범의 「오양선무」는 바로 이와 같이 추는 춤이나 계사년과 신축무동홀기에는 홀기 내용으로 보아 선모와 협무가 각각 左右로 돌면서 상대하는 것으로 되어있다. 이 부분 변화된 것으로 보여지나 확실치 않다.

2. 4방 협무가 끝나고 악학궤범에는 「갱염수」를 하고 있으나 계사년과 신축무동홀기에는 기록이 없으나 악학궤범과 같이 해야 한다.

3. 후기 홀기에 미 기록된 부분은 항시 악학궤범을 참조하지 않으면 춤이 다르게 변하게 됨으로 이 점은 주의하여야 한다(변화된 것이 아닌지도 유의하여야 한다).

❖ 하황은 홀기 비교표(7구)

	악학궤범홀기	계사년홀기	신축무동홀기
	奏瑞嗩子擊拍仙母興左右挾舞作初列樂止樂奏會八 仙引擊拍奉竹竿子二人足蹈而進分立於簇子左右樂止口 號式燕以娛禮孝成於既洽伻昌而熾樂節將終拜辭小退訖	左隊三人右隊三人次次舞進右旋回舞仙母在中回年舞○拍簇 拍諸妓並舞作○拍奉簇子人先導西向而出次 子中行而進左右挾並如初列○拍仙母及左右挾北向斂手而 立○拍竹竿子二人足蹈而進立樂止口號 既洽式燕以娛禮孝成於伻昌而熾壽 顧享於無疆樂節將終拜辭小退訖○	子一人先導西向而出次簇子右竹竿子右隊三人左隊三人次次舞 進回舞而回舞仙母在中○拍並初列而舞○拍斂手足蹈○ ○拍並舞作○拍左竹竿
음악	서최자(瑞嗩子)는 「서자고최자」로 보아야 한다.	주전악(奏前樂)으로 보아야 할 것이다.	계사년과 같음
진행 (1)	선모와 협무는 「팔수무」를 추며 초열이 된다.(左右內步로 초열이 되어야 할지 계사년과 같이 회선해서 초열이 되어야 할 지 불분명하다.)	제기(諸妓)는 무작하여 족자를 선도(先導)로 하여 좌대3인 右대 3인이 우선(右旋)하여 초열이 된다.	계사년과 홀기와 같다.
진행 (2)	죽간자가 족자 좌우로 들어와 「구호」를 한다.	죽간자가 들어와 구호를 한다.	없음
구호 창사	같음	같음	없음

1. 악학궤범 오양선무는 선모가 향하면 그 해당 협무는 좌선회무(左旋回舞)하며 선모와 회선 대무한다. 악학궤범의 「오양선무」는 바로 이와 같이 추는 춤이나 계사년과 신축무동홀기에는 홀기 내용으로 보아 선모와 협무가 각각 左右로 돌면서 상대하는 것으로 되어있다. 이 부분 변화된 것으로 보여지나 확실치 않다.

2. 4방 협무가 끝나고 악학궤범에는 「갱염수」를 하고 있으나 계사년과 신축무동홀기에는 기록이 없으나 악학궤범과 같이 해야 한다.

3. 후기 홀기에 미 기록된 부분은 항시 악학궤범을 참조하지 않으면 춤이 다르게 변하게 됨으로 이 점은 주의하여야 한다(변화된 것이 아닌지도 유의하여야 한다).

❖ 하황은 홀기 비교표(8구)

	악학궤범홀기	계사년홀기	신축무동홀기
	子二人奉簇子一人足蹈擊拍而退擊拍仙母與左右挾六人 舞進挾手擊拍斂手足蹈擊拍舞退舞退手樂止 擊拍奉前樂奉竹竿	足蹈而退立○拍仙母與左右挾舞進而立○拍斂手足蹈 拍舞退樂止 ○拍(與武)樂令 ○拍簇子一人竹竿子二人並	竹竿子二人簇子一人足蹈而退 樂止 拍舞退
진행 (1)	죽간자 족자 이퇴	죽간자 족자 이퇴	무퇴(죽간자 족자 이퇴)악지
진행 (2)	선모와 협무는 협수무를 추며 무진하여 염수족도 한다.	좌동	없음
진행 (3)	무퇴(퇴수무)악지	무퇴악지	

출연자 명단

	악학궤범홀기	계사년홀기	신축무동홀기
	기록없음	죽간자: 의녀. 금화(錦花) 〃 채희(采喜) 족 자: 〃 화향(花香) 좌 대: 〃 금홍(錦紅) 〃 산홍(山紅) 〃 채봉(彩鳳) 선 모: 〃 운향(雲香) 우 대: 〃 도화(桃花) 〃 혜옥(蕙玉) 〃 산월(山月)	죽간자: 오석숭(吳石崇) 최삼용(崔三龍) 족 자: 이수형(李壽亨) 좌 대: 오수산(吳壽山) 한기복(韓奇福) 김황룡(金黃龍) 선 모: 박봉남(朴鳳男) 우 대: 김덕만(金德萬) 김윤성(金允成) 최덕만(崔德萬)

2. 반주음악 비교표

	악학궤범	계사년홀기	신축년홀기
1구	회팔선인자	감황은지곡(與民樂令)	左同
3구	주전악(奏前樂)	보허자령	보허자령
	금전악령(金殿樂令)	없음	없음
4구	중강령(中腔令)	향당교주	향당교주
	서최자(瑞嗺子)	없음	없음
5구	금전악령(金殿樂令)	없음	없음
7구	서최자(瑞嗺子)	없음	없음
	회팔선인자	없음	없음
8구	주전악(奏前樂)	여민락	없음

3. 춤사위 비교표

2구	절화무(折花舞)	없음	없음
3구	수수무(垂手舞)	左同	左同
4구	팔수무(八手舞)	없음	없음
	무작(舞作)	없음	없음
5구	팔수무(八手舞)	없음	없음
	오양선무(五羊仙舞)	없음	없음
6구	거수어서(擧手外舒)	없음	없음
7구	팔수무(八手舞)	무작(舞作)	左同
8구	협수무(挾手舞)	없음	없음
	퇴수무(退手舞)	없음	없음

악학궤범

하황은(악학궤범)

홀　기	진행도	음악	장단	배역	동　작
樂奏會八仙引擊拍奉簇子一人奉竹竿子二人膺行足蹈小進而立樂止口號之〔特荷天子之恩 乃正厥位 載歌吾君之德 以矢其音 敢冒宸顔 庸陳口號 訖擊拍〕奏前樂奉竹竿子二人足蹈擊拍而退左右分立仍簇立于	죽↑　족↑　죽↑ 인정용정봉정작정미　右一　　左一　右二　선　左二　모　右三　左三　개　개　개　인정용정봉정작정미 〈초입배열도〉	보허자	1각 2각	죽간자 죽간자	보허자 1·2각 동작 보법: 죽간자와 족자는 1각 2보 先內足, 次外足으로 2각 간 무진한다. 수법: 죽간자 2인은 外手上 內手下로 죽간자를 잡는다. ※ 악지·박 ※ 죽간자 구호 特荷天子之恩　　특하천자지은 특별히 천자의 은총을 입사와 乃正厥位　　내정궐위 곧 그 왕위를 바루었나이다 載歌吾君之德　　재가오군지덕 이에 우리 임금님의 덕을 노래하와 以矢其音　　이시기음 그 덕음을 펴나이다 敢冒宸顔　　감모신안 감히 임금님의 얼굴을 대하여 庸陳口號　　용진구호 삼가 구호를 드리옵니다. ※ 악지·박

하황은(악학궤범)

홀 기	진 행 도	음악	장단	배역	동 작
	 <도판 1> (죽간자 퇴)	보허자	3각 4각	죽간자 죽간자	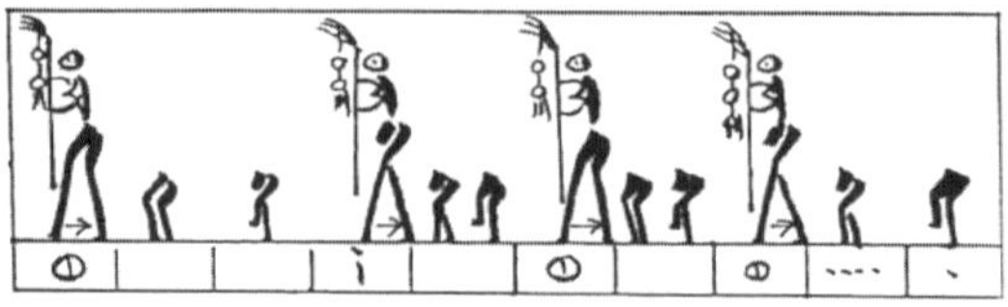  보허자 3·4각 동작 보법: 죽간자 2인은 1각 4보(先內足, 次外足)로 퇴립한다. 수법: 죽간자 2인은 처음 잡은 대로 한다. (족자는 제위치에 서 있는다.)
母與左右挾六人舞進 折花 而立樂止 擊拍仙	 <도판 2> (무진)		5각 6각	선모와 협무 선모와 협무	  보허자 5·6각 동작 보법: 선모와 협무는 5각의 1·2박에 무릎 구부리며 3·4박에 펴고 5박에 구부렸다가 펴며 선모(先右足, 次左足)는 右足을 협무(先內足, 次外足)는 內足을 들어 6박에 뒤로 딛고 7박에 구부리고 8박에 펴고 9박에 구부리고 10박에 편다. 수법: 선모와 협무는 5각의 1·2·3·4박까지 무작하여 6·7·8·9·10박과 6각의 1·2·3·4박까지 무진하고 6·7·8·9·10박까지 염수한다. (절화무)

홀　　기	진　행　도	음악	장단	배역	동　　　작
足踏小進而立樂止致語 荷皇恩受錫命也殿下以父王之命 攗撫國事尋變皇帝詰命國入懽忻 樂奏金嗺子擊拍仙母 〔皇恩作荷記〕	박 인정봉정작정미 족 ↑선모 右一　　左一 右二　　左二 右三　　左三 개　개　개 인정봉정작정미 <도판 3> (선모 소진)	금전악	1각	선모	註: 악주(樂奏) 금최자(金嗺子)가 불분명하여 금전악(최자)로 보아 금전악으로 도안하였다. 금전악 1각 동작 보법: 선모는 2박 1보(先右足, 次左足)로 무진한다. (도판 3) 수법: 선모는 염수하고 무진한다. (협무는 서 있는다.)
			2각	선모	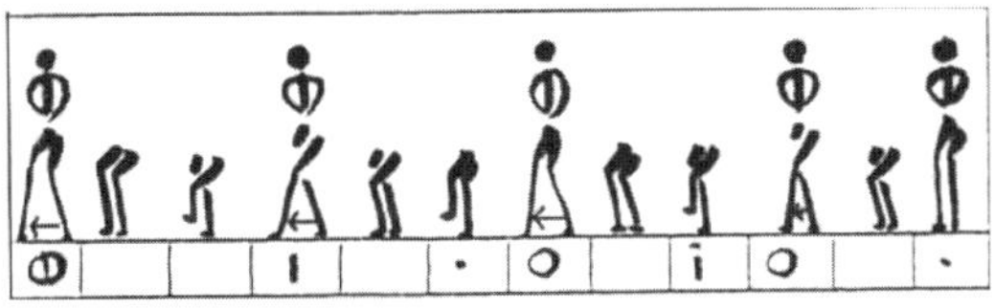 금전악 2각 동작 보법: 선모는 1박 1보(先右足, 次左足)로 무진한다. (도판 3) 수법: 선모는 염수하고 무진한다.
			3각	선모	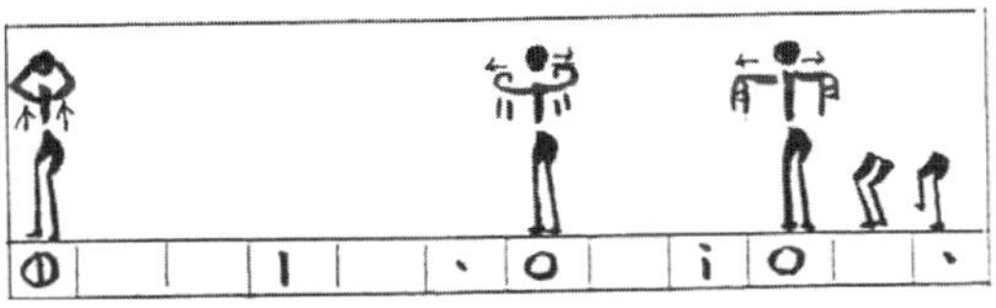 금전악 3각 동작 보법: 선모는 1·2·3각은 서서 수법만 하고 4박에 무릎 구부렸다가 펴며 右足을 든다. (도판 3) 수법: 선모는 1·2박에 거수하여 3·4박에 「외서」한다.
			4각	선모	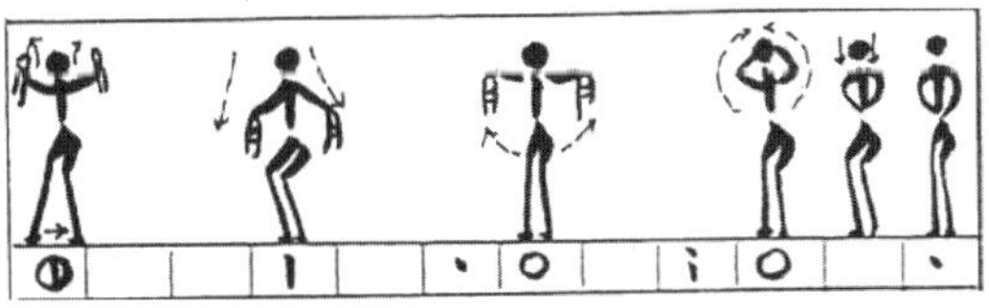 금전악 4각 동작 보법: 선모는 1박에 右足을 뒤로 딛고 2박에 구부리고 3박에 펴고 4박에 구부렸다가 편다. 수법: 선모는 1·2·3·4박까지 염수한다. (도판 3)

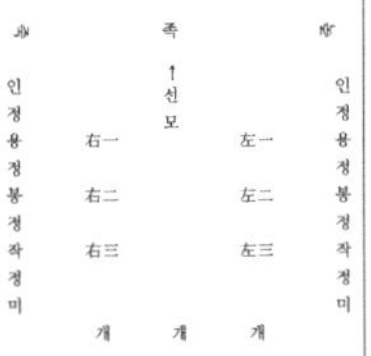

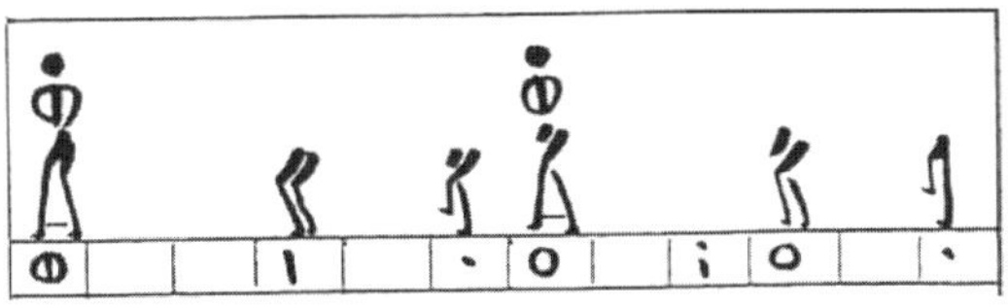

홀 기	진 행 도	음악	장단	배역	동 작
	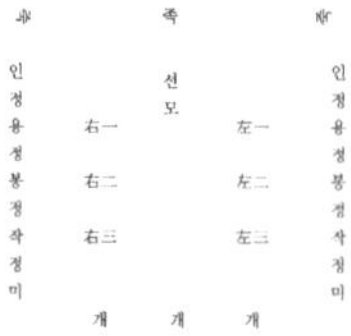 족 선 모 右一　　左一 右二　　左二 右三　　左三 개　　개　　개 인정용정봉정작정미　　인정용정봉경사정미 <도판 4>	금 전 악	5각	선모	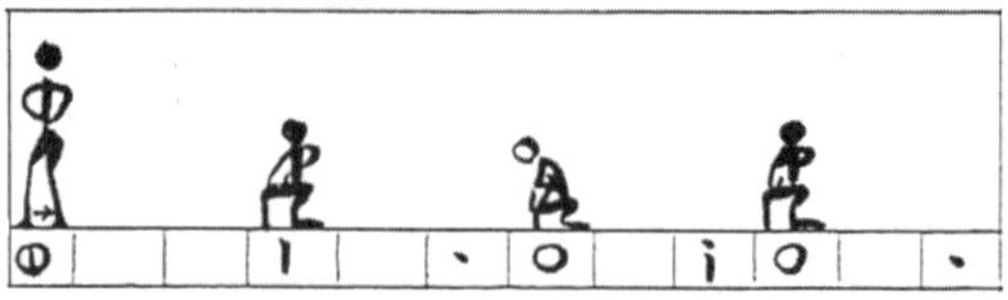 금전악 5각 동작 보법: 선모는 1박에 右足을 뒤로 딛고 2박까지 궤하고 3박에 면복(俛伏)하고 4박에 궤(跪)한다. 수법: 선모는 염수한 대로 한다. (도판 4)
			6각	선모	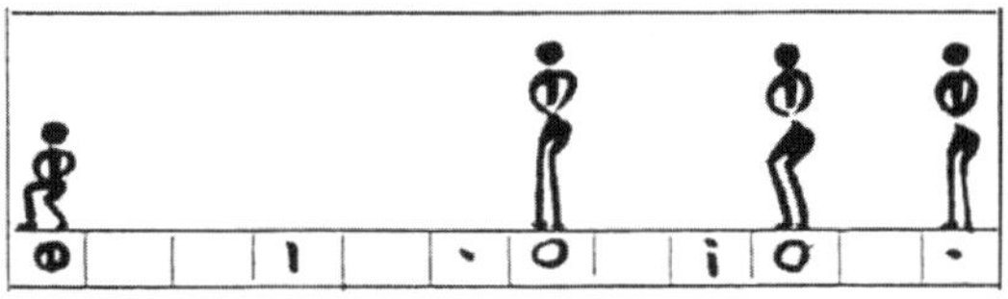 금전악 6각 동작 보법: 선모는 1·2·3박까지 일어나 3박에 무릎 구부렸다가 편다. (도판 4) 수법: 선모는 염수한 대로 한다.
			7각	선모	 금전악 7각 동작 보법: 선모는 1·2·3박까지 서서 수법만 하고 4박에 무릎 구부렸다가 펴며 右足을 든다. (도판 4) 수법: 선모는 1·2박에 「거수」하여 3·4박까지 「외서」한다.
			8각	선모	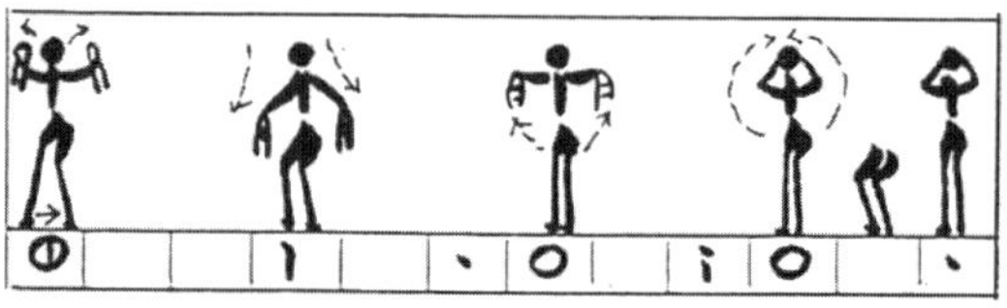 금전악 8각 동작 보법: 선모는 1박에 右足을 뒤로 딛고 2박에 무릎 구부리고 3박에 펴고 4박에 구부렸다가 편다. (도판 4) 수법: 선모는 염수 공읍한다. ※ 악지·박

하황은(악학궤범)

홀　　　기	진 행 도	음악	장단	배역	동　　　작
		금 전 악			※ 치어(致語) 荷皇恩受錫命也　　　　　　하황은수석명야 하황은은 곧 내려준 황명을 받은 것입니다 殿下以父王之命　　　　　　전하이부왕지명 전하께서 부왕의 명으로 權攝國事　　　　　　　　　권섭국사 국사를 섭행하다가 尋受皇帝誥命　　　　　　　심수황제고명 황제의 고명을 받으므로 國人懽忻作荷皇恩　　　　　국인환흔작하황은 나라 사람들이 기뻐하여 하황은을 지었사옵니다 ※ 악지·박
			9각	선모	금전악 9각 동작 보법: 선모는 1·2·3박까지 서서 수법만 하고 4박에 　　　구부렸다가 펴며 右足을 든다. (도판 4) 수법: 선모는 1·2·3박까지 「외서」하고 4박은 보법만 　　　한다.
			10각	선모	금전악 10각 동작 보법: 선모는 1박에 右足을 뒤로 딛고 2박에 구부리고 　　　3박에 펴고 4박에 구부렸다가 펴며 右足을 든다. 수법: 선모는 염수한다.(도판 4)

하황은(악학궤범)

홀 기	진 행 도	음악	장단	배역	동 작
擊拍奏前樂擊拍仙毋足蹈擊拍小退復位樂止	 북 인정용정봉정작정미 右一 ↓선모 左一 右二 左二 右三 左三 개 개 개 인정용정봉정작정미 <도판 5> (선모 복위)	금전악	11각	선모	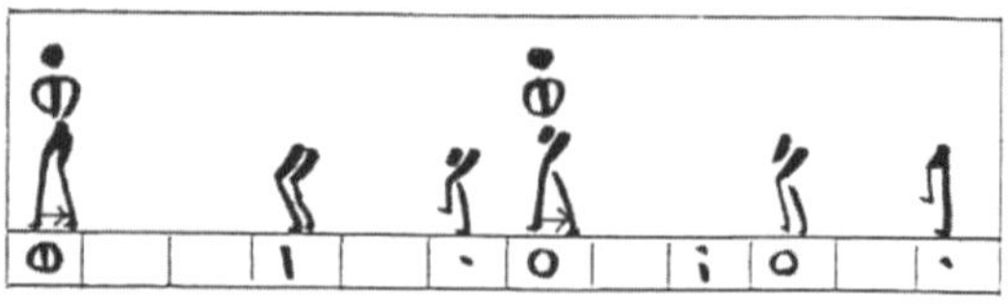 **금전악 11각 동작** 보법: 선모는 2박 1보(先右足, 次左足)로 무퇴한다. (도판 5) 수법: 선모는 염수하고 무퇴한다.
			12각	선모	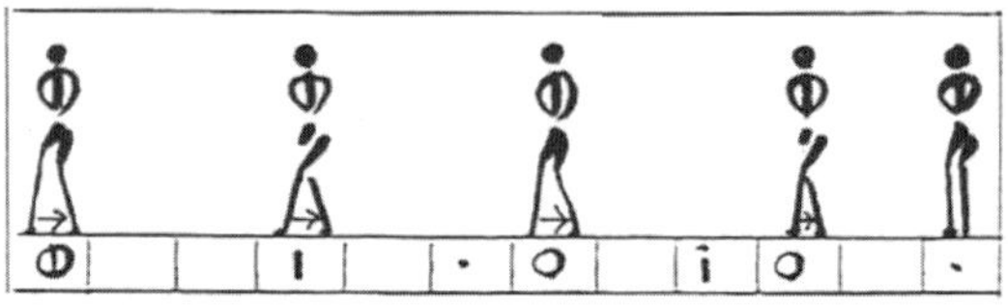 **금전악 12각 동작** 보법: 선모는 1박 1보(先右足, 次左足)로 무퇴한다. (도판 5) 수법: 선모는 염수하고 무퇴한다.
			13각	선모 와 협무	 **금전악 13각 동작** 보법: 선모와 협무는 1·2·3박에 서서 수법만 하고 4박에 무릎 구부렸다가 펴며 선모는 右足을 협무는 內足을 든다. 수법: 선모와 협무는 1·2박에 「거수」하여 3·4박에 「외서」한다. (도판 5)
			14각	선모 와 협무	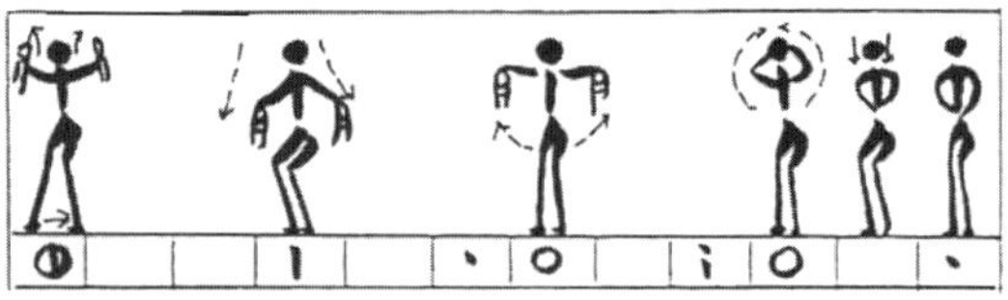 **금전악 14각 동작** 보법: 선모와 협무는 1박에 선모는 右足을 협무는 內足을 뒤로 딛고 2박에 구부리고 3박에 펴고 4박에 구부렸다가 편다. (도판 5) 수법: 선모와 협무는 염수한다. (이때 협무의 염수를 갱염수라 한다.)

하황은(악학궤범)

홀 기	진 행 도	음악	장단	배역	동 작

홀 기 (세로쓰기, 우→좌)

金殿樂 令仙母與左右挾六人隨樂節歙手足蹈唱荷皇恩詞
赫赫始祖造我東方傳子及孫惟世有搭王金玉其相天賦聰明
旣孝且博筑仁且誠鍮熙聖孝日臺臺明昭父王允也知于明
迺倦于勤砸托國事皇帝日俞錫是天明命王拜精百皇帝神聖于
皇帝神聖恩監朝鮮小大舞蹈憲是天淵綿綿宗社彌萬億年
訖樂止

진 행 도

인정용정봉정작정미 　족　 인정용정봉정작정미
右一　　　　左一
　　선모
右二　　　　左二
右三　　　　左三
개　개　개

<도판 6>
(수악절)

음악: 금전악 수악절 수수무

장단 1각 / 배역: 선모와 협무

금전악 수악절 수수무 1각 동작

보법: 선모와 협무는 1박에 선모는 右足을 협무는 內足을 앞으로 딛고 2·3·4박까지 앞으로 수수무를 한다.

수법: 선모와 협무는 1박에 선모는 右측 무릎에 협무는 內측 무릎에 양손을 얹고 한다. (도판 6)

장단 2각 / 배역: 선모와 협무

금전악 수악절 수수무 2각 동작

보법: 선모와 협무는 뒤로 수수무한다. (도판 6)

수법: 선모와 협무는 1각과 같이 한다.

금전악 수악절 수수무 3각 동작

보법: 선모와 협무는 1각과 같다. (도판 6)

수법: 선모와 협무는 1각과 같이 한다.

금전악 수악절 수수무 4각 동작

보법: 선모와 협무는 2각과 같다. (도판 6)

수법: 선모와 협무는 2각과 같이 한다.

장단 3각~6각 / 배역: 선모와 협무

금전악 수악절 수수무 5각 동작

보법: 선모와 협무는 1각과 같다. (도판 6)

수법: 선모와 협무는 1각과 같이 한다.

금전악 수악절 수수무 6각 동작

보법: 선모와 협무는 2각과 같다. (도판 6)

수법: 선모와 협무는 2각과 같이 한다.

※ 악지·박

홀 기	진 행 도	음악	장단	배역	동 작
					※ 수악절 하황은사 赫赫始祖造我東方　　　　혁혁시조조아동방 혁혁하신 시조께서 우리 나라를 세우시어 傳子及孫世有哲王　　　　전자급손세유철왕 자손에게 전하시니 대대로 철왕이 나셨습니다 金玉其相天賦聰明　　　　금옥기상천부총명 금옥 같은 그 모습이요 하늘이 내리신 총명이라 旣孝且悌旣仁且誠　　　　기효차제기인차성 효성스럽고 우애 있고 어질고 정성스러우며 緝熙聖學惟日亹亹　　　　집희성학유일미미 빛나는 성학으로 날마다 힘쓰시니 明昭父王允也知子　　　　명소부왕윤야지자 밝으신 부왕께서 진실로 아들을 아시고 迺惓于勤迺托國事　　　　내권우근내탁국사 이에 나이 늙으셔서 곧 나라 일을 맡기려 하시니 皇帝曰兪錫是明命　　　　황제왈유석시명명 황제께서 그리하라 하시고 이 밝은 명을 내리셨습니다 王拜稽首皇帝神聖　　　　왕배계수황제신성 임금께서 머리 조아려 절하니 신성한 황제입니다 皇帝神聖恩溢朝鮮　　　　황제신성은일조선 황제가 신성하여 그 은혜 조선에 넘쳤습니다 小大舞蹈感極天淵　　　　소대무도감극천연 모두들 춤추면서 끝없이 감격하니 綿綿宗社彌萬億年　　　　면면종사미만억년 종묘 사적 면면히 이어 억만년을 가오리다

홀 기	진 행 도	음악	장단	배역	동 작
		금전악	7각	선모와 협무	
			8각	선모와 협무	

금전악 7각 동작

보법: 선모와 협무는 1·2·3박까지 서서 수법만 하고
　　　4박에 무릎 구부렸다가 펴며 선모는 右足을 협무
　　　는 內足을 든다. (도판 6)

수법: 선모와 협무는 1·2박에 「거수」하여 3·4박까지
　　　「외서」한다.

금전악 8각 동작

보법: 선모와 협무는 1박에 선모는 右足을 협무는 內足
　　　을 뒤로 딛고 2박에 구부리고 3박에 펴고 4박에
　　　구부렸다가 편다. (도판 6)

수법: 선모와 협무는 염수한다.

※ 악지·박

註: 수악절 수수무는 하황은사 노래가 끝날 때까지 「금
　　전악수악절 수수무」 1·2각 동작을 반복하는 것이
　　나 6각으로 줄여서 도안하였다.

하황은(악학궤범)

홀기	진행도	음악	장단	배역	동 작
	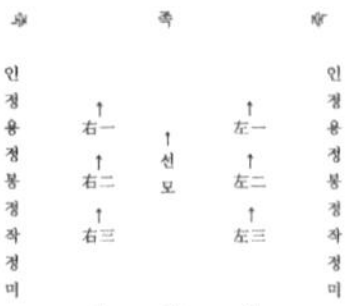 북 인정용정봉정작정미 右一↑ 右二↑ 右三↑ 선모↑ 左一↑ 左二↑ 左三↑ 인정용정봉정작정미 개 개 개 <도판 7> (무진)	보 허 자	1각	선모 와 협무	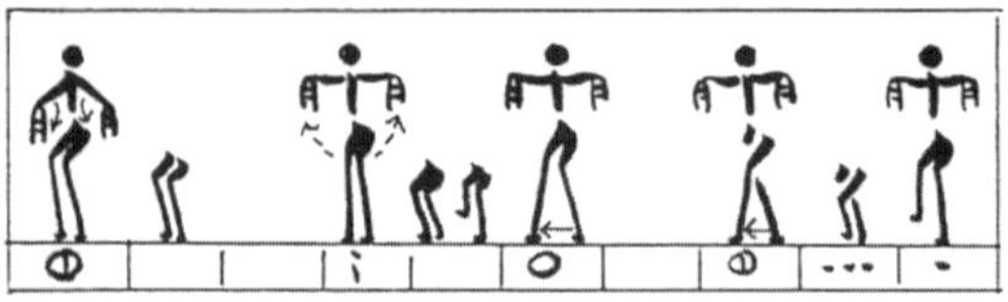
			2각	선모 와 협무	

보허자 1각 동작

보법: 선모와 협무는 1각의 1·2박에 무릎 구부리며 3·4박에 펴고 5박에 구부렸다가 펴며 선모는 右足을 협무는 內足을 들어 선모는 先右足, 次左足 협무는 先內足, 次外足으로 6·7·8·9·10박까지 무진하고 이어서 2각의 1·2·3·4박까지 무진하여 5박에 구부렸다가 펴며 선모는 右足을 협무는 內足을 들어 6박에 뒤로 딛고 7박에 구부리고 8박에 펴고 9박에 구부리고 10박에 편다.

수법: 선모와 협무는 1각의 1·2·3·4박까지 무작하여 6·7·8·9·10박 이어서 2각의 1·2·3·4박까지 무진하여 6·7·8·9·10박까지 염수한다.

홀기	진행도	음악	장단	배역	동 작
	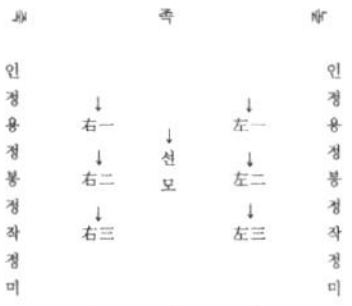 북 인정용정봉정작정미 右一↓ 右二↓ 右三↓ 선모↓ 左一↓ 左二↓ 左三↓ 인정용정봉정작정미 개 개 개 <도판 7-1> (무퇴)		3각	선모 와 협무	
			4각	선모 와 협무	

보허자 3·4각 동작

보법: 선모와 협무는 3각의 1·2박에 무릎 구부리며 3·4박에 펴고 5박에 구부렸다가 펴며 선모는 右足을 협무는 內足을 들어 선모는 先右足 次左足, 협무는 先內足 次外足으로 6·7·8·9·10박까지 무퇴하고 이어서 4각의 1·2·3·4박까지 무퇴하여 5박에 구부렸다가 펴며 선모는 右足을 협무는 內足을 들어 6박에 뒤로 딛고 7박에 구부리고 8박에 펴고 9박에 구부리고 10박에 편다. (도판 7-1)

수법: 선모와 협무는 3각의 1·2·3·4박까지 무작하여 6·7·8·9·10박까지 무퇴하고 이어서 4각의 1·2·3·4박까지 무퇴하고 이어서 4각의 1·2·3·4박까지 무퇴하여 6·7·8·9·10박까지 염수한다.

홀　　기	진　행　도	음악	장단	배역	동　　　　　작

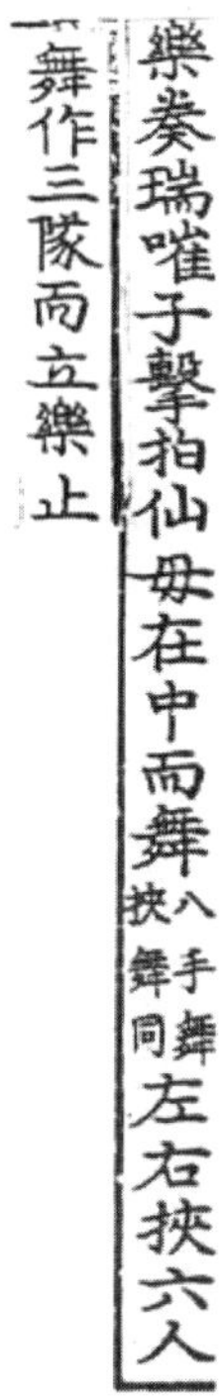

홀기 (세로쓰기):

樂奏瑞嗺子擊拍仙毋在中而舞挾舞同八手舞左右挾六人

一舞作三隊而立樂止

진행도:

족

인정용정봉정작정미　　　　　인정용정봉정작정미

右一 →　　　　← 左一

右二 ←　선모　→ 左二

右三 →　　　　← 左三

개　　개　　개

<도판 8>
(사방 작대)

음악: 송구여지곡(서자고)

1각 — 선모와 좌우협

註: 홀기상의 서최자(瑞嗺子)는 서자고 최자로 보아 서자고(현,송구여지곡)로 도안하였다.

송구여지곡 1각 동작

보법: 선모는 북향하고 서서 3박 1보(先內足, 次左足)로 하고 右一 左一 右三 左三은 內步로 右二 左二는 外步로 4박 작대한다.

수법: 선모와 협무는 1각 1회로 팔수무(八手舞)한다. (左右협은 外手를 앞으로 내린다.)

2각 — 선모와 좌우협

송구여지곡 2각 동작

보법: 선모와 협무는 3박 1보로 송구여지곡 1각과 같다.

수법: 선모와 협무는 1각 1퇴로 팔수무하여 양손 앞에 여미어 내린다.

3각 — 선모와 좌우협

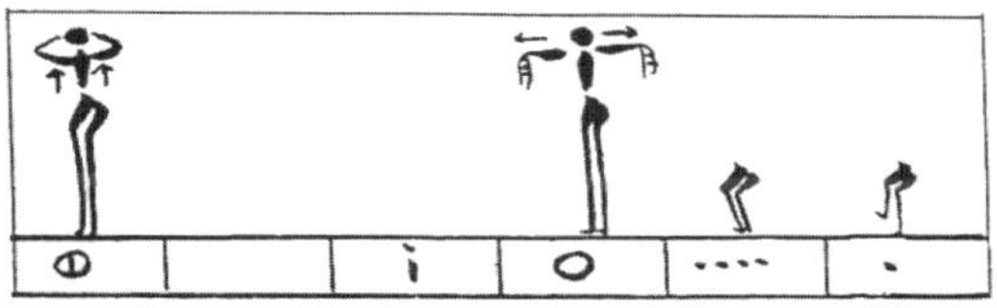

송구여지곡 3각 동작

보법: 선모와 협무는 1·2·3·4박까지 서서 수법만 하고 5박에 무릎 구부리며 6박에 펴며 선모는 右足을 협무는 內足을 든다.

수법: 선모와 협무는 1·2박에 「거수」하여 3·4박에 「외서」한다.

4각 — 선모와 좌우협

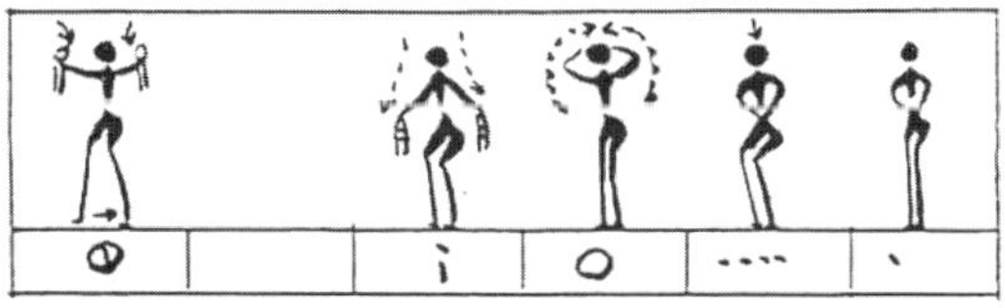

송구여지곡 4각 동작

보법: 선모와 협무는 1박에 선모는 右足을 협무는 內足을 뒤로 딛고 2·3박까지 구부리고 4박에 펴고 5박에 구부리고 6박에 편다.

수법: 선모와 협무는 염수한다.

하황은(악학궤범)

홀 기	진 행 도	음악	장단	배역	동 작
					註: 서자고 1·2·3·4각 동작으로 4방 작대할 때의 악학궤범홀기에는 기록이 없으나 계사년홀기에는 다음과 같이 기록되어 있다.
					계사년홀기 
					이상의 계사년홀기의 기록으로 보아 악학궤범에서도 계사년과 같이 했을 것으로 보여 진다. 그러나 이대(二隊) 즉 右二 左二만 외보로 나가면 右一 左一 右三 左三의 사이가 넓어져 형태의 균형이 잡히지 않아 右一 左一 右三 左三은 내보(內步)하는 것으로 도안하였다.
樂奏金殿樂 今仙母北向而舞 舞入手在北 三挾對舞 五羊仙舞下同 東南西南四挾北向斂手而立					註: 이 부분에서 오양선무(五羊仙舞)는 오양선 정재에서 협무가 4방형으로 있을 때 선모가 전좌협, 저누협, 후좌협, 후우협 순으로 회선대무(回旋隊舞)하는 과정의 춤을 말하는 것이나 하황은 에서는 2인씩 선모와 대무하는 것만 다르고 춤은 같다.
	 <도판 9>	금전악	1각	선모	 금전악 1각 선모 동작 보법: 선모는 북향하고 2박 1보(先右足, 次左足)로 제 위치에서 서서 보법만 한다. 수법: 선모는 1각 1퇴로 팔수무를 한다.
				북대 2인	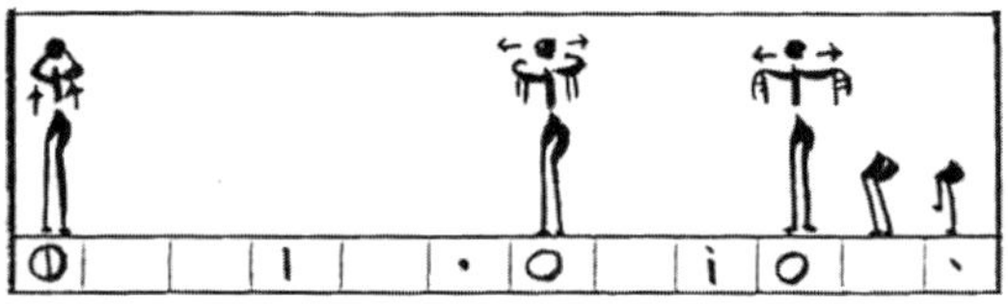 금전악 1각 북협2인 동작 보법: 북협 2인은 1·2·3박까지 서서 수법만 하고 4박에 무릎 구부렸다 펴며 內足을 든다. 수법: 북협 2인은 1·2박에 「거수」하여 3·4박까지 「외서」한다.

하황은(악학궤범)

홀　기	진　행　도	음악	장단	배역	동　　작
	 <도판 9-1> (북협 남향)	금전악	2각	선모	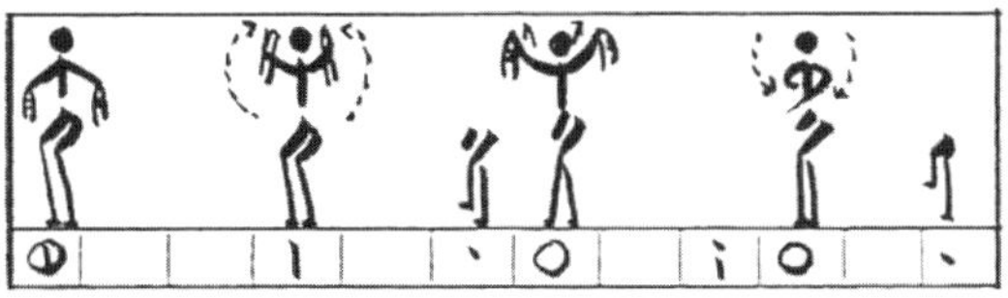 **금전악 2각 선모 동작** 보법: 선모는 북향하고 2박 1보(先右足, 次左足)로 제 　　　위치에 서서 보법만 한다. (도판 9-1) 수법: 선모는 1각 1회로 팔수무를 한다.
				북대 2인	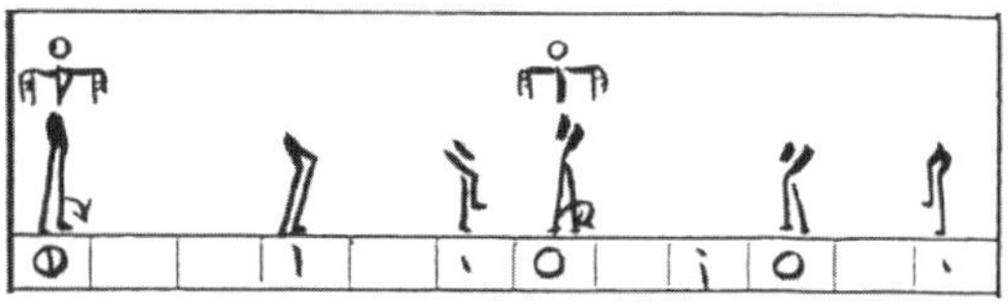 **금전악 2각 북협 2인 동작** 보법: 북협 2인은 2박 1보(先內足, 次外足)로 돌아 남향 　　　하여 선모를 향한다. (도판 9-1) 수법: 북협 2인은 광수(廣袖)한 대로 한다.
	 <도판 9-2> (선모 북협 상대)	금전악	3각	선모	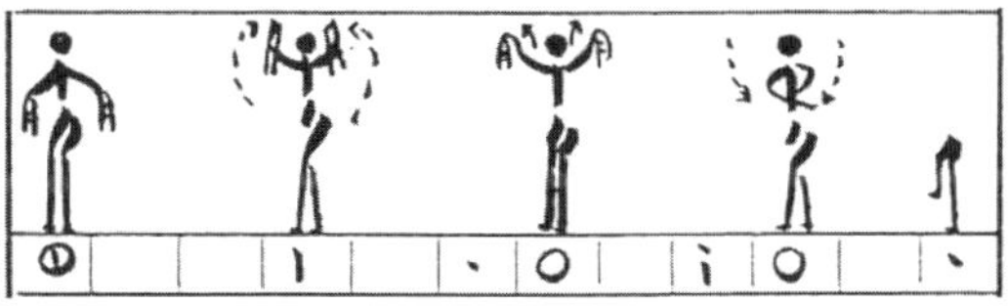 **금전악 3각 선모 동작** 보법: 선모는 북향하고 1박 1보(先右足 次左足)로 제 　　　위치에 서서 보법만 한다. 수법: 선모는 1각 1회로 팔수무를 한다.
				북협 2인	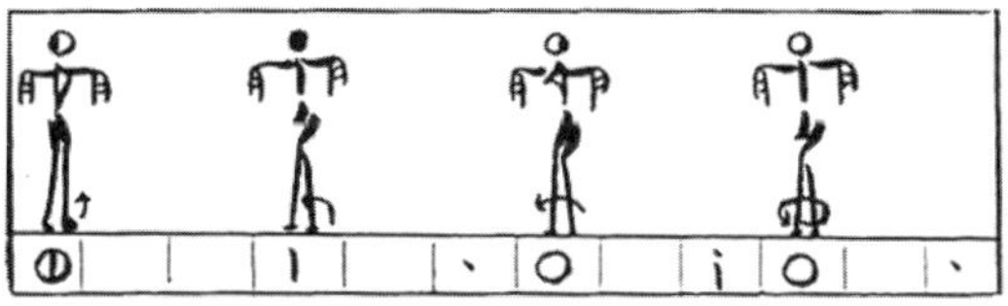 **금전악 3각 북협 2인 동작** 보법: 북협 2인은 1박 1보(先內足, 次外足)로 좌선(左 　　　旋)한다. 수법: 북협 2인은 「광수」한 대로 한다.

홀 기	진 행 도	음악	장단	배역	동 작
	<도판 9-3> (북향)	금 전 악	4각	선모	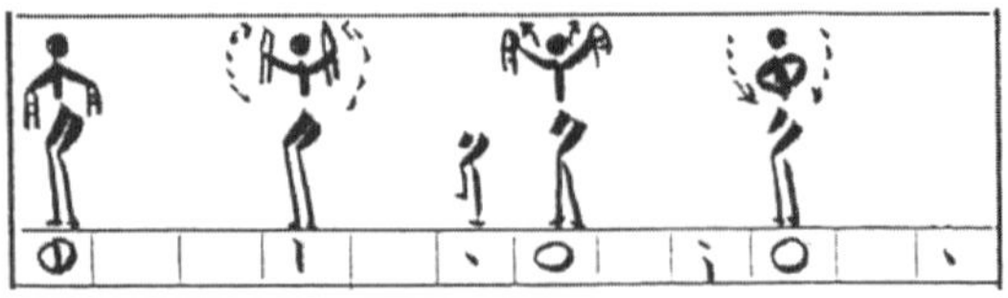 **금전악 4각 선모 동작** 보법: 선모는 2박 1보(先右足, 次左足)로 제 위치에 서서 보법을 한다. (도판 9-3) 수법: 선모는 북향하고 1각 1회 팔수무하여 양손을 앞으로 여민다.
				북대 2인	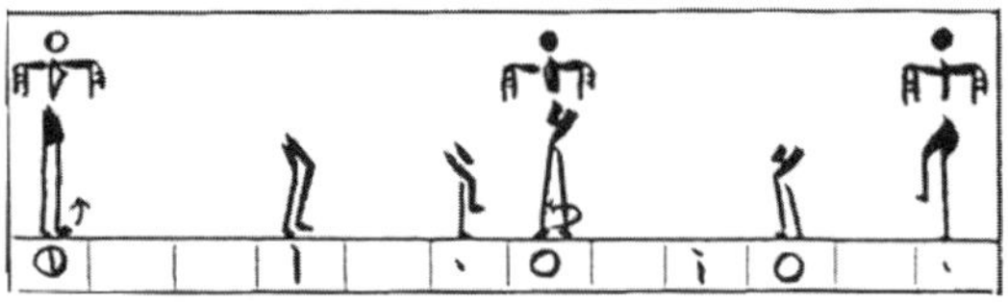 **금전악 4각 북협 2인 동작** 보법: 북협 2인은 2박 1보(先內足, 次外足)로 북향한다. 수법: 북협 2인은 광수한 대로 한다. (도판 9-3)
			5각	선모	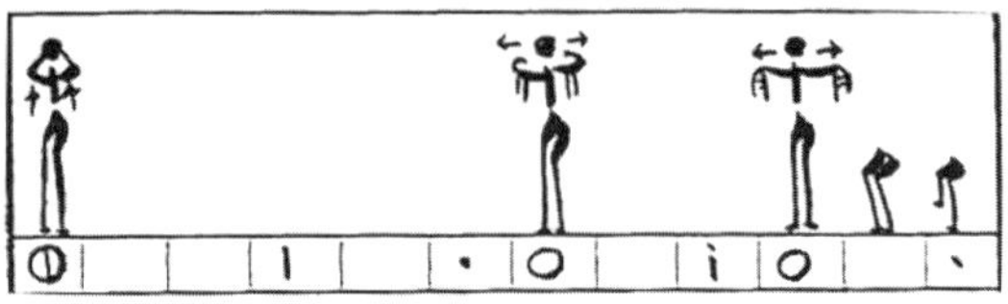 **금전악 5각 선모 동작** 보법: 선모는 1·2·3박까지 서서 보법만 하고 4박에 무릎 구부렸다 펴며 右足을 든다. (도판 9-3) 수법: 선모는 1·2박에 거수하여 3·4박에 「외서」한다.
				북협 2인	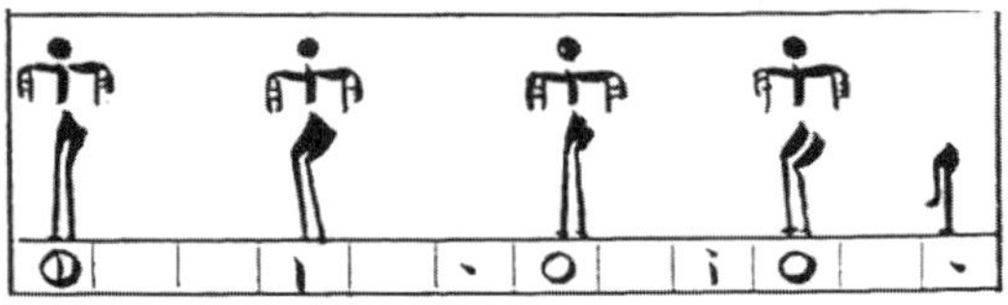 **금전악 5각 북협 2인 동작** 보법: 북협 2인은 북향하고 서서 1박 1회로 어른다. (도판 9-3) 수법: 북향 2인은 광수한 대로 한다.

홀 기	진 행 도	음악	장단	배역	동 작
		금전악	6각	선모와 북협 2인	**금전악 6각 동작** 보법: 선모와 북협 2인은 1박에 선모는 右足을 북협 2인은 內足을 뒤로 딛고 2박에 구부리고 3박에 펴고 4박에 구부렸다가 편다. (도판 9-3) 수법: 선모와 북협 2인은 염수한다.
一舞東南·二挾對舞西南比四挾比向歛手而立　仙毋東向而	舞족종 인정용정봉정작정미 右一 左一 右二 선모 左二 右三 左三 개 개 개 <도판 10> (선모와 동협)	금전악	7각	선모	**금전악 7각 동작** 보법: 선모는 북향하고 2박 1보(先右足, 次左足)로 제위치에 서서 한다. 수법: 선모는 1각 1회로 팔수무를 한다.
				동남 2협	**금전악 7각 동남 2협 동작** 보법: 동남 2협은 1·2·3박까지 서서 수법만 하고 4박에 구부렸다가 펴며 內足을 든다. (도판 10) 수법: 동남 2협은 1·2박에 「거수」하여 3·4박에 「외서」한다.
	舞족종 인정용정봉정작정미 右一 左一 右二 곰 左二 右三 左三 개 개 개 <도판 10-1> (선모 동남 상대)		8각	선모	**금전악 8각 선모 동작** 보법: 선모는 2박 1보(先右足, 次左足)로 동향한다. 수법: 선모는 1각 1회로 팔수무를 한다. (도판 10-1)

홀 기	진 행 도	음악	장단	배역	동 작
	 <도판 10-2> (선모 동남 상대)	금전악		동남 2협	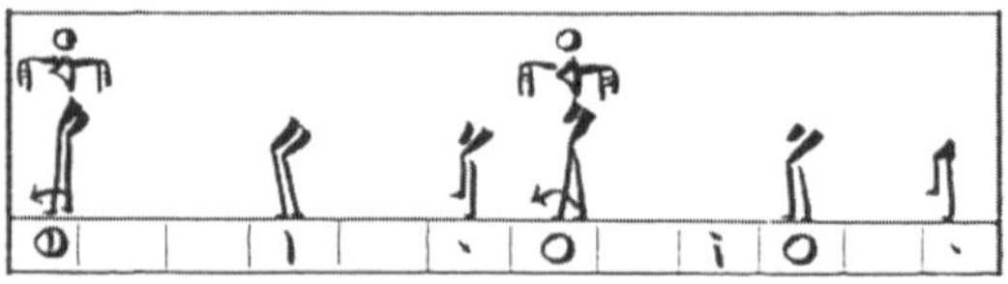 **금전악 8각 동남 2협 동작** 보법: 동남 2협은 2박 1보(先內足, 次外足)로 서향하여 선모를 향한다. (도판 10-1) 수법: 동남 2협은 「광수」한 대로 한다.
			9각	선모	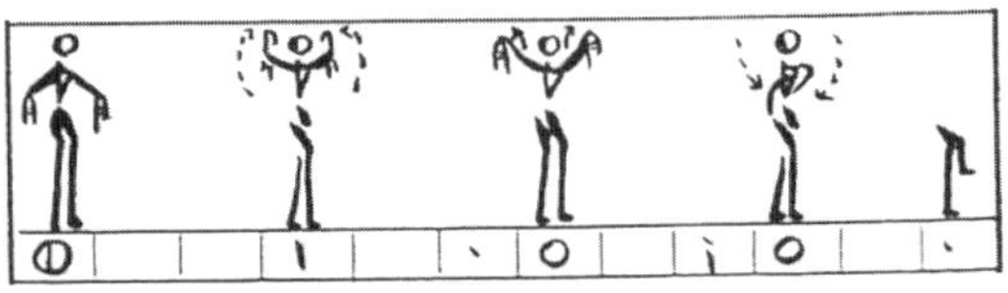 **금전악 9각 선모 동작** 보법: 선모는 동향하고 1박 1보(先右足, 次左足)로 제 위치에 서서 보법만 한다. (도판 10-2) 수법: 선모는 1각 1회로 팔수무를 한다.
				동남 2협	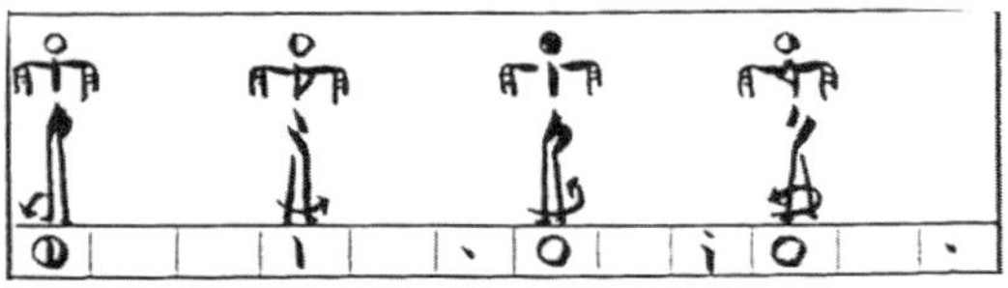 **금전악 9각 동남 2협 동작** 보법: 동남 2협은 1박 1보(先內足, 次外足)으로 좌선(左旋)한다. (도판 10-2) 수법: 동남 2협은 「광수」한 대로 한다.
	 <도판 10-3> (북향)		10각	선모	 **금전악 10각 선모 동작** 보법: 선모는 2박 1보(先右足, 次左足)로 북향한다. 수법: 선모는 팔수무를 하며 북향한다. (도판 10-3)
					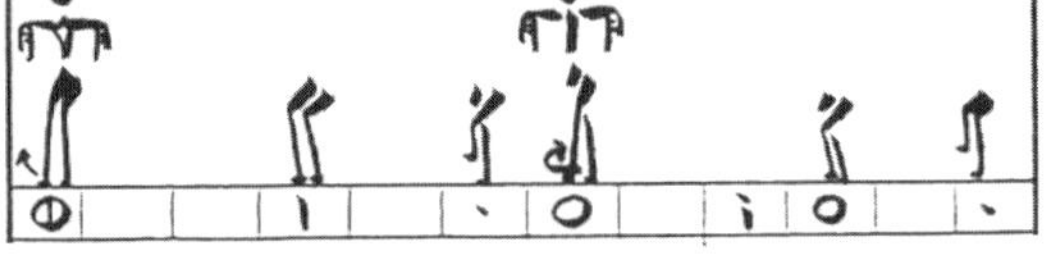 **금전악 10각 동남협 동작** 보법: 동남 2협은 2박 1보(先內足, 次外足)로 북향한다. 수법: 동남 2협은 광수한 대로 북향한다. (도판 10-3)

하황은(악학궤범)

홀　기	진　행　도	음악	장단	배역	동　　　　작
		금전악	11각	선모	 **금전악 11각 선모 동작** 보법: 선모는 1·2·3·4박 동안 서서 수법만 한다. (도판 10-3) 수법: 선모는 1·2박에 거수하여 3·4박에 「외서」한다.
				동남 2협	 **금전악 11각 동남협 동작** 보법: 동남 2협은 서서 2박 1회로 어른다. 수법: 동남 2협은 「광수」한 대로 한다.
			12각	선모 와 동남 2협	 **금전악 12각 동작** 보법: 선모와 동남 2협은 1박에 선모는 右足을 동남 2협은 內足을 뒤로 딛고 2박에 무릎 구부리고 3박에 펴고 4박에 구부렸다가 편다. 수법: 선모와 동남 2협은 염수한다. (도판 10-3)

홀 기	진 행 도	음악	장단	배역	동 작
西南二挾對舞東南北四挾北向斂手而立舞訖終拍在北二 挾東南二挾四人皆舉手外舒與舞妓同時斂手而立樂止 仙母西向而舞	<도판 11> (선모 서남무)	금 전 악	13각	선모	**금전악 13각 선모 동작** 보법: 선모는 제 위치에서 북향하고 서서 1박 1보(先右足, 次左足)로 보법만 한다. 수법: 선모는 1각 1회로 팔수무한다.
				서남 2협	**금전악 13각 서남협 동작** 보법: 서남 2협은 1·2·3·4박까지 서서 수법만 한다. 수법: 서남 2협은 1·2박에 「거수」하여 3·4박까지 「외서」한다.
	<도판 11-1> (선모 서남협 상향)		14각	선모	**금전악 14각 선모 동작** 보법: 선모는 2박 1보(先右足, 次左足)로 서향한다. 수법: 선모는 1각 1회로 팔수무를 한다.
				서남 2협	**금전악 14각 서남협 동작** 보법: 서남 2협은 2박 1보(先內足, 次外足)로 선모와 상향한다. 수법: 서남 2협은 「광수」한 대로 한다.

하황은(악학궤범)

홀 기	진 행 도	음악	장단	배역	동 작
	 <도판 11-2> (선모 서남협 대무)	금 전 악	15각	선모	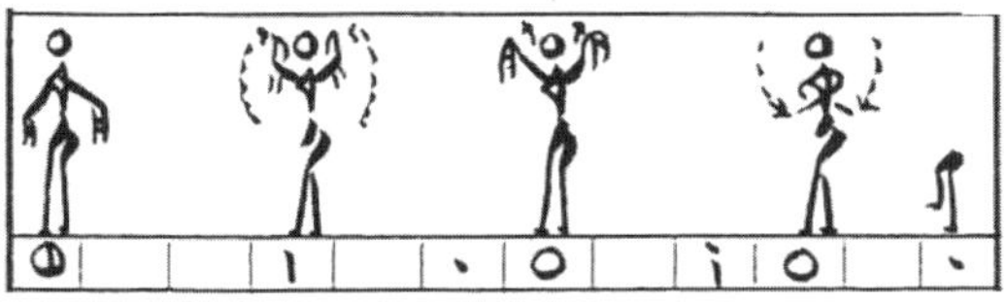 금전악 15각 선모 동작 보법: 선모는 서향한 위치에 서서 1박 1보(先右足, 次左足)로 보법만 한다. (도판 11-2) 수법: 선모는 팔수무를 한다.
				서남 8협	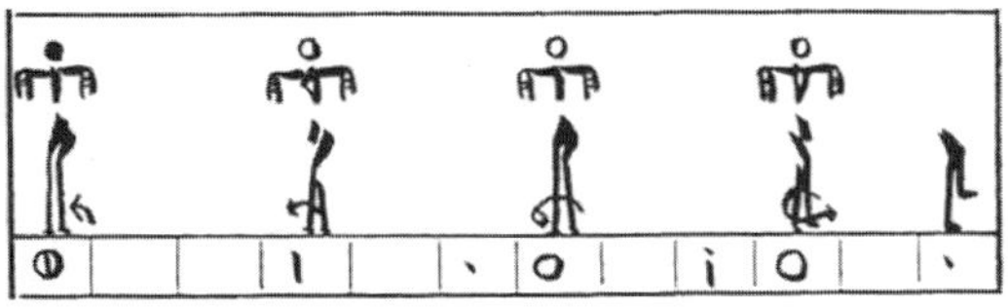 금전악 15각 서남협 동작 보법: 서남 2협은 1박 1보(先內足, 次外足)로 좌선(左旋)한다. (도판 11-2) 수법: 서남 2협은 「광수」한 대로 회선(回旋)한다.
	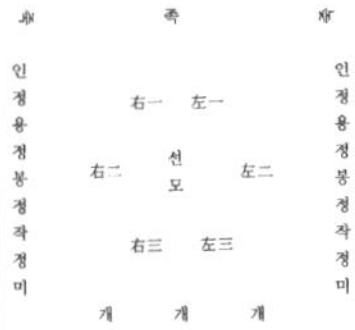 <도판 11-3> (북향)		16각	선모	 금전악 16각 선모 동작 보법: 선모는 2박 1보(先右足, 次左足)로 북향한다. (도판 11-3) 수법: 선모는 1각 1회로 팔수무를 한다.
				서남 2협	 금전악 16각 서남협 동작 보법: 서남 2협은 2박 1보(先內足, 次外足)로 북향한다. 수법: 서남 2협은 광수한 대로 한다.

하황은(악학궤범)

홀 기	진 행 도	음악	장단	배역	동 작
		금전악	17각	선모와 북2협 동남2협	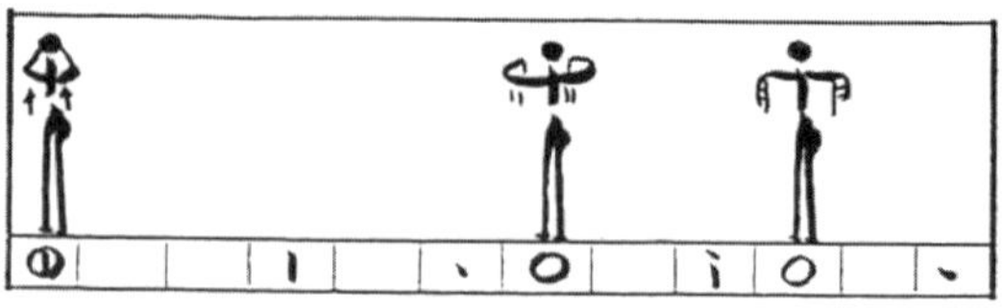 금전악 17각 선모, 북, 동남협 동작 보법: 선모와 북 2협 동남 2협은 1·2·3·4박까지 서서 수법만 한다. (도판 11-3) 수법: 선모와 북 2협 동남 2협은 1·2박에「거수」하여 3·4박까지「외서」한다.
				서남 2협	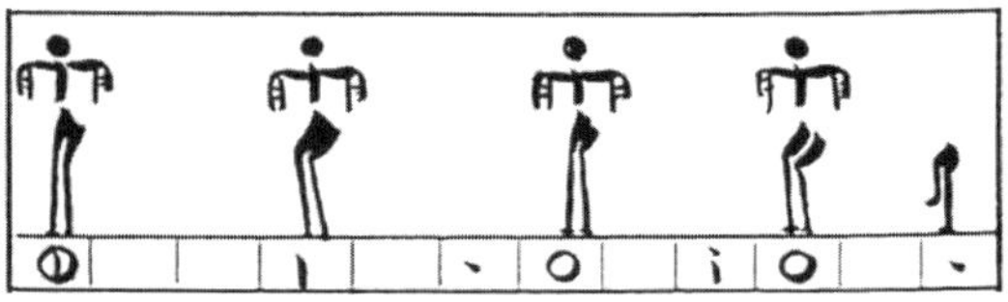 금전악 17각 서남 2협 동작 보법: 서남 2협은 북향하고 서서 2박 1회로 어른다. 수법: 서남 2협은「광수」한 대로 한다. (도판 11-3)
			18각	선모와 북2협 동남 2협 서남 2협	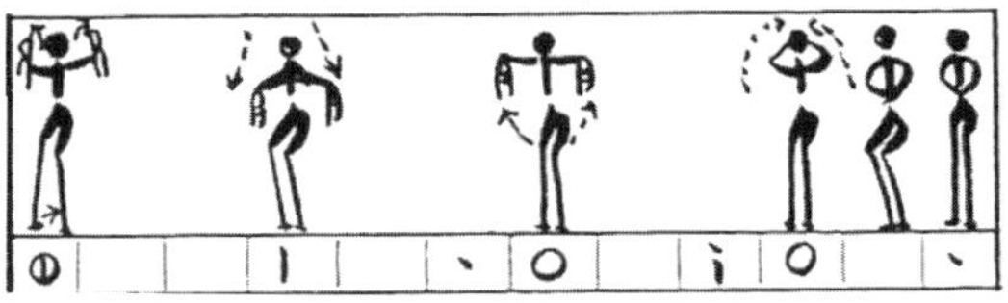 금전악 18각 선모, 북, 서남, 동남협 동작 보법: 선모와 북2협 동남 2협 서남 2협은 1박에 선모는 右足을 북 2협 동남 2협 서남 2협은 內足을 뒤로 딛고 2박에 구부리고 3박에 펴고 4박에 구부렸다가 편다. (도판 11-3) 수법: 선모와 북2협 동남 2협 서남2협은 염수한다. (북2협과 동남 2협의 염수를 갱염수라 한다.)

홀　　기	진　행　도	음악	장단	배역	동　　　　작
奏瑞嗺子擊拍仙母與左右挾舞八手作初列樂止	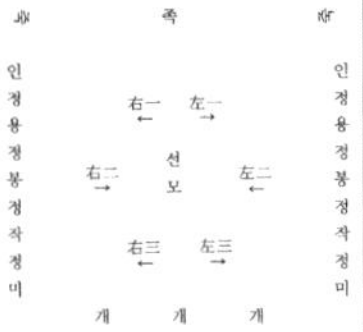 북 인정용정봉정작정미 右一　左一 右二　선모　左二 右三　左三 개　개　개 족 인정용정봉정작정미 <도판 12> (초열)	송구여지곡(서자고)	1각	선모 와 좌우협	註: 홀기 상 서최자(瑞嗺子)는 서자고 최자로 보아 서자고(송구여지곡)로 도안하였다.  송구여지곡 1각 동작 보법: 선모는 중앙(제 위치)에 서서 3박 1보(先右足, 次左足)로 左, 右협무는 3박 1보(先內足, 次外足)로 북2협과 남2협은 외보(外步)로 左二와 右二는 내보(內步)로 들어온다. (도판 12) 수법: 선모와 좌, 우협 남2협은 1각 1회로 팔수무를 한다. (左,右대는 外手를 앞으로 內手를 뒤로 내린다. 선모는 右手앞 左手 뒤로 내린다.)
			2각	선모 와 좌우협	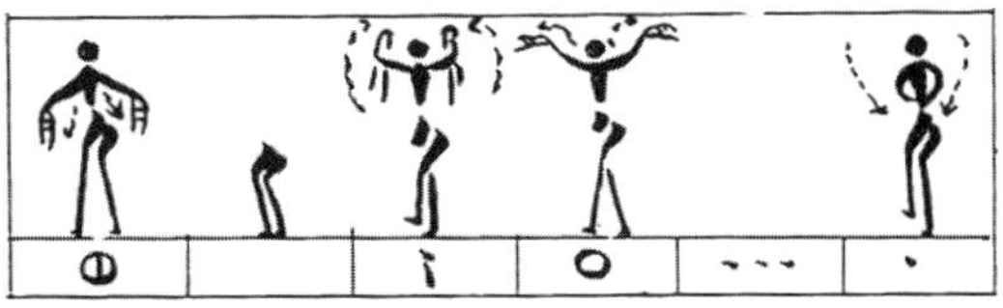 송구여지곡 2각 동작 보법: 선모는 중앙(제 위치)에 서서 3박 1보(先右足, 次左足)로 左, 右협무는 3박 1보(先內足, 次外足)로 북2협과 남2협은 외보(外步)로 左二와 右二는 내보(內步)로 들어와 초열이 된다. 수법: 선모와 左, 右협무는 팔수무를 하여 양손을 앞으로 여미며 내린다.
			3각	선모 와 좌우협	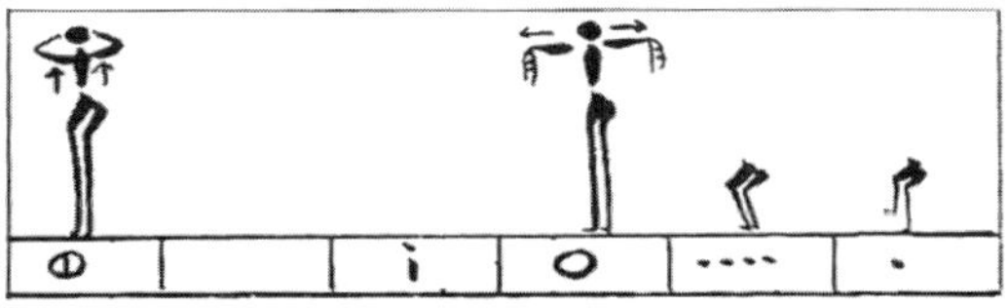 송구여지곡 3각 동작 보법: 선모와 左, 右협무는 1·2·3·4박까지 서서 수법만하고 5박에 무릎 구부리고 6박에 선모는 右足을 협무는 內足을 든다. 수법: 선모와 협무는 1·2박에 「거수」하여 3·4박까지 「외서」한다.

홀 기	진 행 도	음악	장단	배역	동 작
		송구여지곡	4각	선모와 좌우협	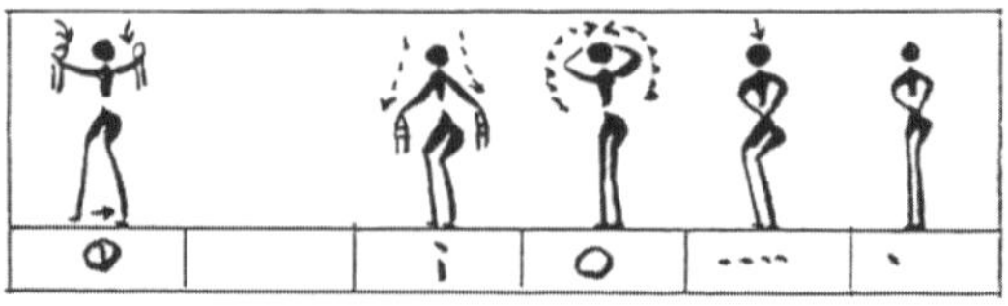 **송구여지곡 4각 동작** 보법: 선모와 협무는 1박에 선모는 右足을 협무는 內足을 뒤로 딛고 2·3박까지 무릎 구부리고 4박에 펴고 5박에 구부리고 6박에 편다. 수법: 선모와 협무는 염수한다.
仙子引擊拍奉竹竿子二人足蹈而進 分立於簇子左右樂止 式燕以娛 禮聿成於旣洽 俾昌而熾 號壽頏享於無疆 樂節將終 拜辭小退 訖 樂奏會八	→죽 인정용정봉정작정미 右一 右二 右三 선모 左一 左二 左三 인정용정봉정작정미 죽← 개 개 개 <도판 13> (죽간자 입)	보허자	1각	죽간자	
			2각	죽간자	**보허자 1·2각 동작** 보법: 죽간자 2인은 1각 4보(先內足, 次外足)로 들어와 족자 左右에서 2각 8·9·10박에 북향한다. (도판 13) 수법: 죽간자 2인은 처음 죽간자를 잡은 그대로 한다. ※ 악지·박 ※ 죽간자 구호 式燕以娛　　　　　식연이오 잔치를 베풀어 즐기거니 禮聿成於旣洽　　　예율성어기흡 그 예는 이미 흡족하게 이루었습니다 俾昌而熾　　　　　비창이치 불이 일 듯이 성창하게 하와 壽頏享於無疆　　　수원향어무강 끝없는 장수를 기원하옵니다 樂節將終　　　　　악절장종 악절이 끝나고자 할 때 拜辭小退　　　　　배사소퇴 절하며 사직하고 물러가옵니다 ※ 악지·박

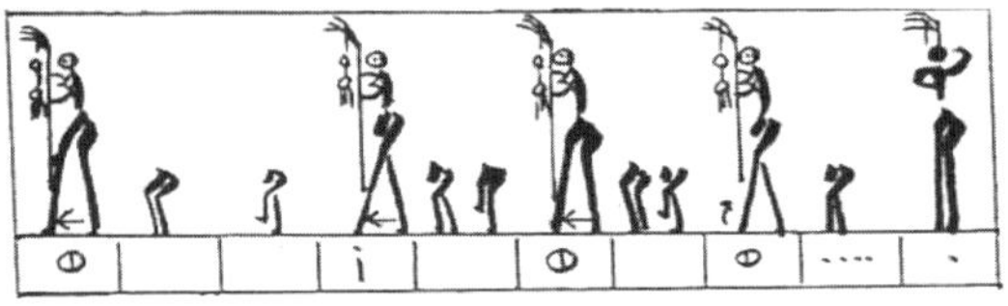

하황은(악학궤범)

홀 기	진 행 도	음악	장단	배역	동 작
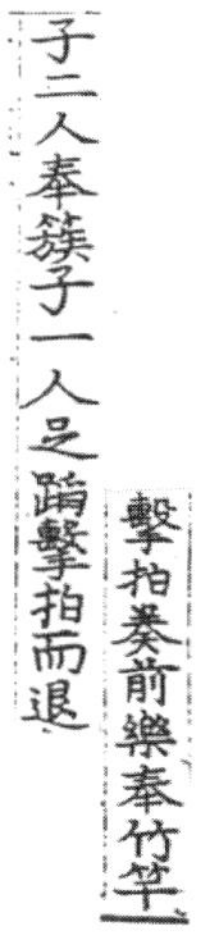 子二人奉簇子一人足踊擊拍而退 擊拍奏前樂奉竹竿	 인정용정봉정작정미 〈도판 13-1〉 (죽간자 족자 퇴)	보허자	3·4각	죽간자와 족자	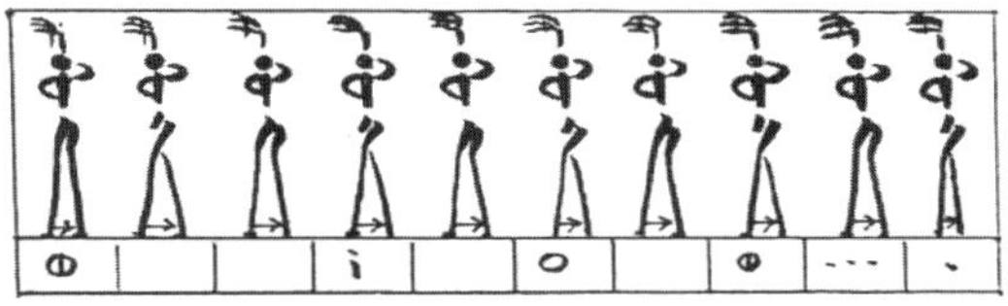 (그림) 보허자 3·4각 동작 보법: 죽간자, 족자는 1박 1보(先內足, 次外足)로 족자는(先右足, 次左足) 무퇴하여 후미(後尾)에 와서 북향하고 선다.(죽간자 족자는 돌아서 남쪽을 향하여 퇴립할 수도 있다.) 수법: 죽간자 2인과 족자는 처음 잡은 대로 한다.
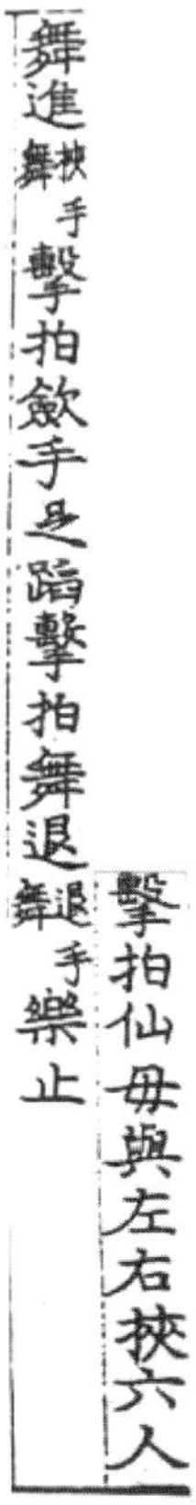 舞進挾手擊拍斂手足踊擊拍舞退舞退手樂止 擊拍仙母與左右挾六人	 인정용정봉정작정미 〈도판 14〉 (무진)	보허자	5각 6각	선모와 협무 선모와 협무	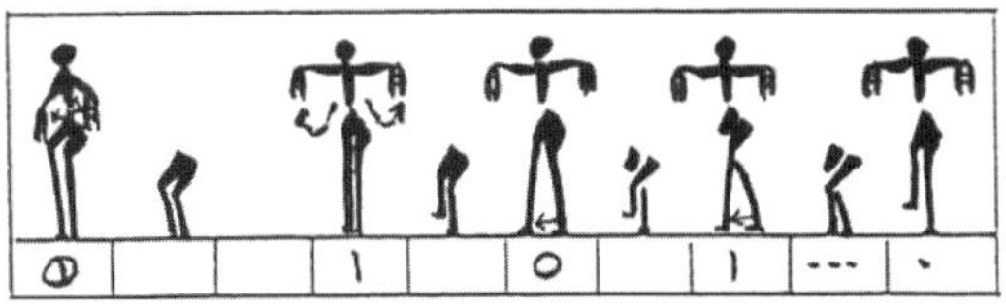  (그림) 보허자 5·6각 동작 보법: 선모와 협무는 5각의 1·2박에 무릎 구부리며 3·4박에 펴고 5박에 구부렸다가 펴며 선모는 右足을 협무는 內足을 들어 6·7·8·9·10박까지 (선모는 先右足 次左足, 협무는 先內足 次外足) 무진하고 6각의 1·2·3·4박까지 이어서 무진하여 6박에 선모는 右足을 협무는 內足을 뒤로 딛고 7박에 구부리고 8박에 펴고 9박에 구부리고 10박에 편다. (도판 14) 수법: 선모와 협무는 5각의 1·2·3·4박까지 무작하여 6·7·8·9·10박까지 무진하고 이어서 6각의 1·2·3·4박까지 무진하여 6·7·8·9·10박까지 염수한다.

홀 기	진 행 도	음악	장단	배역	동 작
		보허자	7각	선모 와 협무	

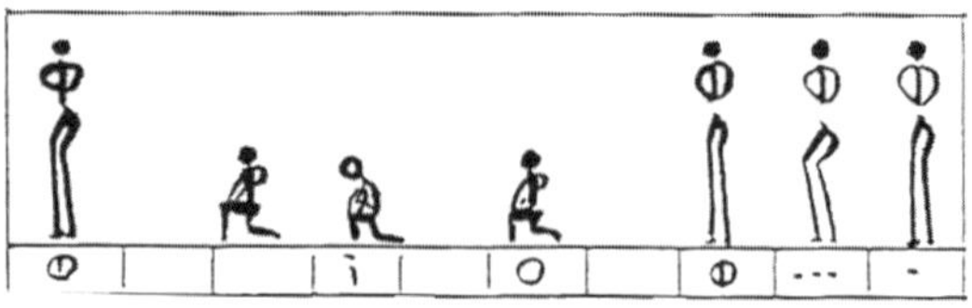

보허자 7각 동작

보법: 선모와 협무는 1박에 선모는 右足을 협무는 內足을 뒤로 딛고 2·3박까지 궤(跪)하고 4박에 면복(俛伏)하여 5·6박에 궤(跪)하고 7·8박에 일어나 9박에 구부리고 10박에 편다.

수법: 선모와 협무는 염수한 대로 한다.

| | | | 8각 | 선모 와 협무 | |

보허자 8각 동작

보법: 선모와 협무는 1·2·3·4박까지 서서 수법만 하고 5박에 무릎 구부렸다가 펴며 선모는 右足을 협무는 內足을 들어 6박에 귀로 딛고 7박에 구부리고 8박에 펴고 9박에 구부리며 10박에 편다. (도판 14)

수법: 선모와 협무는 1박에 「거수」하여 2·3·4박까지 외서하여 6·7·8·9·10박까지 염수한다.

진행도 (9각·10각 구역):

<pre>
인   ↓   ↓   인
정   ↓   右一   左一   ↓   ↓   정
용   右二 선모   左二   용
정   모   정
봉   ↓   ↓   봉
정   右三   左三   정
작   작
정   개   개   개   정
미   죽   족   죽   미
</pre>

<도판 14-1>
(무퇴)

| | | | 9각 | 선모 와 협무 | |
| | | | 10각 | 선모 와 협무 | |

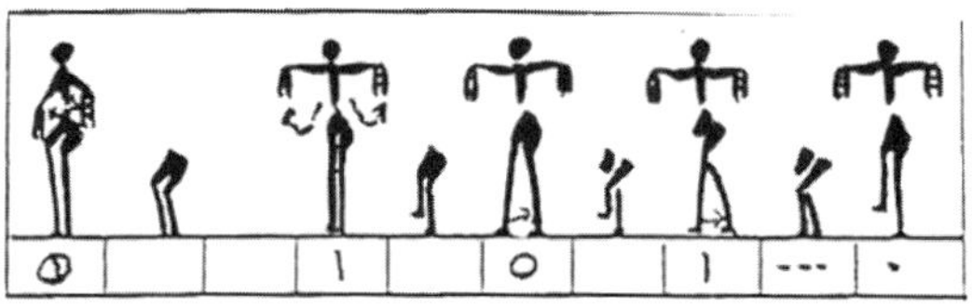

보허자 9·10각 동작

보법: 선모와 협무는 9각의 1·2박에 무릎 구부리며 3·4박에 펴고 5박에 구부렸다가 펴며 선모는 右

하황은(악학궤범)

홀 기	진 행 도	음악	장단	배역	동 작
	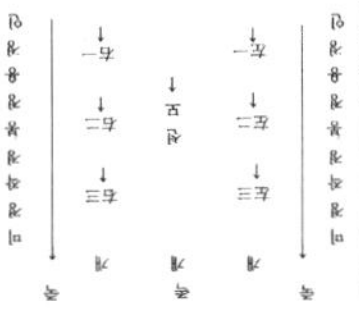 <도판 15> (퇴장)				足을 협무는 內足을 들어 6·7·8·9·10박까지 (선모는 先右足 次左足, 협무는 先內足 次外足) 무퇴하고 10각의 1·2·3·4박까지 이어서 무퇴하여 6박에 선모는 右足을 협무는 內足을 뒤로 딛고 7박에 구부리고 8박에 펴고 9박에 구부리고 10박에 편다. (도판 14) 수법: 선모와 협무는 9각의 1·2·3·4박까지 무작하여 6·7·8·9·10박까지 무퇴하고 이어서 10각의 1·2·3·4박까지 무퇴하여 6·7·8·9·10박까지 염수한다. ※ 의물, 선모와 협무는 죽간자 족자를 따라 남문 쪽으로 퇴장하여 처음 도열하고 있던 위치에 가서 앉는다.

홀　기	진　행　도	음악	장단	배역	동　작
樂奏感皇恩之曲 樂令 ○扸簇子一人竹竿子二人齊行足蹈而_{與民} 進立樂止口號_{特荷天子之恩 乃正厥位 載歌吾君 之德 以矢其音 敢冒慈儀 庸陳口號} 訖 ○拍_{與民 樂令} 拍竹竿子二人足蹈而退立 ○	<초입배열도> 죽↑　족↑　죽↑ 인성용정봉정작정미 右一　　左一 右二　선모　左二 右三　　左三 개　개　개	여민락	1각 2각	죽간자 죽간자	※ 홀기에는 의물(儀物)의 기록이 빠져있어 이를 넣어 도안한다.

여민락 1·2각 동작

보법: 죽간자 2인 족자는 1각 2보(先內足, 次外足)로 2각간 무진한다.

수법: 죽간자 2인은 외수상(外手上) 내수하(內手下)로 죽간자를 잡는다.

※ 악지 · 박

※ 죽간자 구호

特荷天子之恩　　　　　　　특하천자지은
특별히 천자의 은총을 입사와

乃正厥位　　　　　　　　　내정궐위
곧 그 왕위를 바루었나이다

載歌吾君之德　　　　　　　재가오군지덕
이에 우리 임금님의 덕을 노래하와

以矢其音　　　　　　　　　이시기음
그 덕음을 펴나이다

敢冒慈儀　　　　　　　　　감모자의
감히 임금님의 자애로운 의식에서

庸陳口號　　　　　　　　　용진구호
삼가 구호를 드리옵니다.

하황은(계사년홀기)

홀 기	진 행 도	음악	장단	배역	동 작
	<도판 1> (죽간자 퇴)	여민락	3각	죽간자	
			4각	죽간자	
左右樂止仙母致詞 ○拍仙母與左右挾舞進而立簇子 國朝開創 受皇命于朝鮮 混于中葉 再蒙恩於我皇 新製具 … 訖	<도판 2> (무진)		5각	선모 와 협무	
			6각	선모 와 협무	

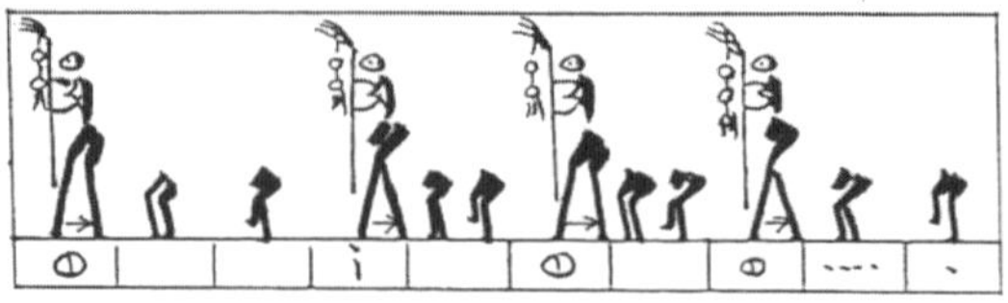

여민락 3·4각 동작

보법: 죽간자 2인은 1각 4보(先內足, 次外足)로 퇴립한다. (도판 1)

수법: 죽간자 2인은 처음 잡은 대로 한다. (족자는 제 위치에 서 있는다.)

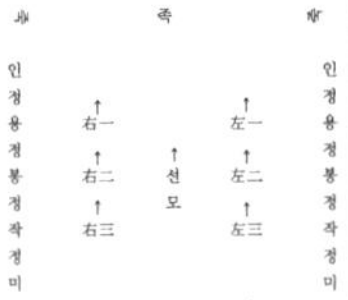

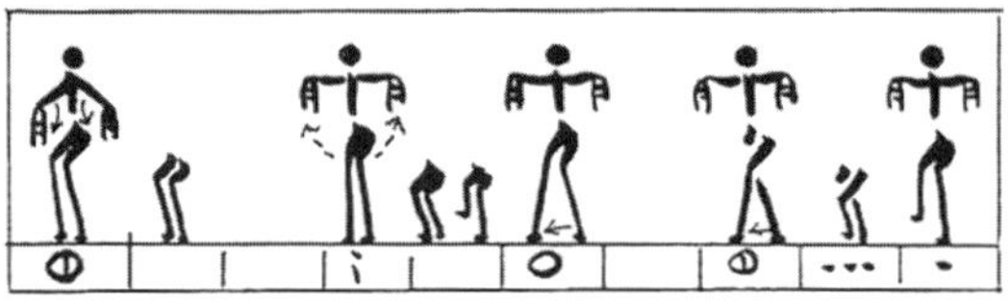

여민락 5각 동작

보법: 선모와 협무는 1·2박에 무릎 구부리며 3·4박에 펴고 5박에 구부렸다가 펴며 선모는 右足을 협무는 內足을 들어 6·7·8·9·10박까지 선모는 先右足, 次左足으로 협무는 先內足, 次外足으로 무진한다. (도판 2)

수법: 선모와 협무는 1·2·3·4박까지 무작하여 6·7·8·9·10박까지 무진한다. (악학궤범에는 절화무(折花舞)로 기록하고 있으나 계사년홀기에는 춤사위 명칭의 기록이 없어 절화무로 도안 하였다.)

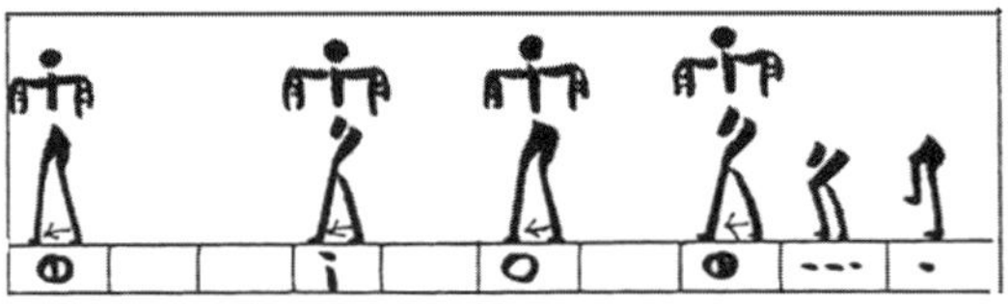

여민락 6각 동작

보법: 선모와 협무는 1각 4보(선모는 先右足 次左足, 협무는 先內足, 次外足)로 무진한다. (도판 2)

수법: 선모와 협무는 무작한 대로 한다.

홀　　기	진 행 도	음악	장단	배역	동　　　　작
		여민락	7각	선모와 협무	 **여민락 7각 동작** 보법: 선모와 협무는 1·2·3·4박까지 무진하여 5박에 무릎 구부렸다가 펴며 선모는 右足을 협무는 內足을 들어 6박에 뒤로 딛고 7박에 구부리고 8박에 펴고 9박에 구부리고 10박에 편다. (도판 2) 수법: 선모와 협무는 1·2·3·4박까지 무작한 대로 무진하여 6·7·8·9·10박까지 염수한다. ※ 선모와 협무는 여민락 5·6·7·8각 동작으로 족자 좌우까지 무진한다.
			8각	선모	 **여민락 8각 동작** 보법: 선모는 1박에 右足을 뒤로 딛고 2·3박까지 跪하고 4박에 면복(俛伏)하여 5·6박에 궤하고 7·8박에 일어나 9박에 무릎 구부리며 10박에 편다. (도판 2) 수법: 선모는 염수한 대로 한다.
			9각	선모	 **여민락 9각 동작** 보법: 선모는 1·2·3·4박까지 서서 수법만 하고 5박에 무릎 구부렸다가 펴며 右足을 들어 6박에 뒤로 딛고 7박에 구부리고 8박에 펴고 9박에 구부리고 10박에 편다. (도판 2) 수법: 선모는 1박에 「거수」하여 2·3·4박까지 「외서」하여 7·8·9·10박까지 염수 공읍한다. ※ 악지·박

하황은(계사년홀기)

홀 기	진 행 도	음악	장단	배역	동 작
		여 민 락	10각	선모 와 협무	선모 치사 國祖開創　　　　　　　국조개창 나라를 개창하시고 受皇命于朝鮮　　　　　수황명우조선 황명을 받아 조선 국호를 내리셨습니다 逮于中葉　　　　　　　체우중엽 중엽에 이르러 再蒙恩於我皇　　　　　재몽은어아황 다시 우리 임금님의 은혜를 입어 新製其章　　　　　　　신제기장 새로 노래를 지었나니 永垂皇恩　　　　　　　영수황은 길이 임금님의 은총이 내리소서 ※ 악지·박 여민락 10각 동작 보법: 선모와 협무는 1·2·3·4박까지 서서 수법만 하 고 5박에 무릎 구부렸다가 선모는 右足을 협무는 內足을 들어 6박에 뒤로 딛고 7박에 구부리고 8박 에 펴고 9박에 구부리고 10박에 편다. (도판 2) 수법: 선모는 1·2·3·4박까지 「외서」하고 협무는 1 박에 「거수」하여 2·3·4박까지 「외서」하여 선 모와 협무는 6·7·8·9·10박까지 염수한다.

하황은(계사년홀기)

홀 기	진 행 도	음악	장단	배역	동 작
步虛 子令 仙母與左右挾歛子足蹯隨樂節唱詞 八音鏘鏘 玁玁承承兮 嘉恩享兮 再造藩拜兮 景受皇恩 朝宋屹照兮 漢陽 九章輝煥兮 道拜五雲 新製其章兮 續編萬文 重熙綿綿兮 於萬其年 退慕聖德兮 玁延光先 敬作歃 詔樂止 頌兮 拜獻禮足	인정용정봉정작정미 족 右一　　　左一 右二　선모　左二 右三　　　左三 개　개　개 인정용정봉정작정미 <도판 3> (수악절무)	보허자(수악절무) 보허자	1각 2 3 4 5 6 각 7각	선모와 협무 선모와 협무	(아래)

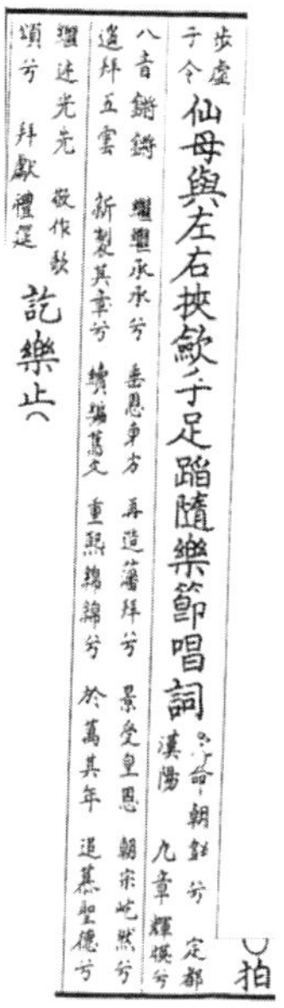

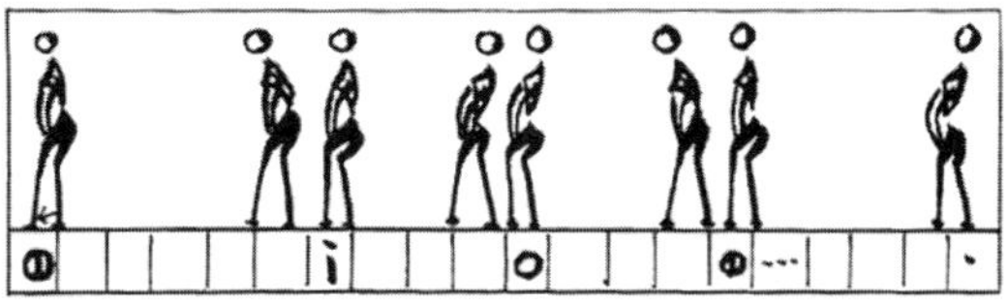

<표 하단 설명>

수악절(보허자)1각 동작 (2·3·4·5·6각은 1각을 반복한다)

보법: 선모와 협무는 1박에 선모는 右足을 협무는 內足을 앞으로 딛고 2·3·4·5·6박까지 앞으로 수수무하고 7·8·9·10박까지 뒤로 수수무하고 11·12·13·14박까지 앞으로 수수무하고 15·16·17·18·19박까지 뒤로 수수무한다. (수악절 창사를 창하며 한다.)

수법: 선모와 협무는 선모는 右측 무릎에 협무는 內足 무릎에 양손을 얹고 한다. (선모는 右手上 左手下, 협무는 外手上 內手下로 무릎에 얹는다.)

보허자 7각 동작

보법: 선모와 협무는 1·2·3·4박까지 서서 수법만 하고 5박에 무릎 구부렸다 펴며 선모는 右足을 협무는 內足을 들어 6박에 뒤로 딛고 7박에 구부리고 8박에 펴고 9박에 구부리고 10박에 편다.

수법: 선모와 협무는 1박에 「거수」하여 2·3·4박까지 「외서」하여 6·7·8·9·10박까지 염수한다.

註: ⑴ 수악절무는 수악절 창사가 끝날 때 까지 해야 하나 보허자 1장으로 줄여서 도안하였다. 또 수악절 창사를 하며 수악절(보허자) 1각 동작을 끝날 때 까지 반복한다. 그러나 보허자 1장만 도안하였다.

하황은(계사년홀기)

홀 기	진 행 도	음악	장단	배역	동 작
					(2) 악학궤범에는 무진 후 다시 복위하여 4방 작대하도록 기록하고 있으나 계사년 홀기에는 복위가 없고 拍(박)(鄕唐交奏)仙母與左舞挾北向舞(仙母在中)이라 기록하고 있다. 이 부분이 복위부분으로 보아야 할 것으로 보인다. 왜냐하면 족자 좌우 형태로는 4방 작대를 할 수 없기 때문이다. 수악절 창사 受命朝鮮兮　　　　　　수명조선혜 조선이라 국호 명을 받자옵고 定都漢陽　　　　　　　정도한양 한양에 도읍을 정하고 九章揮暎兮　　　　　　구장휘영혜 9장이 휘형하네 八音鏘鏘　　　　　　　팔음장장 팔음소리 장장 繼繼承承兮　　　　　　계계승승혜 자손 대대로 승승하네 垂恩東方　　　　　　　수은동방 동방에 은혜를 받아 再造藩拜兮　　　　　　재조번배혜 다시 번을 만들어 절하네 景受皇恩　　　　　　　경수황은 크게 황은을 받아 朝宗屹然兮　　　　　　조종흘연혜 조종이 우뚝 섰네 遙拜五雲　　　　　　　요배오운 멀리 오운에다 절하고 新製其章兮　　　　　　신제기장혜 새로 노래를 만들었네 續編舊文　　　　　　　속편구문 옛노래를 속편하여 重熙綿綿兮　　　　　　중희면면혜 거듭 끊어지지 않네 於萬其年　　　　　　　어만기년 만만년 追慕聖德兮　　　　　　추모성덕혜 성덕을 추모하네 繼述光先　　　　　　　계술광선 선왕의 덕을 서술하고 빛내며 敬作歌頌兮　　　　　　경작가송혜 공경히 노래지어 덕을 칭송하여 拜獻禮筵　　　　　　　배헌예연 예연에 절하고 올립니다

하황은(계사년홀기)

하황은(계사년홀기)

홀 기	진 행 도	음악	장단	배역	동 작
一 仙母 在中 〇 ○拍 欠奏 鄉唐 ○拍仙母與左右挾北向舞	樂 인정용정봉정작정미 右一↓右二↓右三 ↓선모 左一↓左二↓左三 개 개 개 인정용정봉정작정미 <도판 4> (무퇴)	여민락	1각	선모 와 협무	註: 홀기의 이 부분의 향당교주가 불분명하다. 그러나 악학궤범 악주중강(樂奏中腔)으로 기록하고 있어 보허자 중강으로 보이나 계사년 홀기에서는 족자 좌우로 무진할 때 여민락으로 하였기 때문에 여민락으로 도안하였다.

여민락 1각 동작

보법: 선모와 협무는 1·2박에 무릎 구부리며 3·4박에 펴고 5박에 구부렸다가 펴며 선모는 右足을 협무는 內足을 들어 6·7·8·9·10박까지 선모는 先右足 次左足, 협무는 先內足 次外足으로 무퇴한다.

수법: 선모와 협무는 1·2·3·4박까지 무작하여 6·7·8·9·10박까지 무진한다. (악학궤범에는 절화무(折花舞)로 기록하고 있으나 계사년 홀기에는 춤사위 명칭의 기록이 없어 절화무로 도안하였다.)

여민락 2각 동작 — 배역: 선모와 협무 (2각)

보법: 선모와 협무는 1각 4보(선모는 先右足 次左足, 협무는 先內足 次外足)로 무퇴한다. (도판 4)

수법: 선모와 협무는 무작한 대로 무진한다.

여민락 3각 동작 — 배역: 선모와 협무 (3각)

보법: 선모와 협무는 1·2·3·4박까지 무퇴하여 5박에 무릎 구부렸다가 펴며 선모는 右足을 협무는 內足을 들어 6박에 뒤로 딛고 7박에 구부리고 8박에 펴고 9박에 구부리고 10박에 편다. (도판 2)

수법: 선모와 협무는 1·2·3·4박까지 무작한 대로 무진하여 6·7·8·9·10박까지 염수한다.

하황은(계사년홀기)

홀 기	진 행 도	음악	장단	배역	동 작
					註: (1) 이 부분에서 반주음악의 기록이 없다. 그러나 악학궤범 홀기에는 악주서최자(樂奏瑞嗺子)로 기록되어 있다. 악학궤범에서는 서최자는 서자고최자로 보아 도안하였다. 그래서 계사년 홀기에서도 서자고(최자)로 도안하였다. (2) 계사년 홀기에는 춤사위 명칭의 기록이 없다. 악학궤범에는 팔수무(八手舞) 협무동(挾舞同)으로 기록하고 있어 역시 팔수무로 도안하였다.
○拍第二隊左右外戈出隊而舞○	 <도판 5> (사방작대)	서자고(송구여지곡)	1각	선모와 협무	 **송구여지곡 1각 동작** 보법: 선모는 북향하고 서서 3박 1보(先右足 次左足)로 하고 右一 左一 右三 左三은 내보(內步)로 右二 左二는 외보(外步)로 4박작대한다. (도판 5) 수법: 선모와 협무는 1각 1회로 팔수무(八手舞)한다. (左, 右협은 외수를 앞으로 내린다.)
			2각	선모와 협무	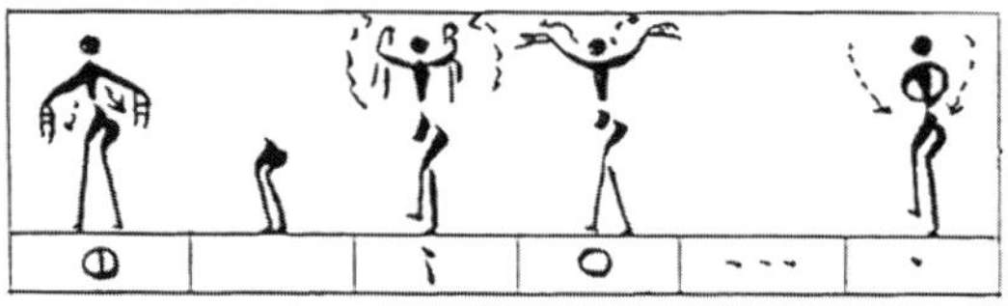 **송구여지곡 2각 동작** 보법: 선모와 협무는 3박 1보로 송구여지곡 1각과 같다. (도판 5) 수법: 선모와 협무는 1각 1회로 팔수무하여 양손 앞으로 여미며 내린다. 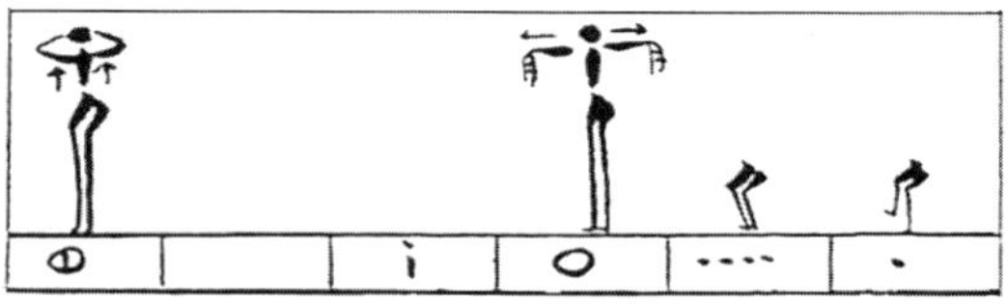 **송구여지곡 3각 동작** 보법: 선모와 협무는 1·2·3·4박까지 서서 수법만 하고 5박에 무릎 구부리며 6박에 펴며 선모는 右足을 협무는 內足을 든다. (도판 5) 수법: 선모와 협무는 1·2박에 「거수」하여 3·4박에 「외서」한다.

하황은(계사년홀기)

홀　　기	진　행　도	음악	장단	배역	동　　　　작
		서자고 (송구여지곡)	4각	선모 와 협무	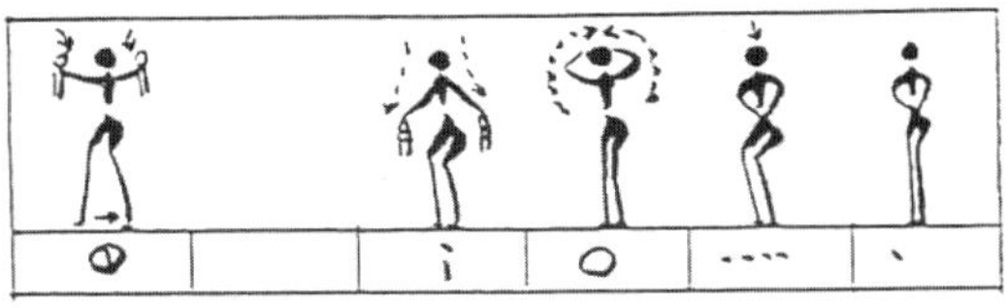 **송구여지곡 4각 동작** 보법: 선모와 협무는 1박에 선모는 右足을 협무는 內足을 뒤로 딛고 2·3박까지 구부리고 4박에 펴고 5박에 구부리고 6박에 편다. (도판 5) 수법: 선모와 협무는 염수한다.
○拍仙母以在北二挾左右旋相對舞	右一　　左一 右二　선모　左二 右三　　左三 개　개　개 <도판 6> （인정용정봉정작정미 / 족 / 인정용정봉정작정미）	금전악	1각	선모	**註:** (1) 이 부분에서 계사년 홀기에는 잔부음악의 기록이 없으나 악학궤범에는 금전악(金殿樂)으로 기록되어 있어 금전악으로 도안하였다. (2) 계사년홀기에는 춤사위 명칭의 기록이 없으나 악학궤범에서 선모는 팔수무(八手舞)를 추고 협무는 오양선무하동(五羊仙舞下同)으로 기록되어 있어 이 또한 악학궤범의 기록으로 도안하였다. **금전악 1각 선모 동작** 보법: 선모는 북향하고 2박 1보(先右足 次左足)로 제 위치에서 보법만 한다. (도판 6) 수법: 선모는 1각 1회로 팔수무를 한다.
				북대 2인	 **금전악 1각 북협 2인 동작** 보법: 북협 2인은 1·2·3박까지 서서 수법만 하고 4박에 무릎 구부렸다 펴며 內足을 든다. 수법: 북협 2인은 1·2박에 「거수」하여 3·4박까지 「외서」한다.

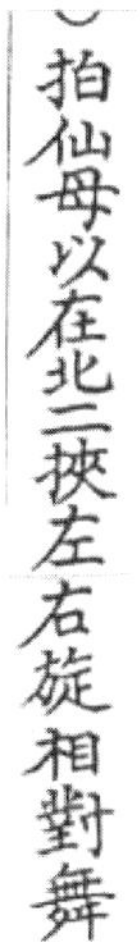

하황은(계사년홀기)

홀 기	진 행 도	음악	장단	배역	동 작
	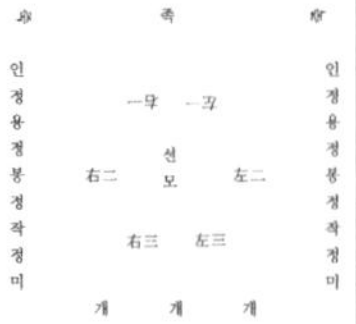 족 인정용정봉정작정미 (좌)　인정용정봉정작정미 (우) 一무　一� 右二　선모　左二 右三　左三 개　개　개 <도판 6-1> (북협 남향)	금전악	2각	선모	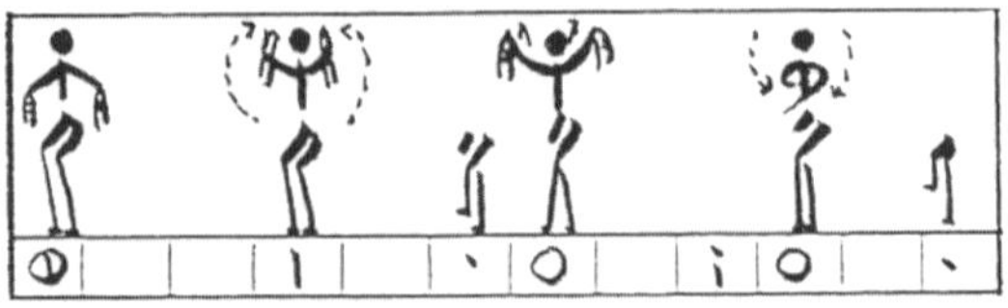 금전악 2각 선모 동작 보법: 선모는 북향하고 2박 1보(先右足, 次左足)로 제 위치에 서서 보법만 한다. (도판 6-1) 수법: 선모는 1각 1회로 팔수무를 한다.
				북대 2인	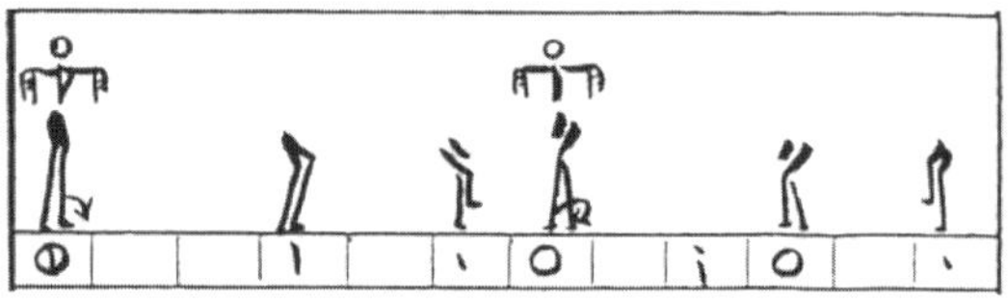 금전악 2각 북협 2인 동작 보법: 북협 2인은 2박 1보(先內足, 次外足)로 돌아 남향하여 선모를 향한다. (도판 6-1) 수법: 북협 2인은 광수(廣袖)한 대로 한다.
	 족 인정용정봉정작정미 (좌)　인정용정봉정작정미 (우) 一무　一꾸 右二　선모　左二 右三　左三 개　개　개 <도판 6-2> (선모 북협 상대)	금전악	3각	선모	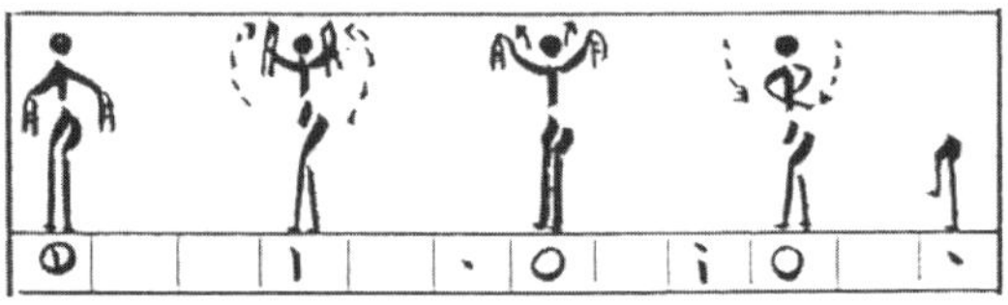 금전악 3각 선모 동작 보법: 선모는 북향하고 1박 1보(先右足 次左足)로 제 위치에 서서 보법만 한다. 수법: 선모는 1각 1회로 팔수무를 한다. (右手 앞 內手 뒤로 내린다.)
				북협 2인	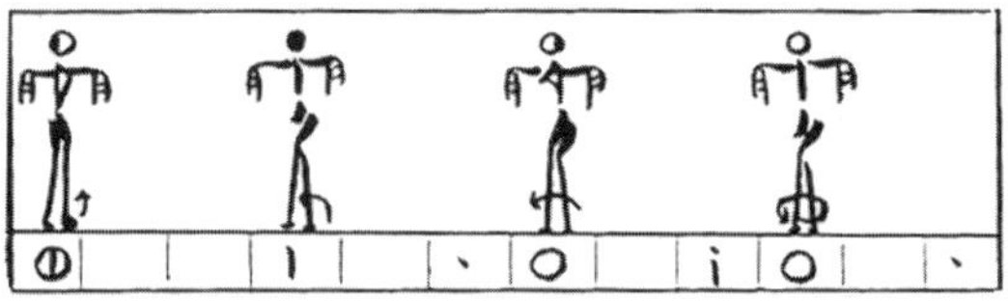 금전악 3각 북협 2인 동작 보법: 북협 2인은 1박 1보(先內足, 次外足)로 좌선(左旋)한다. 수법: 북협 2인은 「광수」한 대로 한다.

홀 기	진 행 도	음악	장단	배역	동 작
	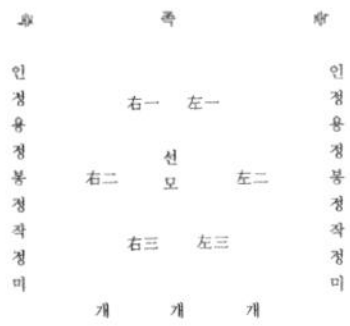 <도판 6-3> (북향)	금 전 악	4각	선모	**금전악 4각 선모 동작** 보법: 선모는 1박 1보(先右足, 次左足)로 제 위치에 서서 보법을 한다. (도판 9-3) 수법: 선모는 팔수무를 춘다. (右手 뒤 左手 앞으로 내린다.) **금전악 4각 북협 2인 동작** 보법: 북협 2인은 1박 1보(先內足, 次外足)로 우선(右旋)한다. 수법: 북협 2인은 광수한 대로 한다.
			5각	선모	 **금전악 5각 선모 동작** 보법: 선모는 2박 1보(先右足 次左足)로 제 위치에 서서 보법을 한다. (도판 6-3) 수법: 선모는 북향하고 1각 1회로 팔수무를 하여 양손을 앞으로 여민다.
				북협 2인	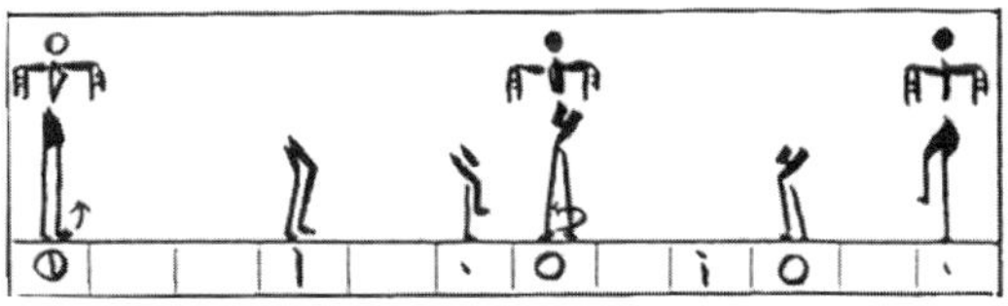 **금전악 5각 북협 2인 동작** 보법: 북협 2인은 2박 1보(선내족 차외족)로 북향한다. 수법: 북향 2인은 광수한 대로 한다. (도판 6-3)
			6각	선모	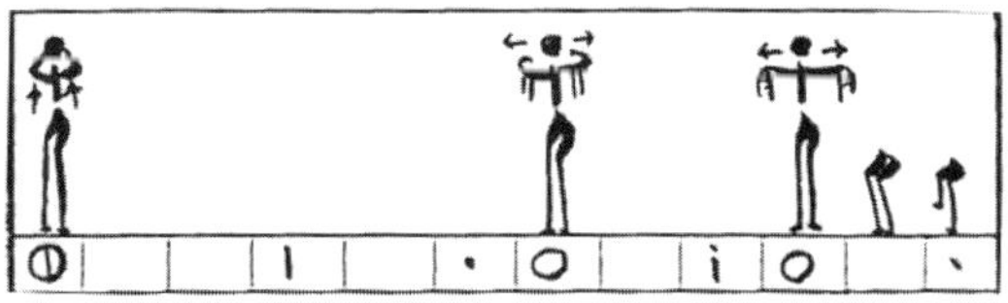 **금전악 6각 동작** 보법: 선모는 1·2·3박까지 서서 보법만 하고 4박에 무릎 구부렸다가 펴며 右足을 든다. (도판 6-3) 수법: 선모는 1·2박에 거수하여 3·4박에 「외서」한다.

하황은(계사년홀기)

홀 기	진 행 도	음악	장단	배역	동 작
東南西南四挾斂手而立(위의 홀기 내용은 도안한 금전악 7각의 선모와 북협2인의 염수족도에 해당한다. 이 부분은 오양선무에서 4방상대무가 끝나고 모두 염수 즉 갱염수에 해당한다. 그러나 위 홀기대로 하면 북2협은 동남 2협의 산대무가 끝날 때까지 염수하지 않고 기다려야 한다. 그러므로 이 기록이 잘못된 것으로 보여 진다.		금전악		북협 2인	
○拍仙毋以東南二挾相對舞 在北二挾斂手足踏(위의 홀기에서 선모와 동남 2협의 상대무가 끝난 다음에 북협만 염수하는 것도 정재 구성형식에 맞지 않는다. 선모와 동남 2협의 상대무가 끝나면 선모와 동남 2협만 북향하고 염수해야 한다.	足 右一　左一 선 右二　모　左二 右三　左三 개　개　개 인정용정봉정작정미　인정용정봉정작정미 <도판 7> (선모와 동협)		7각 8각	선모와 북협 2인 선모 동남 2협	

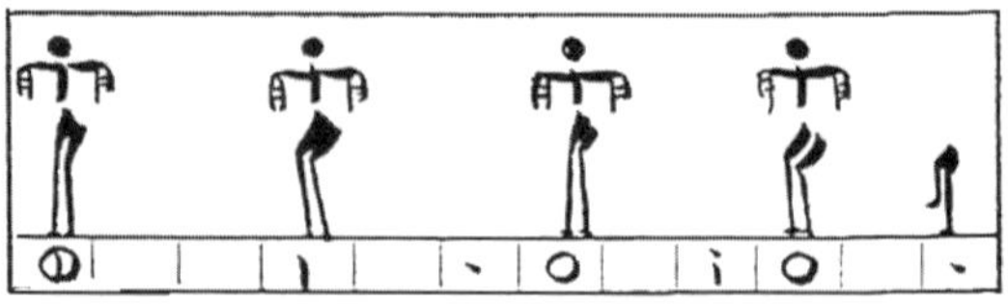

금전악 6각 북협 2인 동작

보법: 북협 2인은 북향하고 서서 1박 1회로 어른다. (도판 6-3)

수법: 북협 2인은 광수한 대로 한다.

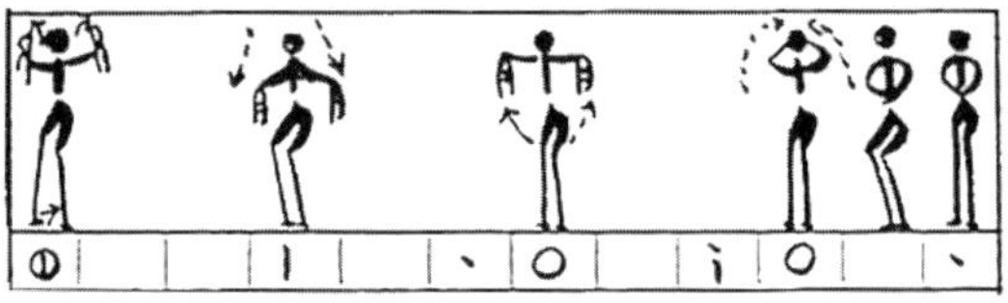

금전악 7각 동작

보법: 선모와 북협 2인은 1박에 선모는 右足을 북협 2인은 내족을 뒤로 딛고 2박에 구부리고 3박에 펴고 4박에 구부렸다가 편다. (도판 6-3)

수법: 선모와 북협 2인은 염수한다.

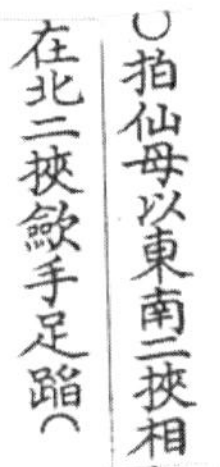

금전악 8각 선모 동작

보법: 선모는 북향하고 2박 1보(先右足 次左足)로 제위치에서서 한다. (도판 7)

수법: 선모는 1각 1회로 팔수무를 한다.

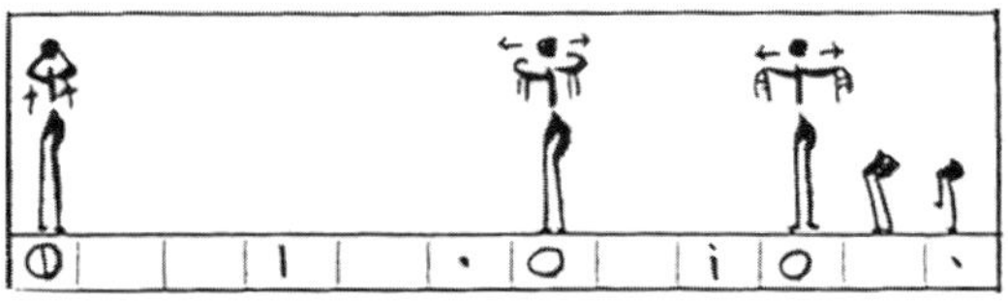

금전악 8각 동남 2협 동작

보법: 동남 2협은 1·2·3박까지 서서 수법만 하고 4박에 구부렸다가 펴며 內足을 든다. (도판 7)

수법: 동남 2협은 1·2박에 「거수」하여 3·4박에 「외서」한다.

홀 기	진 행 도	음악	장단	배역	동 작
	<도판 7-1> (선모 동남 상대)	금 전 악	9각	선모	**금전악 9각 선모 동작** 보법: 선모는 2박 1보(先右足, 次左足)로 동향한다. 수법: 선모는 1각 1회로 팔수무를 한다. (도판 7-1)
				동남 2협	**금전악 9각 동남 2협 동작** 보법: 동남 2협은 2박 1보(先內足, 次外足)로 서향(西向)하여 선모를 향한다. (도판 7-1) 수법: 동남 2협은 광수한 대로 한다.
	<도판 7-2> (선모 동남 상대)		10각	선모	**금전악 10각 선모 동작** 보법: 선모는 동향하고 1박 1보(先右足, 次左足)로 제 위치에 서서 보법만 한다. (도판 7-2) 수법: 선모는 1각 1회로 팔수무한다.
				동남 2협	**금전악 10각 동남 2협 동작** 보법: 동남 2협은 1박 1보(先內足, 此外足)로 좌선(左旋)한다. (도판 7-2) 수법: 동남 2협은 「광수」한 대로 한다.

하황은(계사년홀기)

홀 기	진 행 도	음악	장단	배역	동 작
	族 右一　左一 右二　선모　左二 右三　左三 개　개　개 仁靖容正奉呈作呈微 (右)　仁靖容正奉呈作呈微 (左) ＜도판 7-3＞ (북향)	금 전 악	11각	선모	**금전악 11각 선모 동작** 보법: 선모는 동향하고 1박 1보(先右足, 次左足)로 제 　위치에 서서 보법만 한다. (도판 11-2) 수법: 선모는 1각 1회로 팔수무 한다.
			12각	동남 2협	**금전악 11각 동남 2협 동작** 보법: 동남 2협은 1박 1보(先內足, 此外足)로 우선(右 　旋)한다. (도판 7-2) 수법: 동남 2협은 광수한 대로 한다.
				선모	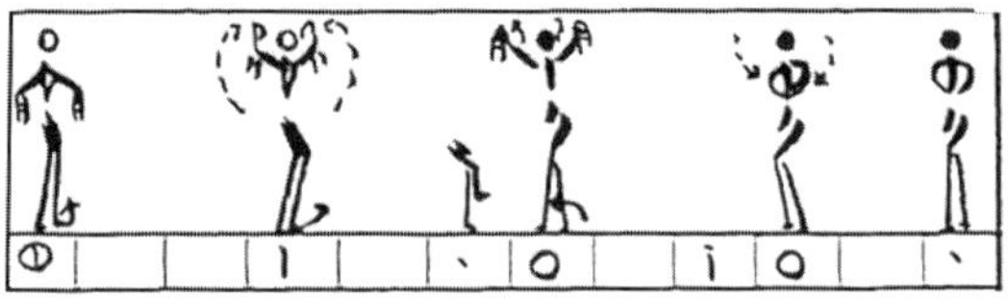 **금전악 12각 선모 동작** 보법: 선모는 2박 1보(先右足, 次左足)로 북향한다. 수법: 선모는 팔수무를 하며 북향한다. (도판 7-3)
				동남 2협	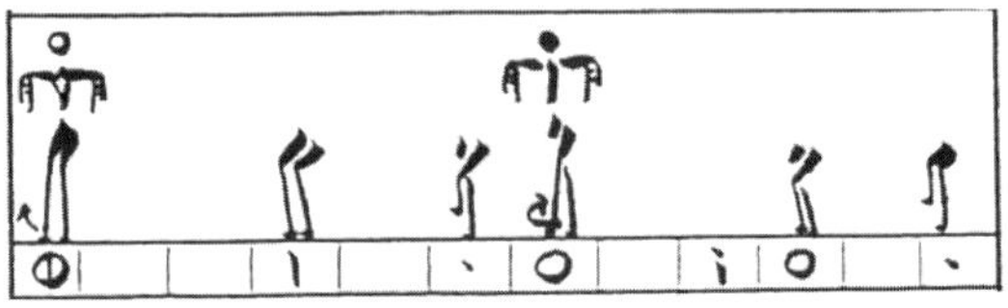 **금전악 12각 동남협 동작** 보법: 동남 2협은 2박 1보(先內足, 此外足)로 북향한다. 수법: 동남 2협은 광수한 대로 북향한다. (도판 7-3)
			13각	선모	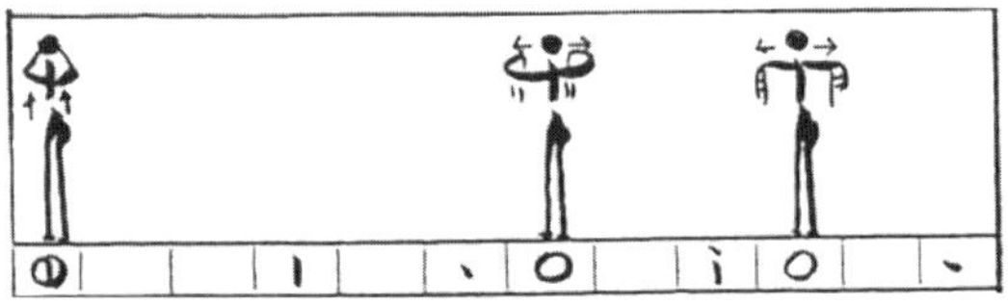 **금전악 13각 선모 동작** 보법: 선모는 1·2·3·4박 동안 서서 수법만 한다. (도 　판 7-3) 수법: 선모는 1·2박에 「거수」하여 3·4박에 「외서」 　한다.

하황은(계사년홀기)

홀　기	진　행　도	음악	장단	배역	동　　작
○拍仙母以西南二挾相對舞東南挾 斂手足蹈○	인정용정봉정작정미 右一　左一 右二　선모　左二 右三　左三 개　개　개 <도판 8> (선모 서남무) 인정용정봉정작정미	금전악	14각	동남 2협	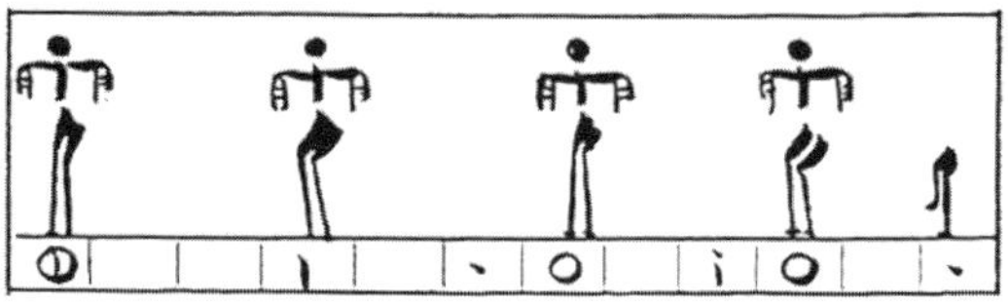 금전악 13각 동남협 동작 보법: 동남 2협은 서서 2박 1회로 어른다. (도판 7-3) 수법: 동남 2협은 「광수」한 대로 한다.

금전악 13각 동남협 동작

보법: 동남 2협은 서서 2박 1회로 어른다. (도판 7-3)
수법: 동남 2협은 「광수」한 대로 한다.

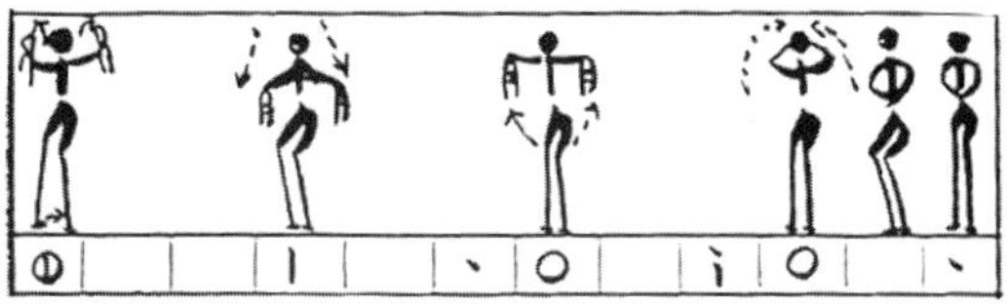

금전악 14각 동작

보법: 선모와 동남 2협은 1박에 선모는 右足을 동남 2협은 內足을 뒤로 딛고 2박에 무릎 구부리고 3박에 펴고 4박에 구부렸다가 편다.
수법: 선모와 동남 2협은 염수한다. (도판 7-3)

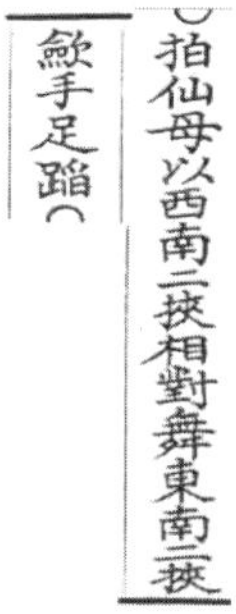

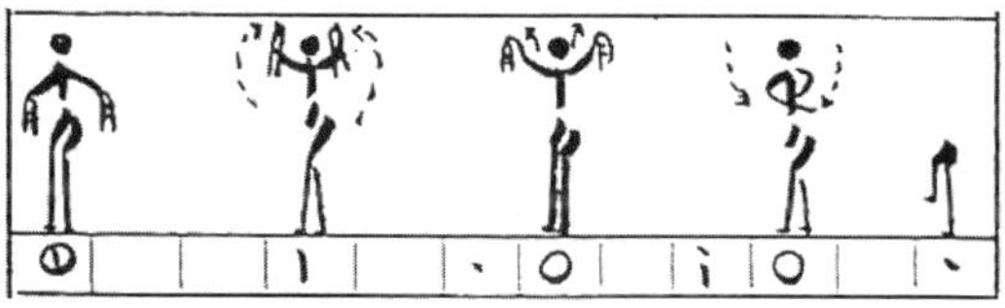

금전악 15각 선모 동작

보법: 선모는 제 위치에서 북향하고 서서 1박 1보(先右足, 次左足)로 보법만 한다. (도판 8)
수법: 선모는 1각 1회로 팔수무를 한다.

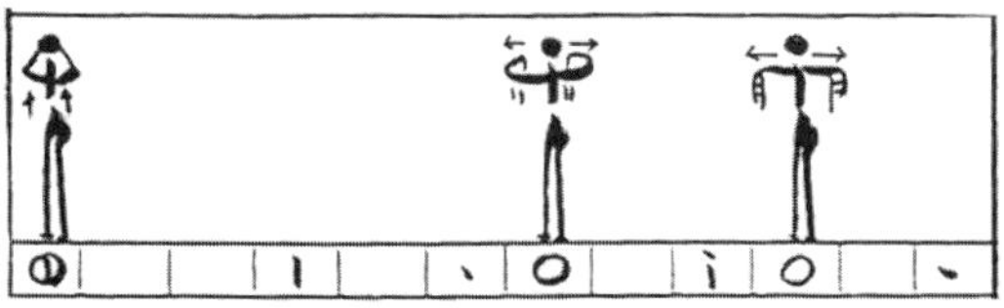

금전악 15각 서남협 동작

보법: 서남 2협은 1·2·3·4박까지 서서 수법만 한다.
수법: 서남 2협은 1·2박에 「거수」하여 3·4박까지 「외서」한다.

위의 홀기의 서남 2협의 상대무가 끝날 때까지 기다렸다가 서남 2협과 동남 2협이 염수하는 것은 잘못된 것이다. 이 부분에서는 서남 2협의 상대무가 끝나고 북향할 때 북2협 동남 2협이 거수 외서 하여 전원이 염수한다. 이때 북2협 동남 2협의 염수가 갱염수가 된다.

하황은(계사년 홀기)

홀 기	진 행 도	음악	장단	배역	동 작
	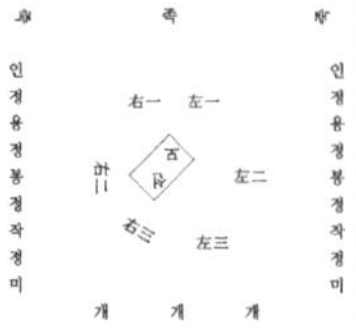 <도판 8-1> (선모 서남협 상향)	금전악	16각	선모	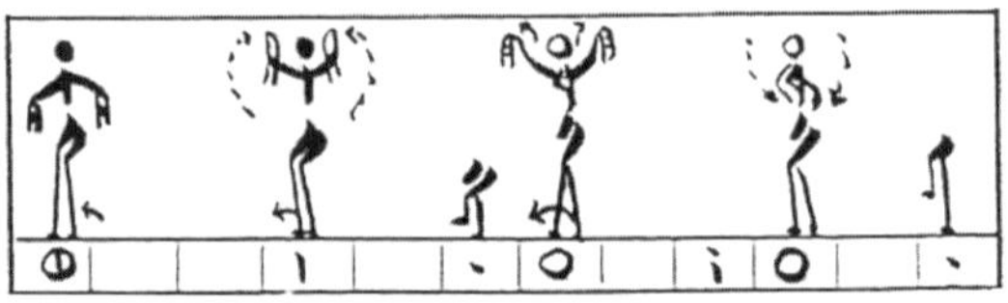 금전악 16각 선모 동작 보법: 선모는 2박 1보(先右足, 次左足)로 서향한다. 수법: 선모는 1각 1회로 팔수무를 한다. (도판 8-1)
				서남 2협	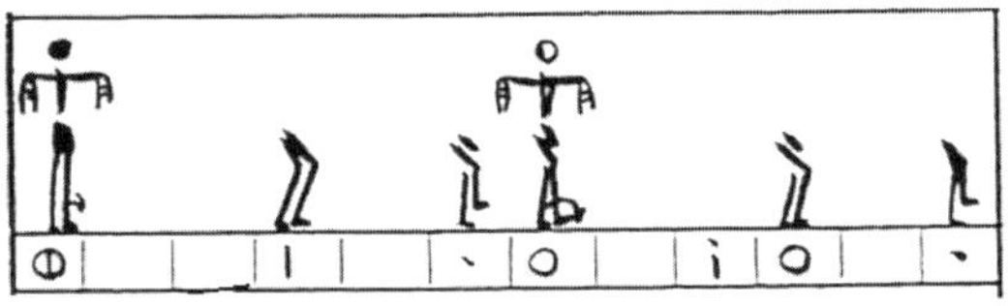 금전악 16각 서남협 동작 보법: 서남 2협은 2박 1보(先內足, 此外足)로 선모와 상향한다. (도판 8-1) 수법: 서남 2협은 광수한 대로 한다.
	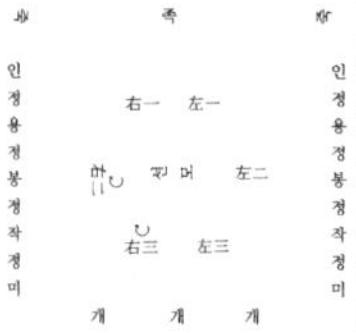 <도판 8-2> (선모 서남협 대무)		17각	선모	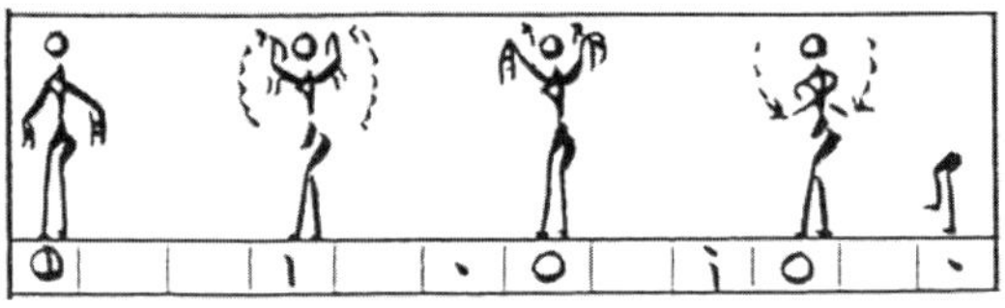 금전악 17각 선모 동작 보법: 선모는 서향한 위치에 서서 1박 1보(先右足, 次左足)로 보법만 한다. (도판 8-2) 수법: 선모는 팔수무를 한다.
				서남 8협	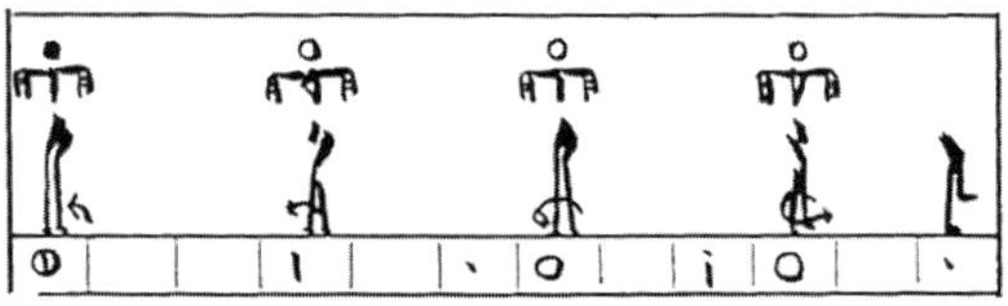 금전악 17각 서남협 동작 보법: 서남 2협은 1박 1보(先內足, 此外足)로 좌선(左旋)한다. (도판 8-2) 수법: 서남 2협은 「광수」한 대로 회선(回旋)한다.

홀　　기	진 행 도	음악	장단	배역	동　　　　　작
		금전악		선모	**금전악 18각 동작** 보법: 선모는 서향하고 1박 1보(先右足, 次左足)로 제위치에 서서 보법만 한다. (도판 8-2) 수법: 선모는 1각 1회로 팔수무를 한다.
				서남 2협	**금전악 18각 서남협 동작** 보법: 서남 2협은 1박 1보(先內足, 此外足)로 우선(右旋)한다. (도판 8-2) 수법: 서남 2협은 「광수」한 대로 한다.
	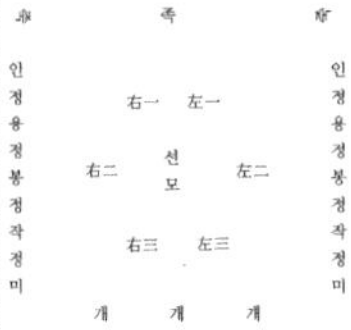 <도판 8-3> (북향)		19각	선모	 **금전악 19각 선모 동작** 보법: 선모는 2박 1보(先右足, 次左足)로 북향한다. (도판 8-3) 수법: 선모는 1각 1회로 팔수무를 한다.
				서남 2협	 **금전악 19각 서남협 동작** 보법: 서남 2협은 2박 1보(先內足, 此外足)로 북향한다. 수법: 서남 2협은 「광수」한 대로 한다. (도판 8-3)
			20각	선모 와 북2협 동남 2협	 **금전악 20각 선모 북동남협 동작** 보법: 선모와 북2협 동남 2협은 1·2·3·4박까지 서서 수법만 한다. (도판 8-3) 수법: 선모와 북2협 동남 2협은 1·2박에 「거수」하여 3·4박까지 「외서」한다.

하황은(계사년홀기)

홀 기	진 행 도	음악	장단	배역	동 작
			21각	서남 2협	**금전악 20각 서남 2협 동작** 보법: 서남 2협은 북향하고 서서 2박 1회로 어른다. 수법: 서남 2협은 「광수」한 대로 한다. (도판 8-3)
				선모 와 북2협 동남 2협 서남 2협	**금전악 21각 선모, 북, 서남, 동남협 동작** 보법: 선모와 북2협 동남2협 서남2협은 1박에 선모는 右足을 북2협 동남2협 서남2협은 內足을 뒤로 딛고 2박에 구부리고 3박에 펴고 4박에 구부렸다가 편다. (도판 8-3) 수법: 선모와 북2협 동남2협 서남2협은 염수한다. (북2협과 동남2협의 염수를 갱염수라 한다.)

※ 선모와 북협2인 동남협2인 서남협2인과 상대하는 오양선무의 내용이 서로 다르게 기록되어 있는 악학궤범과 계사년 홀기의 기록 내용은 다음과 다르다.

악학궤범

계사년

이상의 두 홀기의 기록 내용이 조금 다르게 기록하고 있다. 이 두 홀기 중 악학궤범의 홀기가 오양선 홀기와 같다. 그러므로 악학궤범 홀기대로 도안하였다. 다만 계사년 홀기에 좌우선만 그대로 도안하였다.

홀　　기	진 행 도	음악	장단	배역	동　　작
○拍諸妓並舞作○拍奉篨子人先導西向而出次 左隊三人右隊三人次次舞進右旋回舞仙母在中回舞○拍篨 子中行而進左右挾並如初列○拍仙母及左右挾北向斂手而 立○	 <도판 9> (회선) <도판 9-1> (초열)	금전악	22각	선모와 협무	※ 이 부분의 우선회무(右旋回舞)는 좌선회무(左旋回舞)로 해야 한다. 회무(回舞)는 천체(天體)의 자전(自轉)을 의미하는 것으로 즉, 금척무(金尺舞)이다. 그러나 악학궤범의 금척무가 우선(右旋)으로 기록되므로 인하여 잘못된 것이다. (금척무의 회무도는 우선으로 되어 있으나 금척무 홀기는 좌선으로 기록하고 있다.) 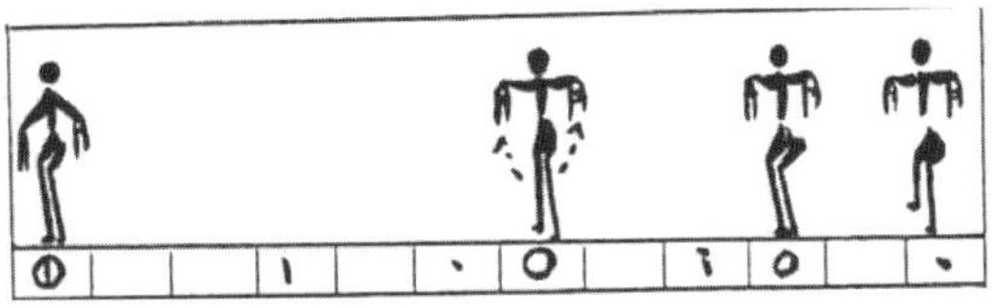 금전악 22각 동작 보법: 선모와 협무는 1 · 2박에 무릎 구부리며 3박에 펴고 4박에 구부렸다가 편다. 수법: 선모와 협무는 무작한다.
			23 24 25 26 27 28 29 각	선모와 협무	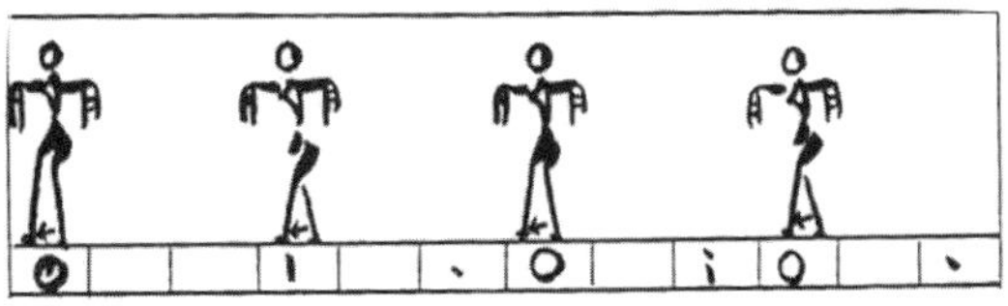 금전악 23 · 24 · 25 · 26 · 27 · 28 · 29각 동작 보법: 선모는 1박 1보(先右足, 次左足)로 중앙에서 左右로 돌고 협무는 1박 1보(先內足, 此外足)로 원(圓)으로 「도판 9(회선)」과 같이 좌선(左旋)하여 「도판 9-1(초열)」과 같이 초열(初列)로 복위(復位)한다. 수법: 선모와 협무는 무작한 대로 한다.
			30각	선모와 협무	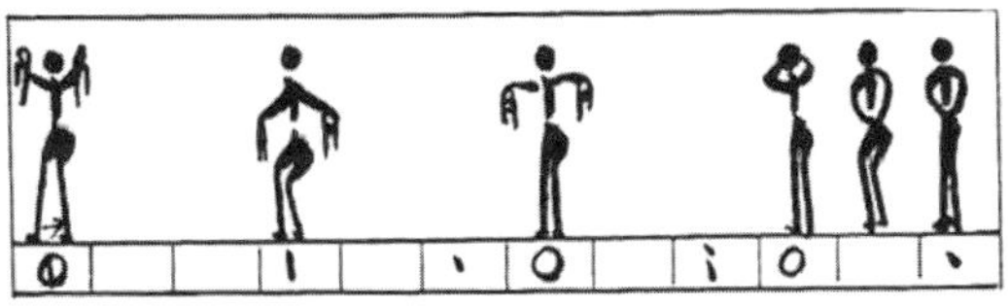 금전악 30각 동작 보법: 선모와 협무는 1박에 선모는 右足을 협무는 內足을 뒤로 딛고 2박에 구부리고 3박에 펴고 4박에 구부렸다가 편다. 수법: 선모와 협무는 염수한다.

홀 기	진 행 도	음악	장단	배역	동 작
○拍竹竿子二人足蹈而進立樂止口號 式燕以娛 禮聿成於既洽 俾昌而熾 壽願享於無疆 樂節將終 拜辭小退 訖〈	<도판 10> (죽간자 입) 인정용정봉정작정미 右一 右二 右三 개 죽 선모 개족 左一 左二 左三 개 죽 인정용정봉정작정미	보허자	1각 2각	죽간자 죽간자	※ 박 여민락령이 죽간자 들어올 때 기입되어야 할 것을 죽간가 구호를 끝내고 퇴립할 때 기록 된 것은 잘못된 것이다. 보허자 1·2각 동작 보법: 죽간자 2인은 1각 4보(先內足, 此外足)로 들어와 족자좌우에서 2각 8·9·10박에 북향한다. (도판 10) 수법: 죽간자 2인은 처음 죽간자를 잡은 그대로 한다. ※ 악지·박 ※ 죽간자 구호 式燕以娛　　식연이오 잔치를 베풀어 즐기거니 禮聿成於既洽　　예율성어기흡 그 예는 이미 흡족하게 이루었습니다 俾昌而熾　　비창이치 불이 일 듯이 성창하게 하와 壽願享於無疆　　수원향어무강 끝없는 장수를 기원하옵니다 樂節將終　　악절장종 악절이 끝나고자 할 때 拜辭小退　　배사소퇴 절하며 사직하고 물러가옵니다 ※ 악지·박

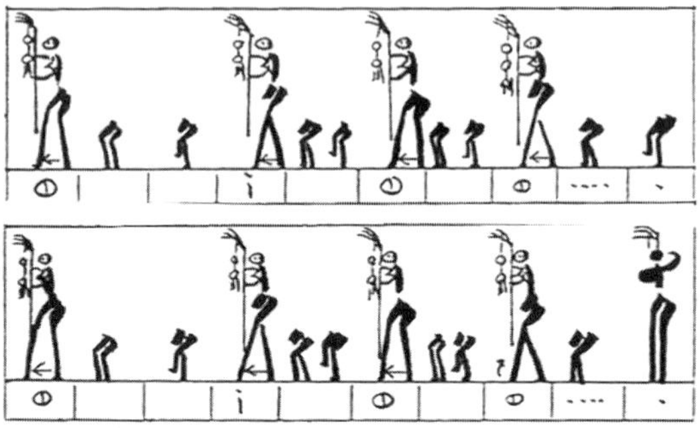

하황은(계사년홀기)

홀 기	진 행 도	음악	장단	배역	동 작
○拍[樂令]與民 ○拍簇子二人竹竿子二人並 足踏而退立○	인정용정봉정작정미 右一 右二 右三 개 죽 선모 개족 左一 左二 左三 개 죽 인정용정봉정작정미 <도판 10-1> (죽간자 족자 퇴)	보허자	3·4각	죽간자와 족자	보허자 3·4각 동작
○拍仙母與左右挾舞進而立○拍歛手足踏 拍舞退樂止	인정용정봉정작정미 右一↑ 右二↑ 右三↑ 개 죽 ↑선모 개족 左一↑ 左二↑ 左三↑ 개 죽 인정용정봉정작정미 <도판 11> (무진)		5각 6각	선모와 협무 선모와 협무	보허자 5·6각 동작

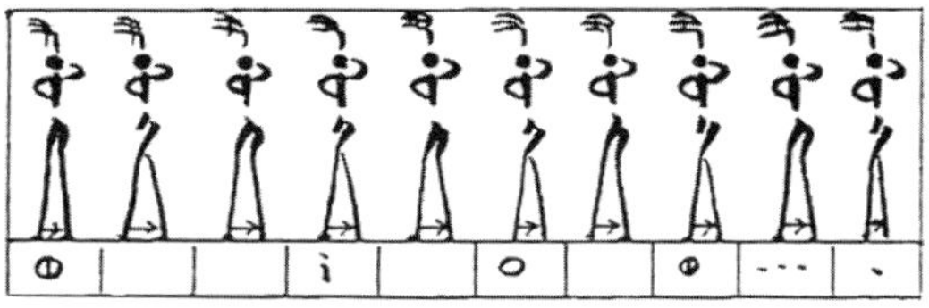

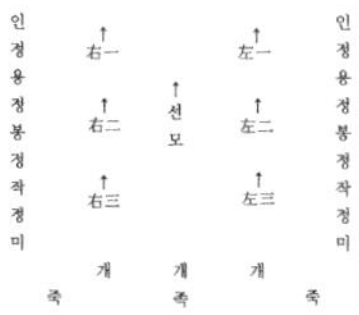

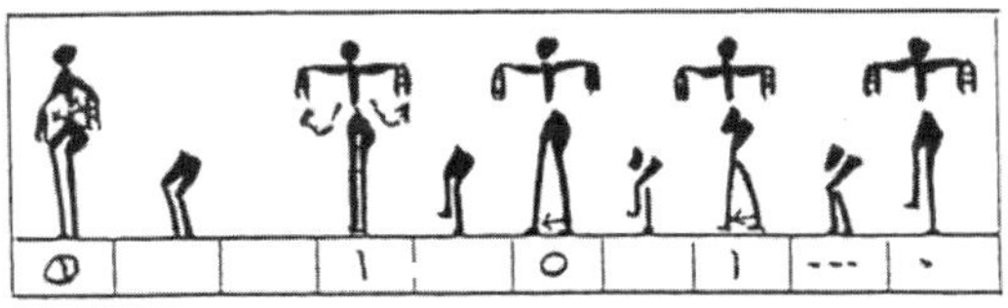

보허자 3·4각 동작

보법: 죽간자, 족자는 1박 1보(先內足, 此外足)로 족자는 先右足, 次左足로 무퇴하여 후미(後尾)에 와서 북향하고 선다. (죽간자 족자는 돌아서 남쪽을 향하여 퇴립할 수도 있다.)

수법: 죽간자 2인과 족자는 처음 잡은 대로 한다. (도판 10-1)

보허자 5·6각 동작

보법: 선모와 협무는 5각의 1·2박에 무릎 구부리며 3·4박에 펴고 5박에 구부렸다가 펴며 선모는 右足을 협무는 內足을 들어 6·7·8·9·10박까지 선모는 先右足 次左足, 협무는 先內足 此外足으로 무진하고 6각의 1·2·3·4박까지 이어서 무진하여 6박에 선모는 右足을 협무는 內足을 뒤로 딛고 7박에 구부리고 8박에 펴고 9박에 구부리고 10박에 편다 (도판 11)

수법: 선모와 협무는 5각의 1·2·3·4박까지 무작하여 6·7·8·9·10박까지 무진하고 이어서 6각의 1·2·3·4박까지 무진하여 6·7·8·9·10박까지 염수한다.

하황은(계사년 홀기)

홀 기	진 행 도	음악	장단	배역	동 작
		보허자	7각	선모와 협무	

보허자 7각 동작

보법: 선모와 협무는 1박에 선모는 右足을 협무는 內足을 뒤로 딛고 2·3박까지 궤(跪)하고 4박에 면복(俛伏)하여 5·6박에 궤하고 7·8박에 일어나 9박에 구부리고 10박에 편다. (도판 11)

수법: 선모와 협무는 염수한 대로 한다.

| | | | 8각 | 선모와 협무 | |

보허자 8각 동작

보법: 선모와 협무는 1·2·3·4박까지 서서 수법만 하고 5박에 무릎 구부렸다가 펴며 선모는 右足을 협무는 內足을 들어 6박에 뒤로 딛고 7박에 구부리고 8박에 펴고 9박에 구부리고 10박에 편다. (도판 11)

수법: 선모와 협무는 1박에 「거수」하여 2·3·4박까지 「외서」하여 6·7·8·9·10박까지 염수한다.

| 인정용정봉정작정미 　↓右一　↓右二　↓右三　개죽　　↓선모　개족　　↓左一　↓左二　↓左三　개죽　인정용정봉정작정미　　<도판 11-1>　(무퇴) | | | 9각 | 선모와 협무 | |
| | | | 10각 | 선모와 협무 | |

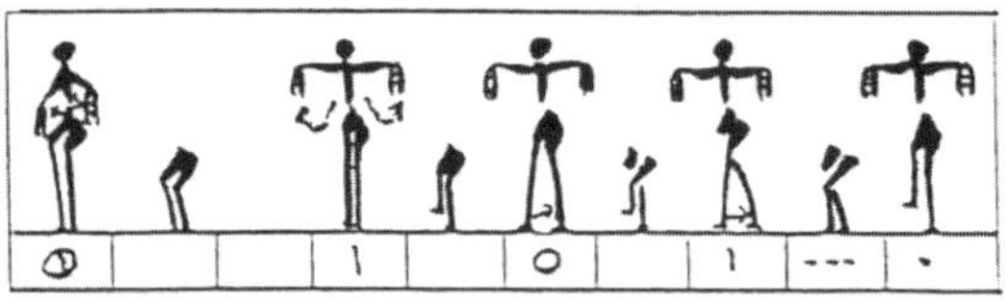

보허자 9·10각 동작

보법: 선모와 협무는 9각의 1·2박에 무릎 구부리며 3·4박에 펴고 5박에 구부렸다가 펴며 선모는 右足을 협무는 內足을 들어 6·7·8·9·10박까지

하황은(계사년홀기)

홀 기	진 행 도	음악	장단	배역	동 작
	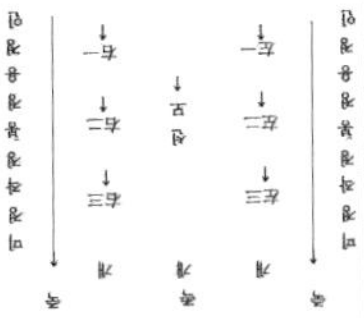 <도판 12> (퇴장)				선모는 先右足 次左足, 협무는 先內足 此外足으로 무퇴하고 10각의 1·2·3·4박까지 이어서 무퇴하여 6박에 선모는 右足을 협무는 內足을 뒤로 딛고 7박에 구부리고 8박에 펴고 9박에 구부리고 10박에 편다. (도판 11-1) 수법: 선모와 협무는 9각의 1·2·3·4박까지 무작하여 6·7·8·9·10박까지 무퇴하고 이어서 10각의 1·2·3·4박까지 무퇴하여 6·7·8·9·10박까지 염수한다. ※ 의물, 선모와 협무는 죽간자 족자를 따라 남문 쪽으로 퇴장하여 처음 도열하고 있던 위치에 가서 앉는다.

참고문헌

1. 악학궤범

2. 고려사악지

3. 정재무도홀기(국립국악원)

4. 정재무도홀기(정문연)

5. 한국 정통무용 연구(장사훈)

6. 중국무도사(하지호)

7. 중국무도사(구양서정)

8. 악부시집

9. 연감유함

10. 증보문헌비고

11. 기해 진연의궤 숙종 45(1719)

12. 갑자 진연의궤 영조 20(1744)

13. 을유 진작의궤 영조 41(1765)

14. 무자 진자의궤 순조 28(1828)

15. 기축 진찬의궤 순조 29(1829)

16. 무신 진찬의궤 헌종 14(1848)

17. 무진 진찬의궤 고종 5(1868)

18. 계유 진작의궤 고종 10(1873)

19. 정축 진찬의궤 고종 14(1877)

20. 정해 진찬의궤 고종 24(1887)

21. 임진 진찬의궤 고종 29(1892)

22. 신축 진연의궤 광무 5(1901)

23. 신축 진찬의궤 광무 5(1901)

24. 임인 진연의궤 광무 6(1902) 4월

25. 임인 진연의궤 광무 6(1902) 11월

26. 규장각 소장 의궤 해설집 1, 2, 3권

27. 장서각 소장 의궤 해설집

부록

반주음악 ·· 김관희

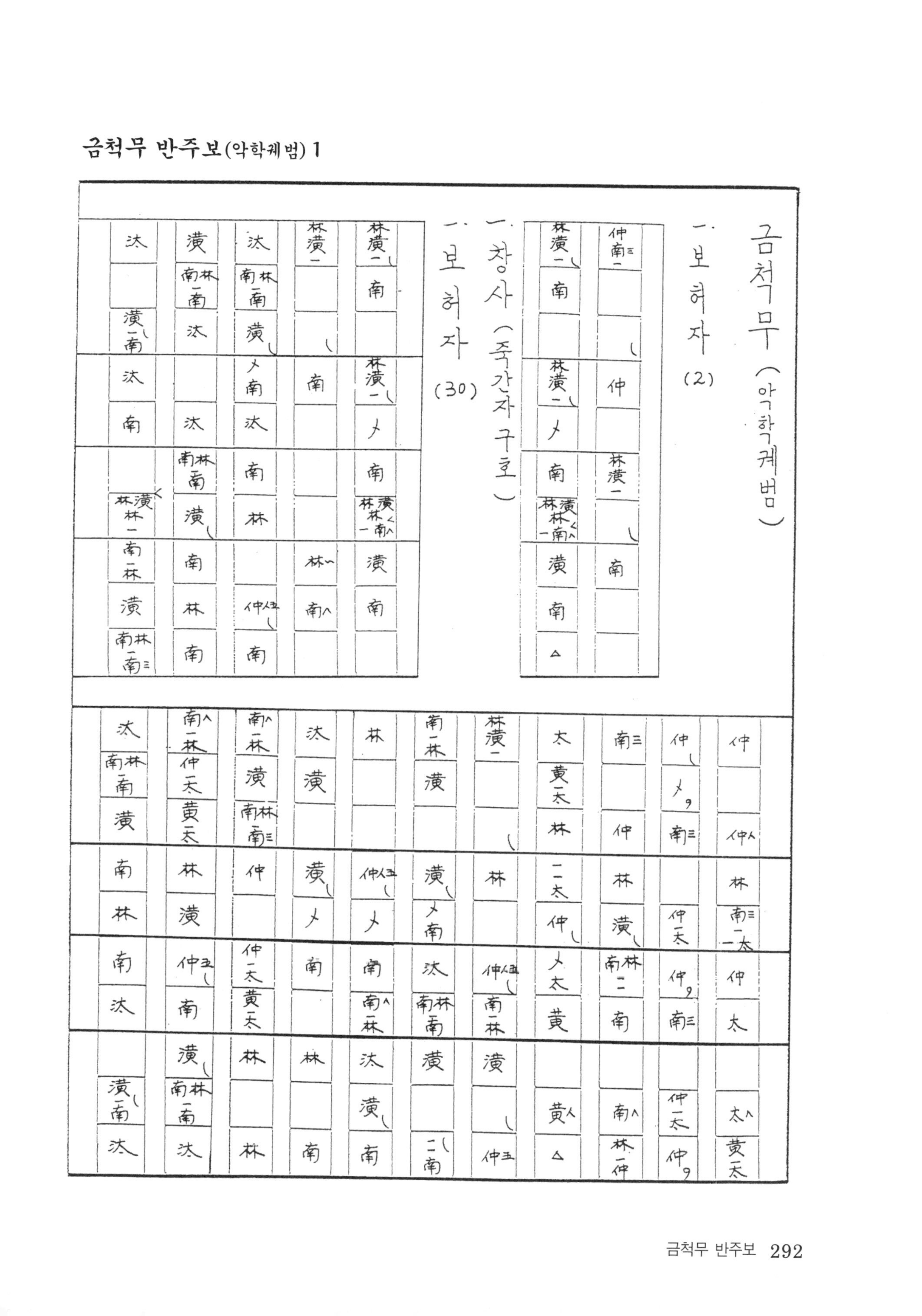

금척무 (악학궤범)

一. 보허자 (2)

一. 창사 (죽간자구호)

一. 보허자 (30)

一. 창사 (금척치어)

二. 수악절 (7)

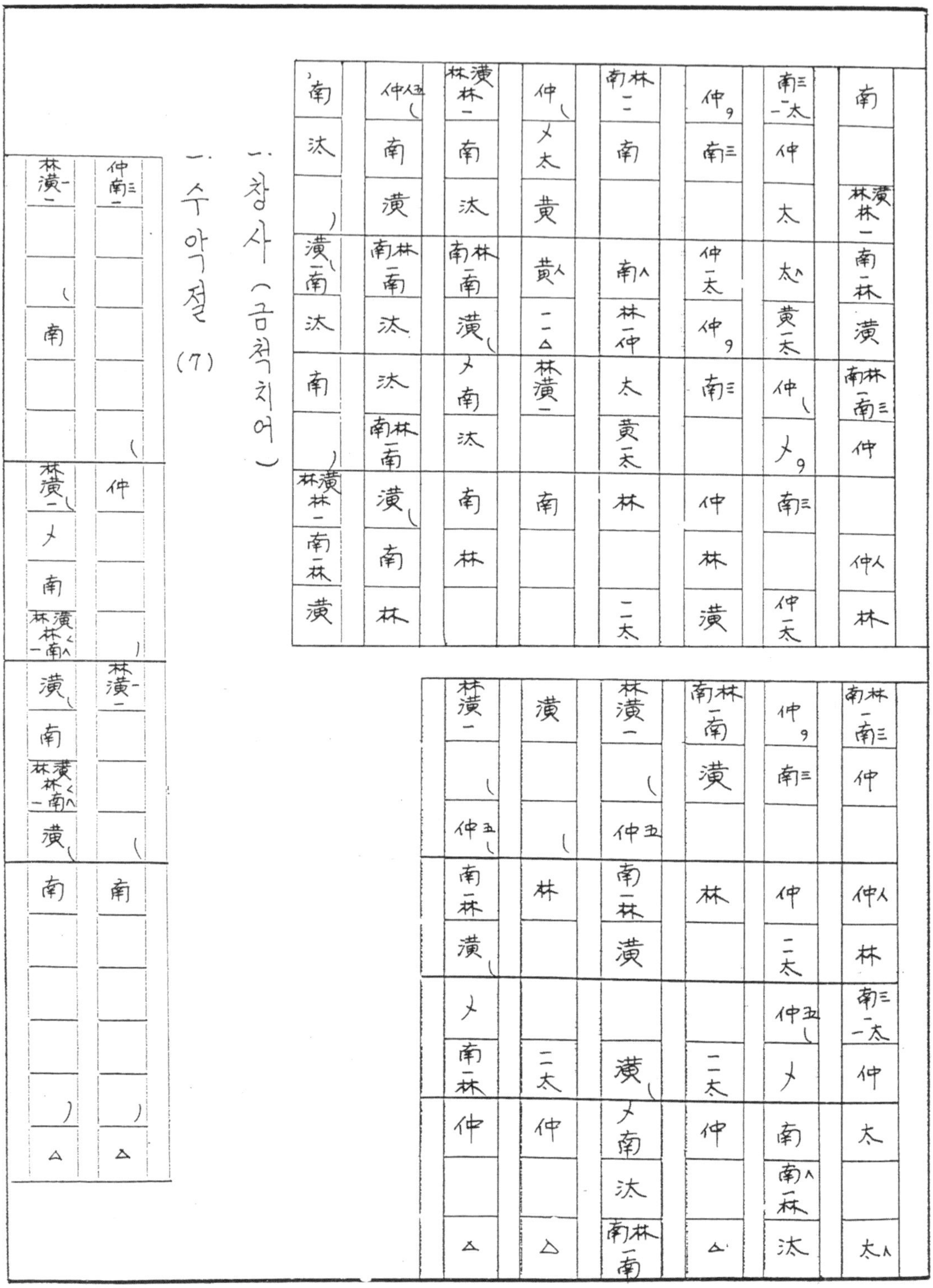

一. 보허자
(8)

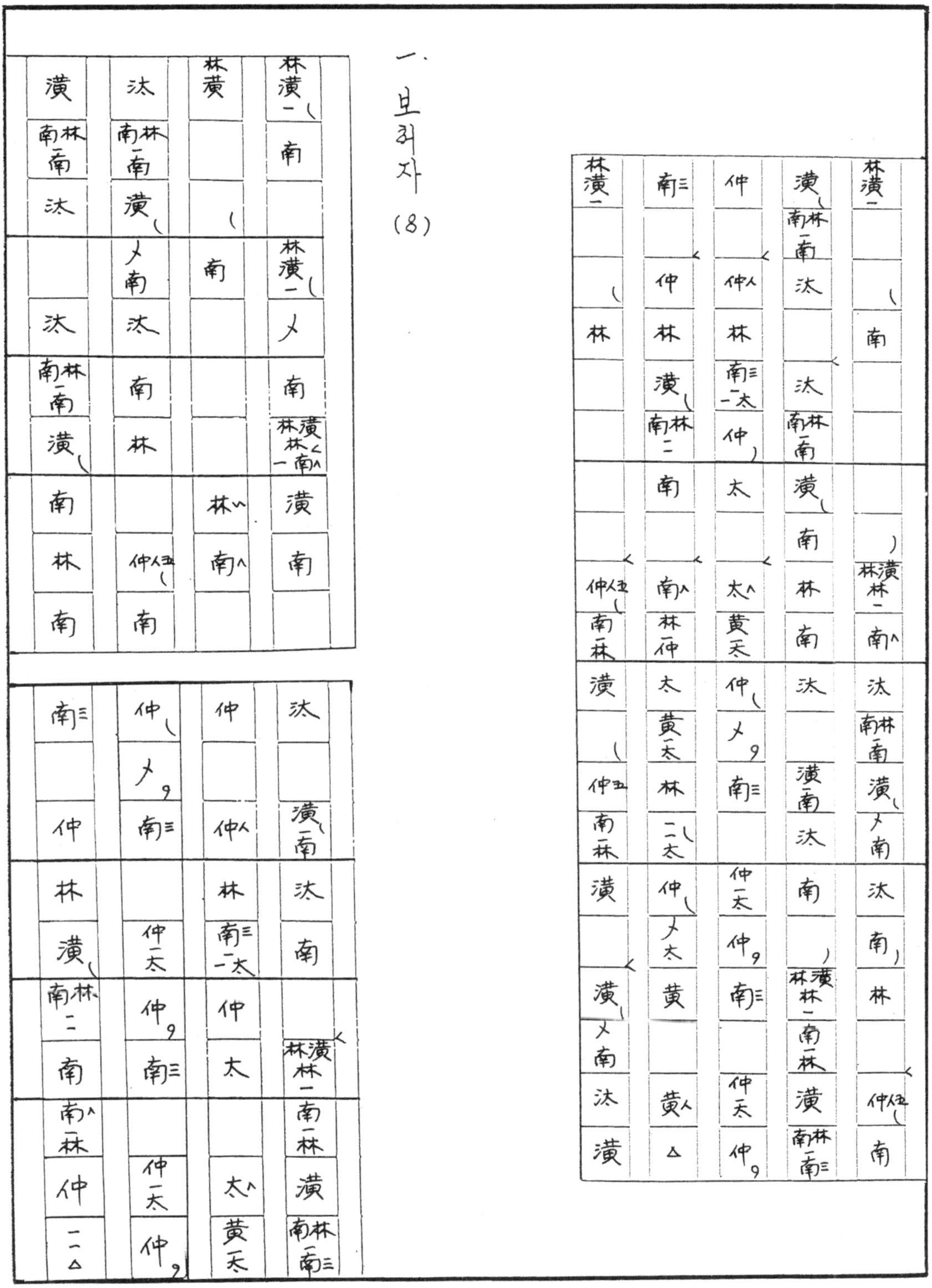

一상현도드리 (16)

林ᐁ	林	林	林	林ᐁ	林	林ᐁ二ᐧ	仲林ᐁ一
潢	潢		仲	潢	仲
		夾)	林ᐁ一仲夾		二ᐧ	二ᐧ
林ᐁ	潢⌣	△	黃	林ᐁ	夾)	仲一林 潢
△	夾二仲一	無 夾一黃		夾一黃 仲	潢	△

夾) 林 林) 夾) △ | 夾) 仲 林ᐁ 二林ᐁ 仲 二黃6 | 休林一一備人二 黃 夾 林一ᐧ 仲 二黃6 | 夾二 二ᐧ林ᐁ 無 林ᐁ 無 △ | 無 林ᐁ 二林9 潢 二林ᐁ 無 | 無 二林9 潢 無 夾二 二林ᐁ | 林 無 無 二林9 潢 | 林 二黃 夾) △

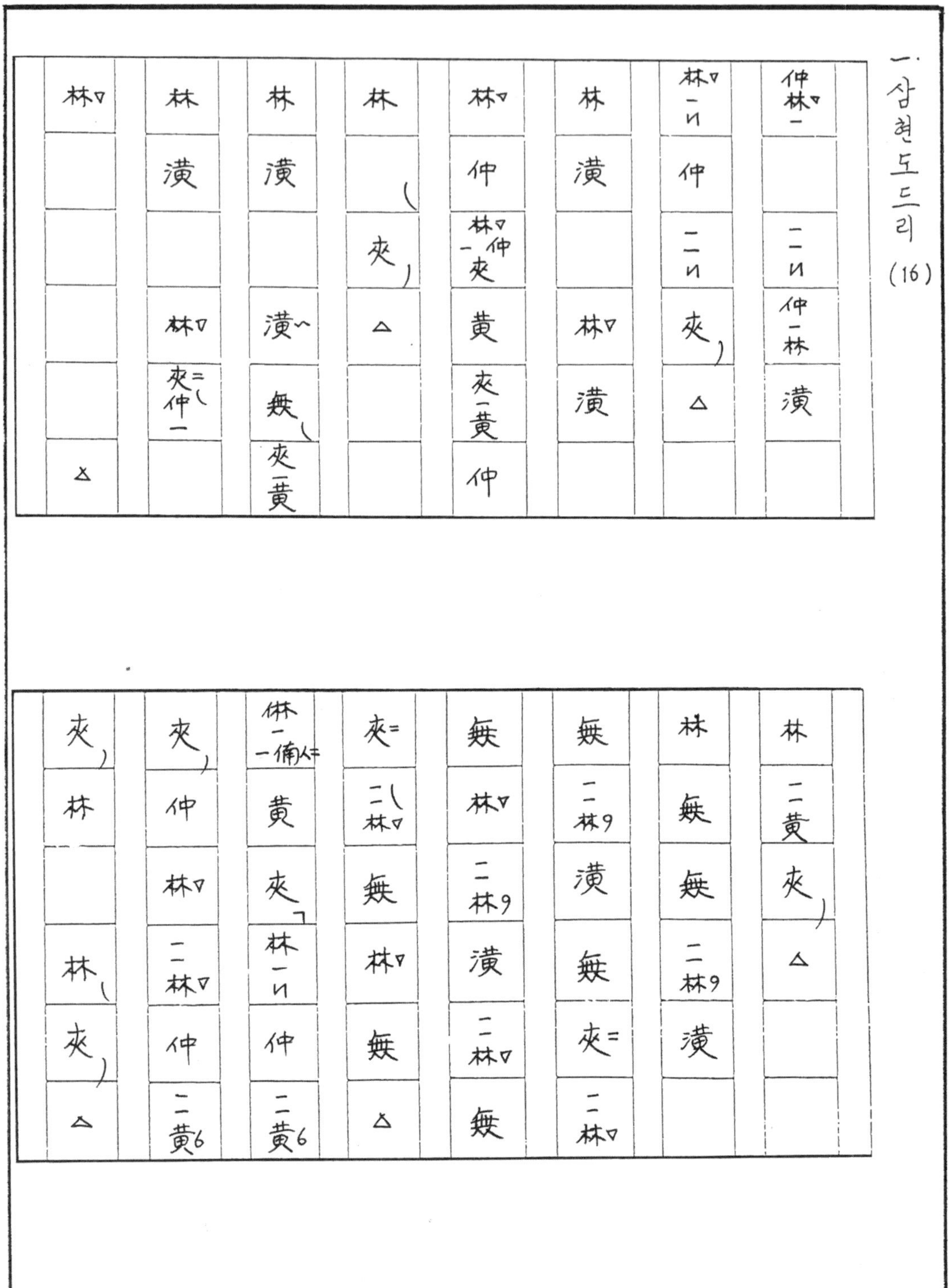

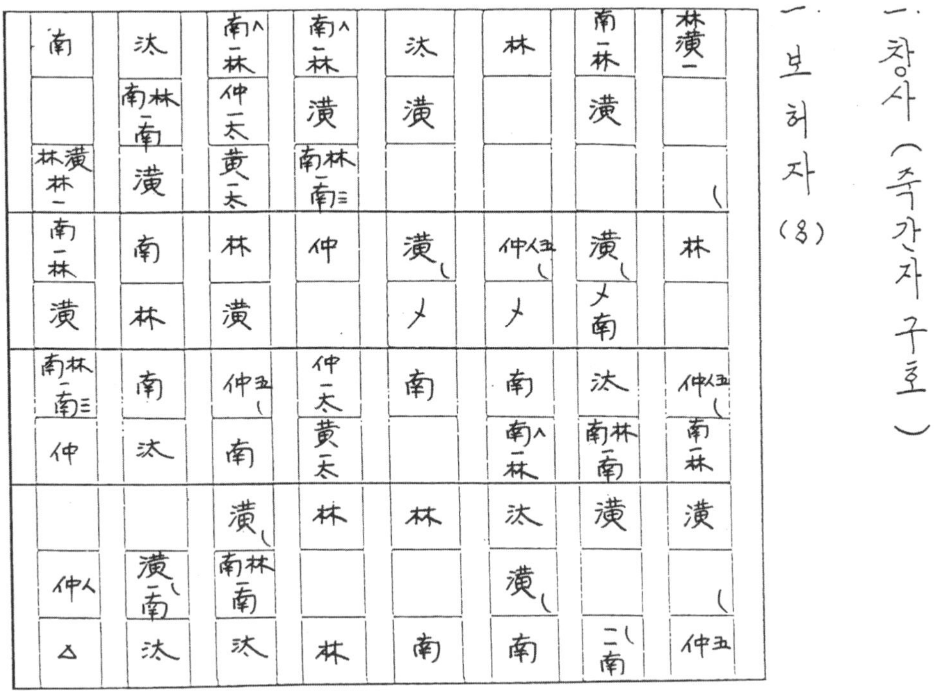

一. 창사 (즉 간자 구호)

一 보허자 (8)

林潢二	南二林 潢	林	汰 潢	南二林 潢 南林二南三	南二林 仲一太黃一太	汰 南林二南潢	南 潢林二
林	潢 ㄨ 南	仲人五 ㄨ	潢 ㄨ	仲	林 潢	南 林	南二林 潢
仲人五 南二林 潢	汰 南林二南潢	南 南二林	南	仲一太黃一太 林	仲五 南	南 汰	南二南三林 仲
仲五	二南	汰潢 南	林 南	林	潢 南林二南 汰	潢二南 汰	仲人 △

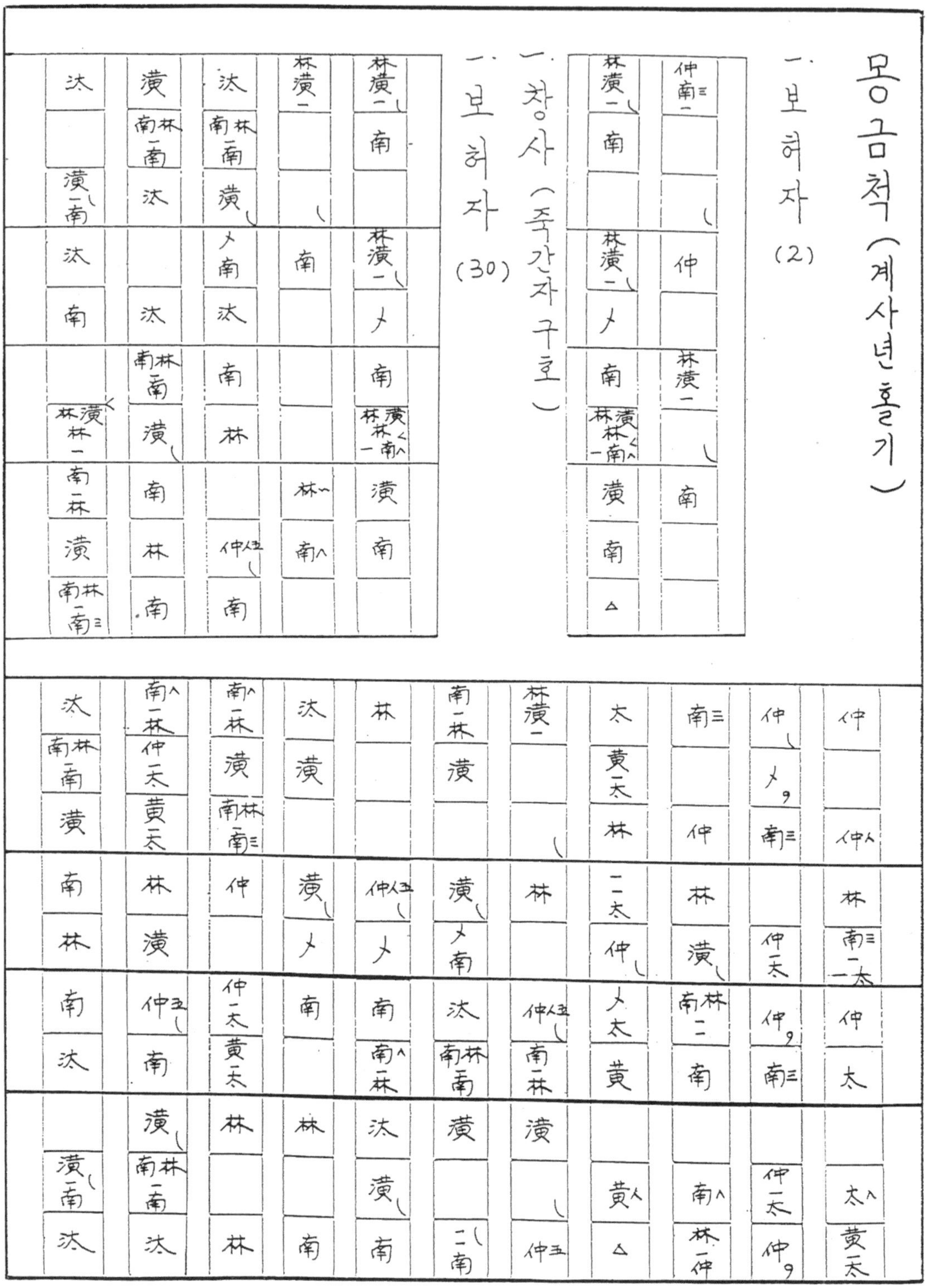

몽금척 (계사년홀기)

一. 보허자 (2)

一. 창사 (죽간자 구호)

一. 보허자 (30)

一. 창사 (금척치어)

一. 수악절 (7)

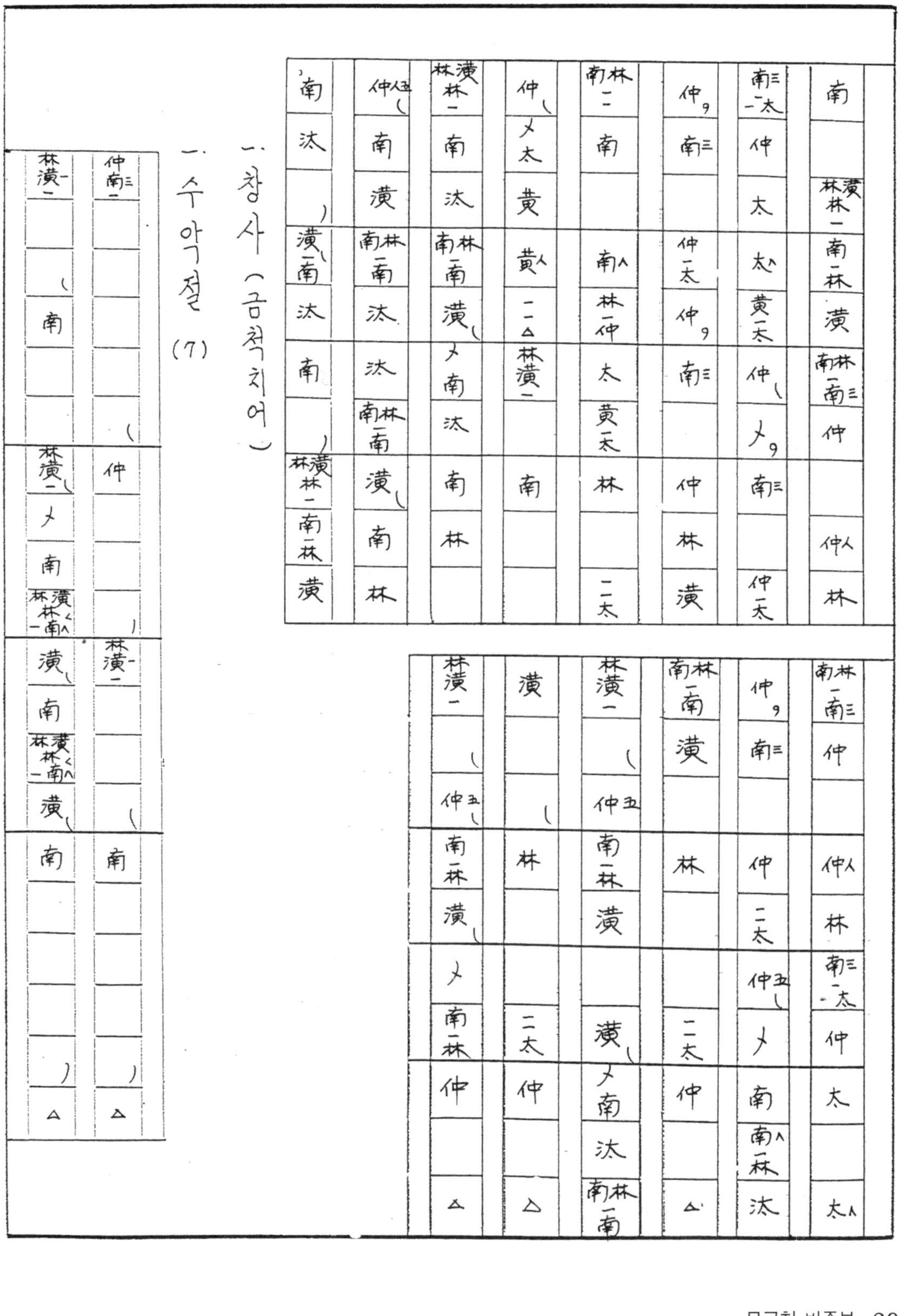

一. 보처자
(8)

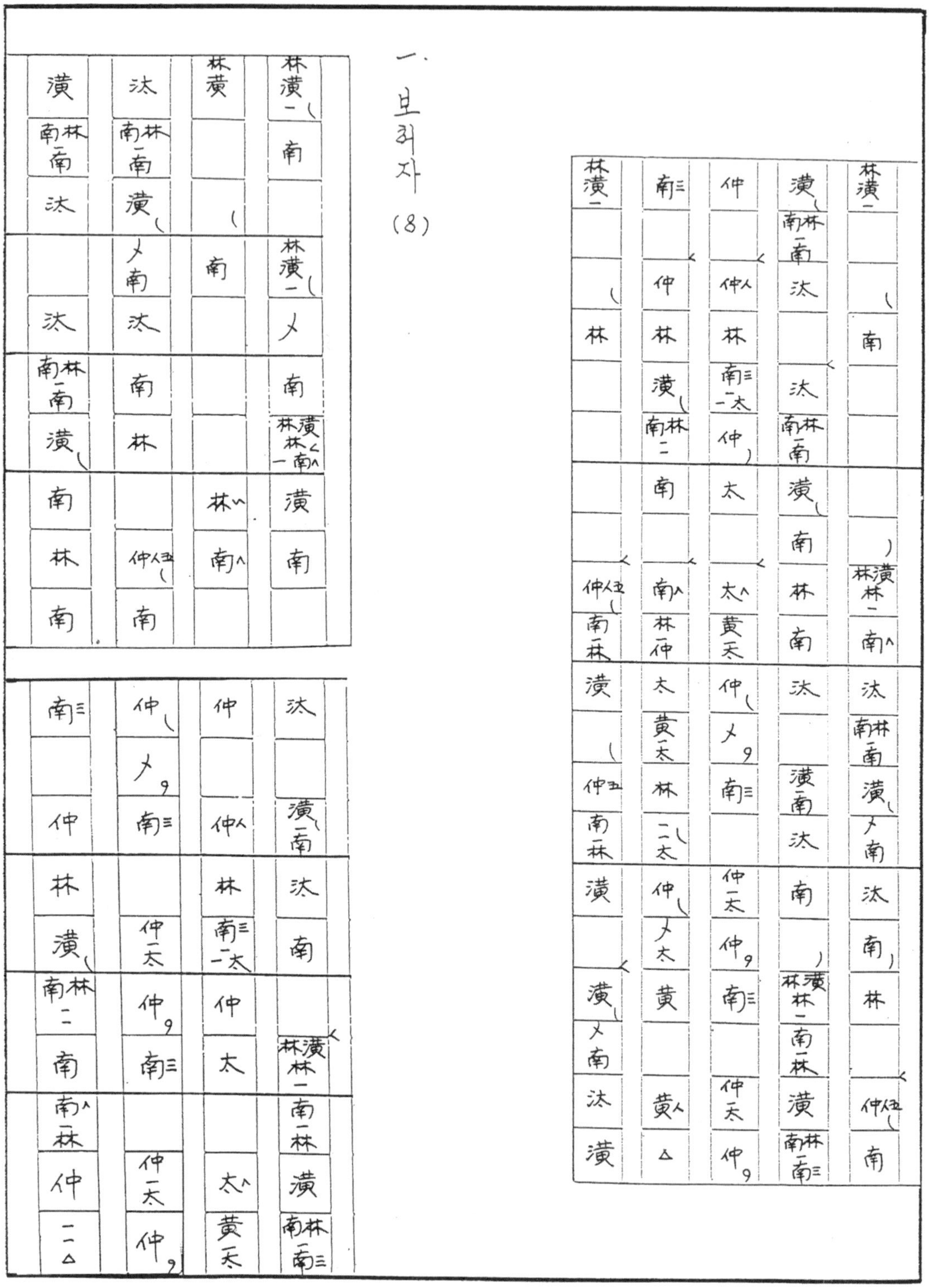

一 삼현도드리 (16)

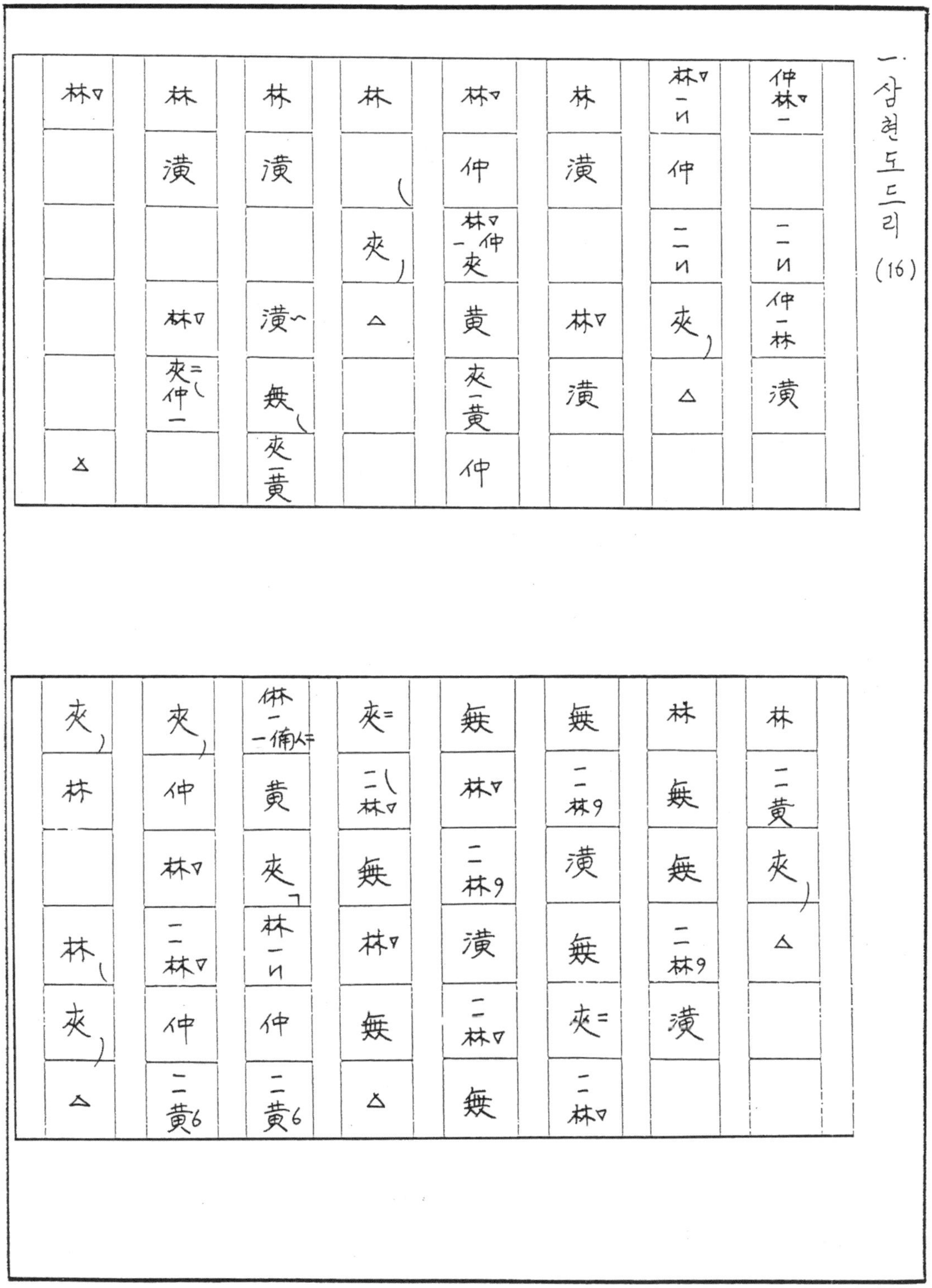

몽금척 반주보(계사년 홀기) 5

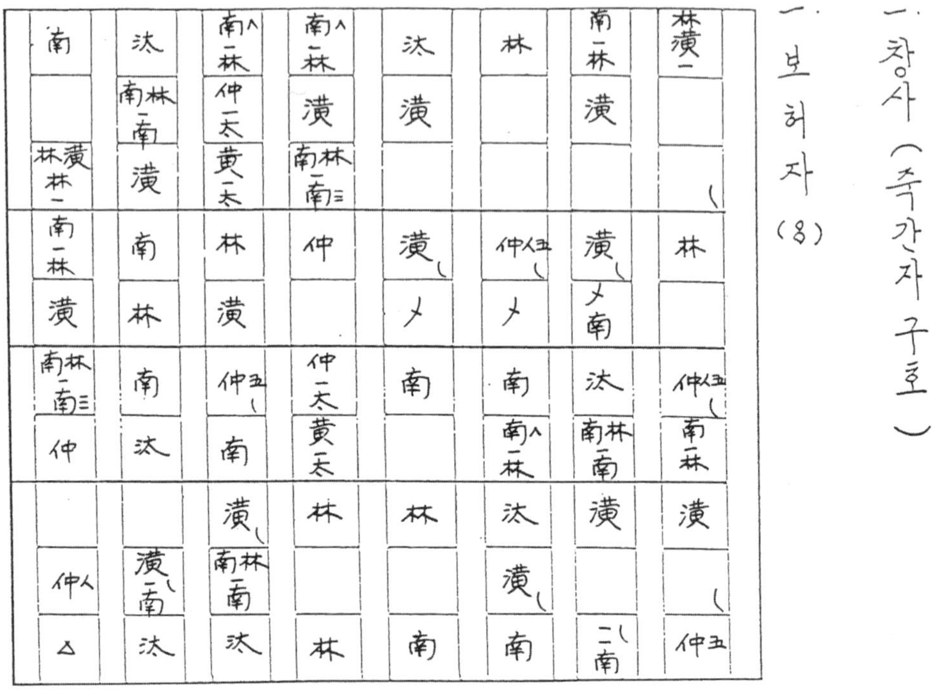
一. 창사 (주간자 구호)
一. 보허자 (8)

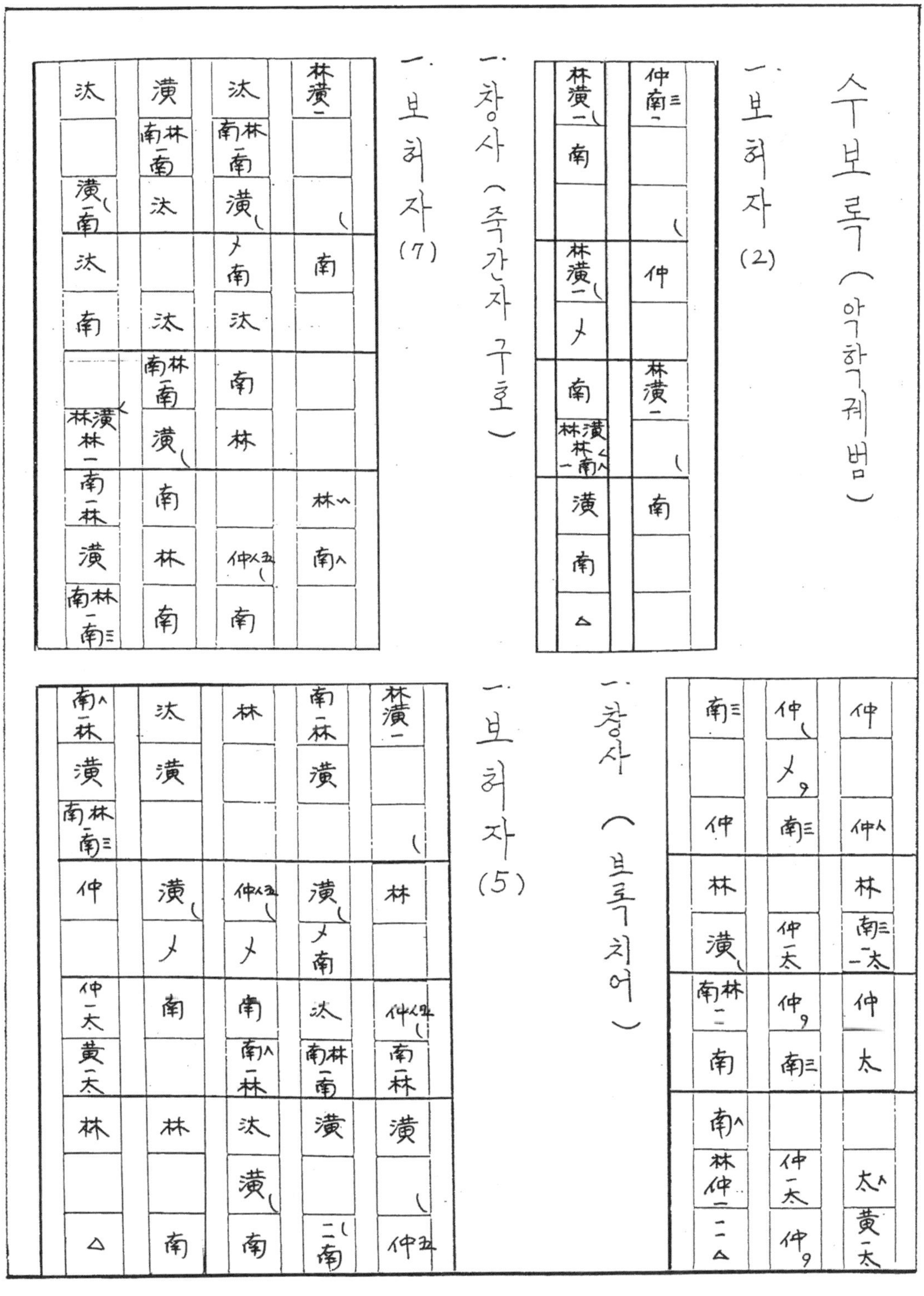

수보록 (악학궤범)

一 보허자 (2)

一 창사 (죽간자 구호)

一 보허자 (7)

一 창사 (보록치어)

一 보허자 (5)

一. 보허자 (12)

一. 수아절 (6)

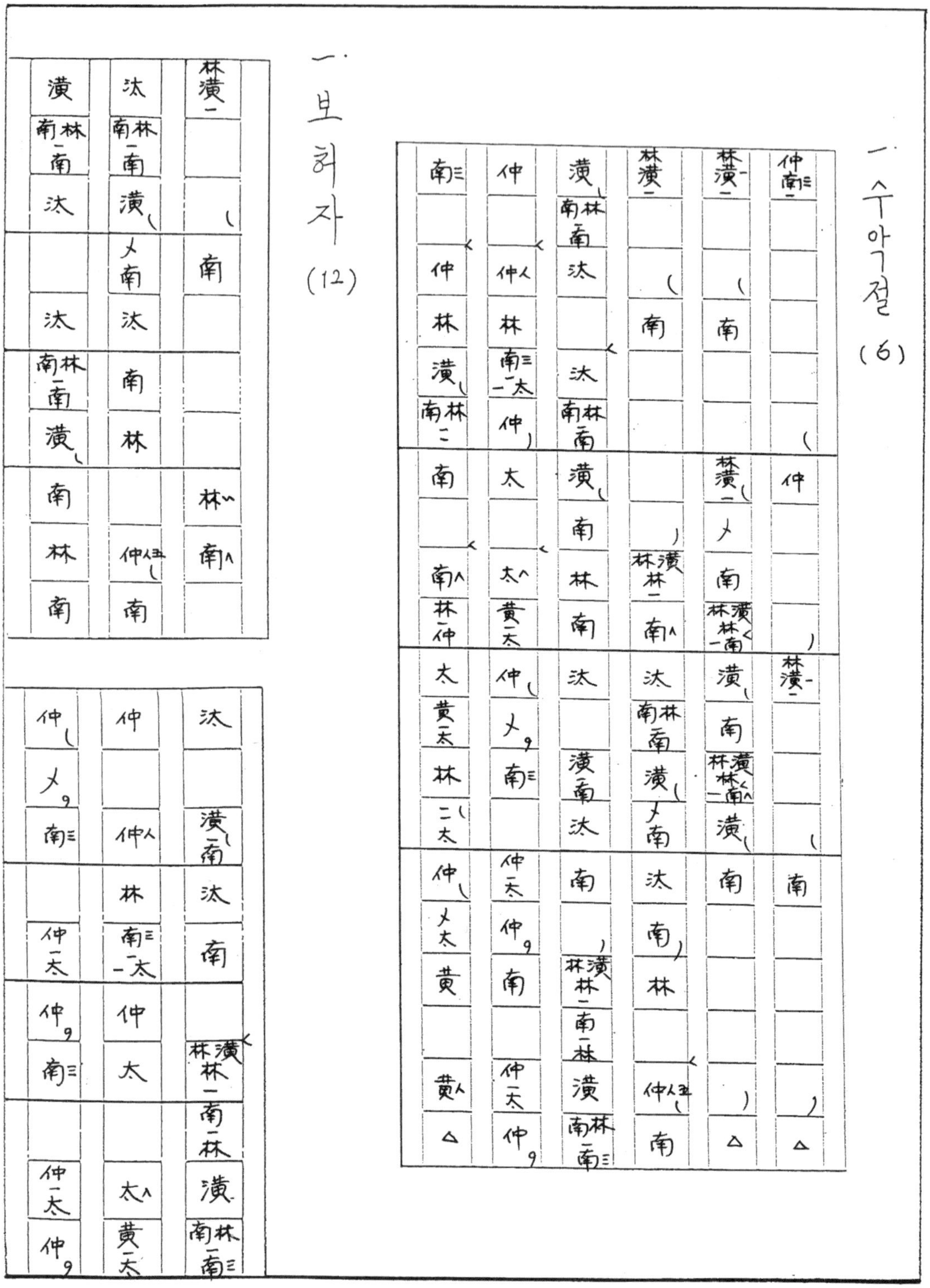

거문고정악
(38)

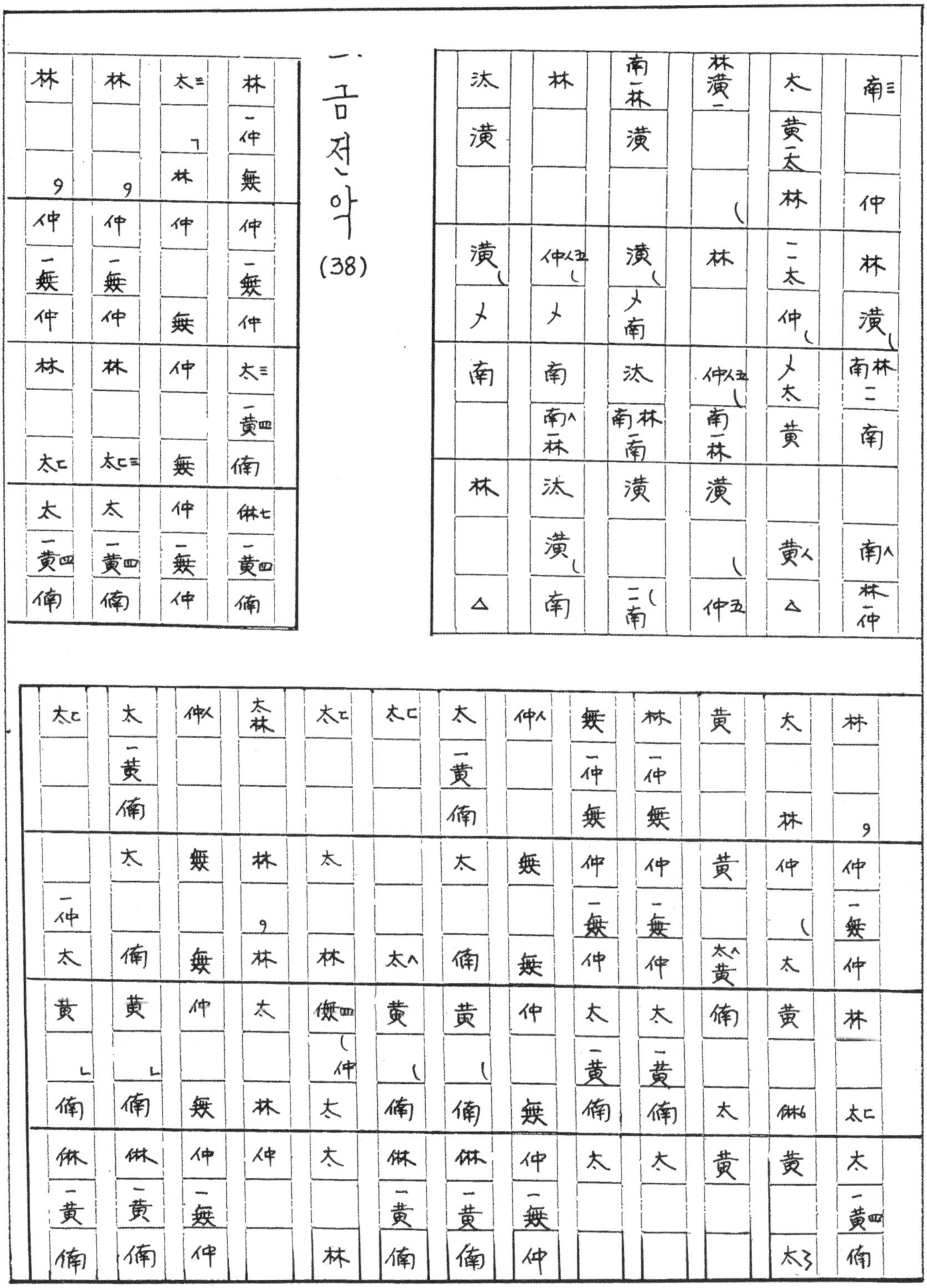

一 보허자 (2)

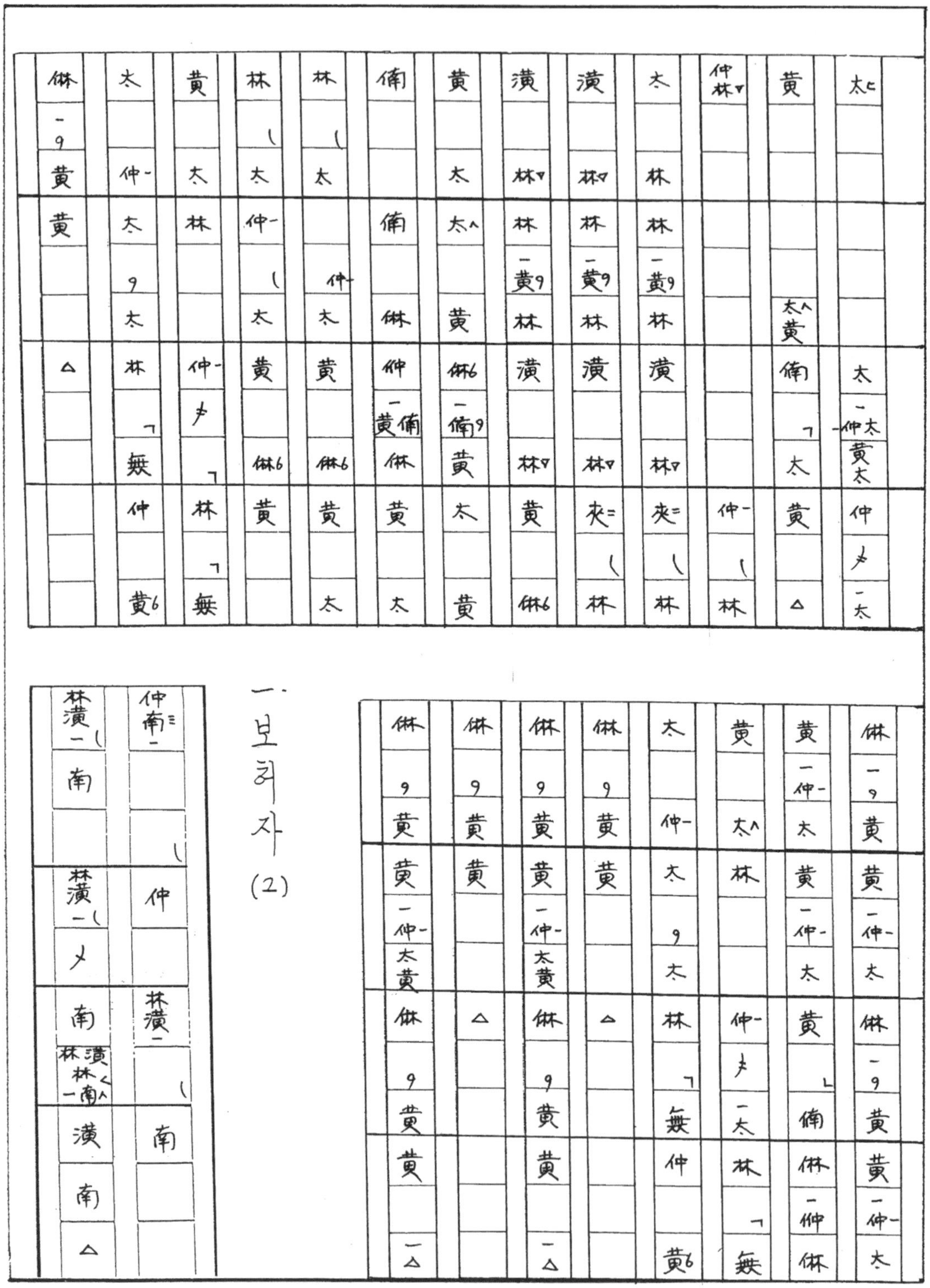

一. 창사 (죽간자 구호)

一. 보허자 (2)

汰		林潢一	
南林二南			
潢丶		(	
丿南		南	
汰			
南			
林			
		林丶	
仲丶		南丿	
二△			

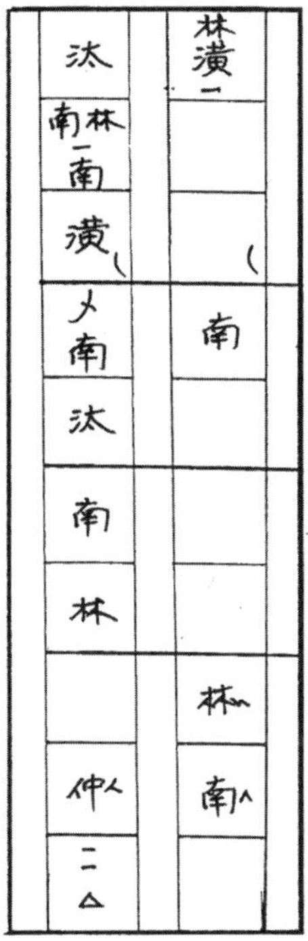

근천정 (악학궤범)

一 보허자 (2)

一 창사 (즉가자 구호)

一 보허자 (12)

一 보허자 (1)

一 창사 (선모친어)

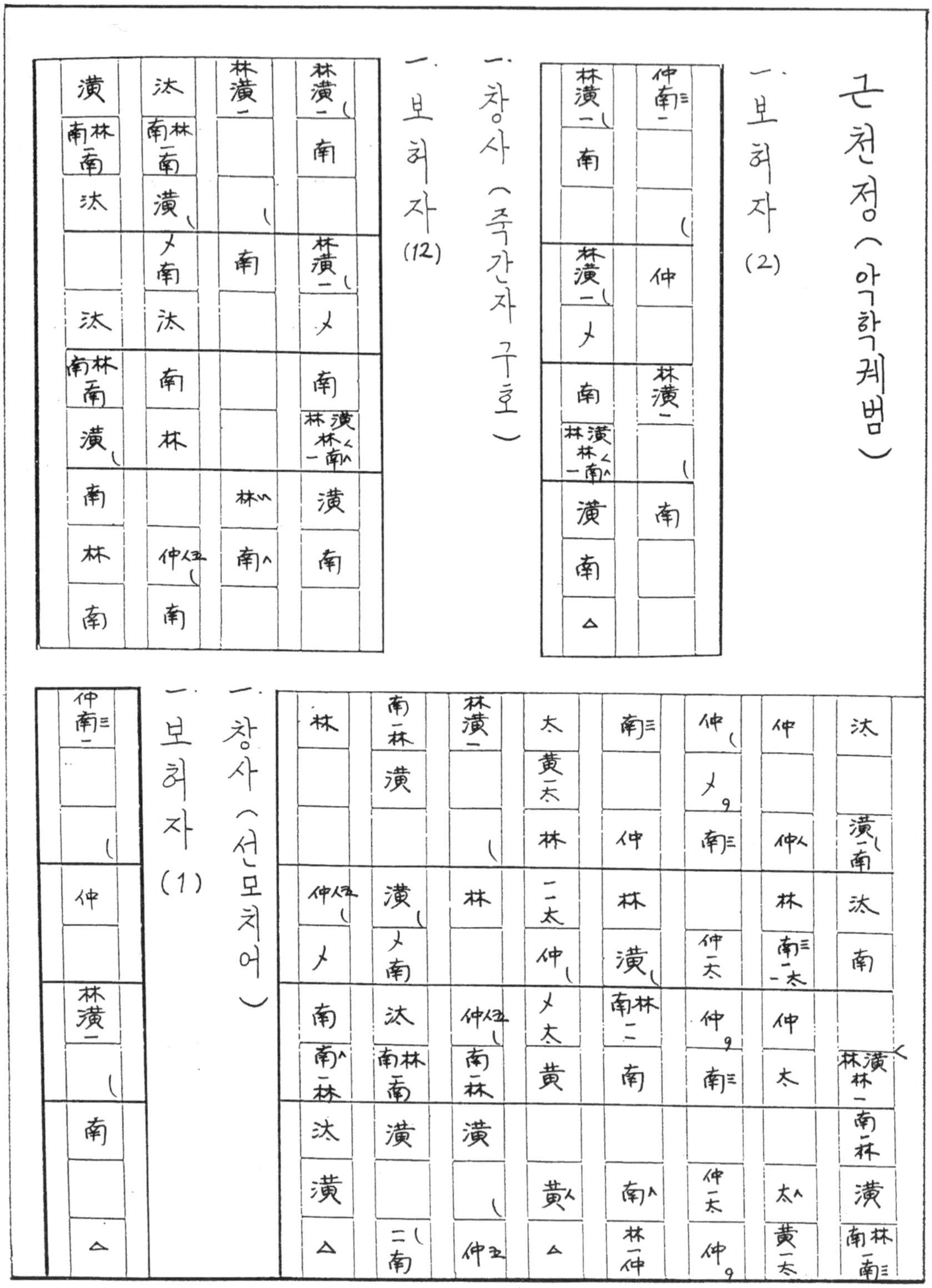

一. 금전악 (8)

一. 금전악 (56)

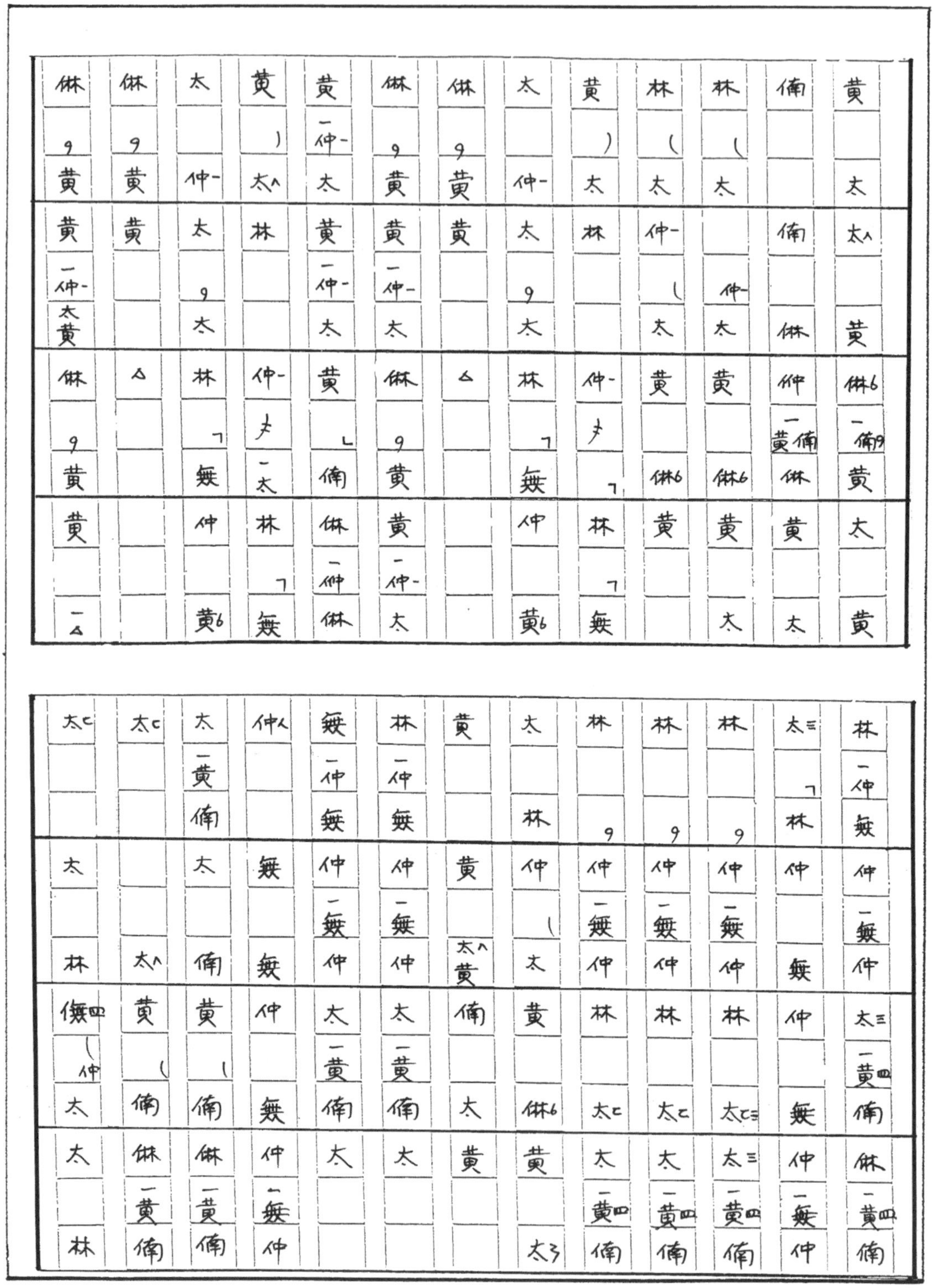

一 보허자 (9)

一 창사 (죽간자 구호)

一 보허자 (2)

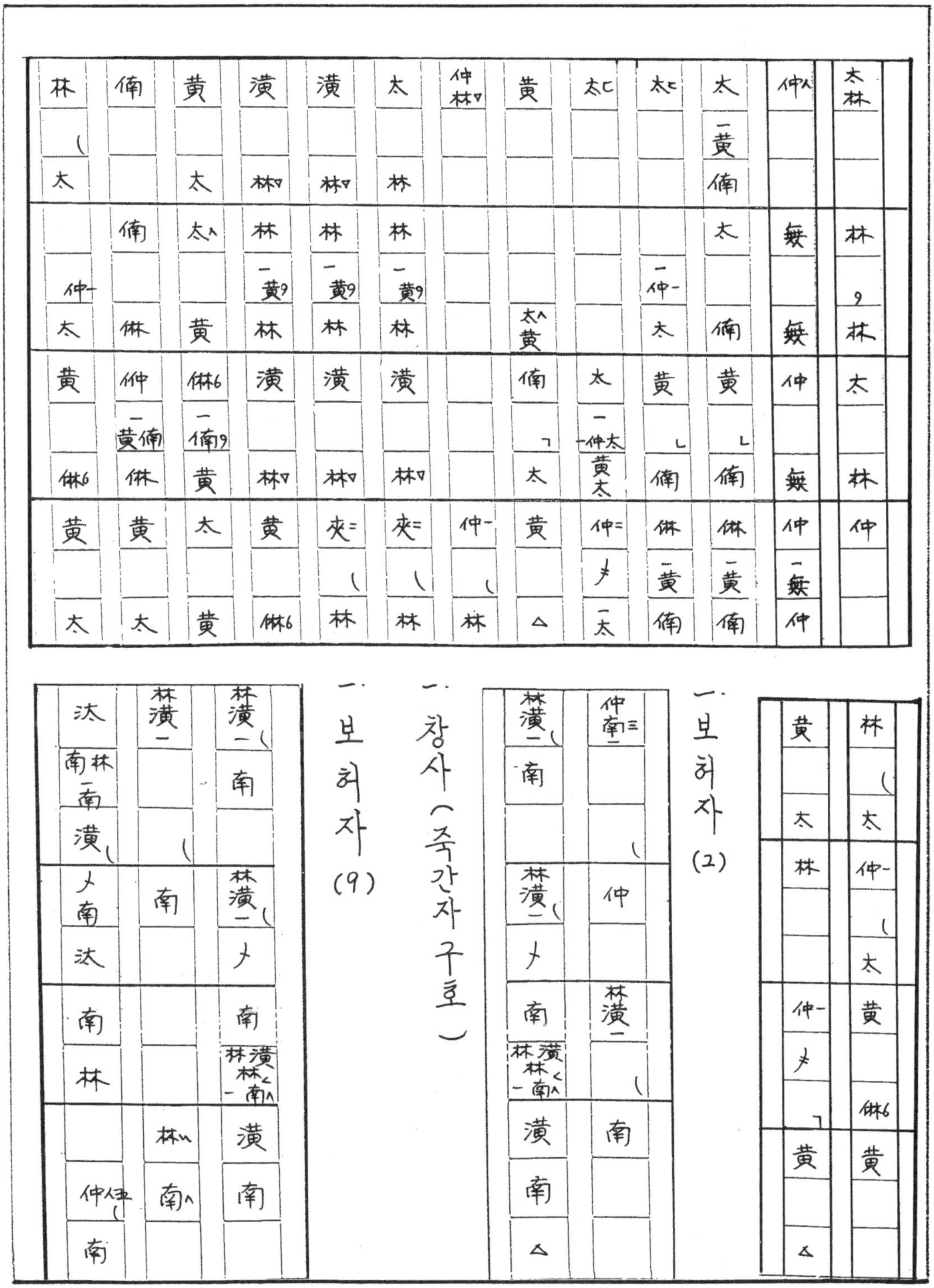

근천정 반주보(악학궤범) 5

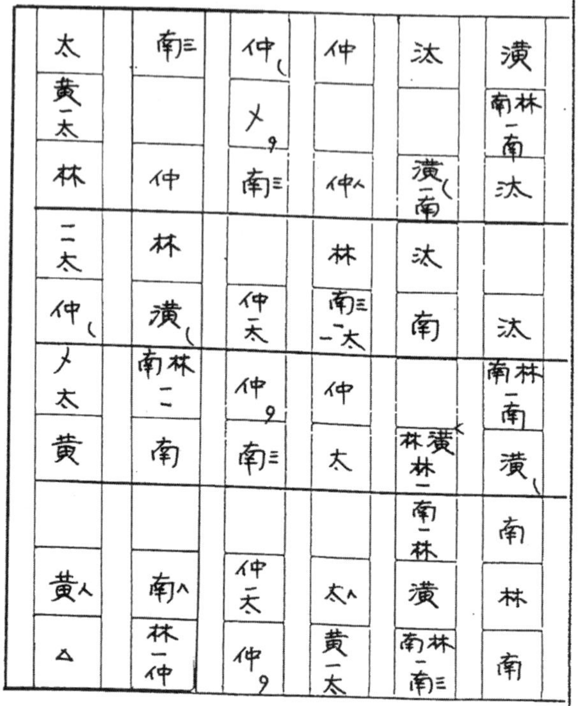

수명명 (악학궤범)

一. 보허자 (2)

一. 창사 (죽간자 구호)

一. 보허자 (16)

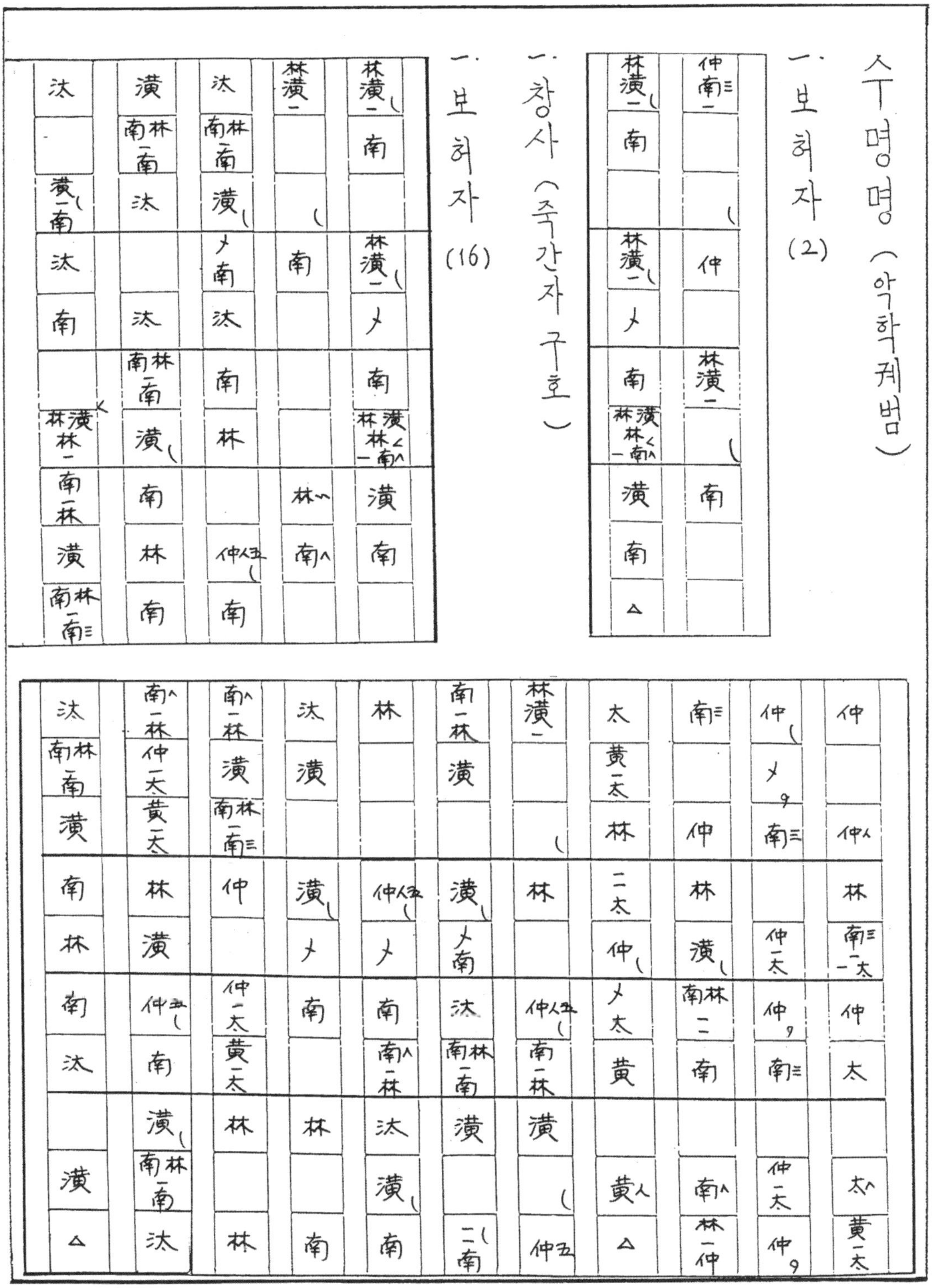

창사 (선모치어)

보허자 (3)

수악절 (가)

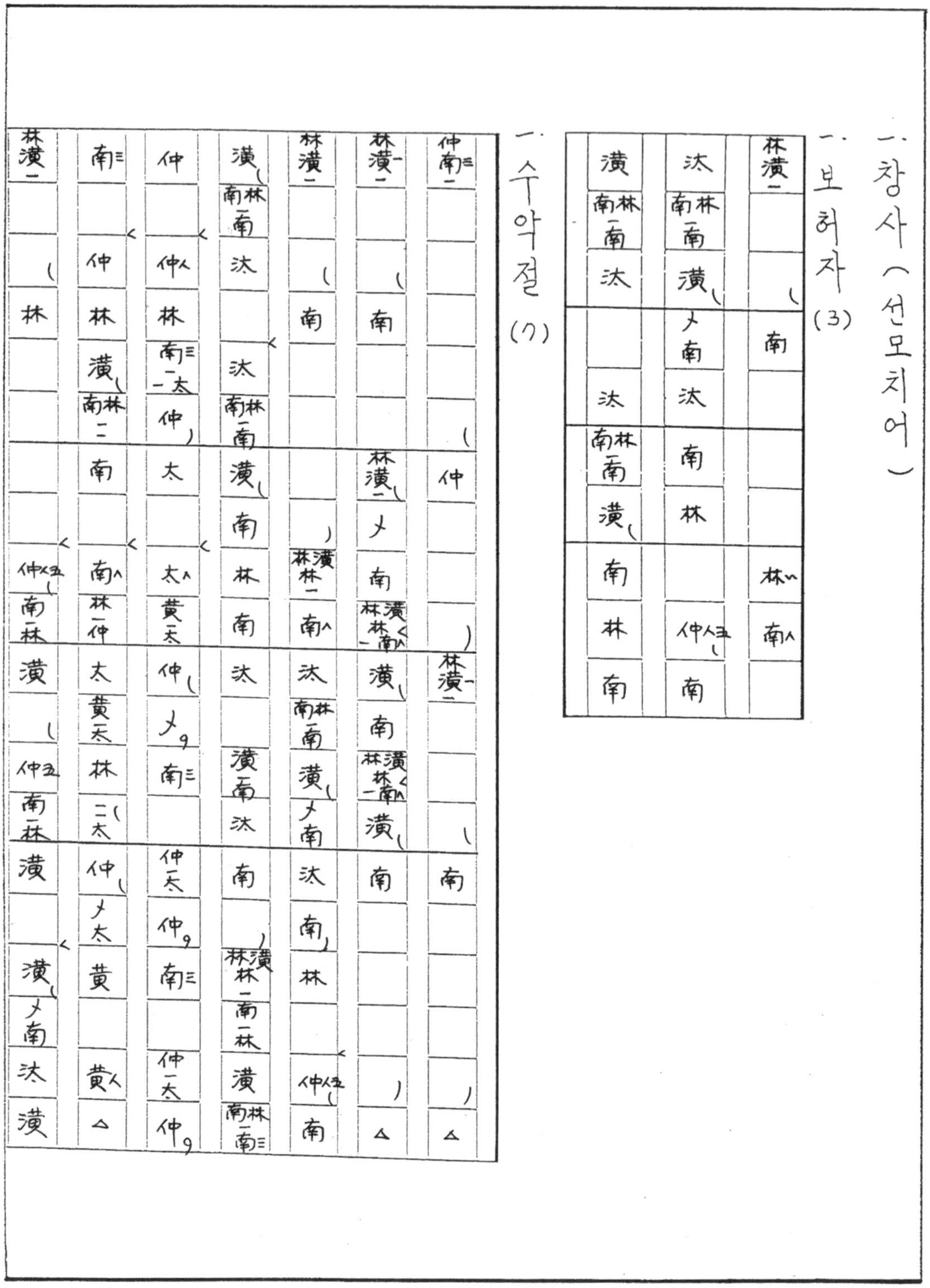

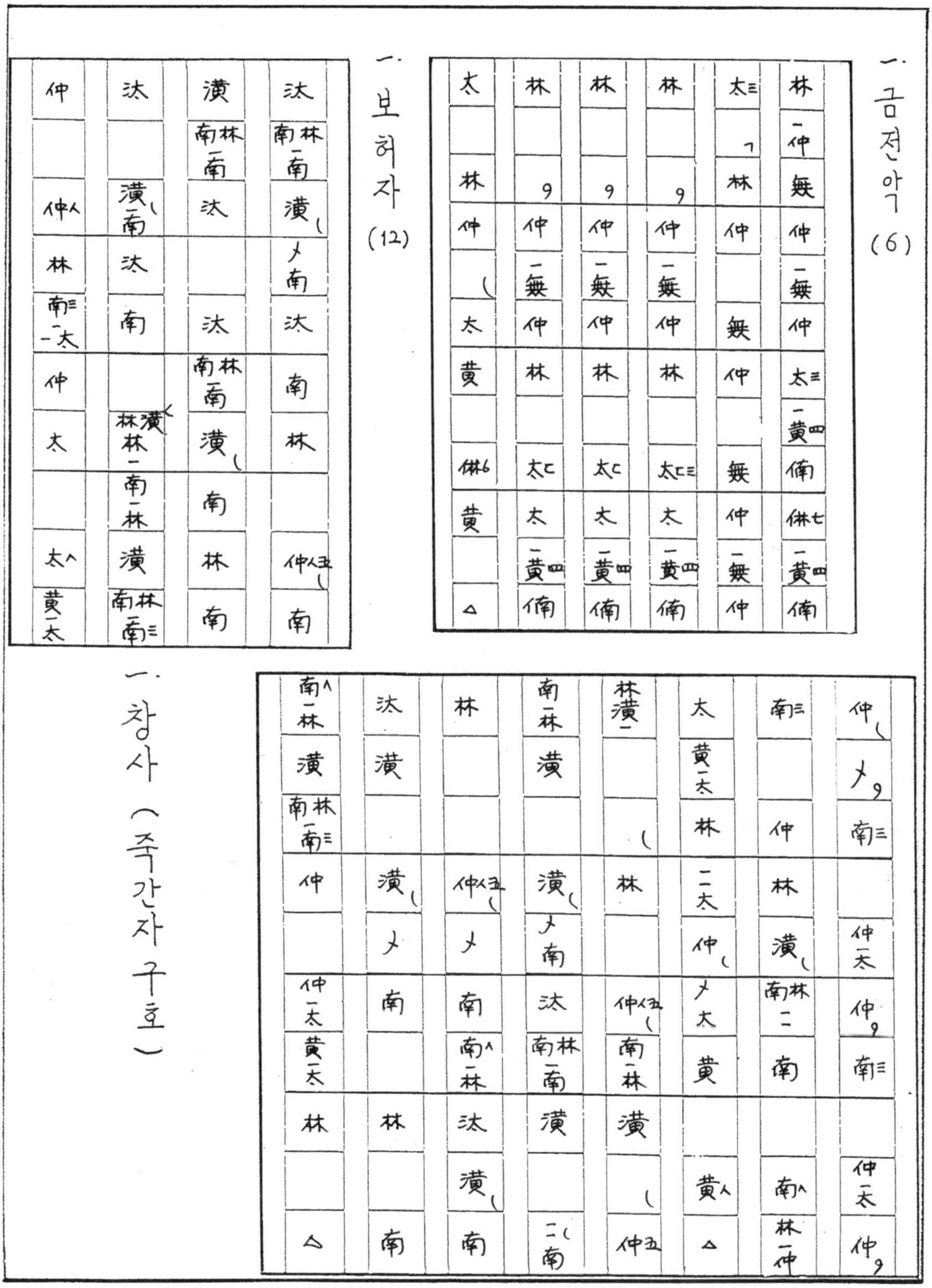

一. 금전악 (6)

一. 보허자 (12)

一. 창사 (죽간자 구호)

수명명 반주보(악학궤범) 4

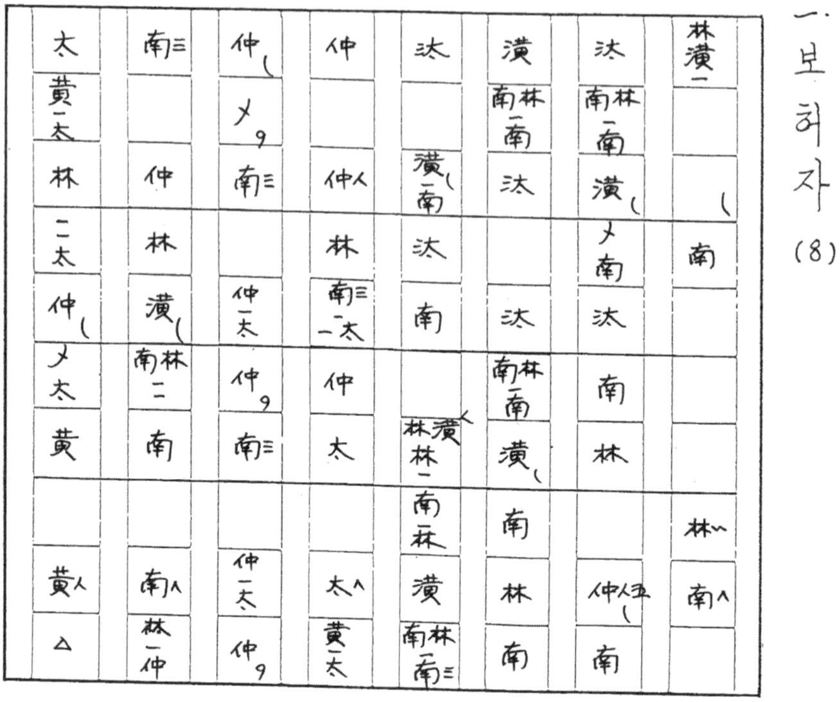

하황은 (악학궤범)

一 보허자 (2)

一 창사 (죽간자 구호)

一 보허자 (4)

一 금전악 (8)

一 창사 (치어)

一 금전악 (6)

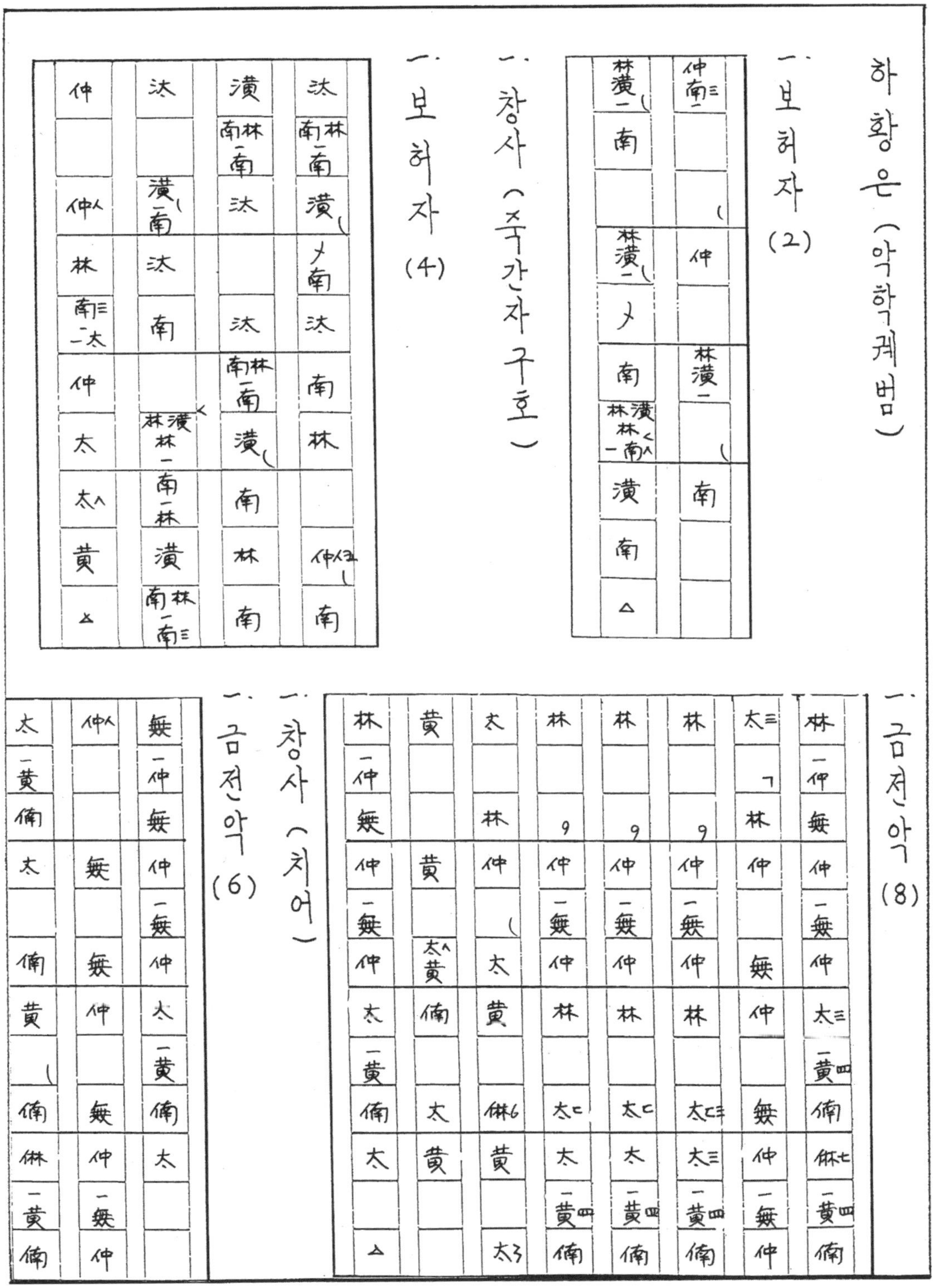

一 금전악 (2)
一 금전악 (6)
一 보허자 (4)
一 송구여지곡 (4)

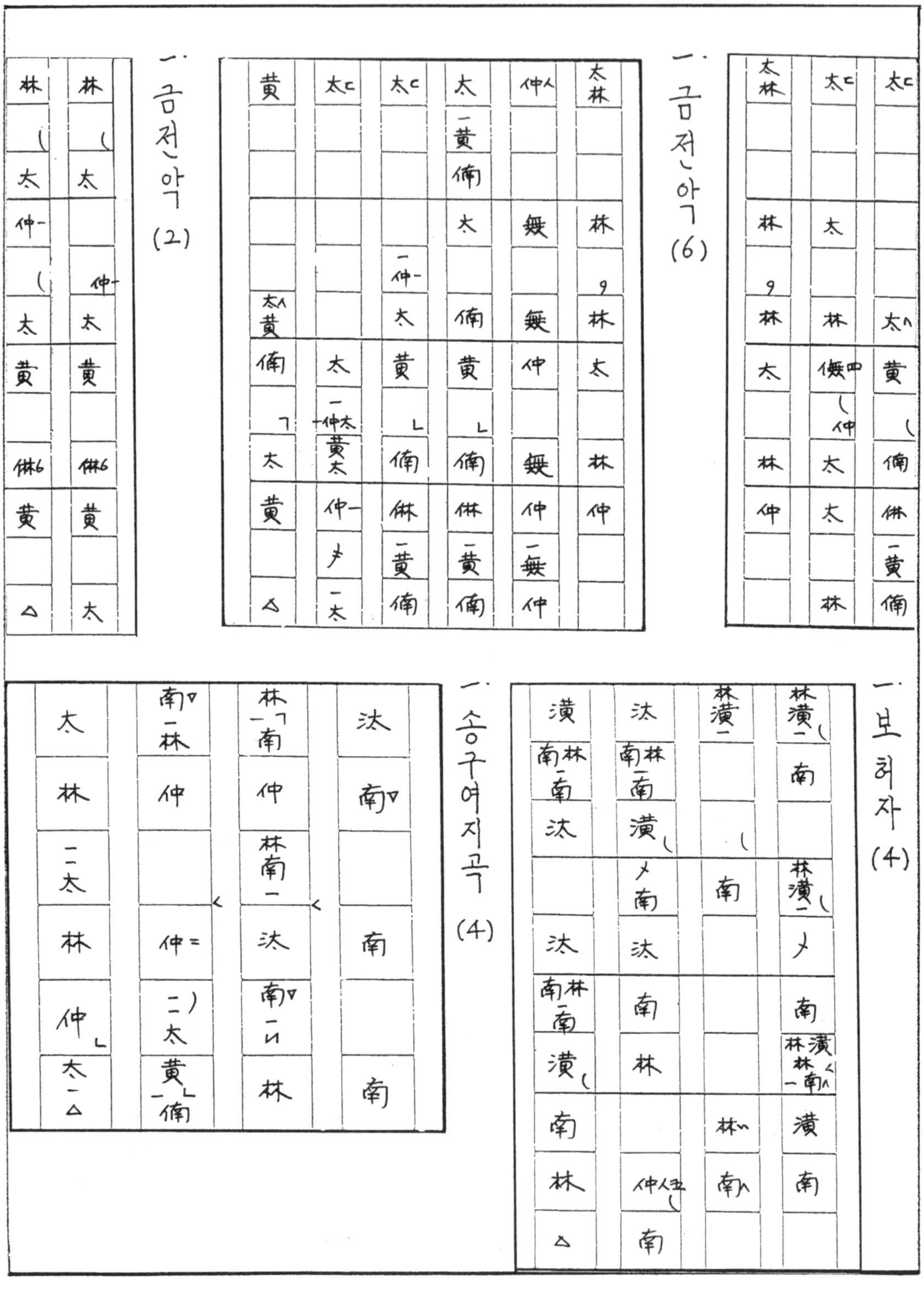

一. 금전악 (18)

一. 송구여지곡 (4)

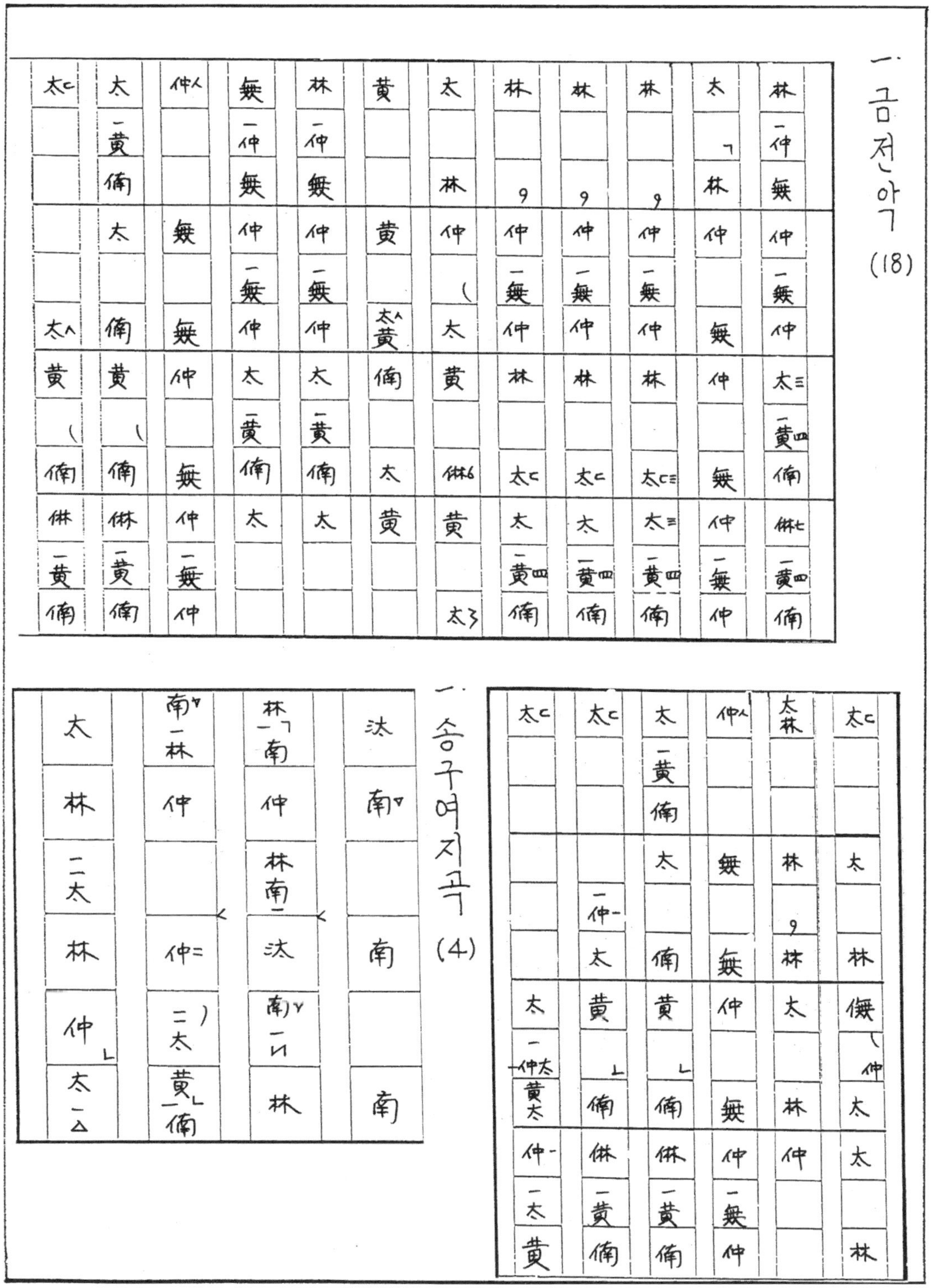

一 보허자 (2)

一 창사 (죽간자 구호)

一 보허자 (8)

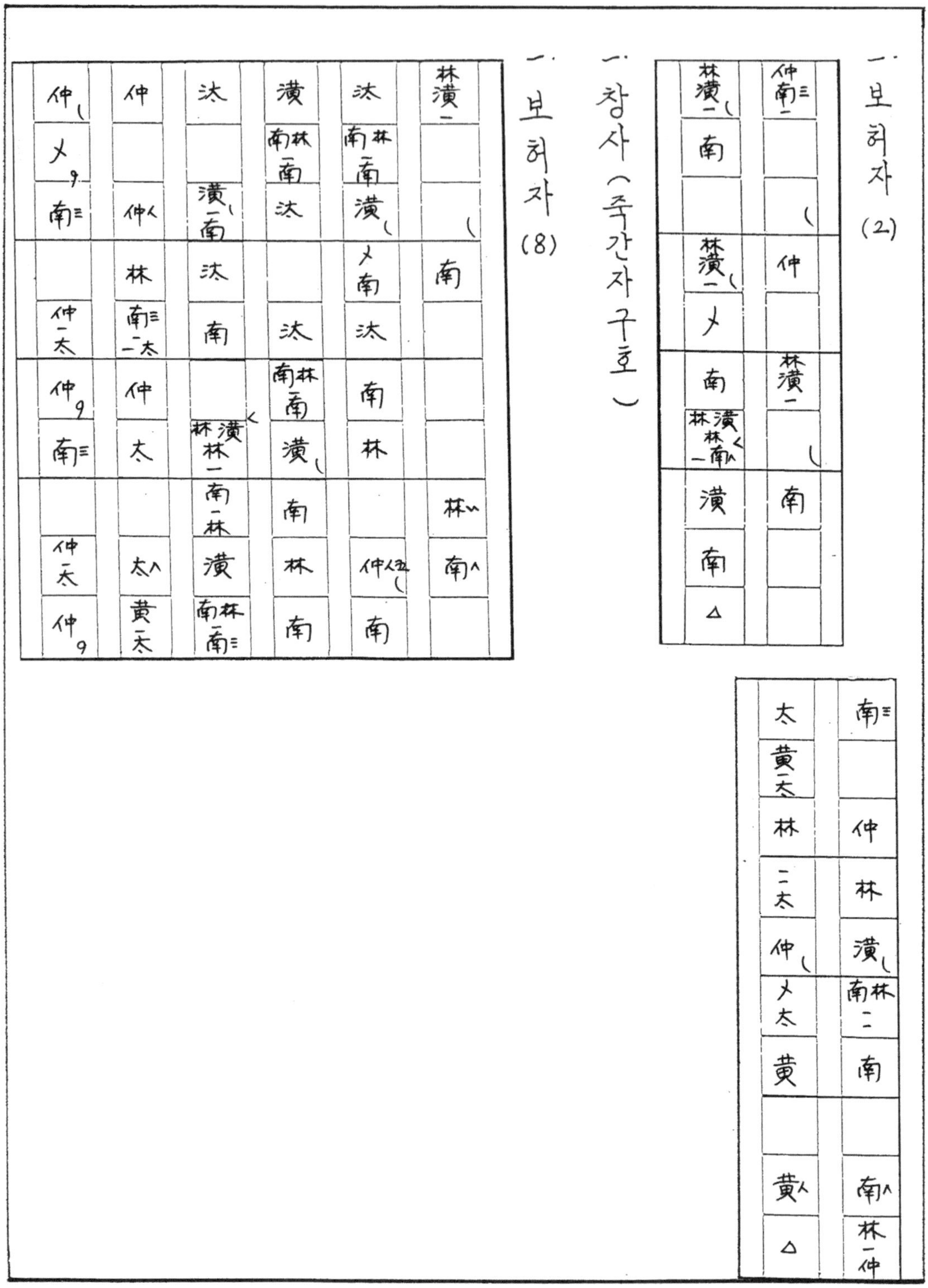

하황은 (계사년 흘기)

여민락 (2)

창사 (죽간자 구호)

여민락 (7)

창사 (선모치사)

여민락 (1)

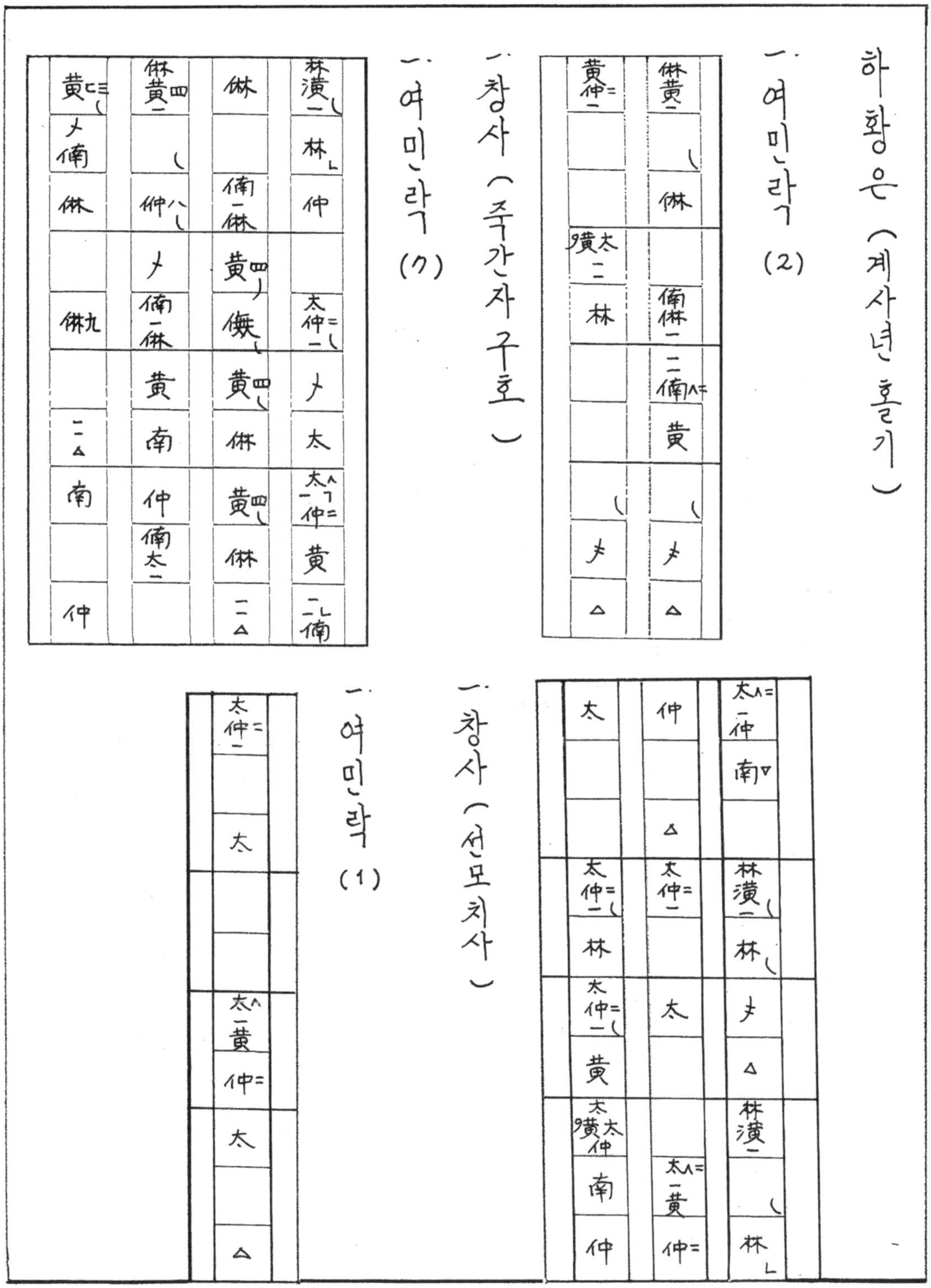

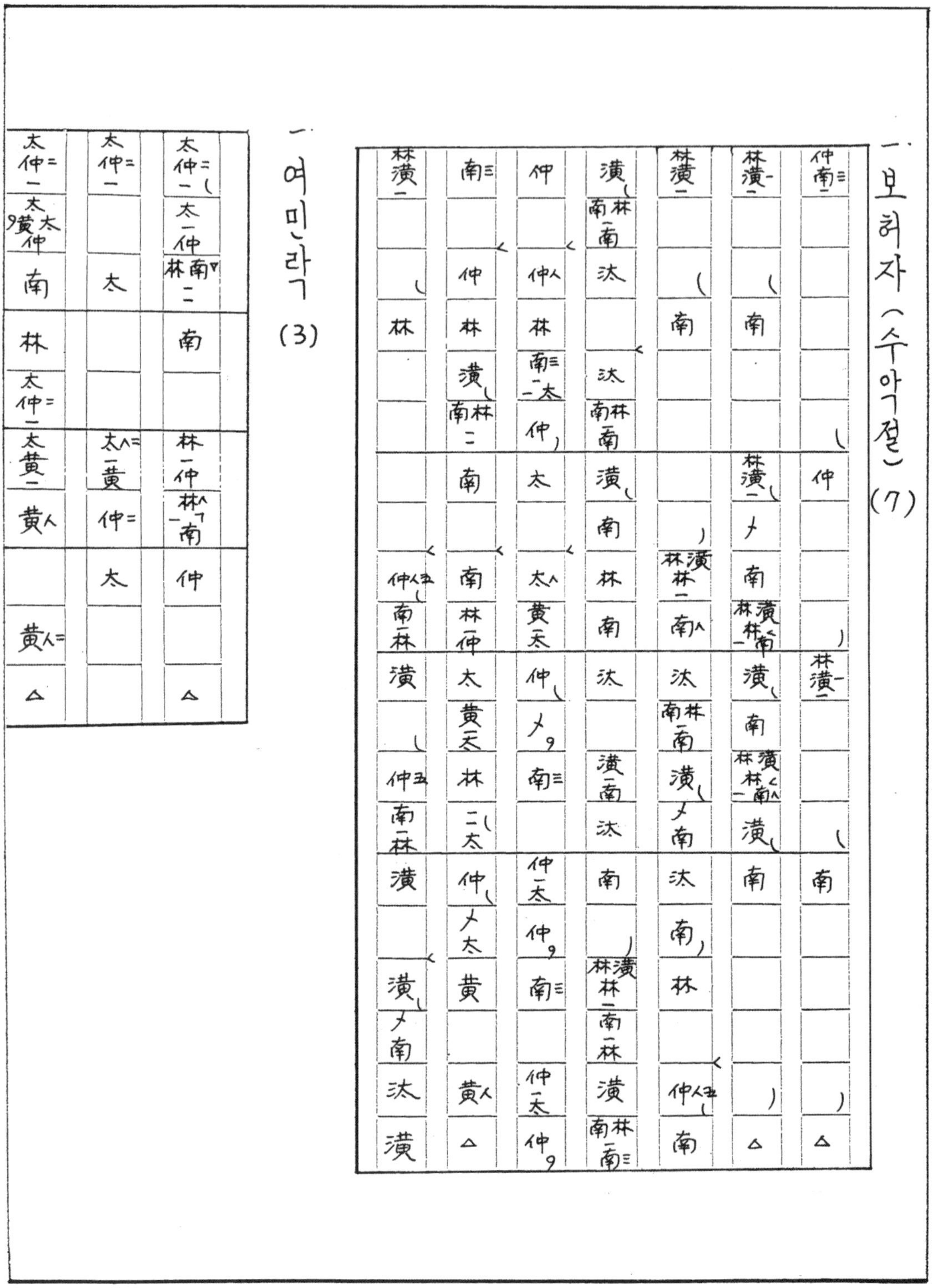

여민락 (3)

보허자 (수악절) (7)

一 송구여지곡 (4)

一 금서ᅌ악 (30)

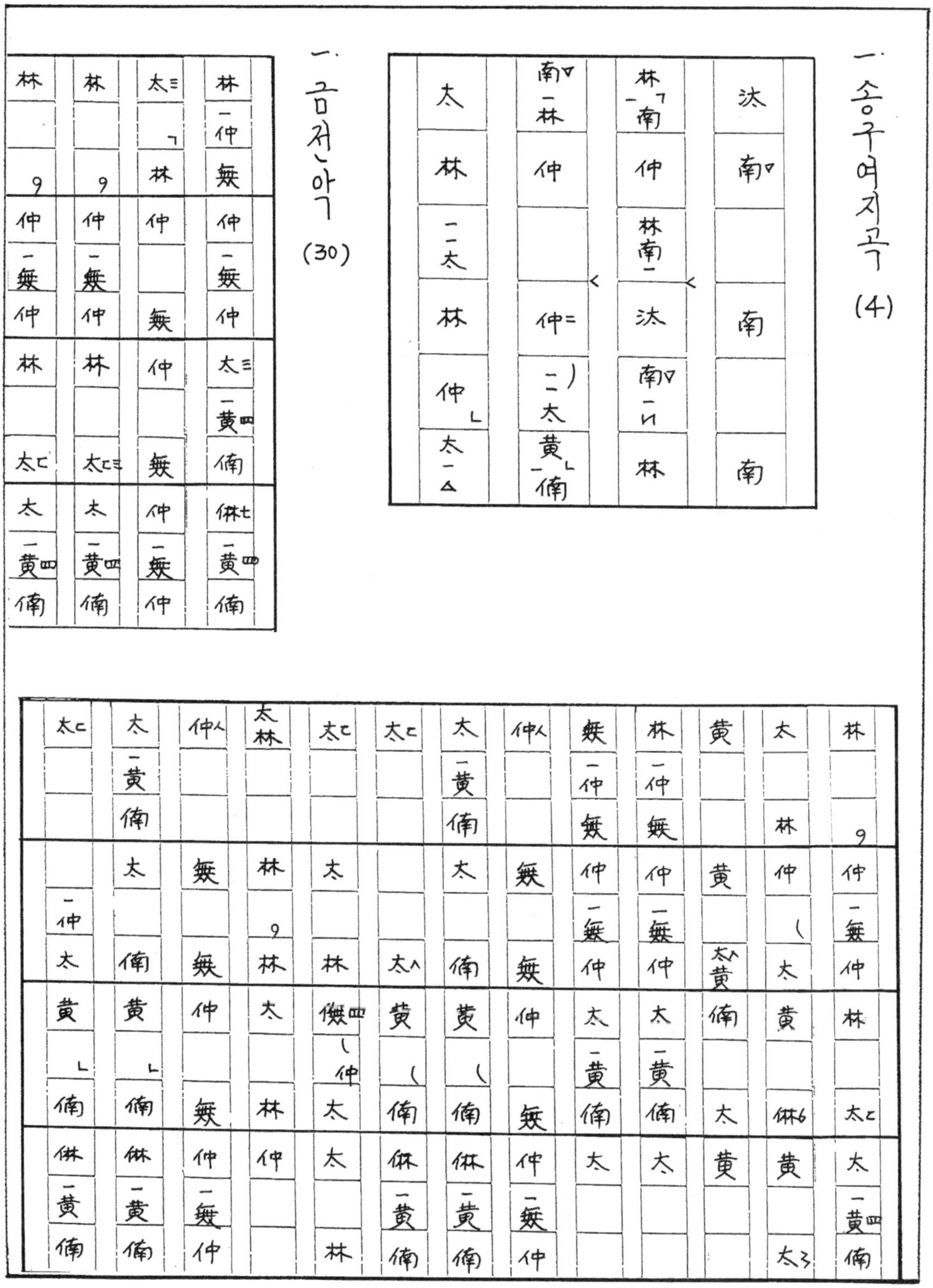

一 보허자 (2)

一 창사 (죽간자 구호)

一 보허자 (8)

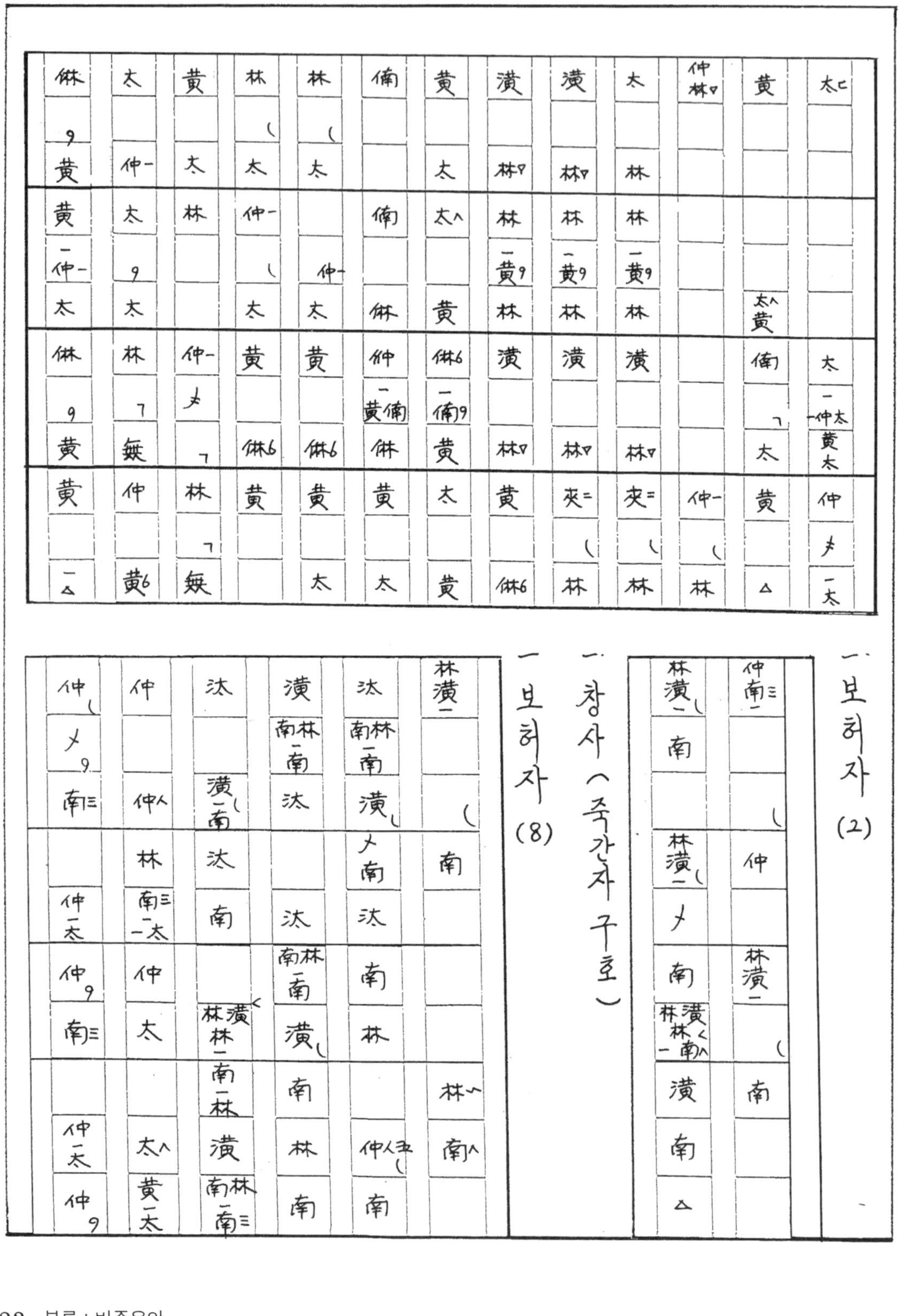

南三	太
	黃 太
仲	林
林	二 太
潢	仲
林二 南	乂 太
南	黃
南 人	黃 人
林一 仲	△

이흥구 한국예술종합학교 전통예술원 교수 역임
1999년 대통령 포상
2007년 문화부 보관 문화 훈장 수여
중요무형문화제 40호 학연화대합설무 보유자
사단법인 대악회 이사장
국립국악원 원로 사범
한국예술종합학교 전통원 강사

손경순 중요무형문화재 제40호 학연화대합설무 전수조교
중요무형문화제 제27호 승무 이수자
숭의여자대학 무용과 교수

한국궁중무용총서 ❹

몽금척夢金尺 · 수보록受寶籙 · 근천정覲天庭 ·
수명명受明命 · 하황은荷皇恩

2009년 5월 15일 초판 1쇄 펴냄

저 자 이흥구 · 손경순
발행인 김흥국
발행처 도서출판 보고사

책임편집 황효은
표지디자인 강문희

등록 1990년 12월 13일 제6-0429호
주소 서울특별시 성북구 보문동7가 11번지 2층
전화 922-5120~1(편집), 922-2246(영업)
팩스 922-6990
메일 kanapub3@chol.com
http://www.bogosabooks.co.kr

ISBN   978-89-8433-684-1 (94680)
        978-89-8433-680-3 (세트)
ⓒ 이흥구 · 손경순, 2009

정가 32,000원